HR PRACTICE GUIDELINES 实务指引

招聘录用、调岗调薪、离职解聘 全程风险防控与纠纷解决

王占强◎编著

法律出版社
LAW PRESS·CHINA

自序

激变时代的职场与HR之道

当前中国经济保持着高速增长，每年新诞生企业约有1万家，用工需求自然随之增加，所以不难理解很多企业感慨招人难。实际上，用人也并不简单，招来的人是否是企业需要的人才，人才来了能否尽其才，人尽其才了薪酬待遇是否跟得上？在全球化和移动互联时代，劳动者还呈现出比以往任何时候都要高的流动性，有一天企业和员工无法继续合作了，能否和平分手？凡此种种，可能是每家企业和每个HR都会面临的现实问题。

新情况和新问题还不止一个。“90后”的大学生已然迈向社会，步入了职场。或许，HR们渐渐感到了不一样的职场生态。“90后”的孩子们，不论是来自城市还是来自农村，他们的家庭生活水平已大幅提高，他们更加热衷物质生活，更加思想开放，更加唯我独尊，可能更加不那么吃苦，也可能更加不那么合作，还可能更加不那么在乎。他们需要娱乐化，他们追求“有范儿”，他们喜欢自己做主。对最年轻的一代员工，如果HR们再用“简单粗暴”的办法不但难以奏效，反而可能引发激烈冲突，甚至法律纠纷。

企业招人用人为什么这么难？固然有员工方面的问题，但企业的问题也不在少数。处理好企业与员工的关系，做好人力资源管理，不外乎“情”、“理”、“法”三个字。“情”和“理”就不用说了，要以情动人、以理服人，相信在这些方面，任何一个HR都比我更专业、更在行，笔者不敢班门弄斧，本书着力点亦不在此。

很多企业实是亏在了“法”上。这个“法”既包括国家的法律法规，也包括企业自身制定的规章制度。有些企业，尤其是小企业习惯性不把法律放在眼里，认为“我的地盘听我的”，“我即法”。没关系，当这家企业因为未与员工签订书面劳动合同而被裁决承担赔偿责任时，他即可明白了法律的威力和自己的无力。还有些企业制定的规章制度，根本没有聘请专业人士进行把关或做合法性审查，将企业置于法律风险的风口浪尖。笔者在为企业提供法律服务的过程中，就发现有些企业制定的规章制度是专门为“好人”而设，可能解决了90%的员工问题，却忽视了那10%的员工问题。但最终发现恰恰是这10%的员工耗费了HR们90%的时间和精力。不懂法，不学法，不守法，为大批的企业带来了“丰厚”的经济损失。

实际上，合法合规是一个底线，并不是什么高要求。劳动关系中存在着大量的法律风险。如果不能很好地遵守法律法规，提前做好法律风险防控和规章制度安排，企业将面临诸多不利后果。近年来，我们国家不断修正出台《劳动法》《劳动合同法》《就业促进法》《社保法》等一系列法律法规，突出了对劳动者合法权益的保护。劳动者的法律观念在增强，他们的维权意识也在不断提高。在法律法规日渐复杂和完备的情况下，以及以人为本理念不断深入的今天，人力资源管理稍有不慎，就可能引发劳资纠纷。劳动仲裁和诉讼，不但会浪费HR们的时间精力，增加企业的经济负担，也会给企业带来负面的社会影响。这更加要求企业在选人、用人过程中，坚守法律底线，慎之又慎。

本书要解决的就是企业人力资源管理过程中法律层面的问题。笔者结合为企业提供劳动法律服务的实践经验，包括提供劳动用工法律顾问咨询，参与劳动争议的和解、调解、仲裁、诉讼等，编写完成此书。本书共分为9章，共32节，内容涵盖招聘录用与劳动合同的订立，劳动合同的履行，试用期制度与服务期制度，保密制度与竞业限制制度，调岗调薪与劳动合同的变更，解聘离职与劳动合同的解除和终止，违约金、经济补偿金和赔偿金，集体合同、劳务派遣、非全日制用工等特别制度，是一本包含与企业用工全生命周期相关内容的书籍。梳理、提炼、归纳70个真实案例，40个示范文本，25个实用图表，透过现象看本质，用案例查找企业用工风险，总结经验教训，提出规范性实操做法，竭力为企业及HR们提供一本可操作性强、可资借鉴的实务书。

王占强

2015年3月

目 录

案例索引

范本索引

图表索引

第一章

招聘录用与劳动合同的订立

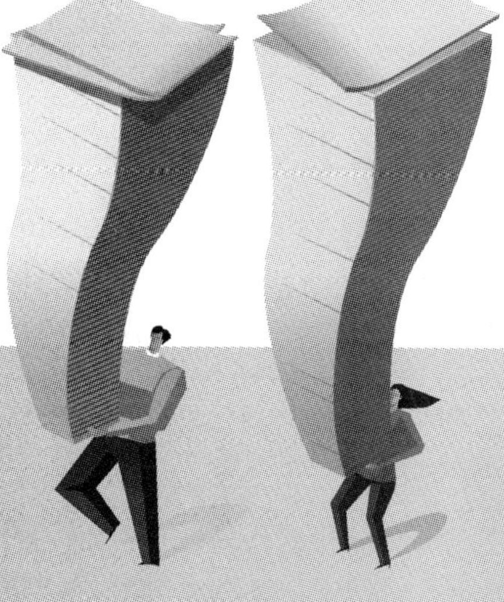

本章导读

招聘录用员工及与员工订立劳动合同是企业选人用人的重要环节，同时也是一个新的劳动法律关系建立的标志。由于自认为掌握了用人主动权等原因，很多企业往往忽视了其中的法律风险，劳动者倒打企业一耙的情况并不少见。“隐患险于明火”，如何从招聘录用环节开始就着力加强风险防范，是摆在所有用人单位面前的重要课题。

本章将结合实践中的典型案例，全面介绍企业在招聘录用员工及与员工订立劳动合同环节中应当注意的问题和防范的风险。

第一节　用人单位与劳动者的双方知情权

第二节　建立劳动关系

第三节　劳动合同的种类

第四节　劳动合同的内容

第五节　劳动合同的效力

第一节　用人单位与劳动者的双方知情权

一、用人单位的如实告知义务

我国劳动力市场供求关系不平衡，相比较而言，用人单位在劳动关系中处于优势地位。实践中，部分用人单位由于工作疏忽忘记告知或者故意隐瞒工作条件、工作地点、职业危害、安全生产状况等有关信息，侵害劳动者的合法权益。针对此种情况，为了保护劳动者的合法权益，《劳动合同法》专门规定了用人单位的缔约告知义务，即用人单位在与劳动者订立劳动合同时，应如实向劳动者告知重要事实。这是民法诚实信用原则在劳动合同法中的体现。

如果用人单位在招聘过程中，不注意履行告知义务，将可能被认定为欺诈，已签订的劳动合同存在被认定为无效的风险，用人单位还可能因此承担赔偿责任。

关于用人单位的告知义务，具体来说应当从如下几方面把握。

1. 告知时点。应当在“招用劳动者时”，也就是用人单位与劳动者签订劳动合同之时或者签订合同之前双方洽谈雇佣问题时。

2. 告知内容。包括工作内容、工作条件、工作地点、职业危害、安全生产状况、劳动报酬以及劳动者要求了解的其他情况。其中劳动报酬是重点告知内容，具体要告知：(1)工资分配制度、工资标准和分配形式；(2)工资支付办法；(3)加班加点工资支付及津贴、补贴标准和奖金分配办法；(4)工资调整办法；(5)试用期及病、事假等期间的工资待遇；(6)特殊情况下劳动者工资(生活费)支付办法。告知的方式尽量采用书面形式，并让劳动者签字确认，防止日后无据可查。

3. 告知是一项义务。用人单位在招聘时，必须以适当的方式告知劳动者相关信息，而且要求如实全面告知，不能选择性告知。否则，劳动者可以依法请求解除劳动合同并索赔。为保留证据起见,用人单位可向劳动者送达《用人单位及劳动者工作岗位基本情况告知函》等文件。

典型案例

案例1:用人单位有义务告知劳动者工作岗位的职业危害吗?

2013年,白某到青岛打工,与当地一家韩资轮胎制造企业签订了劳动合同。上班后,白某才知道他所从事的工作对人体健康有很大的危害,轮胎厂里面的橡胶颗粒会产生尘肺橡胶,有种成分叫苯胺(阿尼林)含有特殊臭味危害,对血液、肝脏、泌尿系统、神经系统都有危害,甚至会致癌。于是白某找到负责人讨个说法,并提出要调整工作岗位。负责人解释说轮胎制造工作只是难闻,对身体并没有太大影响,也不同意为白某更换工作,否则,白某只能解除劳动合同。双方发生争议。于是,白某将情况投诉到人力资源和社会保障部门。

案例点评

根据《劳动合同法》第8条的规定,用人单位招用劳动者时,应当如实告知劳动者工作内容、工作条件、工作地点、职业危害、安全生产状况、劳动报酬,以及劳动者要求了解的其他情况。《职业病防治法》第34条规定,用人单位与劳动者订立劳动合同(含聘用合同,下同)时,应当将工作过程中可能产生的职业病危害及其后果、职业病防护措施和待遇等如实告知劳动者,并在劳动合同中写明,不得隐瞒或者欺骗。劳动者在已订立劳动合同期间因工作岗位或者工作内容变更,从事与所订立劳动合同中未告知的存在职业病危害的作业时,用人单位应当依照前款规定,向劳动者履行如实告知的义务,并协商变更原劳动合同相关条款。用人单位违反前两款规定的,劳动者有权拒绝从事存在职业病危害的作业,用人单位不得因此解除与劳动者所订立的劳动合同。

因此,轮胎企业在录用白某前就应当告知其职业危害。本案中,企业不但没有事先告知白某相关情况,在白某了解到相关情况追问企业时,企业还故意隐瞒,显然违反了法律规定。该情况下,白某有理由主张劳动合同无效，并要求轮胎企业赔偿损失，轮胎企业却无权单方解除合同（解聘白某）。

HR 实务指引

1. 用人单位一定要重视劳动者的知情权，履行告知义务。这是公平、诚实信用原则的要求，也是法律的明文规定。否则，用人单位将面临法律上的不利后果。

2. 用人单位履行告知义务时还应当注意要采用一定的可追溯的形式，尽量采用书面形式，比如，向劳动者专门发出《职业危害告知书》或在《录用通知书》、《劳动合同》中做出专门说明和约定，并要求劳动者签字确认已知悉相关情况。用人单位应保存好签收记录。

法条链接*

《劳动合同法》第八条

范本1：职业危害告知书

________先生/女士：

您所从事的工作岗位，存在职业病危害。如防护不当，会对您的身体造成一定程度的伤害。特此告知您，并提请您注意做好防护。对于您所在的岗位，公司已按照国家（及本市/区/县）的有关规定，对职业危害因素采取了职业病防护措施，并向您发放合适的个人防护用品。同时，本公司将根据《中华人民共和国职业病防治法》的相关规定对您进行上岗前和在岗期间的职业安全卫生培训，指导您正确使用相关的职业病防护设备和个人职业病防护用品；安排您进行上岗前、在岗期间和离岗时的职业健康检查，并将检查结果如实告知您。

您有义务履行如下义务：劳动者应当学习和掌握相关的职业卫生知识，增强职业病防范意识，自觉遵守职业病防治法律、法规、规章，自觉遵守本公司制定的本岗位职业卫生操作规程和制度；正

---

* 本书附录中予以收录的法律文件在此均不赘述，请读者根据提示到附录中查阅，下同。

确使用、维护职业病防护设备和个人使用的职业病防护用品；积极参加职业卫生知识培训；按照公司的要求参加上岗前、在岗期间和离岗时的职业健康检查。职业健康检查费用由本公司承担；发现职业病危害隐患事故应当及时报告本公司。一旦您患上职业病，本公司将按照《工伤保险条例》的相关规定执行。如因您履行前述义务不当，发生您或他人损害并导致本公司承担赔偿责任的，本公司有权向您追偿不低于50%的责任。

请您全面、详细、认真地阅读上述内容，如您同意上述内容，请签字确认。

用人单位盖章　　　　本人签字

年　月　日　　　　年　月　日

二、劳动者的说明义务

权利和义务是统一的。《劳动合同法》是规范劳动合同双方当事人行为的法律，其在规定用人单位告知义务及劳动者知情权的同时，也规定了劳动者的说明义务和用人单位的必要知情权。

企业招聘员工并非随意而为，要么为填补正常的人员流动引起的职位空缺，要么为满足企业扩大规模、开展新业务的需要。但不论何种目的的招聘都必然要设定特定录用条件，并从中选出适宜人员予以录用。这一过程就需要劳动者配合，包括向用人单位陈述有关个人的真实基本情况，提交真实的资料，如劳动者的年龄、居住地、学历、工作经历、职业技能等。对于劳动者的该项义务，《劳动合同法》第8条做了明确规定，用人单位有权了解劳动者与劳动合同直接相关的基本情况，劳动者应当如实说明。由该规定可知：

1. 劳动者的说明义务是指自身的基本情况，劳动者应如实说明，不得隐瞒。这主要是为了防止实践中有的劳动者的不诚信行为，故意隐瞒于己不利的情况，常见的有虚报学历、从业经历、身体状况等。

2. 用人单位的该项知情权是有限的，特指“与劳动合同直接相关”的劳动者的基本情况。这主要是为了防止有的用人单位滥用知情权，侵犯劳动者的隐私权的情况发生。一般而言，这些基本情况包括劳动者的教育背景、职业技能、工作经历、居住地、法律允许及工作必需的劳动者身体素质等。

劳动者如果故意告知虚假情况，不依法履行如实说明义务，构成欺诈使用人单位在违背真实意思的情况下订立劳动合同的，根据《劳动合同法》第 26 条的规定，劳动合同无效或者部分无效。劳动合同被确认无效后，用人单位取得两项权利：一是可依据《劳动合同法》第 39 条的规定行使劳动合同单方解除权；二是如能证明劳动者给用人单位造成损害的，可要求劳动者承担赔偿责任。

典型案例

案例 2：劳动者必须如实向用人单位提供其基本情况吗？

2010 年 10 月，董某入职某工程公司，担任该公司的绘图员。双方约定试用期为 2 个月，试用期期间原告的月工资为 3000 元，转正后月工资为 4000 元，每月 15 日签字领取上月工资。2011 年 2 月 3 日，双方签订期限自 2010 年 12 月 24 日至 2011 年 12 月 23 日的劳动合同。后来，董某在工作中业绩表现不佳，经查发现董某的学历是虚假的，于是公司找她谈话，这让董某觉得很没面子。2011 年 3 月 10 日，董某离职。同年 3 月 31 日，董某向当地劳动争议仲裁委员会申诉，后因不服仲裁裁决，诉至法院，请求法院判决：1. 被告工程公司支付 2010 年 10 月 22 日至 2011 年 2 月 3 日未签订劳动合同的双倍工资差额 11623 元。2. 被告支付原告解除劳动关系补偿金 2000 元。法院判决驳回了原告的该两项诉讼请求。

案例点评

劳动关系存续期间，用人单位与劳动者均应当遵循诚实信用的原则。董某在与工程公司建立劳动关系时，提交虚假的学历证书，误导工程公司在违背真实意思的情况下与其建立劳动关系，董某的行为已构成欺诈，董某不能获得未签订劳动合同双倍工资的赔偿。董某因个人原因离职，其要求工程公司支付解除劳动关系的经济补偿金，于法无据。

需要注意的是，劳动具有消耗性和不可逆性。双方在 2009 年 10 月 22 日至 2010 年 2 月 2 日期间的劳动关系已无法予以撤销，不能做无效处理。因此，董某在此期间取得的劳动报酬无须返还。

HR 实务指引

1. 劳动者的告知义务具有特殊性。不同于用人单位的告知义务，劳动者的告知义务是附条件的，只有在用人单位要求了解劳动者与劳动合同直接相关的基本情况时，劳动者才有如实说明的义务。用人单位需要了解这一差别。

2. 劳动者应当向用人单位如实说明的基本情况一般包括：劳动者的健康状况、知识技能、学历、职业资格、工作经历以及部分与工作有关的劳动者个人情况，如家庭住址、主要家庭成员构成等。

3. 防患于未然，用人单位要做好入职审查。企业在招聘员工时应注意核实应聘者提供的真实性。要求应聘者提交真实的材料，并在重点环节要求应聘者签署承诺书。在诸多有关劳动者的不诚信行为中，伪造学历证明是最常见的表现形式之一。用人单位一方面可通过国家教育部电子证书查询中心等网站或交由专业机构进行验证，另一方面可要求劳动者提供信赖度高的证明人。

法条链接

《劳动合同法》第八条

范本 2：入职审查通知书

________先生/女士：

为做好拟录用员工的信息采集工作，现按照《劳动合同法》的有关规定，向您核实个人基本情况，请您按照《入职资格审查材料清单》（见附件）的要求准备相应材料，于×年×月×日前提交至人力资源部，以便公司开展入职审查工作。

请您认真准备并如实提供相关材料，如发现存在弄虚作假或资格审查不合格的情况，本公司将不予录用，由此引起的一切后果，均由您本人承担。

联系人：　　　　　　　　　　联系电话：

人力资源部（章）

年　月　日

附件：

表 1　入职资格审查材料清单

序号	材料项目	材料要求
1	无犯罪记录证明	原件
2	身份证	复印件 1 份,原件校验
3	户口本	复印件 1 份(首页和本人页),原件校验
4	毕业证	复印件 2 份,原件校验
5	学位证	复印件 2 份,原件校验
6	相关的职业资格证明	复印件 1 份,原件校验
7	原来有工作单位的,须出具原单位同意调出函或离职证明	原件
8	社保缴费证明	原件及复印件各 1 份
9	体检报告	原件,指定医院加盖公章
10	应届毕业生报到证	原件
11	应届毕业生就业协议	原件
12	近期彩色照片	1 寸和 2 寸各 4 张

第二节　建立劳动关系

劳动关系的建立,是指劳动者和用人单位按照一定的方式确定劳动关系,从而产生相互之间权利和义务的活动。劳动关系的建立,表明劳动者实现了就业,用人单位录用了劳动者,是劳动关系运行的起点。按照《劳动法》及《劳动合同法》的规定,建立劳动关系,应当订立劳动合同,并且要求订立书面劳动合同。

一、录用通知书

录用通知书(offer)是用人单位向应聘者发放的,意在告知应聘者希望与其建立劳动关系的意思表示。严格讲,录用通知书并非建立劳动关系的必要程序,其性质为何,对于用人单位和劳动者具有何种法律意义目前存在争议。实践中,有些用人单位发放录用通知书往往很随意,对于内容不作细致斟酌,忽略了其中隐藏的法律风险,引发了劳动争议。

根据《合同法》的基本原理并结合司法实践,笔者认为录用通知书符合要约的构成要件,具有要约的法律效力。按照《合同法》关于要约的基本原理,要约必须是特定人所为的意思表示,必须向相对人发出,必须具有缔结合同的目的。录用通知书是用人单位的意思表示,向特定的应聘者发出,具有订立劳动合同的目的。可见,录用通知书符合"要约"的构成要件。

典型案例

案例3:录用通知书送达后,用人单位有权撤销吗?

2014年3月,刘某应聘某科技公司的国际销售经理职位。经考察,科技公司准备录用刘某。4月初,科技公司通过电子邮件形式向刘某发出了《录用通知书》,告知其被录用,并介绍了职位职责、薪资待遇、试用期等内容,还提示刘某按时报到。接到通知书后,刘某向原工作单位提出辞职并获批准。但刚过了两个星期,刘某却接到科技公司电话称,撤销录用通知书,不必再来报到。此时,刘某正在与原单位同事办理工作交接,相关手续已接近完成。刘某找到科技公司称,自己已辞职,科技公司应当录用。而科技公司却认为,不是劳动合同书,报到之前公司有权撤销录用,现在公司因合同履行面临裁员,所以不考虑新录用员工。双方发生纠纷。

案例点评

录用通知书具有要约性质,送达应聘者后即发生法律效力,其一经生效,用人单位即受到录用通知书的拘束,不得随意撤销或对录用通知书加以限制、变更和扩张。关于要约的撤销,《合同法》规定,要约可以撤销。撤销要约的通知应当在受要约人发出承诺通知之前到达受要约人且明确规定了要约不得撤销的情形:(1)要约人确定了承诺期限或者以其他形式明示要约不可撤销;(2)受要约人有理由认为要约是不可撤销的,并已经为履行合同做了准备工作。

本案中,刘某收到科技公司的《录用通知书》那刻起,《录用通知书》即生效。基于此,刘某向原单位辞职并获批准,属于"有理由认为要约是不可撤销的,并已经为履行合同作了准备工作"的情形。因此,科技公司无权单方撤销《录用通知书》,仍应录用刘某。《录用通知书》虽不是正式的劳动合同,但一经生效,对用人单位即产生了法律约束力。还有一点需要用人单位注意的是,《录用通知书》中最好加上要求应聘者回应的期限,即确定"承诺期限"。

HR 实务指引

1. 要慎重发放《录用通知书》。

2. 发放《录用通知书》之前,先行发放《入职审查通知书》,确保劳动者符合入职审查要求。

3. 不要将《录用通知书》设计成《劳动合同》。

4. 一旦决定发放《录用通知书》,建议明确报到/办理入职手续的时间。

法条链接

《合同法》

第十三条 当事人订立合同,采取要约、承诺方式。

第十六条 要约到达受要约人时生效。

采用数据电文形式订立合同,收件人指定特定系统接收数据电文的,该数据电文进入该特定系统的时间,视为到达时间;未指定特定系统的,该数据电文进入收件人的任何系统的首次时间,视为到达时间。

第十七条 要约可以撤回。撤回要约的通知应当在要约到达受要约人之前或者与要约同时到达受要约人。

第十八条 要约可以撤销。撤销要约的通知应当在受要约人发出承诺通知之前到达受要约人。

第十九条 有下列情形之一的,要约不得撤销:

(一)要约人确定了承诺期限或者以其他形式明示要约不可撤销;

(二)受要约人有理由认为要约是不可撤销的,并已经为履行合同做了准备工作。

第二十五条 承诺生效时合同成立。

第二十六条 承诺通知到达要约人时生效。承诺不需要通知的,根据交易习惯或者要约的要求作出承诺的行为时生效。

采用数据电文形式订立合同的,承诺到达的时间适用本法第十六条第二款的规定。

范本3:录用通知书

先生/女士:

您好!祝贺您从××公司年招聘活动的应聘者中脱颖而出,您将在________(岗位名称)任________(职务),诚挚欢迎您加入公司大家庭!

为了使您顺利完成签约手续,请您务必于×年×月×日点至×点持此通知书和相关证件到办理入职手续。无正当理由逾期未报到者,本公司将有权决定是否取消对您的录用。

公司(章)

年 月 日

报到须知:

1. 公司地址,联系电话,联系人;

2. 报到时请持录用通知书;

3. 报到时须携带本人1寸照片3张;

4. 须携带身份证、学历学位证书原件和复印件;

5. 指定医院体检表;

6. 本次录用条件为,如果在试用期内你被证明不符合录用条件,公司可以与你终止劳动关系;

7. 若您不能及时就职,作为自动放弃处理。

劳动者签名:

年 月 日

典型案例

案例4:录用通知书与劳动合同约定不一致时怎么处理?

某能源公司决定录用曹女士为本公司员工,并发放了《录用通知函》,关于报酬约定如下:“在本公司工作期间,您的月基本工资为人民币6000元整,绩效工资1000元整。”但曹女士入职后与公司签订了正式劳动合同时约定,乙方报酬为计时工资6200元/月,同时按照公司的考核制度,甲方可根据对乙方的考核结果调整相关工资。等月底发工资时,曹女士实际领到6200元工资。曹女士认为,公司应该按照《录用通知函》为自己每月发7000元工资,但公司方面认为后来双方签订了正式的劳动合同,应当以劳动合同为准,并且公司有考核制度,实际发放工资可根据考核结果进行调整。

案例点评

实践中经常会发生《录用通知书》与《劳动合同》的内容不一致的情况。发放《录用通知书》不是招聘录用员工的必要程序,因此,为避免发生纠纷,很多情况下可不发放。如果确需发放,在后来与劳动者签订《劳动合同》时,建议做如下类似约定:“……录用通知函及其他在本合同签署之前由用人单位与乙方磋商形成的文件与本合同内容不一致时,以本合同为准。”这样就避免了不同的协议(合同)内容约定不一致时发生效力冲突的问题。否则,如本案,司法部门从维护劳动者利益的角度极有可能要求能源公司按照7000元/月的工资标准向曹女士支付。

HR实务指引

1. 建议简化《录用通知书》,切忌将《录用通知书》设计成第二份《劳动合同书》,可直接不发放《录用通知书》。

2. 确需发放《录用通知书》,且内容需稍详细时,要避免与《劳动合同》内容的冲突。

法条链接

《合同法》

第十三条 当事人订立合同,采取要约、承诺方式。

第十六条 要约到达受要约人时生效。

采用数据电文形式订立合同,收件人指定特定系统接收数据电文的,该数据电文进入该特定系统的时间,视为到达时间;未指定特定系统的,该数据电文进入收件人的任何系统的首次时间,视为到达时间。

二、劳动合同的订立与书面劳动合同

《劳动合同法》第10条规定,建立劳动关系,应当订立书面劳动合同。已建立劳动关系,未同时订立书面劳动合同的,应当自用工之日起一个月内订立书面劳动合同。用人单位与劳动者在用工前订立劳动合同的,劳动关系自用工之日起建立。《劳动法》和《劳动合同法》均强调,建立劳动关系必须订立劳动合同。劳动合同,是指劳动者与用人单位确立劳动关系、明确双方权利义务的协议。合同有口头与书面之分,理论上讲,劳动合同也有口头与书面之分。但是,为了维护劳动者的合法权益,明确劳动者与用人单位双方的权利义务关系,减少劳动争议,《劳动合同法》明确规定书面劳动合同是劳动合同的唯一合法形式,不承认口头劳动合同。口头劳动合同视为未签订劳动合同,用人单位将因此承担赔偿责任。

应当厘清"劳动关系"与"劳动合同"二者之间的联系和区别。二者之间的联系:建立劳动关系依法就要求订立劳动合同。订立劳动合同是为了明确劳动关系,约定劳动者和用人单位之间的权利和义务。二者之间的区别:所谓"劳动关系",是指劳动者事实上为用人单位提供有报酬的劳动,有了这个事实,就可以说劳动者与用人单位之间建立了劳动关系。首先,这种劳动关系的建立不要求双方已签订劳动合同。例如,自9月1日起,某甲开始在一家公司车间上班,但双方未签订任何合同,只是此前单位负责人同意某甲来上班,那么,虽然无合同约定,但自9月1日起某甲即与该企业建立了劳动关系。其次,存在"劳动合同"关系也并不意味着建立了劳动关系。例如,某乙与一公司于1月1日签订了书面劳动合同,某乙于2月1日正式到公司上班，那么，某乙与该公司自2月1日建立劳动关系。总之，劳动关系建立的唯一标准是实际用工，即劳动者实际提供劳动之日起劳动关系建立。书面劳动合同自双方签字或者盖章之日起生效。

典型案例

案例5：录用通知书可以代替劳动合同吗？

经层层筛选，小李被某公司录用，2013年3月，该公司向小李发出录用通知书，规定了小李的职位和职责、雇佣关系期限、薪酬、保险、假期、试用期、违约金等内容。小李欣然接受了录用条件，并2013年3月15日办理了报到入职手续。但双方一直没有签订正式的劳动合同。受行业不景气影响，该公司经营业绩持续下滑，2014年4月11日，公司采取经济性裁员措施，小李在裁员名单之列。公司与小李协商补偿其一个月工资并解除劳动合同。小李不同意，主要理由是公司没有与其签订劳动合同，应当双倍赔偿其在职期间的工资。公司方面认为，《录用通知书》明确了双方的权利和义务，其中包括了雇佣关系期限、薪酬、保险、假期、试用期、违约金等关键要素，已具备劳动合同的关键要素，可视为双方草拟了劳动合同，公司不存在违法，只能认可给予小李经济补偿。小李申请劳动仲裁，仲裁机构裁决某公司向小李支付自2013年4月15日至2014年4月10日期间的双倍工资。

案例点评

建立劳动关系就应当订立劳动合同，而且应当签订书面的劳动合同。本案中的公司录用小李后没有与其协商签订劳动合同，在小李自2013年3月15日至2014年4月一年左右的时间里，双方也未签订劳动合同，显然违反了《劳动合同法》的规定。《劳动合同法》仅认可书面劳动合同为唯一合法劳动合同形式。录用通知书并不能代替劳动合同。用人单位自用工之日起超过1个月但不满1年未与劳动者订立书面劳动合同的，应当向劳动者每月支付2倍的工资。因此，本案公司应当向小李支付双倍工资。用人单位向劳动者每月支付两倍工资的起算时间为用工之日起满1个月的次日，截止时间为补订劳动合同的前一日。《劳动合同法》给了用人单位1个月的宽限期与劳动者协商签订劳动合同,所以用人单位最迟应当在与劳动者建立劳动关系之日起的1个月内订立书面劳动合同。

HR实务指引

1.签订书面劳动合同是现行劳动合同法对用人单位的强制性要求。

2.用人单位不履行签订书面劳动合同将面临的风险:(1)用人单位自用工之日起超过1个月不满1年未与劳动者订立书面劳动合同的,应当向劳动者每月支付2倍的工资,并与劳动者补订书面劳动合同;(2)用人单位自用工之日起满1年未与劳动者订立书面劳动合同的,自用工之日起满1个月的次日至满1年的前一日应当向劳动者每月支付2倍的工资,并视为自用工之日起满1年的当日已经与劳动者订立无固定期限劳动合同,应当立即与劳动者补订书面劳动合同。

3.录用通知书即便达到了劳动合同一样的完备程度,也不能代替劳动合同的。

因此,用人单位录用员工时一定要与员工签订书面的劳动合同。

法条链接

《劳动合同法》第十条

《劳动合同法实施条例》第五条、第六条、第七条

典型案例

案例6:明确了用人单位与劳动者之间权利义务的《聘用确认书》能认定为书面劳动合同吗?

刘先生于2012年10月29日入职海淀区某高科技公司,担任会议项目经理一职,月工资标准为5500元。刘先生于2013年4月30日辞职,双方解除了劳动关系。

刘先生与某高科技公司就双方是否签订了书面的劳动合同产生了争议。刘先生主张某高科技公司未与其签订书面的劳动合同,某高科技公司对此不予认可,并主张其公司与刘先生签订的《聘

用确认书》即为双方的书面劳动合同。《聘用确认书》所载内容为：(1)某高科技公司自2012年10月29日聘用刘先生担任项目经理职位的工作。试用期为2个月。在试用期内，职员必须遵守公司的就业员工守则所规定的相关条款及其他公司内部制度。(2)正常工作时间为每周一至周五，周一至周四8:30～17:30，周五8:30～17:00。每日12:00～13:00为午休时间。(3)员工在试用期内工资为试用期结束后正式工资的90%。若在试用期内，员工和公司希望终止聘用时，需提前一周以书面形式通知对方。试用期结束时，经双方确认后，公司将同员工签订正式的劳动合同。(4)刘先生的税前月薪为人民币伍仟元整。公司将依照国家相关规定为员工缴纳各项社会保险(养老保险、医疗保险、失业保险、生育险)以及住房公积金。员工个人缴纳部分企业将从工资中代为扣除。(5)在试用期内，员工将不享有带薪年假，事假需提前一天向总经理提出申请，并需通过批准。申请病假时，必须向总经理提交医生诊断证明及假条。(6)交通通讯费每月为500元。刘先生认为该《聘用确认书》并非双方签署的正式劳动合同，并称该《聘用确认书》中亦写明了双方在试用期结束后还需签订正式的劳动合同。

刘先生以要求某高科技公司应向其支付未签书面劳动合同二倍工资差额为由向区劳动人事争议仲裁委员会提出申诉，仲裁委员会裁决：驳回刘先生的申请请求。刘先生不同意仲裁裁决结果诉至法院。两级法院均认定刘先生与某高科技公司签订的《聘用确认书》为期限是2012年10月29日至2012年12月28日的书面劳动合同，某高科技公司与刘先生就2012年12月29日至2013年4月30日期间并未签订书面的劳动合同。因此，对刘先生要求某高科技公司向其支付2012年11月29日至2012年12月28日期间未签订书面劳动合同二倍工资差额的主张缺乏事实和法律依据，法院不予支持，但刘先生要求某高科技公司向其支付2012年12月29日至2013年4月30日期间未签订书面劳动合同二倍工资差额的主张具有事实和法律依据，法院予以支持。判决：某高科技公司于本判决生效后七日内向刘先生支付2012年12月29日至2013年4月30日期间未签订书面劳动合同两倍工资差额22252.88元。

案例点评

《劳动合同法》规定用人单位用工必须与劳动者签订书面的劳动合同，否则用人单位应承担向劳动者每月支付2倍工资的法律责任。但是，实践中由于种种原因有些用人单位未与劳动者签订带“劳动合同”字样的书面劳动合同，在处理相关纠纷时，也应当进行区分，不可一概而论地认为双方未订立书面劳动合同。

按照《劳动合同法》第17条的规定，劳动合同应当具备的以下条款：用人单位的名称、住所和法定代表人或者主要负责人；劳动者的姓名、住址和居民身份证或者其他有效身份证件号码；劳动合同期限；工作内容和工作地点；工作时间和休息休假；劳动报酬；社会保险；劳动保护、劳动条件和职业危害防护等。本案中，《聘用确认书》约定了入职时间、职务、试用期期限、试用期月工资标准、转正后月工资标准、福利待遇等内容，基本包含了必备条款。实质上，双方的权利义务已明确。其中，在劳动合同期限问题上，双方只约定了2个月的试用期，试用期满双方未签订其他合同。根据《劳动合同法》第19条第4款的规定，试用期包含在劳动合同期限内。劳动合同仅约定试用期的，试用期不成立，该期限为劳动合同期限。因此，法院认定“《聘用确认书》为期限是2012年10月29日至2012年12月28日的书面劳动合同，某高科技公司与刘先生就2012年12月29日至2013年4月30日期间并未签订书面的劳动合同”是恰当的。

HR实务指引

1. 书面劳动合同并不是简单的要求合同中必须体现“劳动合同”字样，而是应在实质上约定了用人单位与劳动者的权利义务关系。

2. 建议用人单位严格按照《劳动合同法》规定的书面劳动合同必备条款的要求，与劳动者签订劳动合同，以减少纠纷的发生。

3. 用人单位应当注意劳动合同的有效期，合同期满续聘员工的，应当及时补签劳动合同。

法条链接

《劳动合同法》

第十条、第十七条、第十九条第四款

典型案例

案例7:因劳动者原因未签书面劳动合同,用人单位需承担责任吗?

卞某于2010年5月8日入职某公司,任职行政部经理,负责公司企业招工、签订劳动合同管理、离职等单位与劳动者之间的人事关系处理事务。2010年12月31日,卞某以公司没有为其购买社会保险为由,提出解除劳动关系,同时主张单位应当赔偿其在职期间(2010年6月8日至2010年12月30日)的两倍工资。公司方面认为,卞某的职位是行政经理,负责员工人事管理事务,主张已与卞某签订劳动合同,无须向卞某支付用工期间的2倍工资。劳动仲裁裁决驳回了卞某的请求。

案例点评

本案有一定特殊性,即在卞某劳动合同签订方面,其兼具用人单位和劳动者的双重身份。卞某作为行政部经理应当比一般员工更加清楚需在法定期限内与劳动者签订劳动合同。但作为劳动者的卞某却并未与用人单位签订劳动合同,可以推断其在履行行政经理职务时不作为,属于岗位不称职的故意行为。卞某与公司没有在法定期间内签订书面的劳动合同的责任在于卞某,而不是公司。因此,公司无须向卞某支付用工期间的两倍工资。应当注意的是,为切实保护劳动者的合法权益,法律虽然规定了用人单位具有与劳动者签订书面劳动合同的义务,但绝不意味着任何情况下没有签订劳动合同,用人单位都应向劳动者支付双倍工资,如本案中劳动者自身过错导致未签订劳动合同时,用人单位不承担赔偿责任。虽用人单位通知劳动者签订书面劳动合同,但当劳动者无正当理由拒不签订,用人单位书面通知与劳动者终止劳动关系后,劳动者继续劳动期间亦不适用2倍工资赔偿。为防范风险,避免损失,当通知劳动者签订劳动合同后劳动者拒不签订时,用人单位一定记得再书面通知劳动者终止劳动关系,否则仍免除不了2倍工资的赔偿责任。

HR实务指引

签订书面劳动合同不仅是用人单位的法定义务,同时也是劳动者的法定义务。劳动者自用工之日起也应当履行签订书面劳动合同的义务。

1. 劳动者不履行签订书面劳动合同时，将面临如下法律后果：(1)自用工之日起1个月内，劳动者不与用人单位订立书面劳动合同的，用人单位应当书面通知劳动者订立书面劳动合同；如果劳动者不愿意订立的，用人单位应书面通知劳动者终止劳动关系，且无须向劳动者支付经济补偿，只需按照劳动者的实际工作时间支付劳动报酬。(2)自用工之日起超过1个月不满1年，劳动者不与用人单位订立书面劳动合同的，用人单位应当书面通知劳动者终止劳动关系，并依照《劳动合同法》第47条的规定支付经济补偿，即6个月以上不满1年的，向劳动者支付1个月工资的经济补偿；不满6个月的，向劳动者支付半个月工资的经济补偿。

2. 用人单位要把握的原则是："用工必签书面劳动合同，劳动者拒签书面劳动合同要及时终止劳动关系"。签订书面劳动合同的必要性，在此不赘述。需提醒的是，已经建立劳动关系却因劳动者原因未能签订书面劳动合同的情况下应及时终止劳动关系，最迟应当在一个月内签订书面劳动合同或者立即终止劳动关系，否则将面临超过劳动者实际付出的比例支付工资的法律风险。因此，建议在确认劳动者符合录用条件时，即向其发出《订立劳动合同通知书》。签订劳动合同后，要记得要员工签收，用人单位可制作《劳动合同签收备案表》。

3. 应当注意三类特殊人员未签订劳动合同的情况。

用人单位的法定代表人、高级管理人员、劳动人事部门负责人，此三类人未与用人单位签约的情况很复杂，以未签订劳动合同要双倍工资，应当谨慎处理。用人单位应当注意当地的司法实践，一般情况下，按如下原则处理：

(1)法定代表人负有订立劳动合同的职责，未与单位签订合同应该自己负责，不应适用双倍工资。

(2)高级管理人员未与单位签订合同应区分不同情况处理。如果用人单位能够证明高级管理人员的管理职责范围包括劳动合同，可以排除主张双倍工资。对于高级管理人员能够证明自己曾经要求签订劳动合同，用人单位不作为的，应该由单位负责。

(3)劳动人事部门负责人，管理主管劳动合同是其职责，未与单位签订合同应由其个人负责。

4. 做好证据收集。本案中，可考虑采集如下证据：(1)《行政部部门职责及岗位职责》,用以证明卞某具有负责公司入职员工的劳动合同的签订和续签,并负责管理公司公章的职责。(2)公司员工对于卞某职责的证人证言。以上两份证据相互印证,可以形成一个较完整的证据链。

卞某作为负责公司与员工签订劳动合同的负责人,其与公司签订书面劳动合同,也是卞某自身的职责所在。卞某主张其没有与公司签订书面劳动合同,且没有签订书面劳动合同的责任在于公司,应由卞某承担举证责任。卞某未举证证明其事实主张,应由卞某承担不利后果。

法条链接

《劳动合同法实施条例》第五条、第六条

《最高人民法院关于民事诉讼证据的若干规定》

第二条 当事人对自己提出的诉讼请求所依据的事实或者反驳对方诉讼请求所依据的事实有责任提供证据加以证明。没有证据或者证据不足以证明当事人的事实主张的,由负有举证责任的当事人承担不利后果。

《民事诉讼法》

第六十七条 人民法院有权向有关单位和个人调查取证,有关单位和个人不得拒绝。

范本4:订立劳动合同通知书

订立劳动合同通知书

<u>(劳动者)</u>:

根据《中华人民共和国劳动合同法》和《中华人民共和国劳动合同法实施条例》规定,建立劳动关系应当订立书面劳动合同。接此通知后,你应当自________年____月____日(即用工之日)起一个月内,于________年____月____日前到公司人力资源部与本单位订立书面劳动合同。否则,本单位将依法与你终止劳动关系,并不给予经济补偿。

特此通知

单位(盖章)

年　月　日

联系人:　　　　　　　　联系电话:

说明：本通知一式二份，送达劳动者一份，企业留存一份，涂改无效。

送达记录：________　受送达人：________

送达时间：________　证明人：________

范本5：劳动合同签收备案表

劳动合同签收备案表

用人单位名称（盖章）：　　　　　　　　单位性质：

地址：　　　　　　　　　　　　　　　　电话：

序号	姓名	员工类型		劳动合同期限		员工签名	备注
		本市户口	非本市户口	起	止		

说明：1. 此表是用人单位与员工签订劳动合同的凭证之一。

2. 用人单位在办理用工手续时，向人力资源保障部门出具此备案表。

3. 此表一式二份，用人单位、人力资源保障部门各存一份。

三、劳动合同的补签

补签劳动合同主要涉及是否适用双倍工资的问题。也就是说，本来应当在较早的时间签订书面劳动合同，但由于疏忽等原因而未签订，有一段时间没签合同，后来补签了。补签虽然确定了劳动关系，但是未签劳动合同的时间，是否要给双倍工资，目前有不同理解。

一种观点认为，既然补签了，就视为意思表示一致可追溯未签订劳动合同的时间，就不应当再主张双倍工资。主要理由：《劳动合同法》第3条规定,订立劳动合同,应当遵循合法、公平、平等自愿、协商一致、诚实信用的原则。依法订立的劳动合同具有约束力,用人单位与劳动者应当履行合同约定的义务。倒签的劳动合同,在无证据表明签订时存在欺诈、胁迫及重大误解,且不违反法律、法规强行性规定的情形下,是用人单位与劳动者双方对于建立劳动关系时间的真实意思表示,劳动合同是真实有效的,可视为劳动者对于合同期限的一种认可,等于劳动者放弃了主张二倍工资差额的权利。

另一种观点认为,未签合同期间侵犯劳动者的合法权益,没有执行《劳动合同法》违反适用第 82 条规定,应该给双倍工资。

应当说,两种意见都有道理,作者更倾向于第一种意见,即补签了不再考虑双倍工资。

四、劳动合同的续订

劳动合同的续订,是指劳动合同期限届满后,劳动者和用人单位继续延长劳动合同有效期的法律行为,即原有的劳动合同在有效期届满后仍然存续一段期限。在该期限内,劳动者和用人单位继续享受和承担原劳动合同存在时完全相同或者基本相同的权利义务。

从广义上讲,劳动合同续订属于合同的订立行为,因此原则上应以合同订立的要件来确定劳动合同续订的条件,应该坚持平等自愿、协商一致的原则,不得违反国家法律法规的规定。合同订立的核心要件是双方当事人就合同的内容达成合意,从程序上讲要经过要约和承诺的过程。劳动合同的续订,最重要的条件也是当事人达成意思的一致,即用人单位和劳动者都愿意按原合同约定的内容继续履行。

从劳动合同类型的角度来看,并不是所有的劳动合同都能续订。劳动合同根据期限可以分为:固定期限的劳动合同、以完成一定工作任务为期限的劳动合同和无固定期限的劳动合同。以完成一定工作任务为期限的劳动合同不可续订,无固定期限的劳动合同不需要续订,可以续订的劳动合同仅限于固定期限的劳动合同。劳动合同期限届满,经用人单位与劳动者双方协商一致,可以续订劳动合同。用人单位如果无法定事由,不得单方决定不续订劳动合同,否则可因终止劳动合同而应向劳动者支付经济补偿,甚至赔偿金。

需要注意劳动合同续延与劳动合同续订的区别：

《劳动合同法》第45条规定，劳动合同期满，有本法第42条规定情形之一的，劳动合同应当续延至相应的情形消失时终止。主要包括如下情形；

（1）从事接触职业病危害作业的劳动者未进行离岗前职业健康检查，或者疑似职业病病人在诊断或者医学观察期间的；

（2）在本单位患职业病或者因工负伤并被确认丧失或者部分丧失劳动能力的；

（3）患病或者非因工负伤，在规定的医疗期内的；

（4）女职工在孕期、产期、哺乳期的；

（5）在本单位连续工作满十五年，且距法定退休年龄不足五年的；

（6）法律、行政法规规定的其他情形。

上述情形，劳动合同应当续延至相应的情形消失时终止。《劳动合同法》已有明确规定。因此，不需要因此续订劳动合同。

《劳动合同法》第46条第5项规定，除用人单位维持或者提高劳动合同约定条件续订劳动合同，劳动者不同意续订的情形外，依照《劳动合同法》第44条第1项规定终止固定期限劳动合同的，用人单位应当向劳动者支付经济补偿。

范本6：劳动合同续订书

劳动合同续订书

经甲、乙双方协商一致，同意续订本劳动合同。本次续订劳动合同期限类型为期限合同，期限为年，自×年×月×日起至×年×月×日止。

甲、乙双方愿意继续履行×年×月×日签订的劳动合同的各项条款，并在原劳动合同的基础上增加或修订以下条款：

甲方（签章）：　　　　乙方（签字）：

法定代表人或

主要负责人（签章）：

年　月　日　　　　年　月　日

典型案例

案例8:劳动合同期满,用人单位发出续订通知书劳动者不回应,用人单位可以终止劳动合同吗?

阿同于2008年1月1日进入某物业公司工作,担任公司副总经理,并兼任所管大楼客服中心主任。阿同、物业公司曾三次签订劳动合同,最后一期劳动合同期限至2013年12月31日,《劳动合同》约定:阿同所在岗位的工时制度为不定时工时制,月工资2500元,工资支付形式为银行代发等。2013年11月25日,物业公司向阿同出具了《续订、终止劳动合同意向通知书》一份,告知阿同双方之间的合同将于2013年12月31日期满,物业公司考虑到目前物业行业市场的具体情况,只能与阿同签订2014年1月1日至2014年12月31日的劳动合同,请接本通知书后于2013年11月29日前答复,逾期未签订劳动合同或不答复,视阿同不再续订劳动合同。阿同于同日签收了该份通知书。2013年12月31日,物业公司向阿同作出《终止(解除)劳动合同证明书》一份,告知阿同因其本人原因,决定于2013年12月31日与之终止劳动合同。阿同于2014年1月6日向劳动人事争议仲裁委员会申请仲裁,要求物业公司支付违法解除劳动合同的赔偿金30000元。仲裁委裁决:驳回阿同的仲裁请求。

案例点评

本案的焦点是物业公司终止与阿同之间的劳动合同是否合法。本案中,劳动合同期满,用人单位发出续签通知书劳动者不回应,用人单位终止劳动合同合法吗?

根据《劳动合同法》第46条规定,除用人单位维持或提高劳动合同约定条件续订劳动合同,劳动者不同意续订的情形外,劳动合同期满终止固定期限劳动合同,用人单位应向劳动者支付经济补偿金。本案中,在双方劳动合同到期前即2013年11月25日,物业公司向阿同发出《续订、终止劳动合同意向通知书》,这虽是物业公司的单方意思表示,对阿同不具有强制约束力,但这可以证明物业公司欲与阿同续订劳动合同的意向。阿同对物业公司发出的《续订、终止劳动合同意向通知书》上所列明的条件并未提出过异议，亦未向物业公司主张因未与之签订无固定期限劳动合同而不同意续签。阿同未提供充分的证据证明其同意续签劳动合同，也无证据证明因其对物业公司提出的续订条件有异议而曾另行主张续订劳动合同，故物业公司以阿同不同意续签劳动合同为由在双方劳动合同期满后提出终止并无不当，且也不属于上述应当支付经济补偿的法定情形。因此，物业公司终止劳动合同合法，无须向阿同支付经济补偿金。

HR 实务指引

在劳动争议案件中，除法律、法规等明确规定应当由用人单位承担举证责任的情形以外，当事人对自己提出的主张，仍有责任提供证据。劳动合同期限届满，用人单位向劳动者发出终止或续订劳动合同意向书，并约定了逾期不答复视为不同意续订劳动合同的，劳动者逾期不回应，发生劳动争议后，如果劳动者既无证据证明曾同意用人单位的续订意向，也无证据证明因其对用人单位提出的续订条件有异议而曾另行主张续订劳动合同，则用人单位有权在双方劳动合同期满后提出终止，并不必支付经济补偿。

建议用人单位在劳动合同届满前，及时向劳动者发出《续订、终止劳动合同意向通知书》，要求劳动者签字确认，并按期答复，保留好证据。一般地方劳动法规规定，用人单位应在劳动合同届满前30日内与职工协商劳动合同续订事宜。

范本7：续订（终止）劳动合同意向通知书

续订（终止）劳动合同意向通知书

________先生/女士：

您与本企业签订的劳动合同（劳动合同编号：）将于×年×月×日届满，企业拟与您续订（终止）劳动合同。请将下面回执填好，于×年×月×日前将您的意见返回人力资源部。逾期不返回意见的，视为您不同意续订劳动合同。

单位盖章　　　　　　职工本人签收：

经办人：

年　月　日　　　　　　年　月　日

回　执

本人于×年×月×日收到《续订(终止)劳动合同意向通知书》,同意(不同意)企业意见,本人意见:

姓名:

年　月　日

法条链接

《劳动合同法》第四十六条

案例9:不续订劳动合同,用人单位都需支付经济补偿吗?

2012年,小兵与一家公司签订书面劳动合同,从事会计工作,约定期限为2年。2014年6月,他与公司订立的劳动合同期满。劳动合同期限届满前,公司就双方是否续订劳动合同征询他的意见。小兵之前已打算好,劳动合同期满就去他父亲开的公司上班。因此,他答复公司人事经理决定不再续订劳动合同,但他同时向公司申请2个月的经济补偿。

案例点评

按照《劳动合同法》第46条第5项的规定,除用人单位维持或者提高劳动合同约定条件续订劳动合同,劳动者不同意续订的情形外,依照《劳动合同法》第44条第1项规定终止固定期限劳动合同的,用人单位应当向劳动者支付经济补偿。

本案中,公司在征询小兵关于续订劳动合同的意见时,其答复不再续订劳动合同。因此,公司可不支付因终止其劳动合同的经济补偿。

HR实务指引

如果用人单位降低了原劳动合同约定的条件,导致劳动者不愿意续订的,则不能免除用人单位支付经济补偿的义务。如用人单位增加劳动者的工作量,但是工资待遇不提高,这实际上是变相降低了原劳动合同约定的条件。用人单位降低劳动者工资,劳动者不同意而不续订劳动合同的,用人单位亦需支付经济补偿。

劳动合同期满终止，可能有如下几种情况，发生劳动争议后也对应不同的法律后果：

表2　劳动合同期满，(不)续订劳动合同法律后果对照表

序号	情形	用人单位法律后果	法律依/备注
1	双方都同意续订劳动合同	不支付经济补偿	《劳动合同法》第46条第5项
2	约定劳动合同期满自动续延	约定劳动合同到期若不通知终止便自动续延，保证了劳动合同期满后劳动关系的继续，一般应视为有合同	此种情况下，应该是无条件地续延。要看是否有其他附加条件，根据附加条件对合同续延的影响判断有效性，以及是否应支付经济补偿
3	双方都不同意续订劳动合同	支付经济补偿	《劳动合同法》第46条第5项
4	用人单位不同意续订劳动合同，劳动者同意续订劳动合同	支付经济补偿	《劳动合同法》第46条第5项
5	用人单位同意续订合同，但是降低劳动合同约定条件，劳动者不同意续订劳动合同	支付经济补偿	《劳动合同法》第46条第5项
6	用人单位同意续订合同，且维持或者提高劳动合同约定条件，劳动者不同意续订劳动合同	不支付经济补偿	《劳动合同法》第46条第5项
7	劳动合同期满未续订劳动合同，劳动者继续在原用人单位工作	视为未签订书面劳动合同，用人单位应支付双倍工资	《劳动合同法》第10条注：未及时续签劳动合同在双倍工资的支付上，不享有1个月的宽限期，也就是说，用人单位支付未签订劳动合同双倍工资的起算点为自劳动合同期满的次日，截止点为双方补订书面劳动合同的前一日
8	连续二次续订劳动合同等情况，用人单位违法不与劳动者订立无固定期限劳动合同	用人单位应支付双倍工资	《劳动合同法》第14条

法条链接

《劳动合同法》第十条、第十四条、第四十六条

第三节　劳动合同的种类

劳动合同按照不同的标准可以有不同的分类。按照劳动合同期限进行划分，劳动合同可分为三类：固定期限劳动合同、无固定期限劳动合同及以完成一定工作任务为期限的劳动合同。劳动合同期限，是指劳动合同的有效时间，是劳动关系当事人双方享有权利和履行义务的时间。它一般始于劳动合同的生效之日，终于劳动合同的终止之时。签订何种性质的劳动合同往往取决于用人单位的生产经营需要，有些需要工作具有常年性、连续性和稳定性的特点，需要由相对固定的人员长期去做，有些工作受员工流动性限制较小，用人单位希望有一定的用工灵活性等，这就需要区分不同情况分别签订不同类型的劳动合同。

一、固定期限劳动合同

固定期限劳动合同，是指用人单位与劳动者约定合同终止时间的劳动合同。固定期限的劳动合同可以是较短时间的，如一年、二年；也可以是较长时间的，如五年、十年，甚至更长时间。不管时间长短，劳动合同的起始和终止日期都是固定的。只要用人单位与劳动者协商一致，就可以订立固定期限劳动合同。如果双方协商一致，还可以续订劳动合同，延长期限。如需签订固定期限劳动合同，在《劳动合同》文本中可以做如下约定："第×条本合同为固定期限劳动合同，期限为____年。合同期限自________年____月____日起至________年____月____日止。"

固定期限的劳动合同适用范围广，既能保持劳动关系的相对稳定，又能

促进劳动力的合理流动，是实践中运用较多的一种劳动合同。固定劳动合同也有一些缺点和适用限制，如短期劳动合同不利于保护劳动者的就业稳定性，同时也给社会稳定性带来了不利影响。《劳动合同法》不鼓励用人单位与劳动者订立固定期限劳动合同。

范本8：固定期限劳动合同

编号：________

劳 动 合 同 书

（固定期限）

根据《中华人民共和国劳动法》、《中华人民共和国劳动合同法》和有关法律、法规，甲乙双方经平等自愿、协商一致签订本合同，共同遵守本合同所列条款。

一、劳动合同双方当事人基本情况

第一条 甲方：

法定代表人（主要负责人）或委托代理人：

注册地址：

经营地址：

第二条 乙方：

性别：

户籍类型（非农业、农业）：

居民身份证号码：

或者其他有效证件名称证件号码：

在甲方工作起始时间：________年____月____日

家庭住址：

邮政编码：

户口所在地：________省（市）______区（县）______街道（乡镇）

二、劳动合同期限

第三条 本合同为固定期限劳动合同。

本合同于________年____月____日生效，其中试用期至________年____月____日止。本合同于________年____月____日终止。

三、工作内容和工作地点

第四条 乙方同意根据甲方工作需要，担任________岗位（工种）工作。

第五条 根据甲方的岗位（工种）作业特点，乙方的工作区域或工作地点为____________________。

第六条 乙方工作应达到标准。

四、工作时间和休息休假

第七条 甲方安排乙方执行工时制度。

执行标准工时制度的，乙方每天工作时间不超过8小时，每周工作不超过40小时。每周休息日为________。

甲方安排乙方执行综合计算工时工作制度或者不定时工作制度的，应当事先取得劳动行政部门特殊工时制度的行政许可决定。

第八条 甲方对乙方实行的休假制度有。

五、劳动报酬

第九条 甲方每月____日前以货币形式支付乙方工资，月工资为____元或按________执行。

乙方在试用期期间的工资为____元。

甲乙双方对工资的其他约定。

第十条 甲方生产工作任务不足使乙方待工的，甲方支付乙方的月生活费为元或按执行。

六、社会保险及其他保险福利待遇

第十一条 甲乙双方按国家和××市的规定参加社会保险。甲方为乙方办理有关社会保险手续，并承担相应社会保险义务。

第十二条 乙方患病或非因工负伤的医疗待遇按国家、××市有关规定执行。甲方按支付乙方病假工资。

第十三条 乙方患职业病或因工负伤的待遇按国家和北京市的有关规定执行。

第十四条 甲方为乙方提供以下福利待遇（根据公司情况写明）____________。

七、劳动保护、劳动条件和职业危害防护

第十五条 甲方根据生产岗位的需要，按照国家有关劳动安全、卫生的规定为乙方配备必要的安全防护措施，发放必要的劳动保护用品。

第十六条 甲方根据国家有关法律、法规，建立安全生产制度；乙方应当严格遵守甲方的劳动安全制度，严禁违章作业，防止劳动过程中的事故，减少职业危害。

第十七条 甲方应当建立、健全职业病防治责任制度，加强对职业病防治的管理，提高职业病防治水平。

八、劳动合同的解除、终止和经济补偿

第十八条 甲乙双方解除、终止、续订劳动合同应当依照《中华人民共和国劳动合同法》和国家及北京市有关规定执行。

第十九条 甲方应当在解除或者终止本合同时，为乙方出具解除或者终止劳动合同的证明，并在十五日内为乙方办理档案和社会保险关系转移手续。

第二十条 乙方应当按照双方约定，办理工作交接。应当支付经济补偿的，在办结工作交接时支付。

九、当事人约定的其他内容

第二十一条 甲乙双方约定本合同增加以下内容：________。

十、劳动争议处理及其他

第二十二条 双方因履行本合同发生争议，当事人可以向甲方劳动争议调解委员会申请调解；调解不成的，可以向劳动争议仲裁委员会申请仲裁。

当事人一方也可以直接向劳动争议仲裁委员会申请仲裁。

第二十三条 本合同的附件如下：________________。

第二十四条 本合同未尽事宜或与不符合国家、××市有关规定的，按照有关规定执行。

第二十五条 本合同一式两份，甲乙双方各执一份。

甲方（公章）　　　　　　　　乙方（签字或盖章）

法定代表人（主要负责人）或委托代理人

（签字或盖章）

签订日期：　　　年　　月　　日

劳动合同续订书

本次续订劳动合同期限类型为________期限合同，续订合同生效日期为________年____月____日，续订合同____年，终止日期为________年____月____日。 甲方（公章）　　　　乙方（签字或盖章） 法定代表人（主要负责人）或委托代理人（签字或盖章） 年　月　日

劳动合同变更书

经甲乙双方协商一致，对本合同做以下变更：   甲方（公 章）　　　　乙方（签字或盖章） 法定代表人（主要负责人）或委托代理人 （签字或盖章） 年　月　日

使用说明

一、本合同书可作为用人单位与劳动者签订劳动合同时使用。

二、用人单位与劳动者使用本合同书签订劳动合同时，凡需要双方协商约定的内容，协商一致后填写在相应的空格内。

签订劳动合同，甲方应加盖公章；法定代表人或主要负责人应本人签字或盖章。

三、经当事人双方协商需要增加的条款，在本合同书中第二十一条中写明。

四、当事人约定的其他内容，劳动合同的变更等内容在本合同内填写不下时，可另附纸。

五、本合同应使钢笔或签字笔填写，字迹清楚，文字简练、准确，不得涂改。

六、本合同一式两份，甲乙双方各持一份，交乙方的不得由甲方代为保管。

________年____月____日

二、无固定期限劳动合同

在1994年劳动法颁布实施以前，我国的用工制度实行的基本上是固定工制，劳动关系双方被死死地拴在一起。《劳动法》实施以来，完全打破了固定工制，实行劳动合同制，这在优化劳动市场资源配置、释放企业活力方面起到了重大积极作用，但劳动合同短期化问题又暴露了出来，无固定期限劳动合同的比例较低。正是针对这个状况，《劳动合同法》重新作出调整，对无固定期限劳动合同作出新的规范。

所谓无固定期限劳动合同，是指用人单位与劳动者约定无确定终止时间的劳动合同。怎么理解"无确定终止时间"？应当包含如下两点：(1)有终止时间，一旦出现了法定解除情形或者双方协商一致解除的，无固定期限劳动合同终止履行；(2)终止时间不确切，劳动合同期限长短不能确定，即只要没有出现法定解除情形或者双方协商一致解除的，双方当事人就要继续履行劳动合同。在此，提请用人单位和广大劳动者注意：(1)无固定期限合同并非没有终止时间的"铁饭碗"，符合一定条件，合同即可解除；(2)劳动合同法关于无固定期限劳动合同和固定期限劳动合同的解除、终止条件的规定是一致的。

根据《劳动合同法》的规定，无固定期限劳动合同适用的情形包括以下三大类六种具体情形：

1. 用人单位与劳动者协商一致，可以订立无固定期限劳动合同。

劳动合同当事人双方只要是在平等、自愿、协商一致的情况下，就可以签订无固定期限劳动合同。

2. 出现下列三种情形之一，劳动者提出或者同意续订、订立劳动合同的，除劳动者提出订立固定期限劳动合同外，必须订立无固定期限劳动合同：

(1)劳动者在该用人单位连续工作满10年。

这种情况对签订劳动合同的次数和劳动合同的期限没有要求，只要满足“连续工作10年以上”即可。

(2)用人单位初次实行劳动合同制度或者国有企业改制重新订立劳动合同时，劳动者在该用人单位连续工作满十年且距法定退休年龄不足十年的。

(3)连续订立二次固定期限劳动合同，且劳动者没有《劳动合同法》第39条和第40条第1项、第2项规定的情形，续订劳动合同的。

3. 视为订立无固定期限劳动合同：

用人单位自用工之日起满一年不与劳动者订立书面劳动合同的，视为用人单位与劳动者已订立无固定期限劳动合同。

如需签订无固定期限劳动合同，在《劳动合同》文本中可以作如下约定：“无固定期限合同。自________年____月____日起。”

典型案例

案例10：劳动者连续工作满10年，提出订立无固定期限劳动合同的，用人单位应当同意吗？

廖某于2002年7月29日入职某公司，担任技术员。廖某于2008年1月、2009年11月连续两次与该公司签订固定期限劳动合同，其中第二份劳动合同于2012年10月31日到期。公司于2012年9月4日向廖某发出《终止劳动合同通知书》，通知双方已签订的固定期限劳动合同于2012年10月31日届满终止，公司将不再与廖某续签劳动合同。廖某不同意该决定，并于2012年9月7日向某公司发出《要求订立无固定期限劳动合同申请书》，要求与公司签订无固定期限劳动合同，但双方未能达成一致意见。

案例点评

廖某于2002年7月29日入职，截至2012年7月28日，廖某在该公司连续工作已满10年。除非廖某本人提出订立固定期限劳动合同外，否则应当订立无固定期限劳动合同。本案公司不同意签订无固定期限劳动合同并终止双方的劳动合同关系违反了法律规定。该公司将面临两种可能后果：

一是同意廖某的要求，与之签订无固定期限劳动合同；二是拒绝廖某的要求，同时支付违法终止劳动合同的赔偿金劳动合同存续期间为2002年7月29日至2012年10月31日，按照《劳动合同法》第87条及第47条的规定，计算赔偿金的基数为10.5个月。

HR实务指引

本案提示用人单位聘用员工要关注到劳动合同期限，其中10年是一个节点。

1. 如果在同一单位连续工作满10年，则应当订立无固定期限劳动合同。除外情形是，劳动者提出订立固定期限劳动合同。

2. "劳动者提出订立固定期限劳动合同"时，为防范风险，建议用人单位与劳动者签订一份其要求签订固定期劳动合同的确认书。避免以后发生纠纷后，用人单位无法举证。

3. "连续工作满10年"的判断标准是劳动者与同一用人单位签订劳动合同的期限不间断达到10年。

4. 10年的起算时间，应当自用人单位用工之日起算，包括《劳动合同法》实施之前的工作年限。

法条链接

《劳动合同法》第十四条

《劳动法》第二十条

《劳动部关于贯彻执行〈中华人民共和国劳动法〉若干问题的意见》（劳部发〔1995〕309号）第二十二条

《劳动合同法实施条例》第九条、第十一条

范本9：订立无固定期限劳动合同征询单

订立无固定期限劳动合同征询单

________先生/女士：

根据《劳动合同法》有关规定，你符合与公司订立无固定期限劳动合同的条件，公司准备与你订立无固定期限劳动合同，现征询你的意见,如你同意,请于________年____月____日前到公司人力资源部商定订立无固定期限劳动合同;如不愿继续订立劳动合同,请在________年____月____日前告知人力资源部。如不回复,视同你不愿续签,公司将与你终止劳动合同。

单位(盖章)

年　　月　　日

联系人:　　　　　　　　　　　联系电话:

职工意见:

职工签名:　　　　　　　　　　年　　月　　日

说明:本征询单一式二份,送达劳动者一份,企业留存一份,涂改无效。

送达记录:________　受送达人:________

送达时间:________　证明人:________

典型案例

案例11:连续订立二次(及以上)固定期限劳动合同,劳动者有签订无固定期限劳动合同的强制缔约权吗?

范某自2009年7月25日入职一家公司,双方公签订了四期劳动合同,最后一期劳动合同期限自2012年8月1日起至2014年7月31日止。2012年7月,公司与范某续订劳动合同时,范某提出签订固定期限劳动合同,并在《关于续订劳动合同的情况说明》上签字。2014年6月25日,公司向范某提出合同到期后终止劳动关系,并向范某发出终止劳动合同的通知,范某拒绝在该份通知书上签字。同年7月31日,公司以合同期满为由与范某终止了劳动合同,并办理了退工手续。范某提起仲裁,要求与公司签订无固定期限劳动合同,继续履行劳动合同。仲裁委员会对范某的请求不予支持。范某起诉到法院,一审法院驳回了范某的诉讼请求。二审法院判决该公司应与范某签订无固定期限劳动合同。

案例点评

本案的关键在于如何理解法定应当订立无固定期限劳动合同的第三种情形,即"连续订立二次固定期限劳动合同,且劳动者没有劳动合同法第三十九条和第四十条第一项、第二项规定的情形,续订劳动合同的"。本案中,固定期限劳动合同行将届满,用人单位不同意续订合同,劳动者却要求续订合同,是否可以?笔者认为,答案是肯定的。应将该情形放到《劳动合同法》第14条甚至整个《劳动合同法》以及由《劳动法》到《劳动合同法》制度变迁的大背景下考量,实际上法律在该处已赋予劳动者以强制缔约权。如果仅承认用人单位在此种情况下有劳动合同续订权,那么,在用人单位不同意续签劳动合同的情况下,劳动者就根本无从行使签订无固定期限劳动合同的权利,这与立法本意背道而驰。司法审判实践中,也倾向于连续订立二次固定期限劳动合同后,劳动者取得劳动合同续订权。

HR实务指引

1. 用人单位应当从一开始就设计好人员梯队和流动计划,评估好劳动合同期限的适宜类型。

2. 用人单位在第一次固定期限合同到期时,就应当慎重决定是否续订下一期劳动合同。因为如果第一次固定期限劳动合同到期时,用人单位不作出决定,等到一旦签订了第二次固定期限劳动合同,实际效果就等于已经订立了无固定期限劳动合同。

法条链接

《劳动合同法》第十四条

三、以完成一定工作任务为期限的劳动合同

以完成一定工作任务为期限的劳动合同,是指用人单位与劳动者约定以某项工作的完成为合同期限的劳动合同。此类劳动合同是一种特殊类型的劳动合同,是以完成一定工作任务为核心的劳动合同,用人单位与劳动者

协商一致可以订立这种类型的劳动合同。此类劳动合同还有一点特殊之处在于,不得约定试用期。

以完成一定工作任务为期限的劳动合同一般出现在以下几种情况:(1)以完成单项工作任务为期限的劳动合同;(2)以项目承包方式完成承包任务的劳动合同;(3)因季节原因用工的劳动合同。

如需订立以完成一定工作任务为期限的劳动合同,在合同文本中相关条款可作如下约定:"本劳动合同为以完成一定工作任务为期限的合同。具体为:________。"

典型案例

案例 12:以完成一定工作任务为期限的劳动合同可以约定试用期吗?

小陈是某名校毕业的一名学建筑设计专业人才,2013 年,他通过面试进入了一家大型建筑工程公司工作。公司承诺提供丰厚的工资待遇,但小陈发现在公司提供的劳动合同上没有明确的工作期限,而是约定以完成一定工程任务为期限,并且要在劳动合同中约定3个月的试用期。用人单位可以对合同期限不做有起止期限的约定吗?试用期的约定是否合法?

案例点评

根据《劳动合同法》第 15 条的规定,以完成一定工作任务为期限的劳动合同,是指用人单位与劳动者约定以某项工作的完成为合同期限的劳动合同。用人单位与劳动者协商一致,可以订立以完成一定工作任务为期限的劳动合同。因此,只要建筑公司与小陈协商一致,可以约定以完成一定工作任务为期限的劳动合同。

同时,根据《劳动合同法》第 19 条第 3 款的规定,以完成一定工作任务为期限的劳动合同或者劳动合同期限不满三个月的,不得约定试用期。可见,本案中的劳动合同不得约定试用期。

HR 实务指引

1. 以完成一定工作任务为期限的劳动合同在工程项目、科技开发方面应用比较多,工程结束或开发项目结束时合同也就终止了,以上案例就属于工程项目完成合同终止的情况。

2. 对于以完成一定工作任务为期限的劳动合同,不得约定试用期。用人单位如果与劳动者约定了试用期,只要劳动者按照劳动合同的要求完成了工作任务,就有权利要求用人单位按约定补发工资。

法条链接

《劳动合同法》第十五条、第十九条

范本10:以完成一定工作任务为期限的劳动合同

编号:________

劳动合同书

(以完成一定工作任务为期限)

甲　　方:

乙　　方:

签订日期:________年____月____日

根据《中华人民共和国劳动法》、《中华人民共和国劳动合同法》和有关法律、法规,甲乙双方经平等自愿、协商一致签订本合同,共同遵守本合同所列条款。

一、劳动合同双方当事人基本情况

第一条　甲方:

法定代表人(主要负责人)或委托代理人:

注册地址:

经营地址:

第二条　乙方:

性别:

户籍类型(非农业、农业):

居民身份证号码(或者其他有效证件名称证件号码):

在甲方工作起始时间________年____月____日

家庭住址:

邮政编码:

在京居住地址:

邮政编码:

户口所在地________省(市)________区(县)________街道(乡镇)

二、劳动合同期限

第三条 本合同为以完成一定工作任务为期限的劳动合同。

本合同于________年____月____日生效,本合同于________工作完成时终止。

三、工作内容和工作地点

第四条 乙方同意根据甲方工作需要,担任________岗位(工种)工作。

第五条 根据甲方的岗位(工种)作业特点,乙方的工作区域或工作地点为________。

第六条 乙方工作应达到________标准。

四、工作时间和休息休假

第七条 甲方安排乙方执行工时制度。

执行标准工时制度的,乙方每天工作时间不超过8小时,每周工作不超过40小时。每周休息日为________。

甲方安排乙方执行综合计算工时工作制度或者不定时工作制度的,应当事先取得劳动行政部门特殊工时制度的行政许可决定。

第八条 甲方对乙方实行的休假制度有________。

五、劳动报酬

第九条 甲方每月日前以货币形式支付乙方工资,月工资为____元或按________执行。

甲乙双方对工资的其他约定________。

第十条 甲方生产工作任务不足使乙方待工的,甲方支付乙方的月生活费为____元或按________执行。

六、社会保险及其他保险福利待遇

第十一条 甲乙双方按国家和×市的规定参加社会保险。甲方为乙方办理有关社会保险手续,并承担相应社会保险义务。

第十二条 乙方患病或非因工负伤的医疗待遇按国家、×市有关规定执行。甲方按________支付乙方病假工资。

第十三条 乙方患职业病或因工负伤的待遇按国家和×市的有关规定执行。

第十四条 甲方为乙方提供以下福利待遇________。

七、劳动保护、劳动条件和职业危害防护

第十五条 甲方根据生产岗位的需要,按照国家有关劳动安全、卫生的规定为乙方配备必要的安全防护措施,发放必要的劳动保护用品。

第十六条 甲方根据国家有关法律、法规,建立安全生产制度;乙方应当严格遵守甲方的劳动安全制度,严禁违章作业,防止劳动过程中的事故,减少职业危害。

第十七条 甲方应当建立、健全职业病防治责任制度,加强对职业病防治的管理,提高职业病防治水平。

八、劳动合同的解除、终止和经济补偿

第十八条 甲乙双方解除、终止劳动合同应当依照《中华人民共和国劳动合同法》和国家及×市有关规定执行。

第十九条 甲方应当在解除或者终止本合同时,为乙方出具解除或者终止劳动合同的证明,并在十五日内为乙方办理档案和社会保险关系转移手续。

第二十条 乙方应当按照双方约定,办理工作交接。应当支付经济补偿的,在办结工作交接时支付。

九、当事人约定的其他内容

第二十一条 甲乙双方约定本合同增加以下内容:

____。

十、劳动争议处理及其他

第二十二条 双方因履行本合同发生争议,当事人可以向甲方劳动争议调解委员会申请调解；调解不成的，可以向劳动争议仲裁委员会申请仲裁。

当事人一方也可以直接向劳动争议仲裁委员会申请仲裁。

第二十三条 本合同的附件如下：

____。

第二十四条 本合同未尽事宜或与不符合国家、×市有关规定的，按照有关规定执行。

第二十五条 本合同一式两份，甲乙双方各执一份。

甲方（公章）　　　　　　　　　　　乙方（签字或盖章）

法定代表人（主要负责人）或委托代理人

（签字或盖章）

签订日期：　　　年　　月　　日

第四节　劳动合同的内容

劳动合同内容，是指劳动合同书中用人单位与劳动者双方在合同中约定的具体条款。由于实践中劳动合同多由用人单位单方提供，很多劳动者缺乏法律常识，对于劳动合同应当如何签订、包含哪些内容，都缺乏认知，合同签订后容易引发纠纷。部分未建立公司法务制度的用人单位，也存在不熟悉劳动合同制度的情况，其与劳动者签订的劳动合同并不规范和完善。当然，也存在少数用人单位明知提供的劳动合同文本不规范甚至违规，仍然使用，引发了一系列的问题，影响了正常的劳动关系。鉴于此，《劳动合同法》设专门条款对劳动合同内容进行规定，并将劳动合同内容作了必备条款与约定条款的区分。这有利于用人单位在招聘录用员工签订劳动合同时有所遵循，也有利于劳动者依法维权，从而减少劳动合同纠纷。

一、劳动合同必备条款

劳动合同必备条款是劳动合同中最基本、最重要的条款,也是与劳动者有切身利益关系的条款。具备必备条款,劳动合同的签订主体用人单位和劳动者的权利义务关系才算明确的。

按照《劳动合同法》第17条的规定,劳动合同的必备条款共有9项:

(1)用人单位的名称、住所和法定代表人或者主要负责人。该项条款主要是为了明确用人单位的主体资格,确定劳动合同的一方当事人,一旦发生纠纷,知道应当由谁承担义务和责任。用人单位主要包括中华人民共和国境内的企业、个体经济组织、民办非企业单位等组织,还包括与劳动者建立劳动关系的国家机关、事业单位、社会团体。

(2)劳动者的姓名、住址和居民身份证或者其他有效身份证件号码。本条款主要是为了明确劳动者的主体资格,确定劳动合同的另一方当事人。所谓其他有效身份证件,主要是考虑到有的劳动者是外国公民,没有我国的居民身份证,其他有效证件如护照也可以。

(3)劳动合同期限。合同期限是合同双方当事人在协商订立合同过程中约定的,是用来界定合同当事人是否按时履行合同义务或者延迟履行合同义务的客观标准,是双方履行合同的时间界限,该界限经双方当事人在合同上签字生效,受法律保护,违反该约定,应承担相应的法律责任。劳动合同期限是用人单位与劳动者双方当事人相互享有权利、履行义务的时间界限,即劳动合同的有效期限。劳动合同期限有其特殊性,可分为固定期限、无固定期限和以完成一定工作任务为期限的三种期限类型。合同期限不明确则无法确定合同何时终止,如何给付劳动报酬等。因此,劳动合同期限也是劳动合同中的必备条款。

(4)工作内容和工作地点。工作内容,是指用人单位要求或希望劳动者做的事情,或者说劳动者应当履行的职责,包含工作岗位、工作任务或工作职责的含义。比如,某公司客服主管岗位的工作内容主要包括:第一,安排售前、售后客服人员工作,负责客服部各岗位人员的排班,确保所管各岗位工作有序开展;第二,监督和检查属下人员及时咨询、销售、售后服务等作业环节过程中所出现的各种问题;第三,组织召开客服例会,针对客服人员存在的问题进行指导培训；第四，负责客户投诉以及处理等。任何一个劳动合同如果缺少了“工作内容”条款将难以称其为劳动合同，用人单位也不可能与劳动者签订此类劳动合同，因为“工作内容”恰恰是用人单位使用劳动者的目的，也是劳动者通过自己的劳动取得劳动报酬的缘由。

工作地点是劳动者履行劳动合同义务的所在地，它关系到劳动者的工作环境、生活环境以及劳动者的就业选择，劳动者有权在与用人单位建立劳动关系时知悉自己的工作地点。尤其是一些大型企业，其分支机构可能遍布全省、全国乃至全球，如果不约定具体的工作地点，那么在履行劳动合同的过程中，用人单位与劳动者可能会发生分歧。而且，工作地点的不同还会影响到劳动者的劳动报酬、所享受的休假、补贴等待遇的差别。因此，劳动合同中必须将劳动地点约定明确。

（5）工作时间和休息休假。简单来说，工作时间是指劳动者完成其工作内容的时间段、时间长短，根据工种的不同，工作时间会有差别。比如有的工种是固定的8小时标准工作时间制，有的就是不定时的工作时间制，有的全是白班，有的白班和夜班轮换。劳动合同不对工作时间作出约定，也是容易产生纠纷的。休息休假是劳动者的法定权利，《劳动法》第38条规定：“用人单位应当保证劳动者每周至少休息一日。”目前，大部分单位已实现了每周双休。

（6）劳动报酬。劳动报酬的重要性不言而喻，它是劳动者和用人单位都较为关心的内容，是用人单位对劳动者付出劳动所支付的对价。具体而言，劳动报酬包括基本工资、奖金、津贴、补贴、试用期及病、事假等期间的工资待遇等。应当注意的是，我国建立了最低工资标准制度，劳动合同中有关劳动报酬的约定，不得违反国家及当地有关最低工资标准的规定。

（7）社会保险。所谓社会保险，就是日常说的“五险一金”中的“五险”部分。“五险”，是指医疗保险、养老保险、失业保险、工伤保险和生育保险。社会保险具有强制性，是法定的要求，通过书面劳动合同予以约定是劳动关系双方执行法律规定，而不是双方合意约定的内容。即关于该条款的约定不能违反国家或者地方的法定标准。

（8）劳动保护、劳动条件和职业危害防护。劳动保护是指用人单位为了防止劳动过程中的安全事故，采取各种措施来保障劳动者的生命安全和健康。如建筑施工企业应当做好的劳动保护，主要是针对劳动者从事建筑施工工程中可能发生的高空坠落、物体打击和碰撞。劳动条件，主要是指用人单位为保障使劳动者完成工作内容所应提供给劳动者的必要物质条件。比如，用人单位分配给某甲打字员工作，那么用人单位应当提供电脑或打字机等必备办公设备。按照《职业病防治法》的规定，“职业病，是指企业、事业单位和个体经济组织等用人单位的劳动者在职业活动中，因接触粉尘、放射性物质和其他有毒、有害因素而引起的疾病。”职业危害主要就是指劳动者工作过程中可能罹患职业病的风险或危害。用人单位有如实告知劳动者职业危害的义务，并应当在劳动合同中写明。该条款与“社会保险”条款一样，国家或地方法律法规都有相关的强制性要求。

(9)法律、法规规定应当纳入劳动合同的其他事项。这是一项兜底性条款，为将来新的法律、法规作出强制性规定预留余地。

必备条款为劳动合同的核心要素，《劳动合同法》之所以要求一个劳动合同必须具备9项必备条款，是因为合同期限、劳动报酬、工作内容等条款内容与用人单位和劳动者双方是否达成建立劳动关系的合意、与劳动合同内容建立有效拘束力密切相关。若双方主体可识别时，当书面文件中对劳动关系这几项核心内容做出约定后——不论该文件名称如何——应视作劳资双方对劳动力的交换也即劳动关系的建立设定了足够的拘束力。因为该拘束力可满足公权力介入评价的客观需要，当然可视作双方已订立书面劳动合同。

典型案例

案例13：不约定劳动合同必备条款，用人单位面临“不与劳动者签订书面劳动合同”同等的法律风险？

张某在某玻璃公司上班，从事司炉工作，工作期间，张某与玻璃公司于2012年6月21日签订《司炉组长协议》一份，玻璃公司未为张某办理社会养老保险。张某于2012年8月30日后未再到原告处上班，并以福玻璃公司未为其办理养老保险为由向劳动争议仲裁委员会申请仲裁。

劳动争议仲裁委员会认为，依据《劳动合同法》第17条规定了劳动合同的必备条款。经审查，《司炉组长协议》无劳动合同必须具备内容，不符合劳动合同特征，不应认定为双方签订了书面劳动合同。依照《劳动合同法》第82条之规定，玻璃公司应支付张某未签订书面劳动合同的双倍工资2000元×3月=6000元，并为张某补办养老保险。

案例点评

本案中，张某事实上在玻璃公司工作，张某与玻璃公司之间实际上已经建立了劳动关系。从法律关系上看，用人单位与劳动者张某之间签订了《司炉组长协议》，即一个关于张某劳动岗位职责的合同。但该《司炉组长协议》由于缺乏《劳动合同法》的必备条款而被认定不符合劳动合同的特征，不属于书面劳动合同。

需要注意的是，并非只要欠缺《劳动合同法》的必备条款就必然导致劳动合同无效。如劳动者与用人单位在劳动合同中未约定社会保险条款，或未约定劳动条件、职业保护条款，仍可以认定劳动合同有效。这两类条款是国家或地方法律法规有强制性规定的，即便双方未约定仍应按照法律规定执行，如果双方约定了相关条款，那只是对相关规定予以明确。只有当必备条款严重缺乏，甚至于合同都无法成立时，或者如本案双方签订的合同不具有劳动合同的特征时，才可认定相关合同不属于书面劳动合同。

此外，按照《劳动合同法》第81条的规定，用人单位提供的劳动合同文本未载明本法规定的劳动合同必备条款或者用人单位未将劳动合同文本交付劳动者的，由劳动行政部门责令改正；给劳动者造成损害的，应当承担赔偿责任。也就是说，如果劳动合同缺乏必备条款，但不影响劳动合同的履行，劳动行政部门可依法责令用人单位改正。

HR实务指引

通过本案例，启示用人单位：

1. 如果已与劳动者建立了实际的劳动关系，就要及时签订书面劳动合同，以免因未签订书面劳动合同而支付两倍工资。

2. 签订书面劳动合同时，要以《劳动合同法》第17条为基础，涵盖所有的必备条款。

法条链接

《劳动合同法》第十七条、第八十一条

《劳动法》第十九条

二、劳动合同对劳动报酬和劳动条件约定不明确的解决

有些劳动合同存在着对劳动报酬和劳动条件约定不明确的情况，有时可能因为用人单位故意模糊处理，有时可能因为疏忽大意，还有可能因为缺乏法律常识，仅作口头约定，但不论属于何种情况，如果对劳动报酬和劳动条件约定不明确都容易引发争议。

劳动报酬条款，一般包括劳动报酬的种类、金额、支付方式、支付时间以及拖欠劳动报酬的法律后果等相关内容。劳动条件，主要是指用人单位为保障使劳动者完成工作内容所应提供给劳动者的必要物质条件。比如，用人单位分配给某甲打字员工作，那么用人单位应当提供电脑或打字机等必备办公设备。劳动合同法中的劳动条件条款要求用人单位必须按照国家安全、卫生法规的标准为劳动者提供必要劳动保护和工作条件，从而使劳动者能够顺利完成劳动合同约定的工作任务。劳动条件是劳动者顺利履行劳动合同的重要条件，也是用人单位的重要义务，必须约定得明确具体，否则难以保障劳动者的合法权益。如果劳动合同对劳动报酬和劳动条件约定不明，按照《劳动合同法》第 18 条的规定，发生争议后，处理方式及处理顺序如下：

1. 用人单位与劳动者重新协商。劳动合同的内容本来就是合同双方协商确定的，劳动报酬和劳动条件约定不明确，最好的解决方式就是双方重新协商，予以明确。

2. 适用集体合同的规定。根据《劳动合同法》第 51 条的规定，企业职工一方与用人单位通过平等协商，可以就劳动报酬、工作时间、休息休假、劳动安全卫生、保险福利等事项订立集体合同。依法订立的集体合同对用人单位和劳动者具有约束力。因此，如果协商不成，用人单位又有集体合同的，就应当适用集体合同的规定。

3. 按照同工同酬原则确定劳动报酬；按照国家有关规定确定劳动条件。

目前，我国集体合同适用并不普遍。如果协商不成，又没有集体合同或者集体合同未规定劳动报酬的，用人单位应当对劳动者实行同工同酬。同工同酬是劳动法确立的分配原则，《劳动法》第46条规定：“工资分配应当遵循按劳分配原则，实行同工同酬。”即用人单位对相同或者相近的工作岗位的劳动者支付大体相同的劳动报酬。

没有集体合同或集体合同未规定劳动条件等标准的，应当按照国家有关规定来确定相应事项的标准。除了劳动法，还有很多其他法律、法规对劳动条件等事项作出了相关规定。如《安全生产法》、《女职工劳动保护特别规定》、《国务院关于职工工作时间的规定》等有关规定。

典型案例

案例14：劳动报酬约定不明时，按什么标准向劳动者支付报酬？

朱某于2012年8月1日入职某建筑公司东莞分公司，职务为木工。朱某与某建筑公司东莞分公司对于劳动报酬存在争议，各执一词。朱某主张双方约定的工资为每日250元、月平均工资为7900元，为此，朱某提供了署名为“熊××”的证人证言拟证明其主张，但证人未能出庭作证，某建筑公司东莞分公司对该证人证言不予确认。某建筑公司主张双方约定的月工资为每月1600元，并提供了《劳动协议》为证，该《劳动协议》上显示双方约定劳动报酬“每月工资1800元（其中试用期每月1600元）或按工程量执行”，并未明确约定双方的劳动报酬的支付方式。朱某对该《劳动协议》上其签名予以确认，但表示其签名时该《劳动协议》系空白的，没有任何内容。

双方争执经过了当地劳动仲裁机构仲裁裁决，后又经两级人民法院审判。两级法院均认为，双方签订的《劳动协议》对劳动报酬约定不明，且朱某亦未能提供充分的证据证明其主张的劳动报酬。某建筑公司东莞分公司主张按照劳动协议的约定月工资为1600元，但某建筑公司东莞分公司提出该主张的依据仅是协议对工资约定的一部分，协议还约定“或按工程量执行”，可见，某建筑公司东莞分公司对工资的主张也不成立。同时考虑到东莞市2012年度土木工程建筑业劳动力市场工资指导价高位数、中位数、低位数、平均数分别为7108元、4616元、2248元和3115元。因此，应当参照东莞市2012年土木建筑业同行业的社会平均工资标准，酌情认定朱某的月平均工资以为3115元计算。

案例点评

本案中，用人单位和劳动者双方提供的证据都存在瑕疵。朱某提供了署名为“熊××”的证人证言，根据《最高人民法院关于民事诉讼证据的若干规定》第69条第5项的规定，无正当理由未出庭作证的证人证言不能单独作为认定案件事实的依据，因此，朱某的主张不成立。而用人单位提供的《劳动协议》中关于劳动报酬的约定“每月工资1800元（其中试用期每月1600元）或按工程量执行”，也是模糊不清的。

双方均不能证明各自主张的有关朱某的劳动报酬数额，属于用人单位与劳动者对劳动报酬约定不明的情况。按照《劳动合同法》第18条有关劳动报酬约定不明的处理规则，按当地同行业的月均工资水平确定朱某的劳动报酬并无不当。

HR实务指引

集体合同在我国并不常见，用人单位与劳动者就劳动报酬发生争议后，如果协商不成，难以适用集体合同的约定，可按照“同工同酬”的原则处理。这里的“同工同酬”，是指用人单位对于从事相同工作，付出等量劳动且取得相同劳动业绩的劳动者，支付同等的劳动报酬。但是，一旦纠纷发生了，如果继续按照用人单位提供的“同工同酬”标准，劳动者一般会有抵触。因此，司法机关通常的做法就是按照当地同行业的平均工资确定劳动者的劳动报酬。

1. 用人单位和劳动者在签订书面劳动合同时，都要注意对劳动报酬条款作出明确约定，以减少纠纷发生的概率，降低争议解决的成本。

2. 用人单位应加强人力资源管理的建章立制，规范单位用人付酬体系，完善档案管理，随时梳理相关证据材料。

3. 用人单位密切关注当地行业平均工资水平，及时了解本单位工资水平与行业平均工资水平的关系，更好应对劳动报酬类争议的处理。

4. 避免出现拖欠劳动者应得劳动报酬，甚至恶意拒不支付劳动报酬的情况。拒不支付劳动报酬情节严重的，可能构成拒不支付劳动报酬罪。用人单位或其负责人、实际控制人均可构成本罪。

法条链接

《劳动合同法》第十八条、第二十九条、第三十条

《劳动法》第四十六条

劳动部办公厅关于印发《关于〈中华人民共和国劳动法〉若干条文的说明》的通知（劳办发〔1994〕289号）第四十六条

《劳动争议调解仲裁法》第六条、第二十七条

《最高人民法院关于民事诉讼证据的若干规定》（法释〔2001〕33号）

第六十九条 下列证据不能单独作为认定案件事实的依据：

（五）无正当理由未出庭作证的证人证言。

范本11：劳动报酬条款

例（一）：劳动报酬

第一条 甲方的工资遵循按劳分配原则。

第二条 执行定时工作制或综合计算工时工作制。

乙方为甲方工作，甲方每月日以货币形式支付乙方工资，工资不低于____元，其中试用期间工资为____元。

执行不定时工作制的工资支付按执行。

第三条 由于甲方生产任务不足，使乙方下岗待工的，甲方保证乙方的月生活费不低于____元。

例（二）：劳动报酬

第一条 甲方每月____日前以货币形式支付乙方工资，月工资标准为____元或按执行。

乙方在试用期期间的工资为____元。

甲乙双方对工资的其他约定：______________________________。

第二条 甲方生产工作任务不足使乙方待工的，甲方支付乙方的月生活费为____元或按________执行。

例（三）：劳动报酬

第一条 甲方根据法律、法规的规定，结合单位实际，自主确

定工资分配形式和工资水平。

第二条 甲方根据其生产经营特点和乙方的岗位，确定对乙方实行工资制。乙方度用期月工资标准为____元；试用期满为____元。以后，按企业工资制度工资。

第三条 甲方应以货币形式每月至少支付一次乙方工资，不得克扣和无故拖欠乙方工资。

第四条 乙方在探亲似、病假、婚丧假依法参加社会活动期间，甲方应支付工资。

例（四）：劳动报酬

乙方熟练期（培训期、见习期、试用期）间的月工资标准为____元；熟练期（培训期、见习期、试用期）满以后的定级工资标准为____元。

工资发放日为每月____日，甲方不得无故拖欠。

乙方工资的增减，奖金、津贴、补贴、加班加点工资的发放，以及特殊情况下的工资支付等，均按相关法律、法规、规章、政策以及甲方依法制定的规章制度执行。

例（五）：工资待遇

第一条 乙方正常工作时间的工资按下列第（　　）种形式执行，不得低于当地最低工资标准。

1. 乙方试用期工资____元/月；试用期满工资____元/月（元/日）。

2. 其他形式：________。

第二条 工资必须以法定货币支付，不得以实物及有价证券替代货币支付。

第三条 甲方根据企业的经营状况和依法制定的工资分配办法调整乙方工资，乙方在六十日内未提出异议的视为同意。

第四条 甲方每月____日发放工资。如遇节假日或休息日，则提前到最近的工作日支付。

第五条 甲方依法安排乙方延长工作时间的，应按《劳动法》第44条的规定支付延长工作时间的工资报酬。

第五节　劳动合同的效力

合同效力是法律赋予依法成立的合同所产生的约束力。合同的效力可分为四类,即有效合同,无效合同,效力待定合同,可变更、可撤销合同。

一、有效的劳动合同

一个有效劳动合同的要件包括:

1. 合同主体适格。即相关单位、自然人具有相应的民事行为能力。

2. 意思表示真实。即用人单位和劳动者都签订劳动合同的出于真实意愿。

3. 合同内容不违反法律或者社会公共利益。

4. 程序和形式合法。

二、无效的劳动合同

无效的劳动合同是指由当事人签订成立而国家不予承认其法律效力的劳动合同。一般情况下,合同依法成立后就具有法律拘束力,但是无效合同即使成立,也不具有法律拘束力,不发生履行效力。无效合同自始不具有法律效力。

(一)劳动合同无效的情形

根据《合同法》第52条的规定,有下列情形之一的,合同无效:有下列情形之一的,合同无效:(1)一方以欺诈、胁迫的手段订立合同,损害国家利益;(2)恶意串通,损害国家、集体或者第三人利益;(3)以合法形式掩盖非法目的;(4)损害社会公共利益;(5)违反法律、行政法规的强制性规定。无效的劳动合同与此类似,根据《劳动合同法》第26条的规定,下列劳动合同无效或者部分无效:(1)以欺诈、胁迫的手段或者乘人之危,使对方在违背真实意思的情况下订立或者变更劳动合同的;(2)用人单位免除自己的法定责任、排除劳动者权利的;(3)违反法律、行政法规强制性规定的。其中,以"欺诈"的表现形式多种多样,如用人单位虚假承诺,诱使劳动者基于此承诺作出签约决定,但事后用人单位不兑现承诺;电梯公司招聘电梯技工,劳动者本没有相关资格,却通过向用人单位提供虚假的资格证书,骗取用人单位的认可而签订劳动合同等。采取欺诈手段订立的劳动合同是无效的。"用人单位免除自己的法定责任、排除劳动者权利",通常表现为用人单位在其提供的格式合同文本中,设定一些"霸王"条款,或要求劳动者签署"免责承诺书"等,无限度规避用人单位责任,排除劳动者权利的行为,如要求劳动者签署造成劳动者人身伤害的免责条款。但是,法律对公民的身体权和健康权给予特殊保护。如果允许免除用人单位对劳动者人身伤害的责任,这无异于纵容用人单位对生命和健康的漠视,这与保护公民的人身权利的宪法原则是相违背的。因此,这类合同也是无效的。

(二)劳动合同无效的认定

劳动合同是否有效,由劳动争议仲裁机构或者人民法院确认,其他任何部门或者个人都无权认定无效劳动合同。

(三)劳动合同无效的后果

无效劳动合同自始没有法律约束力。但它仍有法律后果:

1. 劳动合同部分无效的,不影响其他部分效力的,其他部分仍然有效。如劳动合同约定未经批准不得辞职、加班不给加班费、工作受伤自己负责等。

2. 按照《劳动合同法》第28条的规定,劳动合同被确认无效,劳动者已付出劳动的,用人单位应当向劳动者支付劳动报酬。劳动报酬的数额,参照本单位相同或者相近岗位劳动者的劳动报酬确定。

典型案例

案例15:违反法律强制性规定的劳动合同效力如何?

2012年6月25日,范某入职某家庭服务公司。2012年11月1日,范某(乙方)与某家庭服务公司(甲方)签订书面劳动合同书,双方约定范某在某家庭服务公司从事培训老师工作,月工资1700元,绩效工资根据乙方实际劳动贡献确定,合同期限为2012年11月1日至2013年10月31日。后双方于2012年11月21日另行签订

《劳动合同补充协议书》，约定范某、某家庭服务公司双方必须依法参加当地政府规定的法定社会保险，并按时向劳动保障部门所属社会保险机构缴纳社会保险费，其中范某参加社会保险（不包括工伤和生育险）的缴费方式为全额缴纳，即范某参加某项社会保险所应缴纳的全部保险费用（包括甲方应承担部分），均由范某独自承担，并由某家庭服务公司从范某工资中代扣代缴。

2013年7月1日，范某以用人单位强制从工资中扣除企业应承担保险费12196.32元为由，向区劳动争议仲裁委员会申请仲裁，该仲裁委员会以范某申诉请求不在仲裁范围内为由，作出不予受理通知书，范某不服，起诉到法院。

一、二审法院均认为，为劳动者缴纳社会保险费是用人单位的法定义务，本案当事人之间签订的《劳动合同补充协议》中，关于约定由劳动者个人全部缴纳社会保险的条款，违反上述法律强制性规定，应认定该条款无效，判决某家庭服务公司向范某返还由范某垫付的养老保险费、医疗保险费及失业保险费2381.82元。

案例点评

范某与某家庭服务公司之间系劳动合同关系，劳动者、用人单位均应依据劳动法律法规享受权利，承担义务。为劳动者缴纳社会保险是用人单位的法定义务，用人单位与劳动者关于由劳动者自行承担全部社会保险费缴纳义务的约定属于排除用人单位责任，加重劳动者义务，也直接违反了法律强制性规定，该约定应属无效。用人单位应向劳动者返还由劳动者垫付的社会保险费中应由用人单位承担的社会统筹部分。

HR实务指引

用人单位在与劳动者签订劳动合同约定相关条款时，应该把握不违反法律强制性规定的法律底线，否则，签订的劳动合同也将被法院认定无效，并承担返还相关费用，甚至承担赔偿责任。

法条链接

《劳动法》第七十二条、第七十三条

典型案例

案例16:怎么处理员工以欺诈方式与企业订立劳动合同的情况?

刘真英2007年8月应聘至广州某化妆品公司从事销售员工作。因不具备高中学历,入职时以其亲属郑晓凤的名义办理入职登记手续,并以郑晓凤名义与广州某化妆品公司先后签订三次劳动合同。工作期间,刘真英向广州某化妆品公司提供郑晓凤的银行账户,由广州某化妆品公司每月向该账户发放刘真英的工资。2013年5月5日,蓝月亮公司向刘真英发出工作调整通知书,以刘真英不胜任促销组长一职,将刘真英调至另一店面开展销售工作,暂不履行促销组长职能。刘真英因不同意调动,未到新岗位报到。2013年6月5日,广州某化妆品公司以刘真英旷工为由通知刘真英解除劳动合同。

刘真英于2013年6月18日向当地劳动人事争议仲裁委员会提出仲裁申请。该委员会以双方劳动合同无效及事实劳动关系不成立为由,作出裁决:驳回申请人(刘真英)的仲裁请求。刘真英不服,起诉到法院,法院认为,刘真英隐瞒其真实身份,以郑晓凤的名义与用人单位签订劳动合同,符合上述法律规定的情形,双方劳动合同应当认定为无效,因此双方之间的劳动关系为事实劳动关系。对刘真英请求依法确认广州某化妆品公司解除与刘真英事实上的劳动关系违法、一次性支付刘真英的经济赔偿金的请求不予支持。

案例点评

劳动者以欺诈方式与用人单位订立的劳动合同的,用人单位有权解除劳动合同,并不承担经济赔偿。理由如下:根据《劳动合同法》第26条的规定,以欺诈、胁迫的手段或者乘人之危,使对方在违背真实意思的情况下订立或者变更劳动合同的,劳动合同无效。刘真英在广州某化妆品公司工作期间,以虚假身份与用人单位签订劳动合同,该劳动合同为无效合同。根据

《劳动合同法》第 39 条关于因该法第 26 条第 1 款第 1 项规定的情形致使劳动合同无效的，用人单位可以解除劳动合同的规定，广州某化妆品公司解除无效劳动合同的行为不属于违反法律规定的情形。

当然，劳动合同虽被认定无效，但刘真英事实上已付出了劳动，广州某化妆品公司仍应当向刘真英支付劳动报酬。劳动报酬的数额，参照该公司相同或者相近岗位劳动者的劳动报酬确定。

HR 实务指引

本案提示用人单位：

1. 严把企业用人关，认真做好入职审查工作，可以通过公安部门核验劳动者身份。

2. 做好员工的日常及年度考核工作，及时发现并处理员工不称职，甚至滥竽充数的情况。

3. 发现劳动者存在欺诈行为，用人单位可依法行使单方解除劳动合同的权利。

4. 注意仲裁时效问题。劳动争议申请仲裁的时效期间为一年。仲裁时效期间从当事人知道或者应当知道其权利被侵害之日起计算。

法条链接

《劳动合同法》第二十六条、第二十八条、第三十九条

范本 12：劳动合同书

劳动合同书

（适用全日制用工）

使用说明

一、双方在签订本合同前，应认真阅读本合同书。本合同一经签订，即具有法律效力，双方必须严格履行。

二、本合同必须由用人单位（甲方）的法定代表人（或者委托代

理人)和职工(乙方)亲自签章,并加盖用人单位公章(或者劳动合同专用章)方为有效。

三、本合同中的空栏,由双方协商确定后填写,并不得违反法律、法规和相关规定;不需填写的空栏,划上“/”。

四、本合同的未尽事宜,可另行签订补充协议,作为本合同的附件,与本合同具有同等法律效力。

五、本合同必须认真填写,字迹清楚、文字简练、准确,并不得擅自涂改。

六、本合同(含附件)签订后,甲乙双方各保管一份备查。

甲方(用人单位):

名称:________

法定代表人:________

地址:________

联系电话:________

乙方(职工):

姓名:________

身份证号码:________

现住址:________

联系电话:________

根据《中华人民共和国劳动法》和国家及省的有关规定,甲乙双方按照平等自愿、协商一致的原则订立本合同。

一、合同期限

(一)合同期限

双方同意按以下第____种方式确定本合同期限:

1. 有固定期限:从________年____月____日起至________年____月____日止。

2. 无固定期限:从________年____月____日起至本合同约定的终止条件出现时止(不得将法定解除条件约定为终止条件)。

3. 以完成一定的工作为期限:从________年____月____日起至________________工作任务完成时止。

(二)试用期限

双方同意按以下第____种方式确定试用期期限(试用期包括在合同期内):

1. 无试用期。

2. 试用期从________年____月____日起至年____月____日止。

(试用期最长不超过六个月。其中合同期限在六个月以下的,试用期不得超过十五日;合同期限在六个月以上一年以下的。试用期不得超过三十日;合同期限在一年以上两年以下的,试用期不得超过六十日。)

二、工作内容

(一)乙方的工作岗位(工作地点、部门、工种或职务)为_____。

(二)乙方的工作任务或职责是__________________________。

(三)甲方因生产经营需要调整乙方的工作岗位,按变更本合同办理,双方签章确认的协议或通知书作为本合同的附件。

(四)如甲方派乙方到外单位工作,应签订补充协议。

三、工作时间

(一)甲乙双方同意按以下第____种方式确定乙方的工作时间:

1. 标准工时制,即每日工作____小时,每周工作____天,每周至少休息一天。

2. 不定时工作制,即经劳动保障部门审批,乙方所在岗位实行不定时工作制。

3. 综合计算工时工作制,即经劳动保障部门审批,乙方所在岗位实行以____为周期,总工时____小时的综合计算工时工作制。

(二)甲方因生产(工作)需要,经与工会和乙方协商后可以延长工作时间。除《劳动法》第42条规定的情形外,一般每日不得超过一小时,因特殊原因最长每日不得超过三小时,每月不得超过三十六小时。

四、工资待遇

(一)乙方正常工作时间的工资按下列第(　)种形式执行,不得低于当地最低工资标准。

1. 乙方试用期工资____元/月;试用期满工资____元/月(____元/日)。

2. 其他形式:　　　　。

(二)工资必须以法定货币支付,不得以实物及有价证券替代货币支付。

（三）甲方根据企业的经营状况和依法制定的工资分配办法调整乙方工资，乙方在六十日内未提出异议的视为同意。

（四）甲方每月____日发放工资。如遇节假日或休息日，则提前到最近的工作日支付。

（五）甲方依法安排乙方延长工作时间的，应按《劳动法》第44条的规定支付延长工作时间的工资报酬。

五、劳动保护和劳动条件

（一）甲方按国家和省有关劳动保护规定提供符合国家劳动卫生标准的劳动作业场所，切实保护乙方在生产工作中的安全和健康。如乙方工作过程中可能产生职业病危害，甲方应按《职业病防治法》的规定保护乙方的健康及其相关权益。

（二）甲方根据乙方从事的工作岗位，按国家有关规定，发给乙方必要的劳动保护用品，并按劳动保护规定每________（年/季/月）免费安排乙方进行体检。

（三）乙方有权拒绝甲方的违章指挥、强令冒险作业，对甲方及其管理人员漠视乙方安全和健康的行为，有权要求改正并向有关部门检举、控告。

六、社会保险和福利待遇

（一）合同期内，甲方应依法为乙方办理参加养老、医疗、失业、工伤、生育等社会保险的手续，社会保险费按规定的比例，由甲乙双方负责。

（二）乙方患病或非因工负伤，甲方应按国家和地方的规定给予医疗期和医疗待遇，按医疗保险及其他相关规定报销医疗费用，并在规定的医疗期内支付病假工资或疾病救济费。

（三）乙方患职业病、因工负伤或者因工死亡的，甲方应按（工伤保险条例）的规定办理。

（四）甲方按规定给予乙方享受节日假、年休假、婚假、丧假、探亲假、产假、看护假等带薪假期，并按本合同约定的工资标准支付工资。

七、劳动纪律

（一）甲方根据国家和省的有关法律、法规通过民主程序制定的各项规章制度，应向乙方公示；乙方应自觉遵守国家和省规定的有关劳动纪律、法规和企业依法制定的各项规章制度，严格遵守安全操作规程，服从管理，按时完成工作任务。

（二）甲方有权对乙方履行制度的情况进行检查、督促、考核和奖惩。

（三）如乙方掌握甲方的商业秘密，乙方有义务为甲方保守商业秘密，并作如下约定：____________________。

八、本合同的变更

（一）任何一方要求变更本合同的有关内容，都应以书面形式通知对方。

（二）甲乙双方经协商一致，可以变更本合同，并办理变更本合同的手续。

九、本合同的解除

（一）经甲乙双方协商一致，本合同可以解除。由甲方解除本合同的，应按规定支付经济补偿金。

（二）属下列情形之一的，甲方可以单方解除本合同：

1. 试用期内证明乙方不符合录用条件的；

2. 乙方严重违反劳动纪律或甲方规章制度的；

3. 严重失职、营私舞弊，对甲方利益造成重大损害的；

4. 乙方被依法追究刑事责任的；

5. 甲方歇业、停业、濒临破产处于法定整顿期间或者生产经营状况发生严重困难的；

6. 乙方患病或非因工负伤，医疗期满后不能从事本合同约定的工作，也不能从事由甲方另行安排的工作的；

7. 乙方不能胜任工作，经过培训或者调整工作岗位，仍不能胜任工作的；

8. 本合同订立时所依据的客观情况发生重大变化，致使本合同无法履行，经当事人协商不能就变更本合同达成协议的；

9. 本合同约定的解除条件出现的。

甲方按照第5、6、7、8、9项规定解除本合同的，需提前三十日书面通知乙方，并按规定向乙方支付经济补偿金，其中按第6项解除本合同并符合有关规定的还需支付乙方医疗补助费。

（三）乙方解除本合同，应当提前三十日以书面形式通知甲方。但属下列情形之一的，乙方可以随时解除本合同：

1. 在试用期内的；

2. 甲方以暴力、威胁或者非法限制人身自由的手段强迫劳动的；

3. 甲方不按本合同规定支付劳动报酬，克扣或无故拖欠工资的；

4. 经国家有关部门确认，甲方劳动安全卫生条件恶劣，严重危害乙方身体健康的。

（四）有下列情形之一的，甲方不得解除本合同：

1. 乙方患病或非因工负伤，在规定的医疗期内的；

2. 乙方患有职业病或因工负伤，并经劳动能力鉴定委员会确认，丧失或部分丧失劳动能力的；

3. 女职工在孕期、产期、哺乳期内的；

4. 法律、法规规定的其他情形。

（五）解除本合同后，甲乙双方在七日内办理解除劳动合同有关手续。

十、本合同的终止

本合同期满或甲乙双方约定的本合同终止条件出现，本合同即行终止。

本合同期满前一个月，甲方应向乙方提出终止或续订劳动合同的书面意向，并及时办理有关手续。

十一、违约情形及责任

（一）甲方的违约情形及违约责任：______________________________。

（二）乙方的违约情形及违约责任：______________________________。

十二、通知和送达

甲乙双方在本合同履行过程中相互发出或者提供的所有通知、文件、文书、资料等，均可以当面交付或以本合同所列明的通讯地址履行送达义务。一方如果迁址或变更电话，应当及时书面通知另一方。

十三、调解及仲裁

双方履行本合同如发生争议，可先协商解决；不愿协商或协商不成的，可以向本单位劳动争议调解委员会申请调解；调解无无效，可在争议发生之日起六十日内向当地劳动争议仲裁委员会申请仲裁；也可以直接向劳动争议仲裁委员会申请仲裁。对仲裁决不服的，可在十五日内向人民法院提起诉讼。

十四、其他

（一）本合同未尽事宜，按国家和地方有关政策规定办理。在合同期内，如本合同条款与国家、省有关劳动管理新规定相抵触的，按新规定执行。

（二）下列文件规定为本合同附件，与本合同具有同等效力：

1. ____。

2. ____。

3. ____。

（三）双方约定（内容不得违反法律及相关规定，可另加双方签名或盖章的附页）：

____。

甲方：（盖章）　　　　　　乙方：（签名或盖章）

法定代表人：

（或委托代理人）

年　　月　　日　　　　　　年　　月　　日

范本13：简易劳动合同书

简易劳动合同书

甲方（用人单位）：	乙方（员工）：
名称：	姓名：
所在地：	性别：
法定代表人：	身份证（护照）：
（主要负责人）：	号码：
联系人：	户籍地址：
	现住址：
联系电话：	联系电话：

甲乙双方协商一致，签订本合同。

一、甲乙双方同意按以下第(　)种方式确定合同期限。

1. 有固定期限：从________年____月____日起至________年____月____日止。

2. 无固定期限：从________年____月____日起。

3. 以完成一定工作任务为期限：从________年____月____日起至工作任务完成时止。

4. 试用期为。

二、乙方的工作内容，工作地点。

三、乙方依法享有法定节假日、年休假、婚假、产假、丧假等假期。甲乙双方同意按以下第(　)种方式确定乙方的工作时间。

1. 标准工时制，即每日工作____小时，每周工作____小时。

2. 经人力资源保障(劳动)部门批准，实行不定时工作制。

3. 经人力资源保障(劳动)部门批准，实行综合计算工时工作制。

四、甲方每月____日发放工资。甲方经与乙方协商，同意按以下第____种方式支付乙方的工资。

1. 乙方每月正常工作时间____小时，工资____元；试用期内每月正常工作时间____小时，工资____元。

2. 双方约定以确定乙方工资。

五、甲乙双方按照有关规定缴纳社会保险费，缴存住房公积金。

六、甲方按照劳动保护有关规定，提供符合国家安全卫生标准的劳动作业场所和必要的劳动防护用品，保护乙方的安全和健康。乙方从事作业，可能产生职业危害。

七、双方认为需要约定的其他事项：

八、本合同未尽事宜，按现行法律法规执行。本合同一式两份，甲乙双方各执一份。

甲方：(盖章)　　　　　　　　乙方：(签名)

法定代表人(主要负责人)：

年　　月　　日　　　　　　　年　　月　　日

第二章

试用期制度

本章导读

劳动合同试用期是劳动关系当事人双方依照法律规定，在劳动合同期限之内特别约定的一个供当事人双方相互考察、合同解除条件无严格限制的期间。试用期是劳动关系中的一个特殊时期，其特殊之处就在于一个“试”字。可以说，试用期既是用人单位对劳动者的“试”，即用人单位可进一步详细考察被录用员工是否符合录用条件，同时也是劳动者对用人单位的“试”，即劳动者进一步了解用人单位是否符合自己的职业技能和职业发展。如用人单位在试用期内发现劳动者不符合录用条件的，依法可解除劳动合同。如劳动者感觉用人单位不适合自己可，也可依法解除劳动合同。

试用期内劳动关系相对不稳固，这不同于常态。有些用人单位和劳动者对试用期存在着错误的观念和做法，有些用人单位规定的试用期时间很长，或者约定两个试用期，或者将试用期的期限与劳动合同等长，有些单位和劳动者认为试用期内可以随意解聘或离职，还有些用人单位在试用期内不给员工上保险等。实际上，《劳动合同法》对试用期做了一系列的制度安排，对于试用期的期限、试用期的员工工资待遇、试用期考核办法都有具体规定。

本章将在分析现实案例的基础上，介绍试用期过程中用人单位如何正确处理与劳动者的劳动关系问题。本章共包括三节。

第一节　试用期期限

第二节　试用期员工工资待遇

第三节　试用期考核

第一节　试用期期限

一、试用期上限

《劳动合同法》关于试用期的期限做出了上限规定，用人单位不能任意规定试用期的长度，根据劳动合同种类和期限的不同，试用期的长度相应有所不同。具体限定如下表格：

表 3　不同劳动合同的试用期期限

序号	劳动合同类型	劳动合同期限	试用期限定
1	以完成一定工作任务为期限的劳动合同	—	不得约定试用期
2	固定期限劳动合同	不满 3 个月	不得约定试用期
3		3 个月以上不满不满 1 年	不得超过 1 个月
4		1 年以上不满 3 年	不得超过 2 个月
5		3 年以上	不得超过 6 个月
6	无固定期限劳动合同	—	不得超过 6 个月

由上表可知，并非所有的劳动合同都可以约定试用期，其中以完成一定工作任务为期限的劳动合同以及不满三个月的固定期限劳动合同不得约定试用期。这两类劳动合同，一般而言期限相对都较短。这一规定主要是为了遏制用人单位短期用工问题。此外，不论何种可以约定试用期的劳动合同，可以约定的最长试用期期限也不得超过 6 个月。

典型案例

案例17:劳动合同中未约定试用期的,用人单位可否要求劳动者经过一定的试用期?

张小姐于2009年10月21日入职某公司,双方签订了书面劳动合同,合同期限为三年。张小姐在入职后一个月向公司提出转正申请,公司接到了几次投诉其工作态度差,但考虑到张小姐已入职一个月,给予加薪暂不转为正式员工的处理。其后,公司行政部常常接到其他部门因工作效率与态度问题对张小姐的投诉,该公司于2010年1月4日以书面的形式通知张小姐要求一周内改善工作效率与工作态度。在2010年2月4日因效率与态度问题书面通知张小姐终止试用。

张小姐申诉到劳动争议仲裁委员会,请求裁决某公司向其支付解除劳动合同经济补偿金。某公司认为,根据《劳动合同法》第19条的规定,三年以上固定期限和无固定期限的劳动合同,试用期不得超过六个月。所以张小姐的试用期应为六个月。某公司以张小姐在试用期被证明不符合录用条件为由辞退张小姐,不应支付经济补偿金,但未提交相关证据。仲裁委认为,某公司与张小姐之间签订的劳动合同没有约定试用期,即张小姐无试用期。裁决某公司应当向张小姐支付经济补偿金。

案例点评

劳动合同中未约定试用期的,认定为劳动者无试用期。理由如下:《劳动合同法》第19条规定,劳动合同期限三个月以上不满一年的,试用期不得超过一个月;劳动合同期限一年以上不满三年的,试用期不得超过二个月;三年以上固定期限和无固定期限的劳动合同,试用期不得超过六个月。该条款规定的是劳动合同期限与之相对应的试用期期限,用人单位与劳动者之间的约定不得违反此规定,该条款并不适用于没有约定试用期限的情形。试用期可以约定,也可以不约定,并不是所有劳动合同均须约定试用期。某公司与张小姐之间签订的劳动合同没有约定试用期,即张小姐无试用期。

本案中，属于某公司违法解除劳动合同。仲裁裁决某公司支付张小姐解除劳动合同经济补偿金，并无不当。

HR实务指引

1. 劳动合同中的试用期只有上限，没有下限。也就是说，用人单位与劳动者可以不约定试用期。如果不约定试用期，就是无试用期。

2. 试用期是一个约定的条款，如果双方没有事先约定，用人单位就不能以试用期为由解除劳动合同。

3. 用人单位如认为需要约定劳动者的试用期，最好在劳动合同中予以明确，不能作口头约定，也不能像本案中想当然地认为不明确约定也存在试用期。

法条链接

《劳动合同法》第十九条、第四十七条、第四十八条、第八十七条

二、试用期延长

1. 试用期可以延长。一般而言，试用期延长出现在如下情况：试用期内员工表现未达到考核要求，虽达不到转正标准，但企业打算再给员工一次机会；试用期内企业发现之前约定的试用期过短。只要企业与员工双方协商一致，可以将试用期适当延长。

2. 应当在试用期届满前延长试用期。试用期已届满后再约定试用期，就属于约定多个试用期，属违法行为。

3. 试用期不能无限延长。试用期及延长后的期限累计不能超过劳《动合同法》规定的最长期限。超过规定试用期，劳动者有权拒绝试用期的延长。企业要么给员工转正，要么依法解除劳动合同。

4. 延长试用期需办理相关手续。

使用期限届满企业未办理转正手续，则视为自动转正。即通常转正不需要特别程序，企业未提出员工不符合转正条件的，即可认为员工符合转正条件，按时转正。如果企业需要延长员工的试用期，则应通过原劳动合同或补充协议等一定的文件予以确认。

典型案例

案例18:试用期可以延长吗?

2011年6月28日,某公司录用了安某某,双方签订了期限至2014年6月27日的劳动合同,约定试用期至2011年8月27日。合同约定工资为5000元,试用期工资为4000元。2011年8月26日,双方协商延长试用期一个月。之后,双方再次协商延长试用期至2011年10月27日。期满后,某公司向安某某发出转岗通知,安某某于2011年12月1日至新岗位就职。2011年12月6日,某公司以安某某不服从转岗安排为由,通知安某某解除劳动合同。安某某与某公司遂发生纠纷。

2012年1月31日,安某某向某区劳动人事争议仲裁委员会提出申诉,要求确认某公司延长试用期违法,确认2011年8月27日试用期就已届满,同时要求裁决某公司支付2011年8月28日至2011年10月27日工资差额2000元。仲裁委认为,安某某与某公司双方经协商,两次延长试用期至2011年10月27日止,试用期并未超过法律规定的期限,协议合法有效。仲裁委裁决驳回安某某的仲裁请求。

案例点评

按照《劳动合同法》第19条第1款的规定,劳动合同期限三个月以上不满一年的,试用期不得超过一个月;劳动合同期限一年以上不满三年的,试用期不得超过二个月;三年以上固定期限和无固定期限的劳动合同,试用期不得超过六个月。《合同法》第77条第1款规定,当事人协商一致,可以变更合同。

本案中,安某某与公司签订了为期3年的劳动合同,按照法律规定,安某某的试用期最长可达到6个月。林某某与公司签订的劳动合同,约定林某某的试用期为两个月,之后双方经协商,两次延长试用期至2011年10月27日止,试用期共计4个月,并未超过法律规定的期限,协议合法有效。因此,可以认定林某某的试用期为2011年6月28日至2011年10月28日。安某某主张支付工资差的请求缺乏依据。

HR 实务指引

企业延长试用期时应当着重注意：

1. 如需延长试用期，要在试用期届满前与员工达成一致。
2. 注意不可超过法定试用期的最长期限。
3. 签好确认文件，并妥善保存。

范本 14：试用期延长通知书

试用期延长通知书

________先生/女士：

您于________年____月____日入职，按照劳动合同约定，您的试用期至________年____月____日。但经考核，您目前尚无法胜任本岗位工作/不符合转正要求。经研究决定，将您的试用期延长至________年____月____日。

××公司人力资源部

年　　月　　日

试用期延长通知书回执

人力资源部：

本人已于________年____月____日收悉人力资源部送达的《试用期延长通知书》。对于公司延长本人试用期至________年____月____日的决定，本人同意。

签名：

年　　月　　日

法条链接

《劳动合同法》第十九条

《合同法》第七十七条

典型案例

案例 19：违法延长试用期，企业承担什么责任？

李先生于 2010 年 11 月 20 日进入 A 软件公司工作，担任销售经理。双方签订了期限为2010年11月20日至2010年11月19日的劳动合同,约定试用期为2个月,李先生月工资为试用期不低于4000元,转正后5000元。2011年1月22日,李先生、A公司签订了一份协议(该协议由A公司制作),明确“经双方协商,公司决定延长其(李先生)试用期2个月,即从2011年1月23日起至2011年3月22日止,此期间的月薪调整为人民币2500元”。2011年2月15日,A公司以李先生“试用期不达标,难以管理”为由解除了双方的劳动合同。之后,李先生未至A公司处工作。

李先生以A公司为被诉人,向某区劳动争议仲裁委员会申请仲裁,要求A公司:支付2011年1月21日至2月15日延长试用期的赔偿金4800元。仲裁委认为,双方于2011年1月22日签订的试用期延长协议违反了相关法律规定,应属无效,裁决支持了李先生的请求。

案例点评

根据《劳动合同法》第19条第2款的规定,同一用人单位与同一劳动者只能约定一次试用期。《劳动合同法》第83条规定,用人单位与劳动者违法约定的试用期已经履行的,用人单位应以劳动者试用期满月工资为标准,按已经履行的超过法定试用期的期间向劳动者支付赔偿金。

本案中李先生、A公司在签订劳动合同时约定了2个月的试用期,故李先生在A公司处的试用期应为2010年11月20日至2011年1月19日。自2011年1月20日起,李先生根据劳动合同约定转正,应享受5000元的月工资待遇。双方于2011年1月22日签订的试用期延长协议违反了相关法律规定,应属无效。李先生要求A公司支付违法延长试用期的赔偿金的请求应当得到支持。

HR实务指引

实践中,很多企业在延长员工试用期时,忽略了上限要求,或者在试用期已过的情况下才想起延长试用期,导致违法,并承担相应的法律责任。用人单位应当注意违法约定试用期的法律责任。

1. 企业承担支付赔偿金责任的期间计算。按照《劳动合同法》第83条的规定,企业承担支付赔偿金责任的期间应当为“违法约定的试用期已经履行”的期间。对于劳动者尚未履行的期间，则用人单位不需要支付赔偿金。

以本案为例，双方约定的“自 2011 年 1 月 23 日起至 2011 年 3 月 22 日止”的 2 个月的试用期是违法的，但是该违法的试用期实际已经履行的期间应为“自合法的履行期间届满之日的次日（2011 年 1 月 20 日）至 2011 年 2 月 15 日”。因此，应按后一个时间段计算企业承担支付赔偿金责任的期间。李先生提仲裁申请时少计算了 1 天。

2. 赔偿金金额计算标准。按照《劳动合同法》第 83 条的规定，违法约定试用期的赔偿金，“以劳动者试用期满月工资为标准”计算。即按照员工转正后的工资标准计算。

仍以本案为例，应当按照 5000 元的月工资标准计算。

3. 支付赔偿金不能代替正常的劳动报酬。如果劳动者实际履行的试用期超过了法定的最高时限，则用人单位除了向劳动者支付赔偿金外，还要向劳动者支付劳动合同约定的试用期满后的月工资，实际上等同于在劳动者已经实际履行的超过法定最高时限的期间内，用人单位需要向劳动者支付双倍的月工资，以惩罚用人单位违法约定试用期的行为。

法条链接

《劳动合同法》第十九条、第八十三条

三、试用期中止

试用期是用人单位和劳动者为相互了解、选择而在劳动合同履行期内约定的一定时间的考察期。试用期制度的设置既是为了促进劳动力资源的充分合理利用，也是为了保障劳动者就业选择权的充分实现。因此，对于劳动合同双方而言，劳动者的实际工作能力是否如其应聘时所言，是否符合岗位要求，用人单位的工作条件等是否如其招聘时的承诺都需要在劳动权利义务的实际履行过程中加以考察。

而试用期内可能会出现一些情况，如劳动者患病或非因工负伤等，客观上阻碍了劳动关系双方的互相考察。假如一个员工入职后即请病假，在约定的试用期满后再上班，如此时认为双方试用期已满，不得对其再行考察，显然不符合立法本意。因此，试用期应当是劳动权利义务实际履行过程中的考察期，也应当存在可以中止的情形。否则，试用期制度将形同虚设。但是，法律并未明文规定该情况出现时，试用期当然中止。因此，出现这种情况时，建议用人单位与员工进行协商，约定医疗期间试用期中止，医疗期结束后恢复试用期。用人单位也可以与劳动者事先在劳动合同中作出约定。

典型案例

案例20：员工试用期患病，试用期可以中止吗？

某公司与唐某在劳动合同中约定，劳动合同期限为三年，自2013年3月11日至2016年3月10日止，其中试用期为2个月，自2013年3月11日至2013年5月10日止（如遇请假及节假日试用期顺延）。2013年4月9日，唐某被诊断为胃溃疡，需休病假1周。在向公司请病假时，人力资源部门要求其签订《试用期中止确认书》，"试用期暂时中止，病假结束正式上班后恢复试用期。"唐某虽然签字确认了，但感觉公司的做法是违法的，因为休病假并非自己的过错。后来，因唐某表现不佳，公司辞退了唐某。双方发生劳动争议，经仲裁不服，诉至法院。法院认为，本案当事人在劳动合同中约定，试用期2个月如遇请假或节假日可以顺延，该约定亦符合立法精神，判决驳回唐某要求某公司支付7天工资差额的诉讼请求。

案例点评

某公司与唐某签订了为期三年的劳动合同，试用期为2个月，符合《劳动合同法》关于试用期期限的规定。另外，对试用期间因病休假等特别情形，是否应延长试用期，法律未作规定。本案中，用人单位与劳动者已作出约定，"试用期为2个月，自2013年3月11日至2013年5月10日止（如遇请假及节假日试用期顺延）"。因此，唐某应当在1周医疗期后，继续履行未履行完的试用期，用人单位不承担工资差额。

HR实务指引

《劳动合同法》对试用期中止未作规定。但在地方层面已对试用期中止、劳动合同中止作出相关规定，用人单位在与劳动者约定相关情况时可借鉴。如《江苏省劳动合同条例》第15条规定，试用期包含在劳动合同期限内。劳动者在试用期内患病或者非因工负伤须停工治疗的，在规定的医疗期内，试用期中止。第30条规定，有下列情形之一的，劳动合同可以中止：(1)经双方当事人协商一致的；(2)劳动者因涉嫌违法犯罪被限制人身自由的；(3)劳动合同因不可抗力暂时不能履行的；(4)法律、法规规定的其他情形。劳动合同中止期间，劳动关系保留，劳动合同暂停履行，用人单位可以不支付劳动报酬并停止缴纳社会保险费。劳动合同中止期间不计算为劳动者在用人单位的工作年限。劳动合同中止情形消失，除已经无法履行的外，应当恢复履行。

范本15：《劳动合同》中的试用期中止条款

第×条 试用期自________年____月____日起至________年____月____日止，共____个月。乙方在试用期内患病或者非因工负伤须停工治疗的，在规定的医疗期内，试用期中止。中止情形消失，试用期恢复履行。

法条链接

《劳动合同法》第十九条

四、试用期与合同期的关系

《劳动合同法》明确规定：试用期包括在劳动合同期限内。也就是说，不管劳动合同双方当事人订立的是一年期限的劳动合同，还是三年五年期限的劳动合同，如果约定了试用期，劳动合同期限的前一段即为试用期，试用期是包括在整个劳动合同期限里。不管试用期之后当然订立劳动合同还是有其他承诺，都不允许单独约定试用期。比如，甲公司与范某约定劳动合同期限为2年，自2013年7月1日起至2015年6月30日止。同时约定试用期为2个月。那么，这2个月的试用期是包含的2年的劳动合同总期限内的，应当自2013年7月1日起至2013年8月31日止。而不是说，2年的劳动合同期限之外再有一个试用期。

《劳动合同法》还规定：劳动合同仅约定试用期的，试用期不成立，该期限为劳动合同期限。可见,《劳动合同法》不认可只有试用期的而无劳动合同期限情况下试用期的效力。

典型案例

案例21:劳动合同可以仅约定试用期吗?

2010年6月1日,小胡进入广东某公司工作,双方当事人于当日签订《员工试用合同》,约定:试用期自2010年6月1日至7月31日;试用期工资为8000元/月。试用期届满后,广东某公司与小胡的劳动关系继续履行,双方未签订书面劳动合同。小胡从2010年8月1日起转正,此后月工资调整为10000元/月。2011年2月9日,小胡因个人原因辞职。小胡申请劳动仲裁,请求裁决广东某公司:向小胡支付2010年7月1日至2011年2月9日未签订书面劳动合同的二倍工资66206元。

劳动争议仲裁委员会认为,试用期包含在劳动合同期限内,劳动合同仅约定试用期的,试用期不成立,认定2010年6月1日至7月31日为期两个月的固定期限书面劳动合同。在该合同期限届满后,双方的劳动关系继续履行至2011年2月9日,此期间双方虽未再签订书面劳动合同,在2010年9月1日至2011年2月9日的无劳动合同的用工期间,用人单位应当每月向小胡支付双份(即二倍)的工资。

案例点评

根据《劳动合同法》第19条的规定,劳动合同仅约定试用期的,试用期不成立,该期限为劳动合同期限。2010年6月1日,广东某公司与小胡签订的《员工试用合同》,仅约定了2个月(自2010年6月1日至7月31日)的试用期,该合同约定的试用期应直接认定为合同期限。2010年7月31日之后,双方的劳动关系继续履行至2011年2月9日,但此期间双方未再签订书面劳动合同。根据《劳动合同法》第97条第2款:"本法施行前已建立劳动关系,尚未订立书面劳动合同的,应当自本法施行之日起一个月内订立。"第82条第1款:"用人单位自用工之日起超过一个月不满一年未与劳动者订立书面劳动合同的，应当向劳动者每月支付二倍的工资。”

小胡主张用人单位应向其支付2010年7月1日至2011年2月9日未签订书面劳动合同的二倍工资的请求，存在起算期限错误问题。实际上，本案中有三个期间：一是2010年7月1日至7月31日期间，为本案双方当事人签订的《员工试用合同》履行期间，即有书面劳动合同的期间，此期间内广东某公司无须向小胡支付二倍工资；二是2010年8月1日至8月30日期间，为法律赋予用人单位与劳动者协商订立劳动合同的期间，此期间内即使用人单位虽未与劳动者签订劳动合同的，亦无须向劳动者支付二倍工资；三是在2010年9月1日至2011年2月9日期间，为广东某公司应向小胡支付二倍工资的期间。

HR实务指引

有些用人单位也知道“劳动合同仅约定试用期的，试用期不成立，该期限为劳动合同期限”。于是，采取一些类似本案广东某公司的规避措施，不签订《劳动合同》，而是签订《员工试用合同》。既然是《员工试用合同》，当然就只能约定“试用期”，而不可能约定“劳动合同期限”了。实际上，这种做法也是违法的。存在两大风险：第一，明确了用人单位与劳动者双方劳动关系中的权利义务关系的《员工试用合同》，可以被认定为劳动合同。第二，《员工试用合同》约定的“试用期”满，用人单位未及时与劳动者签订书面劳动合同的，用人单位承担向劳动者支付二倍工资的法律责任。

法条链接

《劳动合同法》第十九条第四款、第九十七条第二款、第八十二条第一款

《劳动合同法实施条例》第六条

五、试用期约定禁止

根据《劳动合同法》第19条的规定，同一用人单位与同一劳动者只能约定一次试用期。所谓试用期，就是用人单位与劳动者在法律规定的框架内约定一个合理期限互相考察，根据考察结果决定去留。因此，用人单位与劳动者不变的情况下，约定一次试用期是合理的，也是足够的。在录用劳动者时的试用

期内这些情况已经基本搞清楚了，没有必要同一用人单位与同一劳动者多次约定试用期。如果多次约定试用期，就属于用人单位滥用试用期的情况。

典型案例

案例22：企业可否与员工约定两个试用期？

邓女士于2012年6月27日进入某模具公司工作。入职后，某模具公司先与邓女士签订了1份《工资确认书》，约定：邓女士的月基本工资为1450元，晚上加班每小时9元；每月固定加班2天，周日加班每小时12元；试用期一个月；工资结算周期为月初1日至月底最后1天，发薪日为次月25日；等等。试用期满后，双方签订了期限为2012年7月27日至2013年7月26日止的劳动合同，约定：2012年7月27日至2012年9月26日为试用期，试用期工资为1450元；邓女士的岗位为生产部门操作工；每月基本工资1650元，加班费另计；等等。2012年7月31日，邓女士向某模具公司提出辞职申请，9月份正式办理离职手续。

2013年3月14日，邓女士作为申请人向区劳动人事争议仲裁委员会申请仲裁，要求确认公司与其约定的2012年7月27日至2012年9月26日试用期违法，在此期间，公司应当按照正常的工资标准向其发放工资，依法补发工资400元。仲裁委支持了邓女士的请求。

案例点评

《劳动合同法》规定，同一用人单位与同一劳动者只能约定一次试用期。某模具公司、邓女士已在《工资确认书》中约定试用期为一个月，之后双方在签订劳动合同时又约定试用期，不符合法律规定，劳动合同中约定的试用期不发生法律效力。

本案中，某模具公司通过《工资确认书》这一其认为不能认定为劳动合同的书面文件中先行约定一次试用期，之后再在正式签订的书面劳动合同中约定一次试用期的做法，并非合法有效的做法。因为试用期是包含在劳动合同期限内的，同一用人单位与同一劳动者也只能约定一次试用期。

HR 实务指引

约定两个试用期的，第二个试用期约定不对员工发生法律效力。用人单位通过《工资确认书》、《聘用确认书》、《试用合同》等等形式，尝试先约定一个试用期的做法之后，再在与劳动者签订的正式书面劳动合同中约定一个试用期的做法是无效的，不可取的。这种做法非但不能给用人单位节省成本，反而增加了相应的工资支出成本以及仲裁和诉讼成本。

法条链接

《劳动合同法》第十九条第二款、第十九条第四款

第二节　试用期员工工资待遇

我国劳动力市场中，相对而言人力资源比较充足，用人单位一般处于更加优势的地位。因此，出现了一些用人单位利用劳动者急于就业的心态滥用试用期的情况，在试用期员工工资方面，采取压低劳动者工资的措施，甚至试用期零工资。这显然不利于劳动者合法权益的保护。但是，《劳动法》并未对试用期工资作出明确规定。针对这种情况，《劳动合同法》及《劳动合同法实施条例》做出了明确规定。

一、试用期工资

《劳动合同法》第 20 条规定，劳动者在试用期的工资不得低于本单位相同岗位最低档工资或者劳动合同约定工资的 80%，并不得低于用人单位所在地的最低工资标准。《劳动合同法实施条例》第 15 条规定，劳动者在试用期的工资不得低于本单位相同岗位最低档工资的 80% 或者不得低于劳动合同约定工资的 80%，并不得低于用人单位所在地的最低工资标准。

应当注意以下几点：

1. 试用期员工工资待遇应当同时满足“两个不低于”的标准：

（1）不得低于本单位相同岗位最低档工资的80%，或者不得低于劳动合同约定工资的80%。理论上说，这两个标准不一致时，只要满足其一即可。但实践中，如果劳动合同中已约定了工资标准的，按照不低于劳动合同工资的80%的标准考察；如果劳动合同中未明确约定工资标准的，按照同工同酬原则，按照不低于本单位相同岗位最低档工资的80%的标准考察。

（2）不得低于用人单位所在地的最低工资标准。

2. 如果用人单位和劳动者在劳动合同中约定了高于《劳动合同法》第20条规定的试用期工资待遇标准的，按约定执行。

3. 为什么规定试用期员工工资待遇不得低于本单位相同岗位最低档工资？主要是体现同工同酬的原则。试用期员工提供的劳动价值并不一定比正式员工低，所以不能当然地认为试用期期间劳动者的工资就是最低标准。

4. 为什么规定试用期员工工资待遇不得低于用人单位所在地的最低工资标准？按照《劳动法》第48条规定，国家实行最低工资保障制度。用人单位支付劳动者的工资不得低于当地最低工资标准。试用期包含在劳动合同期限内。试用期劳动者同样是劳动者，试用期员工的工资同样是工资，其工资待遇也不得低于用人单位所在地的最低工资标准。

典型案例

案例23：员工可以通过试用期的工资标准反推转正后的工资标准吗？

田某于2012年1月4日入职某公司，双方签订了为期3年的劳动合同（期限为2012年1月4日至2015年1月3日），其中试用期为6个月（自2012年1月4日至2012年7月3日止）。劳动合同约定：田某工作岗位为职员；试用期劳动报酬为“基本工资5000元+岗位工资9500元，乙方（田某）在同时满足下列情况下获得的劳动报酬：（1）在考勤周期中达到全勤；（2）在该工作岗位全面履行本合同劳动义务”。在工作过程中，田某与公司就工资变更问题进行了协商，在2012年10月10日田某向公司回复的电子邮件中，显示“我愿意接受公司最终回复意见”，即双方就田某产假后薪资待遇为基本工资6000元+岗位工资10000元，另有佣金和其他福利等达成一致意见。自田某转正后，公司实际按照该标准向田某支付工资。

2013年11月6日，田某因故从公司离职，双方就工资待遇产生纠纷。田某认为，《劳动合同法》第20条规定："劳动者在试用期的工资不得低于本单位相同岗位最低档工资或者劳动合同约定工资的百分之八十，并不得低于用人单位所在地的最低工资标准。"田某提出公司应按"试用期工资不得低于转正工资的百分之八十"的规定来推算转正后工资为14500元/月÷80%≈18000元/月，而不应该"基本工资6000元+岗位工资10000元"的标准。双原、被告方对转正后的工资所形成的《最终答复》是基于违反了法律强制性的规定而做出，也违背了田某的真实意思。法院认为，田某的主张缺乏依据，最终驳回了田某的诉讼请求。

案例点评

本案中，田某与公司约定的试用期的工资为14500元/月，2012年10月10日对转正后的工资作出了16000元/月的约定。双方实际执行的是约定的这两个标准。双方的争议焦点是，关于转正后的工资标准的约定是否违反了法律的强制性规定。

《劳动合同法》第20条规定："劳动者在试用期的工资不得低于本单位相同岗位最低档工资或者劳动合同约定工资的百分之八十，并不得低于用人单位所在地的最低工资标准。"该条规定针对试用期工资的最低标准作出了设置，但并未禁止劳动者在试用期的工资不能高于劳动合同约定工资的80%，且双方对试用期工资并无争议，故田某的该主张不能成立。

因此，田某的主张无法律依据。

HR实务指引

把握试用期工资标准关键在于守住两个"最低标准"的法律底线，并尽量在劳动合同中约定明确。

法条链接

《劳动合同法》第二十条

《劳动合同法实施条例》第十五条

二、试用期福利待遇

根据相关法律规定,试用期是包含在劳动合同期限内的。劳动者在试用期间应当享有全部的劳动权利。这些权利包括取得劳动报酬的权利(除了试用期工资可以依法低于转正后的工资之外)、休息休假的权利、获得劳动安全卫生保护的权利、接受职业技能培训的权利、享受社会保险和福利的权利、提请劳动争议处理的权利以及法律规定的其他劳动权利;还包括依照法律规定,通过职工大会、职工代表大会或者其他形式,参与民主管理或者就保护劳动者合法权益与用人单位进行平等协商的权利。劳动者在试用期的福利待遇与正式员工并无二致,不能与其他劳动者区别对待。

典型案例

案例 24:试用期员工可以休婚假吗?

小东刚入职一家公司 2 个月,还处于试用期,他打算请婚假办婚礼,想休婚假。是否可以?

案例点评

《劳动法》第 51 条规定:“劳动者在法定休假日和婚丧假期间以及依法参加社会活动期间,用人单位应当依法支付工资。”劳动部《工资支付暂行规定》第 11 条规定:“劳动者依法享受年休假、探亲假、婚假、丧假期间,用人单位应按劳动合同规定的标准支付劳动者工资。”根据《劳动合同法》的规定,试用期包含在劳动合同期限内。因此,试用期员工同其他正式员工一样,可享受法定的婚假。

HR 实务指引

用人单位要注意保障劳动者在试用期内的福利待遇,不可因其处在试用期而有所区别对待。实践中，有些不规范的用人单位对于员工休假把握的标准比较严格，对员工申请事假设置障碍，甚至请法定的婚假、年休假都不易实现。建议用人单位依法办事，因为一旦发生纠纷，用人单位必定还要向劳动者支付未允许休假的工资甚至赔偿。

法条链接

《劳动合同法》第十九条

第三节　试用期考核

试用期考核如同试用期制度本身，是交给用人单位和劳动者双方行使选择权的时间节点，即决定已签订的劳动合同是否继续履行，是否需要终止。劳动法及劳动合同法均规定了劳动合同可以约定试用期，试用期是劳动者与生产资料组合的考察期，目的是使这两大要素实现最佳组合，取得最佳劳动效果。试用期是劳动合同中的一种特有现象，是合同有效期已开始，合同也已经履行，但在一个特定的期限内双方当事人都可以相对自由地解除劳动合同，终止劳动关系，而无须承担在劳动合同有效期内的其他时间应当承担的某些责任。但是，在实践中，的确存在着一些用人单位试用期恶意解除劳动合同的情况，因为试用期内劳动者工资待遇相对较低，用人单位为节约成本，永远处在招聘和解聘试用期员工的循环中，对劳动者不负责任。为了规范"试用期考核"行为，保持劳动关系的和谐稳定，《劳动合同法》对试用期内用人单位解除劳动合同以及劳动者辞职进行了规制。当然，《劳动合同法》对用人单位和劳动者行使权利的要求或者限制是不同的，对用人单位提出了更高的要求。

一、用人单位试用期内解除劳动合同

《劳动合同法》第21条规定，在试用期中，除劳动者有本法第39条和第

40条第1项、第2项规定的情形外，用人单位不得解除劳动合同。用人单位在试用期解除劳动合同的，应当向劳动者说明理由。可见，即便是在试用期内，用人单位绝不可以任意解除劳动合同，不仅如此，还必须满足法定条件。否则，用人单位不得解除劳动合同。

根据上述规定，可将用人单位在试用期内解除劳动合同的情况分为三种类型八种具体情形，如表4所示：

表4　用人单位试用期内有权解除劳动合同的情形

序号	类型	具体情形	是否需向劳动者支付经济补偿	程序要求	备注
1	不符录用条件	劳动者在试用期间被证明不符合录用条件	否	①事先将理由通知工会 ②向劳动者说明理由	仅适用于试用期内
2	过失性辞退（劳动者有过错）	劳动者严重违反用人单位的规章制度	否	①事先将理由通知工会 ②向劳动者说明理由	同时适用于试用期满后用人单位可解除劳动合同的情形
3		劳动者严重失职，营私舞弊，给用人单位造成重大损害			
4		劳动者同时与其他用人单位建立劳动关系，对完成本单位的工作任务造成严重影响，或者经用人单位提出，拒不改正			
5		劳动者以欺诈、胁迫的手段或者乘人之危，使对方在违背真实意思的情况下订立或者变更劳动合同			
6		劳动者被依法追究刑事责任			
7	无过失性辞退	劳动者患病或者非因工负伤，在规定的医疗期满后不能从事原工作，也不能从事由用人单位另行安排的工作	是	①事先将理由通知工会 ②向劳动者说明理由 ③提前三十日以书面形式通知劳动者本人或者额外支付劳动者一个月工资	
8		劳动者不能胜任工作，经过培训或者调整工作岗位，仍不能胜任工作			

典型案例

案例 25：用人单位怎样才能证明劳动者在试用期间不符合录用条件？

金某于2011年11月25日入职家具公司，双方签订了劳动合同，合同有效限为2011年11月26日至2014年11月25日，试用期为2011年11月26日至2012年2月25日，职务为财务经理，试用期工资为2317元。2011年12月26日，家具公司就金某入职后的工作情况作出《关于金某实习期间的报告》，认为金某不能胜任财务工作，其试用期不合格，作辞退处理，该报告没有金某签字。次日，双方办理离职手续。

金某认为，家具公司违法解除劳动关系，遂提起仲裁、诉讼，要求家具公司支付赔偿金。家具公司抗辩辞退金某的理由系金某在试用期内不符合录用条件，对此，家具公司提供了财务经理岗位要求，并提供了《关于金某实习期间的报告》，以证明金某不符合录用条件。庭审中，家具公司自认家具公司是通过金某平时的工作表现形成的对金某作辞退处理的报告，无书面考核。

法院认为，关于金某实际工作能力能否胜任，家具公司是采取在实际工作中对金某的表现进行评判而形成的处理意见，此种考核方式系家具公司内部形成的单方意见，无相关证据佐证，也没有证据证明其将报告结果告知金某，此报告不能作为评价劳动者工作能力的直接依据，认定家具公司属于违法解除劳动合同，判令家具公司支付金某赔偿金2317元。

案例点评

《劳动合同法》明文规定，劳动者在试用期间被证明不符合录用条件的，用人单位可以解除劳动合同。关键须满足劳动者"被证明"不符合录用条件。言外之意，首先，用人单位得有明确的录用条件；其次，有证据证明劳动者不符合录用条件；最后，用人单位在试用期间将解除劳动合同的通知送达了劳动者。只有这样才符合按照"劳动者在试用期间被证明不符合录用条件”的法律规定解除了劳动合同。

本案中，家具公司没有提供关于金某的明确录用条件。其提供的“财务经理岗位要求”不能等同于录用条件。关于《关于金某实习期间的报告》，家具公司是采取在实际工作中对金某的表现进行评判而形成的处理意见，此种考核方式系家具公司内部形成的单方意见，无相关证据佐证，也没有证据证明其将报告结果告知金某。《劳动合同法》第21条规定，在试用期内，除劳动者有本法第39条和第40条第1项、第2项规定的情形外，用人单位不得解除劳动合同。因此，家具公司解除与金某的劳动关系没有事实依据，属于违法解除劳动合同。

关于赔偿金额，《劳动合同法》第87条规定，用人单位违反本法规定解除或者终止劳动合同的，应当依照本法第47条规定的经济补偿标准的二倍向劳动者支付赔偿金，《劳动合同法》第47条第1款规定，经济补偿按劳动者在本单位工作的年限，每满1年支付1个月工资的标准向劳动者支付。六个月以上不满一年的，按一年计算；不满六个月的，向劳动者支付半个月工资的经济补偿，金某在家具公司工作不满六个月，其赔偿金应为2317元（2317元/月÷2×2）。

HR实务指引

不符合录用条件是用人单位辞退试用期员工最经常使用的理由，但实践中，由于用人单位在规章制度或劳动合同的制定/约定过程中未加注意，直接导致被认定违法解除劳动合同，给企业带来损失。

1. 建议用人单位事先与劳动者约定好录用条件，并已采取可作为证据的形式向劳动者履行告知义务。

2. 必须履行试用期考核程序，并要求劳动者对考核结果予以签字确认。

3. 应当在试用期内告知劳动者考核结果，以及企业的最终决定（同意转正或者解除劳动合同）。一定要注意时间要求，因为按照劳动部办公厅对《关于如何确定试用期内不符合录用条件可以解除劳动合同的请示》的复函，“对试用期内不符合录用条件的劳动者，企业可以解除劳动合同；若超过试用期，则企业不能以试用期内不符合录用条件为由解除劳动合同。”

4. 通过《员工手册》、《绩效考核管理制度》等形式固定企业关于“录用条件”的规定。

范本 16：企业认定试用期员工“不符合录用条件”的依据文本

例 1：

《试用期考核办法》第×条：“试用考核是指对员工在试用期内的考核；通过考核决定员工是否录用和调薪；绩效得分以及是否录用的标准为：1.0～0.9（含）录用，0.9 以下不录用。”

例 2：

《员工手册》第×条：“人员试用与任用”中规定：新进人员依法试用，试用期及规定比照劳动合同法规定；人事单位应于试用期满前 15 天内填写《人员正式录用表》交用人单位考核，经用人单位考核合格后正式任用；试用期内如发现不符合录用条件的，可随时解除其劳动合同；有下列情形之一的，均被视为不符合录用条件：“考核不合格者”、“工作理念和态度与公司文化冲突者”、“打架斗殴”……

第××条：“试用期考核”：试用期员工考核由直属部门主管、经理负责考核，作人事试用、任免的客观依据；试用期考核为试用期到期前七日之前对试用期进行考评。

第×××条：“考核内容、职务分类和人事单位考核、评分考核的原则、考核评定方法（包括初评与复评）等”。

例 3：

《绩效考核管理制度》第×条：“试用期员工在试用期满前 10 日内应参加其岗位职责内容及服务技能的考核，由试用员工所属部门负责考核，考核成绩在 90 分以上者予以转正。如试用部门认为其工作表现或考试不合格，应在转正申请表上说明，报送公司人事行政部门及总经理审批。”

法条链接

《劳动合同法》第二十一条、第三十九条、第四十条

《最高人民法院关于审理劳动争议案件适用法律若干问题的解释》第十三条

二、劳动者试用期内辞职

劳动者有权利辞职，试用期内也不例外。在试用期内劳动关系是一种不稳定的状态。如果劳动者发现用人单位并非自己理想的劳动服务对象，或者发现自己不适于从事用人单位安排的工作，以及存在其他不能履行劳动合同的情况，劳动者都可以提出解除劳动合同。

关于劳动者试用期内辞职，《劳动法》第 32 条规定，在试用期间内，劳动者可以随时通知用人单位解除劳动合同。《劳动合同法》出台后，对这一规定进行了修改。《劳动合同法》第 37 条规定，劳动者在试用期内提前 3 日通知用人单位，可以解除劳动合同。可见，在保留劳动者试用期内辞职权利的同时，对劳动者辞职程序做了相对更严格的要求。即劳动者应当履行至少提前 3 日通知用人单位解除劳动合同的义务。

这一政策变化主要是为了兼顾公司与员工两方面的利益。如果按照"在试用期间内，劳动者可以随时通知用人单位解除劳动合同"的规定，现实中势必出现员工不想干了时随时撂挑子的现象，影响企业的正常工作秩序。而且，员工辞职也需要工作交接，因此也应当给予用人单位必要的准备时间。但是，试用期内劳动者解除劳动合同无须任何理由。

劳动者适用该条提出辞职需要注意的是，合同中约定的"试用期"是否为合法有效的试用期，比如是否存在过长的试用期约定、多次约定试用期等。如存在这些情况，属于双方约定的试用期因违反规定而无效，实际上就不属于《劳动合同法》第 37 条规定中的试用期，此时辞职仍按照提前 30 日通知用人单位。此外，在解除劳动合同时，不论用人单位还是劳动者都应当尽量保存好相关证据材料。

典型案例

案例 26：企业可否扣减试用期内辞职的员工的工资？

小冯于 2014 年 11 月签约一家外资公司，双方约定小冯的月工资为 6000 元，试用期一个月。在小冯的入职通知书中，约定试用期工资为 5000 元。但经过两周的工作后，小冯感觉适应不了公司的工作节奏和工作氛围，于是就按照流程向公司的相关负责人提出辞职并办理了离职手续，同时向公司提出希望将实际工作期间的工资发给自己。但是，直到2014年12月，公司也没有向小冯发放，相关负责人表示，公司从未向试用期内辞职的职工发放过工资。

案例点评

按照《劳动合同法》第30条的规定，"用人单位应当按照劳动合同约定和国家规定，向劳动者及时足额支付劳动报酬。用人单位拖欠或者未足额支付劳动报酬的，劳动者可以依法向当地人民法院申请支付令，人民法院应当依法发出支付令。"小冯与外资公司签订了劳动合同，入职通知书同明确约定了试用期工资为5000元，外资公司应当按照约定的标准向小冯支付两周的工资。

对于用人单位未按照劳动合同的约定或者国家规定及时足额支付劳动者劳动报酬的行为，劳动行政部门有权责令用人单位限期支付劳动报酬；逾期不支付的，责令用人单位按应付金额50%以上100%以下的标准向劳动者加付赔偿金。

HR实务指引

有劳动就有报酬，这是显而易见的道理。哪怕用人单位与劳动者事先没有合同约定（如果用人单位故意不签合同，要加倍支付报酬），只要劳动者付出了劳动，用人单位就有义务支付报酬。因此，用人单位不应再以任何理由拒付试用期内辞职员工的应得工资。否则，只能增加用人单位的成本。

但是，应当区分情况，如因劳动者请事假等相应减发工资等情况就不属于用人单位违法。

法条链接

《劳动合同法》第三十条、第八十五条

第三章

服务期制度

本章导读

商场竞争是异常激烈的，为了在竞争中获胜，企业需要网络大量优秀人才。但在当今的人力资源市场上，企业和员工是双向选择的关系，用人单位不但可以择人而用，劳动者也有权择企业而工作。这就对企业用人、留人提出了更高的要求。服务期制度恰恰是一些企业设计出来的用人、留人的策略。服务期是用人单位与获得特殊待遇（专项培训）的劳动者以合同形式约定劳动者应当履行为用人单位工作的期限。有些特殊岗位，用人单位需要特定的人才，因此也就不惜花成本来吸引劳动者。按照现行《劳动合同法》的规定，就是向劳动者提供专项的培训，用人单位据此取得与劳动者约定服务期的权利。服务期限制了员工的辞职权，从而有效防止了人才流失，保障了企业的人才竞争力。当然，对于劳动者而言，服务期虽然限制了一定的辞职权，但由于用人单位向其提供了专项培训，而且有些培训属高端培训，很多在国外开展，大大提高了劳动者的劳动技能，提高了其在人力资源市场上的竞争力。可见，服务期可以达成一种双赢。

但是，服务期合同在履行过程中，也会遇到用人单位或劳动者，尤其是劳动者一方违约的情况。劳动者与用人单位一旦签订了服务期协议，就应当按照约定的服务期限严格履行为用人单位工作的义务，否则，需向用人单位承担违约责任。什么情况下构成违约，违约责任应当如何承担？除此之外，对于服务期适用情况，专项培训的类别，用人单位与劳动者也容易产生不同理解。所有这些都是服务期制度范围内解决的问题。本章主要包括如下内容。

第一节　服务期

一、对服务期的界定

《劳动合同法》颁布实施以后，服务期是有所特指的，约定服务期是有条件的。服务期，是指用人单位为劳动者提供专项培训费用，对其进行专业技术培训后，双方订立协议约定劳动者为用人单位工作的劳动期限。从法理上说，服务期是用人单位给付一定培训费用为代价，要求接受代价的劳动者为用人单位相应提供服务的约定。

可见，服务期是一个法律概念。应当与社会上公众观念里的服务期作严格区分，也根本不同于《劳动合同法》实施之前用人单位为招揽人才向劳动者提供住房、子女教育补贴等约定的服务期。《劳动合同法》实施之后，这些都不属于可以约定服务期的条件。

二、服务期的适用情形

服务期协议约定以用人单位向劳动者提供专项培训费用，对其进行专业技术培训为条件。由于服务期具有限制劳动者择业自由权的法律效果，所以其适用条件必须受到严格限定，以免使其成为用人单位损害劳动者利益的工具。

（一）用人单位提供专项培训费用，对劳动者进行专业技术培训

1.“培训费用”应当是“专项的”。也就是说，并非用人单位只要支出了培训费用都可算作可以约定服务期的培训费用，而必须是专项培训费用。所谓“专项”，就是指专门的，为特定劳动者，或者为特定工作岗位上的劳动者提供，区别于常态下、普通的以及必须完成的培训。如劳动部、国家经贸委《企业职工培训规定》（劳部发〔1996〕370 号）第 21 条规定：“企业应按照

以下国家规定提取、使用职工培训经费:(一)职工培训经费按照职工工资总额的1.5%计取,企业自有资金可有适当部分用于职工培训;(二)职工培训经费应根据企业需要,安排合理比例用于职工技能培训;(三)企业用于引进项目、技术改造项目的技术培训费用可以在项目中列支;(四)工会用于职工业余教育的经费由各级工会掌握使用;(五)企业职工培训经费应合理使用,当年结余的可结转到下一年使用。”这是国家明文规定的用人单位按本单位工资总额的一定比例提取的培训费用。如果单位仅仅对劳动者提供使用了这部分培训费用,并不能作为与劳动者约定服务期的条件。至于专项培训费用金额,法律未作进一步的细致规定,实践中,发生纠纷后一般由司法机关裁量。

2.“技术培训”应当是“专业的”。“专业技术培训”,应当是具有岗位专属性的培训,具有“量身定做”的特点,是指企业为满足特殊岗位的需要,对员工进行专业操作技能及专业知识的培训,针对专门岗位或特殊岗位的员工,培训内容是指专业技能机专业知识。比如,从国外引进一个新项目,必须通过国外专家的指导培训,或者必须去国外公司参加实践培训,学成后才能胜任这个岗位,那么这种培训就属于可以与劳动者约定服务期的培训类型。这种培训不能是那种常见的岗前培训,也不包括必要的职业培训,实践中有的用人单位甚至打着培训的名义实际只是开了个会强调了下工作纪律等,显然就不属于专业技术培训。对于培训的形式,法律并未做明确规定,可以是脱产的,也可以是不脱产的。

(二)签订了服务期协议,对服务期相关内容作出约定

即使用人单位提供了专项培训费用,对劳动者进行了专业技术培训,服务期并不当然存在,也并不意味着用人单位与劳动者必须约定服务期。双方可约定,可不约定。只有在签了服务期协议或者在劳动合同等文件中约定了相关条款的,才能说双方有服务期的约定。

典型案例

案例27:如何区别企业所提供的培训是职业培训还是专业技术培训?

孙某经过某集装箱公司组织培训10天,并通过考试合格,于2008年6月15日应聘进入集装箱公司。入职前,孙某根据集装箱

公司的要求递交一份《申请书》，其中载明，“本人于2008年6月15日到集装箱公司应聘考试。因本人以前没有开过集装箱牵引车，不会倒车，特申请集装箱储运有限公司给我一个实习的机会。本人学会后与公司签订劳动合同，若本人没有与公司签订合同或者在合同期满前离职或辞职的，本人自愿赔偿公司自己在实习期间的车辆油料及车辆损耗费计人民币叁仟圆整(3000元)。”2008年6月19日，孙某与集装箱公司签订“劳动合同”，其中约定：劳动合同期限自2008年6月19日至2010年6月18日止，孙某从事驾驶员岗位。孙某于2008年9月29日向集装箱公司提出离职申请，2008年10月29日劳动合同期限未届满即辞职离开集装箱公司。2009年7月7日，集装箱公司向区劳动争议仲裁委员会提起仲裁，请求裁决由孙某赔偿集装箱公司培训费用及车辆损耗费3000元。劳动仲裁委于2009年8月6日裁决，孙某应支付集装箱公司服务期尚未履行部分所应分摊的培训费用2375元。孙某不服该仲裁裁决，遂向法院提起诉讼。

法院审理认为，本案不属于《劳动合同法》规定的由用人单位提供专项培训费用对劳动者进行专业技术培训的情形，应属于职业培训。集装箱公司与孙某关于提前辞职应当赔偿公司车辆油料及车辆损耗费的约定，违反了法律关于用人单位不得与劳动者约定违约金的强制性规定，应属无效约定。判决如下：上诉人孙某无须向被上诉人集装箱公司支付车辆油料及车辆损耗费2375元。

案例点评

本案的焦点问题是：集装箱公司为孙某提供的培训属于职业培训，还是《劳动合同法》意义上的专业技术培训？如果属于职业培训，则双方不得据此约定服务期，企业不得要求员工支付违约金。如果属于专业技术培训，则双方可以据此约定服务期，企业可以要求员工支付违约金。

专业技术培训与职业培训又应当如何区分呢？根据《劳动合同法》第22条的规定，用人单位为劳动者提供专项培训费用，对其进行专业技术培训的，可以与该劳动者订立协议，约定服务期。劳动者违反服务期约定的，应当按照约定向用人单位支付违约金。根据《劳动法》的规定，用人单位有责任为职工提供必要的职业培训,以提高劳动者的劳动技能或使劳动者更好地胜任其本职工作,用人单位不能为此与劳动者约定违约金。《劳动合同法》与《劳动法》所规定的培训分别为"专业技术培训"与"职业培训",是有所区别的。

本案中,孙某本身具有驾驶资格和驾驶技术,只是没有开过集装箱牵引车,单位给提供的培训应当属于岗前培训。驾驶学习集装箱牵引车,必然会产生车辆油料及车辆损耗费,这也不同于培训费用。从费用金额上看,上述费用总计3000元,用人单位开支并不高。因此,本案应属于《劳动法》上的"职业培训",不属于《劳动合同法》规定的由用人单位提供专项培训费用对劳动者进行专业技术培训的情形。集装箱公司与孙某关于提前辞职应当赔偿公司车辆油料及车辆损耗费的约定,违反了法律关于用人单位不得与劳动者约定违约金的强制性规定,应属无效约定。孙某无须向集装箱公司支付车辆油料及车辆损耗费2375元。

HR实务指引

实践中,应当正确区分《劳动合同法》中规定的"专业技术培训"与《劳动法》中规定的"职业培训"。只有区分清楚,企业才能正确界定哪些情况可以与员工约定服务期及违约金,哪些情况不能约定服务期及违约金。有时,两者区分起来确有难度。一般可以从如下几个方面加以区分:培训目的、培训内容、培训的技术含量、培训费用、劳动者是否自认等。专业技术培训要求一般较高。

法条链接

《劳动合同法》第二十二条

《劳动法》第三条第一款、第六十八条

典型案例

案例28:解决员工住房问题可否作为约定服务期的条件?

2007年11月6日,某学校(甲方)与裴某(乙方)签订了《协议书》,载明鉴于甲、乙之间存在劳动关系,乙方作为教职工在甲方工作。为了解决教职工的住房问题，甲方组织到一批优惠房源，为乙方购置房提供帮助，并以优惠房价形式体现。约定：……（三）此次购房作为本校教职工的一项福利政策，只有在甲方工作的教职工才可以享有……乙方为享受此次价格优惠的购房，将连续在甲方工作15年……（五）在本协议第三条约定的工作期间内，乙方应当尽职尽责地工作，无论何种原因致使甲乙双方劳动关系解除的，乙方均应根据下列方式向甲方支付以下价款：（1）补足购房优惠价与购房市场价之间的差额。具体计算方法根据乙方在甲方的实际工作年限，每平方米市场均价4700元减去每平方米优惠后购房均价2900元，乘以购房面积数，除以约定工作年限数，乘以乙方未服务年限数。（2）支付利息。按上述方法计算出的差额数额，乘以购房时央行提供的国家银行长期贷款基准利率7.81%，乘以乙方未服务年限数。

2008年1月16日，裴某签订商品房预售合同，以优惠价格购买了房屋，建筑面积94.06平方米。2009年7月10日，某学校与裴某终止劳动合同。某学校向区劳动人事争议仲裁委员会申请仲裁。2013年3月4日，仲裁委以不属于劳动仲裁处理范围为由决定不予受理。某学校在法定期限内向原审法院提起诉讼，要求裴某：（1）支付购买房屋的优惠价与市场价差额$(4700-2900)\times94.06\times13\div15\approx146733$元；（2）支付上述价款的利息$146733\times7.81\%\times13\approx148978$元。

法院经审理认为，某学校与裴某签订的协议书中关于服务期的约定，不属于劳动法律规定的可以约定服务期的情形，故该协议中关于服务期的约定因违反了法律的强制性规定而无效。但该部分约定无效并不影响协议书其他部分的效力，故协议书其他部分条款仍然有效。协议书约定的市场价与优惠价之间的差额实际为某学校预付给裴某将来一定期限的劳动待遇，对于实际未服务年限对应的待遇，因为此段期间裴某并未提供劳动，故不论裴某与某学校终止或解除劳动合同的理由为何，裴某均没有理由获得该待遇，对已得的该部分待遇应当予以返还，故对某学校要求按照协议书约定的标准返还未服务年限对应的房屋市场价与优惠价差额的诉讼请求,予以支持。因案涉房屋实际面积为93.14平方米,故差额应为(4700-2900)×93.14×13÷15=145298.4元。对于某学校要求裴某支付垫付购房差价对应利息的诉讼请求,因预付未来一定期限的待遇系某学校的自由意思,故某学校要求裴某承担其自愿预付待遇对应银行贷款利息的诉讼请求,无事实与法律依据,不予支持。判决:(一)裴某于判决发生法律效力之日起10日内返还某学校145298.4元并支付逾期付款利息(该利息以145298.4元为本金,自2011年1月26日起按照中国人民银行同期贷款利率计算至判决确定的给付期限最后一日止);(二)驳回某学校的其他请求。

案例点评

本案争议焦点有两个:一是原被告双方约定的15年工作期限是否属于《劳动合同法》上的"服务期";二是被告应否向原告返还购房差价。

关于15年工作期限的性质问题。某学校与裴某签订的协议书是为解决教职员工住房问题所签,约定了一定的劳动服务期限,是用人单位与劳动者之间关于预付劳动者一定待遇的协议,属于劳动合同范畴,受劳动法律约束。根据《劳动合同法》第22条第1款的规定:"用人单位为劳动者提供专项培训费用,对其进行专业技术培训的,可以与该劳动者订立协议,约定服务期"。劳动者违反服务期约定的,应当按照约定向用人单位支付违约金。除法定情形外,用人单位不得与劳动者约定由劳动者承担违约金。某学校与裴某签订的协议书中关于服务期的约定,不属于劳动法律规定的可以约定服务期的情形,故该协议中关于服务期的约定因违反了法律的强制性规定而无效。

关于房价款差价返还问题。如法院判决中所言,协议书约定的市场价与优惠价之间的差额实际为某学校预付给裴某将来一定期限的劳动待遇,对于实际未服务年限对应的待遇,因为此段期间裴某并未提供劳动,裴某均没有理由获得该待遇。因此,被告对尚未工作期间劳动待遇对应的房屋差价部分应当返还原告。

HR 实务指引

根据《劳动合同法》的规定，用人单位为劳动者提供专项培训费用，对其进行专业技术培训的，可以与该劳动者订立协议，约定服务期。劳动者违反服务期约定的，应当按照约定向用人单位支付违约金。但是，劳动合同法关于服务期约定的条件有严格的限制，服务期与专项培训一一对应，企业在员工约定试用期时应当遵守。如果企业为员工提供了专项培训之外的其他福利待遇，又想避免因员工离职而使企业遭受损失，可通过其他的约定实现。

法条链接

《劳动合同法》第二十二条

三、服务期的期限

《劳动合同法》对服务期的期限并未做硬性规定，用人单位与劳动者可以根据实际情况具体协商确定。当然，这并不意味着用人单位可以随心所欲，应当结合用人单位的实际投入来衡量，从而体现公平原则。

第二节　服务期协议

一、服务期协议

服务期协议是用人单位与劳动者协商一致签订的关于专项培训及服务期相关内容的合同。服务期协议具有民事合同的性质，其特点如下：

第一，由用人单位与劳动者协商一致，自愿达成。

第二，双方当事人形成合意的主要内容：用人单位向劳动者支付专门经费，提供专门专业培训，这是用人单位超出其劳动合同义务的额外支出，但对价是劳动者向用人单位承诺在用人单位工作满一定期限。

第三，服务期协议以劳动合同为基础，受劳动法律法规的规制。

第四，服务期协议可以单独签订，也可以作为劳动合同的条款约定。

第五，服务期协议的主要内容一般包括：专业培训内容、专项培训的期限和费用、培训期间的工资待遇、甲方（用人单位）的责任和义务、乙方（劳动者）的责任和义务、服务期的履行和终止、违约责任、争议处理等。

二、服务期协议签订注意事项

服务期协议有其特殊性，用人单位与劳动者签订服务期协议时应当注意以下事项。

（一）服务期适用范围的限制

服务期协议只适用于用人单位对劳动者进行了专项培训的情况，用人单位仅提供了一般职业培训的，不能约定服务期。用人单位只是招聘了新员工，而未提供任何培训，就不能约定服务期。否则，就因违反法律规定而无效。

（二）服务期期限问题

根据《劳动合同法实施条例》第17条的规定："劳动合同期满，但是用人单位与劳动者依照劳动合同法第二十二条的规定约定的服务期尚未到期的，劳动合同应当续延至服务期满；双方另有约定的，从其约定。"当服务期短于或等于劳动合同期限时，服务期被劳动合同期限吸收，劳动合同期限与服务期限不存在冲突。但当服务期限长于劳动合同期限时，劳动合同就要续延，如果签订的服务期限属于这种情况，则建议双方就该期间劳动者的工资待遇等约定明确，以免发生纠纷。

（三）约定了服务期并不影响按照正常的工资调整机制提高劳动者在服务期期间的劳动报酬

出于岗位或企业发展所需，服务期内用人单位为员工培训支付了专门的费用，但作为对价，劳动者也承诺用人单位一定期限的服务。至此，服务期制度项下双方的权利义务实现了平衡。劳动者的劳动报酬是另一个范畴的问题，用人单位支付的培训费不能覆盖，更不能代替劳动报酬。劳动报酬的增长不受服务期的影响。

第三节　服务期违约金

一、服务期违约金的性质

根据《劳动合同法》第22条规定，劳动者违反服务期约定的，应当按照约定向用人单位支付违约金。但对违约金的数额以及劳动者违约时向用人单位支付的违约金数额却作出如下规定：违约金的数额不得超过用人单位提供的培训费用。用人单位要求劳动者支付的违约金不得超过服务期尚未履行部分所应分摊的培训费用。由此可见，《劳动合同法》中关于服务期违约金的规定仅具有部分补偿性质，而不具有惩罚性特点，不同于《合同法》中的违约金。更确切地说，服务期"违约金"更像是返还款。

二、服务期违约金的有效要件

服务期协议中的违约金条款有效须具备如下条件：

第一，服务期协议/条款合法成立。

第二，用人单位支付了培训费用，包括用人单位为了对劳动者进行专业技术培训而支付的有凭证的培训费用、培训期间的差旅费用以及因培训产生的用于该劳动者的其他直接费用。

第三，约定的违约金数额不超过用人单位提供的培训费用。

第四，用人单位要求劳动者支付的违约金不得超过服务期尚未履行部分所应分摊的培训费用。

典型案例

案例29：培训期违约金数额应怎样约定？

小唐从某高校毕业后就进入了一家外资公司工作。因为岗位需要，小唐被送往香港进行为期3个月的专业培训，培训费用为5万元。培训完成后，小唐回到内地工作，同时该公司与小唐约定：乙方（小唐）至少在该公司服务10年，如果提前辞职，就要赔付公司25万元的违约金。工作4年后，小唐发现一个更好的工作机会，于是考虑跳槽。那么，该公司与小唐约定的10年的服务期合法吗？双方约定的服务期未满，小唐必须向外资公司赔偿25万元的违约金吗？

案例点评

关于服务期的期限问题，《劳动合同法》未作具体规定。一般而言，服务期的长短与企业为员工提供的培训费用的多少、培训的含金量的大小确定，双方协商一致，只要双方认可即可。本案中，外资公司为小唐提供了到香港培训的机会，并支付了5万元的培训费用，同时双方约定了明确的服务期限。该公司与小唐约定的10年的服务期是双方的真实意思表示，应认定为合法有效。

关于小唐应支付的违约金的数额。按照《劳动合同法》第22条的规定："劳动者违反服务期约定的，应当按照约定向用人单位支付违约金。违约金的数额不得超过用人单位提供的培训费用。用人单位要求劳动者支付的违约金不得超过服务期尚未履行部分所应分摊的培训费用。"可见，服务期违约金不同于合同法意义上的一般违约金，对于违反服务期的违约金数额，企业与员工不能随意约定。本案中，外资公司与小唐约定的违约金总额不得超过公司提供的培训费（5万元）。同时，服务期协议签订后，小唐已工作4年，公司要求小唐支付的违约金也应当根据已服务期限逐年递减，小唐只需支付$50000 \div 10 \times (10-4) = 30000$元违约金即可。

HR实务指引

服务期并不等于"卖身契"，服务期违约金数额也并不能随意约定，更不能根据企业的单方意愿确定。违约金数额如果已经超过了企业实际提供的培训费用，则超过的部分是必然无效的。与其如此，企业不如将服务期违约金数额适当调低，这样更切合实际、更合理，也更能向劳动者表达出诚意。

法条链接

《劳动合同法》第二十二条

三、服务期违约金适用范围

企业与员工可以约定服务期,并约定员工违反试用期制度时应当支付违约金。如果违反了服务期的约定,劳动者要面临支付违约金的后果。但是,这并非绝对的。有些情况下,即使服务期未届满,劳动者解除劳动合同也无须承担支付违约金的责任。

表 5　劳动者需要/无须支付服务期违约金的情况

<table>
<tr><th>序号</th><th colspan="2">情形</th><th>劳动者是否需要向用人单位支付违约金</th></tr>
<tr><td>1</td><td rowspan="7">劳动者依照《劳动合同法》第 38 条的规定解除劳动合同的,不属于违反服务期的约定(即劳动者单方解除劳动合同的情形)(即用人单位存在违法行为的)</td><td>用人单位未按照劳动合同约定提供劳动保护或者劳动条件的</td><td rowspan="7">不支付</td></tr>
<tr><td>2</td><td>用人单位未及时足额支付劳动报酬的</td></tr>
<tr><td>3</td><td>用人单位未依法为劳动者缴纳社会保险费的</td></tr>
<tr><td>4</td><td>用人单位的规章制度违反法律、法规的规定,损害劳动者权益的</td></tr>
<tr><td>5</td><td>因"(1)以欺诈、胁迫的手段或者乘人之危,使对方在违背真实意思的情况下订立或者变更劳动合同的;(2)用人单位免除自己的法定责任、排除劳动者权利的;(3)违反法律、行政法规强制性规定的。"三种情形致使劳动合同无效的</td></tr>
<tr><td>6</td><td>用人单位以暴力、威胁或者非法限制人身自由的手段强迫劳动者劳动的,或者用人单位违章指挥、强令冒险作业危及劳动者人身安全,劳动者解除劳动合同的</td></tr>
<tr><td>7</td><td>法律、行政法规规定劳动者可以解除劳动合同的其他情形</td></tr>
</table>

续表

序号	情形		劳动者是否需要向用人单位支付违约金
8	劳动者存在过错	劳动者严重违反用人单位的规章制度的	支付
9		劳动者严重失职，营私舞弊，给用人单位造成重大损害的	
10		劳动者同时与其他用人单位建立劳动关系，对完成本单位的工作任务造成严重影响，或者经用人单位提出，拒不改正的	
11		劳动者以欺诈、胁迫的手段或者乘人之危，使用人单位在违背真实意思的情况下订立或者变更劳动合同的	
12		劳动者被依法追究刑事责任的	

典型案例

案例30：因企业拖欠工资单方解除劳动合同，企业可否要求支付服务期违约金？

小范于2011年6月7日入职某婴幼儿智力开发公司工作，任职老师，双方没有签订书面的劳动合同，婴幼儿智力开发公司没有为小范参加社会保险。双方确认小范的离职时间是2013年3月15日、小范离职前的月平均工资为2200元/月、双方约定的工资发放时间是每月的25日发放上个月的工资。小范于2013年5月21日向劳动人事争议仲裁院申请劳动仲裁，称小范在婴幼儿智力开发公司工作期间每月工作26天，每天工作8小时，婴幼儿智力开发公司没有足额支付加班费，要求婴幼儿智力开发公司支付2013年1月至3月的工资、经济补偿金、加班费、未签订劳动合同的双倍工资差额以及缴交社会保险费。

婴幼儿智力开发公司主张，其与小范于2011年10月10日签订了一份《培训（学习）协议书》，约定了小范须在婴幼儿智力开发公司服务3年以上，如小范在3年内提出辞职，应向婴幼儿智力开发公司赔偿培训费用，现因小范单方违法解除劳动关系，小范应赔偿婴幼儿智力开发公司培训费用损失7500元及实际损失22700元。对此婴幼儿智力开发公司提供了《培训(学习)协议书》、《证明》、电话信息单拟予以证明。《培训(学习)协议书》显示,婴幼儿智力开发公司派小范于2011年10月10日至2011年10月13日到东莞东方爱婴莞城中心参加培训,培训费用为5000元,如小范在3年服务期内提出辞职,应向婴幼儿智力开发公司赔偿培训费用,赔偿标准为按总服务期采用平均分摊方法计算得出的未服务期的全部费用,服务期满后则可免交培训费用。婴幼儿智力开发公司在仲裁期间提交的答辩书中表示要求小范赔偿培训费用2500元、课时费及造成的经济损失赔偿。

劳动人事仲裁委裁决:确认小范与婴幼儿智力开发公司的劳动关系已解除,由婴幼儿智力开发公司向小范支付解除劳动关系的经济补偿金5200元;2013年1月、2月、3月的工资5700元及拖欠2013年1月工资差额的25%经济补偿金400元;2012年5月22日至2012年6月6日未签订书面劳动合同的两倍工资差额1386.67元;2012年及2013年度带薪年休假工资差额515.52元,驳回小范提出的其他申诉请求,驳回婴幼儿智力开发公司的全部请求。

案例点评

婴幼儿智力开发公司主张小范单方解除劳动关系,小范应依照《培训(学习)协议书》的约定赔偿培训费用以及赔偿因其离职造成学生不能上课而产生的退学、退费等损失合计30200元。虽然婴幼儿智力开发公司提供了一份《培训(学习)协议书》拟用于证明双方约定了小范须在婴幼儿智力开发公司服务3年以上,如小范在3年内提出辞职,应向婴幼儿智力开发公司赔偿培训费用。但根据《劳动合同法实施条例》第26条第1款的规定,用人单位与劳动者约定了服务期,劳动者依照《劳动合同法》第38条的规定解除劳动合同的,不属于违反服务期的约定,用人单位不得要求劳动者支付违约金。

本案中,婴幼儿智力开发公司未依法为小范缴纳社会保险费、未及时向小范支付劳动报酬,小范据此依据《劳动合同法》第38条的规定解除其与婴幼儿智力开发公司的劳动关系，不属于违反服务期的约定，故小范无须向婴幼儿智力开发公司赔偿该培训费用。

HR实务指引

由于用人单位存在过错，劳动者单方解除劳动合同的情况下，即使用人单位与劳动者签订了服务期协议，并约定了违约金，劳动者也无须向用人单位支付违约金。如出现用人单位未及时足额支付劳动报酬、用人单位未依法为劳动者缴纳社会保险费等情况，服务期未满，用人单位也无权主张劳动者支付违约金。因此，用人单位不但要积极与劳动者约定服务期协议，还要注意服务期及违约金的适用情形。

法条链接

《劳动合同法》第三十八条

《劳动合同法实施条例》第二十六条

第四章

保密义务和竞业限制

本章导读

在劳动合同履行过程中，劳动者或多或少地会接触到用人单位的一些涉密信息，特别是商业机密，若劳动者利用这些秘密进行经营活动无疑将给用人单位带来损失。为维护用人单位的商业秘密相关权利，《劳动合同法》规定用人单位与劳动者可以在劳动合同中约定保守用人单位的商业秘密和与知识产权相关的保密事项。劳动关系具有特定的人身属性，由劳动者对用人单位忠诚义务演化出劳动合同的保密义务，并进而扩展为竞业限制或竞业禁止。

实际上，在商业秘密的法律保护方面，不仅《劳动法》和《劳动合同法》有规定，在其他各部门法中亦有明确规定。《反不正当竞争法》对商业秘密作出了界定，商业秘密，是指不为公众所知悉、能为权利人带来经济利益，具有实用性并经权利人采取保密措施的技术信息和经营信息。商业秘密包括非专利技术和经营信息，如管理方法，产销策略，客户名单、货源情报等经营信息；生产配方、工艺流程、技术诀窍、设计图纸等技术信息。商业秘密关乎企业的竞争力，对企业的发展至关重要，有的甚至直接影响到企业的生存。该法是保护商业秘密的核心法律，对商业秘密的构成要件、侵权种类以及相应的行政处罚方式等进行了规定。《公司法》第148条第1款规定，董事、监事、高级管理人员应当遵守法律、行政法规和公司章程，对公司负有忠实义务和勤勉义务。《公司法》第149条规定，董事、高级管理人员不得有下列行为：未经股东会或者股东大会同意，利用职务便利为自己或者他人谋取属于公司的商业机会，自营或者为他人经营与所任职公司同类的业务；擅自披露公司秘密；违反对公司忠实义务的其他行为。董事、高级管理人员违反前款规定所得的收入应当归公司所有。《合同法》第43条规定了当事人在订立、履行合同过程中保守商业秘密的义务以及应当承担的法律责任。合同法分则对承揽合同、技术开发合同、技术转让合同所涉及的保密义务亦作了相应的规定。《刑法》规定了侵犯商业秘密罪，即实施侵犯商业秘密的行为，给商业秘密权利人造成重大损失的，处3年以下有期徒刑或者拘役，并处或单处罚金；造成特别严重后果的，处3年以上7年以下有期徒刑，并处罚金。行政法规方面，《国务院关于促进科技人员合理流动的通知》以及国家科委《关于科技人员业余兼职人员若干问题的意见》都规定科技人员不得私自带走或者擅自公开、利用原单位的技术成果、技术资料，侵犯原单位的合法权利。2010年3月国务院国有资产管理委员会发布了《中央企业商业秘密保护暂行规定》，完善了我国商业秘密的保护。

《劳动合同法》中规定的劳动者竞业限制义务与保密义务密切相关。只有负有保密义务的人才具有从事“竞业”的可能。因此，法律规定对负有保守用人单位商业秘密义务的劳动者，用人单位可以在劳动合同或者保密协议中与劳动者约定竞业限制条款，并约定在解除或者终止劳动合同后，在竞业限制期限内按月给予劳动者经济补偿。劳动者违反竞业限制约定的，应当按照约定向用人单位支付违约金。

保密义务和竞业限制义务受多个法律法规调整，其内涵和外延内容都非常丰富，该义务能否得到有效遵守直接关乎企业的竞争力乃至生死存亡，实践中企业与员工关于这两项义务的纠纷可能有多种表现形式。不论是企业还是劳动者，都应当对保密义务和竞业限制有全面而准确的认知。本章主要包括三节内容。

第一节 保密制度

《劳动合同法》第 23 条第 1 款规定,“用人单位与劳动者可以在劳动合同中约定保守用人单位的商业秘密和与知识产权相关的保密事项。”“保密义务”条款属于劳动合同的约定条款,并非必备条款。但是就保密义务本身而言,笔者认为,保密义务依据的是诚信原则,源于劳动者对用人单位的忠诚义务,对劳动者来说,其不论是否签订保密协议,均有保守用人单位商业秘密的义务。也正因为保密义务重要,劳动合同法规定企业与员工可以就该事项进行约定。

一、保密范围

保密范围主要包括两项:商业秘密;与知识产权相关的保密事项。

所谓“商业秘密”,可以按照《反不正当竞争法》的规定进行界定,即商业秘密,是指不为公众所知悉、能为权利人带来经济利益、具有实用性并经权利人采取保密措施的技术信息和经营信息。可见,商业秘密的构成要件有三:一是该信息不为公众所知悉。即该信息是不能从公开渠道直接获取的;二是该信息能为权利人带来经济利益,具有实用性;三是权利人对该信息采取了保密措施。概括地说,不能从公开渠道直接获取的,能为权利人带来经济利益,具有实用性,并经权利人采取保密措施的信息,即为《反不正当竞争法》所保护的商业秘密。权利人采取保密措施,包括口头或书面的保密协议、对商业秘密权利人的职工或与商业秘密权利人有业务关系的他人提出保密要求等合理措施。只要权利人提出了保密要求,商业秘密权利人的职工或与商业秘密权利人有业务关系的他人知道或应该知道存在商业秘密,即为权利人采取了合理的保密措施,职工或他人就对权利人承担保密义务。另外,根据国家工商行政管理局 1995 年 11 月 23 日发布,1998 年 12 月 3 日修订的《关于禁止侵犯商业秘密行为的若干规定》第 2 条的规定,商业秘密所指的技术信息和经营信息,包括设计、程序、产品配方、制作工艺、制作方法、管理诀窍、客户名单、货源情报、产销策略、招投标中的标底及标书内容等信息。

所谓“与知识产权相关的保密事项”,是指尚未纳入知识产权(专利权、商标权、著作权等)保护范围,但又具有保密意义的事项。比如,正在设计中的商标图案,正在研发中的技术信息等。

还需要注意的是,同样是商业秘密和与知识产权有关的保密事项,不同的企业以及同一企业在不同时期会有所差别。保密协议中应当对保密范围约定清楚。

二、保密义务的主体

劳动关系中商业秘密及与知识产权相关的保密事项的保密主体一般仅限于掌握这些秘密的劳动者。这些劳动者不得擅自披露、出租、出借、赠与、转让、处分或者协助第三人侵犯保密事项。除此之外,本不应该掌握保密信息和事项的其他员工,无意了解到这些信息时,也同时成为保密主体,承担保密义务。关于保密义务主体最直接的判断方法是,与企业签订保密协议的劳动者。一般而言,与企业签订保密协议的员工包括:

第一,高级研究开发人员、技术人员、经营管理人员。因为他们或者掌握着企业的核心技术,或者担任企业的主要管理工作,掌握着企业的重要经营信息,他们是签订保密协议的主要对象。

第二,一般技术支持人员和关键岗位的技术工人。他们虽然不是最主要的人员,但是也有可能接触到企业的核心技术,也有必要与他们签订保密协议。

第三,市场计划、销售人员。他们是经营决策的实施者,了解企业的营销计划、客户名单,因此企业也会与他们签订保密协议。

第四,财会人员、秘书人员、保安人员等。他们都有可能由于岗位的原因了解到企业的商业秘密,如果不与他们签订保密协议,他们很可能有意或无意地泄露企业的商业秘密。

对于商业秘密密集或者重要程度高的企业,建议企业与全体员工签订保密协议。

三、保密期限

负有保密义务的劳动者在任职期间及离职后的一段时间均为保密期限,主要应当根据企业与劳动者签订的保密协议进行约定。如果关于保密期限约定不明确,可参照《劳动部关于企业职工流动若干问题的通知》(劳部发〔1996〕355 号)第 2 条的规定执行:"用人单位与掌握商业秘密的职工在劳动合同中约定保守商业秘密有关事项时,可以约定在劳动合同终止前或该职工提出解除劳动合同后的一定时间内(不超过六个月),调整其工作岗位,变更劳动合同中相关内容;用人单位也可规定掌握商业秘密的职工在终止或解除劳动合同后的一定期限内(不超过三年),不得到生产同类产品或经营同类业务且有竞争关系的其他用人单位任职,也不得自己生产与原单位有竞争关系的同类产品或经营同类业务,但用人单位应当给予该职工一定数额的经济补偿。"

需要注意的是,不超过 6 个月并不意味着企业与员工约定的保密期限不能超过六个月。因为本质上,保守用人单位商业秘密是劳动者的法定义务。根据《合同法》的诚实信用原则和劳动者对单位的忠实义务,保守商业秘密的义务属于法定的义务,权利人与义务人即使没有约定保密期限,义务人也不得侵犯权利人的商业秘密。

对于保密期限,法律未作强制性规定。保密协议可约定保密时间为"10 年"或者"在职期间和离职以后的一定期限",只要这个约定是当事人双方的真实意思表示,就应当是合法有效的。从商业秘密的性质和特点看,只要该项商业秘密未被公开,仍然具有经济价值,且权利人对其采取了合理的保密措施,属于法律意义上的商业秘密,则知悉该商业秘密的单位和个人就应当继续履行保密义务,直到该项商业秘密公开为止,即当事人保密义务的期限与商业秘密的存续期限相同。除非当事人另有约定。

典型案例

案例 31:保密期限多长才是合理的?

11 月 17 日小于与某净化设备公司签订劳动合同,从事销售工作。合同期限自 2010 年 11 月 12 日起至 2013 年 11 月 11 日止,试用期3个月。2012年8月21日，就小于在工作中所涉公司的商业秘密和知识产权相关事项的保密事项，小于、净化设备公司签订《保密与竞业禁止协议》，并作为劳动合同的附件，约定保密期限为20年。

2012年10月17日下午，净化设备公司经理发现小于外出办事的途中到同事家中逗留，认为小于在工作期间办私人事务，违反公司的纪律，就电话通知小于回公司。净化设备公司认为小于电脑、U盘中所存储的部门资料涉及公司秘密，小于的行为严重违反净化设备公司管理规定，当晚即要求小于马上离职，小于遂于当天从净化设备公司离职。双方发生争议，小于以净化设备公司违法解除劳动关系为由向劳动仲裁部门申请仲裁，要求净化设备公司支付双倍赔偿金14186.80元，认定小于与净化设备公司签订的保密与竞业禁止协议无效。

后经仲裁及两级法院的审理，终审法院认为，小于与净化设备公司约定小于作为劳动者的保密期长达20年，明显超过合理期限；竞业禁止部分约定了净化设备公司应支付经济补偿金，但净化设备公司一直没有履行，现在又同意解除竞业禁止部分。解除竞业禁止部分约定后，剩余保密部分条款劳动者只有义务，没有任何权利，明显违反法律规定，故对于净化设备公司要求确认该协议保密部分条款继续有效的主张，不予支持。关于解除劳动关系的合法性问题，法院认为，从目前的证据来看，小于开展竞争性业务的行为尚属准备阶段，亦未达到情节特别严重的程度。净化设备公司可以对小于进行批评教育或处分。净化设备公司于2012年10月17日就立即解除了与小于的劳动合同应认定为违法解除。判决：净化设备公司支付小于经济赔偿金人民币13049.88元。小于与净化设备公司的签订的保密与竞业禁止协议解除。

案例点评

本案的争议焦点有两个：一是企业是否属于违法解除劳动合同；二是保密期限约定为20年是否为合理期限（保密协议应否解除）。

关于解除劳动合同的合法性问题，劳动者严重违反用人单位规章制度的,依照法律规定的程序和条件,用人单位可以解除劳动合同。企业以员工违反保密与竞业禁止协议和员工手册的相关规定为由,对员工予以立即开除,企业应对员工违反上述协议和规定的事实以及其解除劳动合同符合法律规定的程序和条件承担举证责任。

关于保密期限问题,笔者不能认同法院的判决。理由如下:(1)20年的保密期限是小于与净化设备公司的真实意思表示,通过保密协议的形式固定下来。(2)保密协议关于保守商业秘密权利义务失衡的说法也是错误的,保密协议没有约定经济补偿,并不违反法律、行政法规的强制性规定,也就是说,保守商业秘密不以支付经济补偿为前提条件。这一点不同于竞业限制义务。

HR 实务指引

从本案法院判决的理由看,净化设备公司与员工20年保密期限的约定之所以未得到支持,主要基于以下原因:一是保密期长达20年,明显超过合理期限;二是保密部分条款劳动者只有义务,没有任何权利,明显违反法律规定。

虽然我们说保守商业秘密是劳动者的法定义务,但有鉴于部分法院/法官的上述认知,建议企业设置合理的保密期限,同时可考虑给予劳动者一定的经济补偿作为其履行保密义务的对价。以商业秘密中的技术秘密为例,技术秘密的价值与技术秘密的生命周期长短、技术成熟程度、技术潜在价值大小和市场需要度等因素密切相关,企业可根据上述影响保密信息价值的因素合理确定其密级和保密期限。

范本17:保密期限的约定

甲乙双方一致同意,不论本劳动合同是否变更、中止、解除、终止,本条约定对双方一直具有约束力,除非有关保密信息的权利人书面同意另一方解除保密义务;或该等保密信息非由于一方违反本合同的原因已经进入公共领域而为公众所知悉;或有根据法律法规规定可以免除保密义务和责任的情形。

法条链接

《劳动合同法》第二十三条

四、违反保密义务的责任

劳动者违反保密义务的民事责任包括两类:违约责任;侵权责任。

违约责任。《劳动合同法》第25条规定,除本法第22条和第23条规定的情形外,用人单位不得与劳动者约定由劳动者承担违约金。也就是说,《劳动合同法》第23条规定的保密义务情形,用人单位可以与劳动者约定劳动者承担违约金。

侵权责任。违约金的数额是约定在保密协议中的,较易认定,一般也能得到法院支持。但赔偿损失,就需要证明损失的存在以及损失的数额。《劳动合同法》第90条规定,劳动者违反本法规定解除劳动合同,或者违反劳动合同中约定的保密义务或者竞业限制,给用人单位造成损失的,应当承担赔偿责任。根据《违反〈劳动法〉有关劳动合同规定赔偿办法》第5条的规定赔偿:"劳动者违反劳动合同中约定的保密事项,对用人单位造成经济损失的,按《反不正当竞争法》第20条规定支付用人单位赔偿费用。"《反不正当竞争法》第20条规定了两种损失或者说赔偿额的计算方法,一是按照实际损失计算;二是实际损失难以计算的,赔偿额为侵权人在侵权期间因侵权所获得的利润。还规定侵权人应当承担被侵害人因调查该不正当竞争行为所支付的合理的费用。

除此之外,侵犯用人单位的商业秘密也可能构成行政责任以及刑事责任。行政责任主要依据《反不正当竞争法》的规定,由工商行政管理机关有权依法责令停止违法行为,并可以根据情节处以1万元以上,20万元以下的罚款。同时,工商管理机关还可以责令侵权人将载有商业秘密的图纸、软件及其他有关资料返还权利人或销毁。刑事责任主要是《刑法》规定的侵犯商业秘密罪,最高处3年以上7年以下有期徒刑,并处罚金。

典型案例

案例32：保密协议违约金数额如何确定？

某陶瓷公司的经营范围为陶瓷阀、水暖配件、橡胶制品、塑料制品、机械密封件、离心泵配件制造、销售；货物进出口、技术进出口。2011年5月20日，范某入职该公司，并与该公司签订了《聘用合同》，约定被告范某担任品质经理岗位，月工资不低于8000元，其中技术保密费为2000元。2012年10月12日，双方签订《商业机密保密协议》一份，协议对陶瓷公司商业秘密的范围及范某在任职期间及离职后就保守陶瓷公司商业秘密的有关事项进行了约定。其中第4条约定，范某承诺：在陶瓷公司任职期间，不得在与陶瓷公司生产、经营同类产品或提供同类服务的其他企业内担任任何职务，包括股东、合伙人、董事、监事、经理、职员、代理人、顾问、信息员等。其中第6条约定，范某如违反本合同任何条款，应当向陶瓷公司支付违约金20万元。2013年12月3日，范某和案外人李某、张某于注册成立了M公司，范某担任该公司监事。M公司的经营范围为陶瓷阀、水暖管件、阀门、建筑及家具用金属配件、塑料制品、橡胶制品制造及销售；货物进出口、技术进出口。2014年3月3日，被告范某将包括检验指导书在内的26项资料移交给陶瓷公司，自此被告范某离开该公司。

2014年4月11日，陶瓷公司向劳动人事争议仲裁委员会申请仲裁，要求由被告支付违约金20万元并赔偿经济损失30万元等请求。当日，该委员会作出不予受理案件通知书。后陶瓷公司将范某诉至法院。范某答辩称，《商业机密保密协议》系格式合同，约定的20万元违约金明显过高，双方应承担的权利义务不对等，其违反保密协议所造成的损失远远低于20万元，应当降低违约金。法院审理认为，范某在陶瓷公司工作期间，与案外人共同出资开办同类企业，违反了合同的约定，应承担相应的违约责任。但陶瓷公司未能举证证明造成公司损失情况，故对其要求由被告范某赔偿经济损失30万元的诉讼请求，不予支持。判决如下：（一）范某在本判决生效后十日内支付给陶瓷公司违约金20万元。（二）驳回陶瓷阀公司的其他诉讼请求。

案例点评

本案涉及的主要问题包括:范某与陶瓷公司签订的《商业机密保密协议》是否有效;范某是否违反了《商业机密保密协议》相关约定;范某应否向陶瓷公司支付 20 万元违约金;范某应否向陶瓷公司支付 30 万元的赔偿金。

关于《商业机密保密协议》的效力问题,陶瓷公司系高新技术企业,同时拥有与公司业务相关的知识产权,而被告范某担任该公司的品质经理,因此,原、被告签订的商业机密保密协议主体适格,内容合法,应认定为有效。

范某应按照《商业机密保密协议》的约定全面履行自己的义务。范某在陶瓷公司工作期间,与案外人共同出资开办同类企业,违反了合同的约定,应承担相应的违约责任。

关于违约金数额问题,一方面陶瓷公司向范某支付了 2000 元/月的保密费;另一方面范某不能举证证明其违反保密协议所造成的损失远远低于合同约定的 20 万元。因此,应当按照 20 万元违约金数额追究范某的违约责任。

对于,陶瓷公司主张的 30 万元赔偿金问题,虽然范某违反了保密协议的约定,但陶瓷公司未能举证证明造成公司损失情况,因此,该项经济损失赔偿难以得到法院支持。

HR 实务指引

劳动者对用人单位商业秘密负有保密义务。但是,企业要保护好,必须通过保密约定的形式实现。通过本案及类似案件可知,一般情况下,只要企业与员工之间签订的保密协议系双方的真实意思表示,法院会确认为合法有效。劳动者对所在企业负有遵守商业秘密的忠实义务,约定的违约金条款也能得到支持。因此,在处理与员工的保密协议相关问题时,建议如下:

1. 涉及商业秘密的,企业一定要与员工签订保密协议,并约定违约金条款。

2. 保密范围和内容要涵盖全面。商业秘密并不局限于企业是否具有专利技术,也不因企业是否属于高新技术企业、专利是否有效或存在而不影响上诉人对保密或竞业限制义务的履行。

3. 侵犯商业秘密的损害赔偿数额确定是个难点。实践中，多由法院酌定。建议企业尽量收集企业研发相关技术的支出、侵权行为人获利情况、调查费用等。可援引《反不正当竞争法》确定损失数额。用人单位直接经济损失的界定方法一般包括(1)直接认定。用人单位能确定实际经济损失的，劳动者应当承担全部赔偿费用。(2)间接确定。如果劳动者违反保密义务造成的经济损失难以计算的，其赔偿额可推断包括：劳动者侵权(指违反保密义务)期间因侵权所获取的利润；用人单位因调查该劳动者侵害其合法权益所支付的合理费用。

法条链接

《劳动合同法》第二十三条

《最高人民法院关于适用〈中华人民共和国合同法〉若干问题的解释(二)》

第二十九条 当事人主张约定的违约金过高请求予以适当减少的，人民法院应当以实际损失为基础，兼顾合同的履行情况、当事人的过错程度以及预期利益等综合因素，根据公平原则和诚实信用原则予以衡量，并作出裁决。

当事人约定的违约金超过造成损失的百分之三十的，一般可以认定为合同法第一百一十四条第二款规定的"过分高于造成的损失"。

《反不正当竞争法》

第二十条 经营者违反本法规定，给被侵害的经营者造成损害的，应当承担损害赔偿责任，被侵害的经营者的损失难以计算的，赔偿额为侵权人在侵权期间因侵权所获得的利润；并应当承担被侵害的经营者因调查该经营者侵害其合法权益的不正当竞争行为所支付的合理费用。

五、保密协议的签订

保密协议是指用人单位针对知悉企业商业秘密的劳动者签订的要求劳动者保守用人单位商业秘密和与知识产权相关的保密事项的协议，其和竞业限制协议均属于用人单位为保护其商业秘密所采取的措施。签订保密协议,是企业保护自身商业秘密及与知识产权相关的保密事项最直接有效的方式。保密协议可以单独签订,也可以作为劳动合同的一部分。

保密协议的内容主要包括:保密主体、保密范围及事项、保密期限、保密义务和泄密行为、违约责任及赔偿方式、争议处理办法等。在签订保密协议时,企业应当注意如下问题:

1. 保密主体,对于某些不在保密岗位和技术岗位的员工,在工作中有意或无意获悉公司的商业秘密时,也应该列入保密主体的范围。

2. 要注意对第三人合同义务条款的约定。要在协议中约定新聘任的员工不承担任何保密义务和竞业限制义务,以防止员工的原用人单位依据《反不正当竞争法》追究侵犯其商业秘密的连带责任。

3. 保密义务和泄密行为。保守商业秘密有多种方式,可以约定员工在离职前必须提前一定时间通知用人单位,由用人单位安排调换员工的工作岗位;确定了保密义务以后,还应确定员工的哪些行为属于泄密行为。

4. 保密期限。员工承担保密义务的具体期限,离职后是否还要员工保守商业秘密以要约定清楚。并不限于员工在职期间,根据保密信息的等级不同,员工离职后的不同时间内仍有保密义务,企业应设定合理的保密期限。有些商业秘密除非企业主动公开,原则上劳动者应永远保守秘密。

5. 保密待遇。法律并未要求企业必须向保密义务主体提供经济补偿。也就是说,承担保密义务可以是无偿的。

6. 保密违约责任及赔偿方式。要约定清晰因为这是企业日后向违约员工主张权利的重要依据。

7. 生效条款。明确保密协议何时生效。

范本18:保密协议条款

第A条 乙方在工作过程中获得的各项技术、工艺参数以及市场资源为商业机密,乙方有保密义务,任何时间、任何地点、任何情况下乙方均不得以任何形式对外扩散。

乙方为履行职责客观需要披露、使用涉密信息的,不属于泄密行为。但是,乙方披露、使用该等信息,应事先经乙方的上级主管同意。

第B条 不论乙方因何种原因离开甲方,均不得以直接或间接等任何形式对外扩散甲方所有的技术,工艺参数以及市场信息。乙方仍对其在甲方任职期间接触、知悉的属于甲方或者虽属于第三方但甲方承诺有保密义务的技术秘密或者其他商业秘密信息,承担如同任职期间一样的保密义务和不擅自使用有关秘密信息的义务。

第C条 除非经甲方许可,乙方离职之后承担无期限保密义务。

第D条 乙方认可,甲方在支付乙方工资报酬时,已考虑了乙方离职后需要承担的保密义务,故无须在乙方离职时另外支付保密费。

第E条 乙方因职务的需要所持有或保管的一切记录四方秘密信息的文件、资料、图纸、笔记、报告、信件、传真、磁盘、仪器及其他任何形式的载体均归甲方所有,而乙方无论这些秘密信息有无商业上的价值。乙方应当于离职时,返还全部属于甲方的财物,包括记载甲方秘密信息的一切载体。

第F条 本合同所提及的技术秘密包括但不限于:技术方案、工程设计、制造方法、配方、工艺流程、技术指标、数据库、研究开发记录、技术报告、检测报告、实验数据、实验结果、图纸、样品、操作手册、技术文档、相关的函电等,本合同提及的其他商业秘密包括但不限于客户名单、行销计划、采购资料、定价政策、财务资料、进货渠道。

第G条 乙方如违反上述条约定的,应向甲方一次性支付违约金____万元人民币。

第二节　竞业限制

《劳动合同法》第23条第2款规定,“对负有保密义务的劳动者,用人单位可以在劳动合同或者保密协议中与劳动者约定竞业限制条款,并约定在解除或者终止劳动合同后,在竞业限制期限内按月给予劳动者经济补偿。劳动者违反竞业限制约定的,应当按照约定向用人单位支付违约金。”第24条规定,“竞业限制的人员限于用人单位的高级管理人员、高级技术人员和其他负有保密义务的人员。竞业限制的范围、地域、期限由用人单位与劳动者约定，竞业限制的约定不得违反法律、法规的规定。在解除或者终止劳动合同后，前款规定的人员到与本单位生产或者经营同类产品、从事同类业务的有竞争关系的其他用人单位，或者自己开业生产或者经营同类产品、从事同类业务的竞业限制期限，不得超过二年。”这是劳动法律对竞业限制的基本规定。从该规定看，竞业限制制度针对“负有保密义务的劳动者”，形式是“劳动合同结束后最长二年内禁止自行或到有竞争关系的其他用人单位开展同业业务”，旨在保护用人单位的商业秘密以及由此衍生出来的财产权益。

但是，权利与义务总是对立统一的。竞业限制制度在保护用人单位权利的同时，也未忽视劳动者的合法权益。竞业限制客观上限制了劳动者的就业权，进而影响了劳动者的生存权。因此，为了保护劳动者的合法权益，在强调由用人单位与劳动者协商约定的同时对竞业限制进行了必要的限制，包括经济补偿、竞业限制的范围和期限等。虽然如此，现实生活远比法律规定复杂得多，由于竞业限制引发的用人单位与劳动者的冲突与纠纷时有发生。这就要求企业不仅要了解竞业限制制度设立的目的和意义，也要熟知竞业限制的操作细节要求。

一、竞业限制的适用主体

《劳动合同法》规定，竞业限制的人员限于用人单位的高级管理人员、高级技术人员和其他负有保密义务的人员。可见，竞业限制的适用人群应当是负有保密义务的人员，主要针对高级管理人员、高级技术人员等知悉本单位商业秘密的特殊劳动者。理论上，竞业限制不可能面向企业的每个劳动者，由于竞业限制需企业支付经济补偿金，企业实际也无力承担针对每位劳动者的费用支出。

典型案例

案例33：竞业限制适用于哪些员工？

小李从河南老家到北京打工，2013年6月入职某劳务公司从事保安工作。入职当天，小李与劳动公司签订了《劳动合同》一份、《竞业限制协议》一份。《竞业限制协议》第5条约定：一旦乙方（小李）离职后2年内入职其他劳务公司等与甲方存在竞争关系的公司，需向甲方支付违约金5万元。工作半年后，小李不满该劳务公司的工资标准，向该公司提出解除劳动关系，后入职另一家劳务公司，担任了保安员。原劳务公司认为小李违反了双方签订的《竞业限制协议》，要求小李支付5万元违约金，未果。劳务公司向劳动仲裁委提出仲裁申请，仲裁委认为双方签订的《竞业限制协议》无效，驳回了劳务公司的申请请求。

案例点评

根据《劳动合同法》第24条的规定，竞业限制的人员限于用人单位的高级管理人员、高级技术人员和其他负有保密义务的人员。本案中，小李仅为劳务公司的保安员，属于一般体力工作者，日常工作就是值班站岗，并不掌握公司的商业秘密，不属于负有保密义务的主体。显然，《竞业限制协议》违法限制了劳动者再就业的权利，明显排除了劳动者的合法权益，应属无效约定。因此，该劳务公司依据《竞业限制协议》要求小李支付违约金，缺乏依据。

HR实务指引

《劳动合同法》对竞业限制适用人员范围限定在知悉用人单位商业秘密的人员范围内。如企业不加区分地对所有员工一概适用竞业限制，则构成违法，有悖于该项制度的设立目的。实践中，企业常与高管、高技、销售人员及其他重要岗位人员签订竞业限制协议。

用人单位也要预防有些劳动者尚处于竞业禁止义务履行期间，就前来应聘的情况发生，可以要求员工签署承诺函，或者向员工发录用通知书时要求员工签署相关承诺。

范本19：防止新聘用的员工在竞业限制期间入职时使用的承诺条款

"本人已终止与上一用人单位的所有劳动关系并且无任何其他的雇佣义务，包括与此前任何用人单位约定的任何竞业禁止义务……"

法条链接

《劳动合同法》第二十三条、第二十四条

典型案例

案例34:企业可否以员工不是公司高管为由主张双方签订的《竞业限制协议》无效?

2013年3月1日,马先生与某科技公司签订《竞业禁止合同书》一份,该合同对马先生在与科技公司劳动关系存续期间以及劳动关系解除或终止后一年内应当履行的竞业限制义务及违约责任等内容作出了约定。2013年3月30日,马先生在科技公司工作一个月后离开,科技公司向马先生支付了一个月的工资。

由于科技公司未向马先生支付竞业限制补偿金,2013年6月3日,马先生向济南市某区劳动人事争议仲裁委员会申请仲裁,请求:科技公司支付马先生劳动合同解除后一年内的竞业禁止补偿金16560元。劳动人事争议仲裁委不予受理。马先生不服该裁决,引起诉争。科技公司主张马先生不属于科技公司的高级管理人员,在科技公司工作时间短,未掌握技术秘密,不属于法律规定的负有保密义务的人员,双方签订的《竞业禁止合同书》应认定无效或者按未约定处理。

法院认为,马先生与科技公司虽然签订了《竞业禁止合同书》,但该合同书中仅约定了竞业限制,未约定解除或终止劳动合同后给予劳动者经济补偿,且离开科技公司后,马先生一直未重新就业,依照《最高人民法院关于审理劳动争议案件适用法律若干问题的解释(四)》第6条之规定,科技公司应向马先生支付竞业限制经济补偿金。另查,2013年3月1日至2014年2月28日济南市最低工资标准为每月1380元。马先生的工资为每月2300元,其月工资的30%低于最低工资标准,根据上述规定,科技公司应按照最低工资标准向马先生支付竞业限制补偿金。对马先生主张科技公司应支付其竞业限制补偿金16560元的诉讼请求,应予支持。判决:被告科技公司于本判决生效之日起10日内支付原告马先生竞业限制补偿金16560元。

案例点评

本案的争议焦点是科技公司是否应向马先生支付竞业限制补偿金。

根据《劳动合同法》第24条的规定：竞业限制的人员限于用人单位的高级管理人员、高级技术人员和其他负有保密义务的人员。第23条第2款的规定：对负有保密义务的劳动者，用人单位可以在劳动合同或者保密协议中与劳动者约定竞业限制条款，并约定在解除或者终止劳动合同后，在竞业限制期限内按月给予劳动者经济补偿。劳动者违反竞业限制约定的，应当按照约定向用人单位支付违约金。可见，竞业限制的人员范围是包括企业高管在内的负有保密义务的劳动者。同时，一旦约定竞业限制条款，用人单位就应当在竞业限制期限内按月给予劳动者经济补偿。

本案中，科技公司与马先生于2013年3月1日签订了《竞业禁止合同书》，双方对该协议的真实性不持异议，应认定该协议系双方真实意思表示，合法有效。马先生在科技公司虽不属于高级管理人员，但作为用人单位，科技公司出于自身利益考虑，主动与马先生签订《竞业禁止合同书》，说明科技公司认为马先生在工作中能够接触或了解属于该公司的商业秘密。故应认定，马先生属于上述法律规定的负有保密义务的人员。且负有保密义务的人员亦不限于公司高级管理人员。科技公司主张《竞业禁止合同书》应认定无效或者按未约定处理缺乏依据。

关于经济补偿金额问题，《最高人民法院关于审理劳动争议案件适用法律若干问题的解释（四）》第6条规定，当事人在劳动合同或者保密协议中约定了竞业限制，但未约定解除或者终止劳动合同后给予劳动者经济补偿，劳动者履行了竞业限制义务，要求用人单位按照劳动者在劳动合同解除或者终止前十二个月平均工资的30%按月支付经济补偿的，人民法院应予支持。前款规定的月平均工资的30%低于劳动合同履行地最低工资标准的，按照劳动合同履行地最低工资标准支付。本案中，2013年3月1日至2014年2月28日济南市最低工资标准为每月1380元。马先生的月工资为2300元，其月工资的30%低于最低工资标准，根据上述规定，科技公司应按照最低工资标准向马先生支付竞业限制补偿金。即应向马先生支付竞业限制补偿金16560元。

HR 实务指引

竞业限制并非法定义务，用人单位可以选择使用，通过与员工在劳动合同或保密协议中约定竞业限制条款的形式实现。由于法律规定了用人单位对劳动者的经济补偿义务，因此，建议企业在签订竞业限制协议时，权衡利弊，不要盲目约定竞业限制条款。对于那些显然并不掌握公司核心商业秘密的人员，没有必要也要求其签订竞业限制协议。否则，徒然增加企业的负担。实践中，发现有的用人单位甚至将竞业限制作为格式条款加入劳动合同中，这样反而给企业带来了法律风险。企业如认为确有必要，则应依法向劳动者支付经济补偿，同时加强对相关劳动者的监督，以防其领取了经济补偿却不依约定履行竞业限制义务。

法条链接

《劳动合同法》第二十三条、第二十四条

《最高人民法院关于审理劳动争议案件适用法律若干问题的解释（四）》第六条

二、竞业限制的范围

竞业限制的范围包括两类：

1. 到与本单位生产或者经营同类产品、从事同类业务的有竞争关系的其他用人单位。

2. 自己开业生产或者经营同类产品、从事同类业务。

竞业限制的具体范围可由用人单位与劳动者约定，但不得违反法律、法规的规定。

范本20：竞业限制协议/条款中的范围条款

第×条 乙方在（中国）（下称“禁止区域”）内不得受聘于与[消费类电子产品（包括但不限于智能手机、平板电脑、电视机、游戏设备、显示器、电脑零件等）涂料行业以及家用电器（包括但不限于地板护理设备、厨房电器和医疗保健设备等)涂料行业相关业务]相类似或存在竞争关系的任何企业或业务,亦不得向禁止区域内从事与业务相类似或者存在竞争关系业务的任何人员、企业或者公司提供任何建议、咨询、顾问等。

三、竞业限制的期限

《劳动合同法》规定,竞业限制的期限由用人单位与劳动者约定,竞业限制的约定不得违反法律、法规的规定。同时规定,在解除或者终止劳动合同后,不得超过二年。

典型案例

案例35:竞业限制有最长期限要求吗?

2008年3月,雷先生入职A公司担任技术经理,并签订《竞业限制协议》一份,双方约定雷先生离职后3年内不得到与A公司有竞争关系的企业任职,同时A公司每月支付给雷先生竞业限制的补偿金1000元,如雷先生违约将支付给A公司违约金人民币10万元。

2010年2月1日雷先生与该公司协商解除了劳动合同。雷先生离职后一直遵守《竞业限制协议》,赋闲在家,大发公司也一直按约支付竞业限制补偿金。2012年2月12日雷先生书面通知A公司将不接受A公司的竞业限制补偿金并将于3月12日起到与A公司的竞争对手B公司任职。A公司遂向劳动仲裁委提起仲裁,要求雷先生继续履行竞业限制协议并支付违约金人民币10万元。仲裁委经审理后认为,A公司的请求缺乏法律依据,驳回了其仲裁请求。

案例点评

本案的焦点是竞业限制的期限问题。根据《劳动合同法》第24条第2款的规定,"在解除或者终止劳动合同后,前款规定的人员到与本单位生产或者经营同类产品、从事同类业务的有竞争关系的其他用人单位，或者自己开业生产或者经营同类产品、从事同类业务的竞业限制期限，不得超过二年。”可见，竞业限制的最长期限为劳动合同解除或终止后的2年，超过2年的超过部分无效。本案中，约定了3年的竞业限制期限，超过2年的期限部分因违反法律规定而无效的。实际上，到2012年1月31日止，雷先生与A公司的竞业限制期限即告届满。

HR实务指引

竞业限制期限可由企业与员工协商约定，但不得超过法定的2年最长期限要求，期限起算点为劳动合同解除或终止之日。

法条链接

《劳动合同法》第二十四条

四、竞业限制经济补偿

《劳动合同法》实施后，因竞业限制经济补偿金问题引发的纠纷大量产生，各地法院在处理方式上不尽一致，最高人民法院结合司法实践专门出台了司法解释。该问题重要而复杂，本书作如下梳理。

表6　竞业限制经济补偿金问题应对处置表

序号	问题/情形	解答/结果	依据	提示
1	经济补偿金能否包含在工资之中	不能。 只能在劳动关系结束后，在竞业限制期限内按月给予劳动者	《劳动合同法》第23条第2款； 《正确审理劳动争议案件 依法构建和谐劳动关系——最高人民法院民一庭负责人答记者问》	如用人单位决定支付竞业限制经济补偿金，则建议劳动关系结束后按月支付，主张已事先与工资一同发放的难以得到法院支持

续表

序号	问题/情形	解答/结果	依据	提示
2	约定了竞业限制，未约定经济补偿	竞业禁止协议仍然有效，劳动者应当履行竞业限制义务并可要求用人单位支付经济补偿金，用人单位应当支付经济补偿 （因为约定竞业限制的情况下，劳动者可能已履行义务，如用人单位主张无效显然不公平。如劳动者主张无效则可能侵犯用人单位商业秘密等权利，对用人单位也不公平。）	《最高人民法院关于审理劳动争议案件适用法律若干问题的解释（四）》第6条第1款	用人单位应谨慎约定竞业限制条款，一旦约定，就要支付经济补偿金
3	未约定经济补偿标准	在“劳动者在劳动合同解除或者终止前十二个月平均工资的30%”与“劳动合同履行地最低工资标准”两个标准之中择较高者适用	《最高人民法院关于审理劳动争议案件适用法律若干问题的解释（四）》第6条	该情况一般存在于约定了竞业限制，但未约定经济补偿时
4	约定了竞业限制和经济补偿，用人单位未实际支付经济补偿	竞业禁止协议仍然有效，劳动者应当履行竞业限制义务。 如因用人单位原因导致其未及时支付经济补偿达到3个月，劳动者有权解除竞业限制约定。已履行的部分，用人单位应当支付经济补偿	《最高人民法院关于审理劳动争议案件适用法律若干问题的解释（四）》第7条、第8条	只要约定了竞业禁止，用人单位就应当承担支付补偿的义务
5	用人单位在竞业限制期限内请求解除竞业限制协议	可以。但是，如果劳动者请求用人单位额外支付劳动者三个月的竞业限制经济补偿的，用人单位应当支付	《最高人民法院关于审理劳动争议案件适用法律若干问题的解释（四）》第9条	用人单位应合理考量竞业限制期限

典型案例

案例36：（违法）解除劳动合同，是否影响竞业限制协议的效力？

某甲于2010年6月8日进入W公司工作，双方签订有期限为2010年6月8日至2013年6月7日的劳动合同，约定某甲担任人事主管;每月基本工资1500元;2010年6月8日至9月7日为试用期;某甲在离开W公司后两年内不得自营或者为他人经营与W公司有竞争性的业务,也不得在W公司关系客户单位任职,如违反此约定,某甲应当一次性向W公司支付年收入30倍的违约金,某甲的违约行为给W公司造成损失的,某甲应当赔偿损失,违约金不能代替赔偿损失,但可以从损失中抵扣。

2010年9月19日,某甲将协议解除劳动合同方案交给W公司,当日及次日双方未能就上述方案达成一致意见。W公司认为某甲于2010年9月19日和20日未到公司上班,视为其自动离职,并于2010年9月21日为某甲办理了退工手续。2011年5月19日,某甲向区劳动人事争议仲裁委员会申请仲裁,要求W公司支付其解除劳动合同赔偿金4000元、2010年9月19日至2012年9月18日的竞业限制补偿金96000元。仲裁委员会裁决,由W公司支付某甲解除劳动合同赔偿金4000元、2010年9月19日至2011年6月30日的竞业限制补偿金11290.91元。W公司不服该裁决,向法院提起诉讼。一审判决:(一)W公司支付某甲违法解除劳动合同的赔偿金2864.41元;(二)W公司支付某甲2010年9月22日至2011年6月30日的竞业限制补偿金7991.68元。W公司不服,提起上诉。二审判决:驳回上诉,维持原判。

案例点评

本案主要涉及两个问题:一是W公司是否存在违法解除劳动合同的行为;二是W公司应否向某甲支付竞业限制经济补偿。

关于解除劳动合同是否合法的问题,根据《劳动合同法》第39条的规定,“劳动者有下列情形之一的,用人单位可以解除劳动合同:(一)在试用期间被证明不符合录用条件的;(二)严重违反用人单位的规章制度的;(三)严重失职,营私舞弊,给用人单位造成重大损害的;(四)劳动者同时与其他用人单位建立劳动关系,对完成本单位的工作任务造成严重影响,或者经用人单位提出,拒不改正的;(五)因本法第二十六条第一款第一项规定的情形致使劳动合同无效的;(六)被依法追究刑事责任的。”某甲首先向W公司发出关于解除劳动合同的方案,双方协商两日,未果。第三日(2010年9月21

日),W 公司即为某甲办理了退工手续。W 公司单方解除劳动合同的行为显属违法,应当支付某甲违法解除劳动合同的赔偿金。

关于竞业限制经济补偿问题,按照《劳动合同法》相关规定,用人单位与劳动者可以在劳动合同中约定保守用人单位的商业秘密和与知识产权相关的保密事项。对负有保密义务的劳动者,用人单位可以在劳动合同和保密协议中与劳动者约定竞业限制条款,并约定在解除或者终止劳动合同后,在竞业限制期限内按月给予劳动者经济补偿。劳动者违反竞业限制约定的,应当按照约定向用人单位支付违约金。本案中,在双方当事人签订的劳动合同中约定,"某甲在离开 W 公司后两年内不得自营或者为他人经营与 W 公司有竞争性的业务,也不得在 W 公司关系客户单位任职,如违反此约定,某甲应当一次性向 W 公司支付年收入 30 倍的违约金。"。该约定明确了竞业限制的范围、期限和违约金,仅未约定竞业限制经济补偿的数额,根据法律规定和公平对等原则,W 公司在未提供证据证明某甲违反竞业限制义务的情况下,应向其支付竞业限制补偿金。

实践中,有些企业对解除劳动合同是否影响竞业限制条款效力提出疑问,认为如本案中,假如认定企业属于违法解除劳动合同则竞业限制条款无效。这一观点是否正确呢?解除劳动合同,包括违法解除劳动合同并不影响竞业限制条款的效力。因为,正常情况下,竞业限制条款均自劳动合同解除或终止后开始生效。所以,解除劳动合同当然不会影响竞业限制条款的效力。而且,竞业限制是为防止不正当竞争,那么违法解除劳动合同后,仍可能存在不正当竞争的情况,因此,劳动者竞业限制义务不能因此解除。如果劳动者并未违反竞业限制义务,企业仍需支付经济补偿。当然,如果企业认为不再需要劳动者继续履行竞业限制义务,那么,企业可以依法解除竞业限制协议,但此前应当履行作为用人单位支付相关补偿金的义务。

HR 实务指引

劳动合同的解除分多种情况,有单方解除也有双方协商解除、有合法解除也有违法解除。劳动合同由双方协商解除或者单方合法解除的情况下,竞业限制协议有效,争议不大。对于用人单位违法解除劳动合同情况下,竞业限制协议是否仍然有效,劳动者是否还需要承担竞业限制义务这一问题有不同意见。

实际上，根据《最高人民法院关于审理劳动争议案件适用法律若干问题的解释（四）》第7条的规定，“当事人在劳动合同或者保密协议中约定了竞业限制和经济补偿，当事人解除劳动合同时，除另有约定外，用人单位要求劳动者履行竞业限制义务，或者劳动者履行了竞业限制义务后要求用人单位支付经济补偿的，人民法院应予支持。”由此可见，司法解释将竞业限制条款的有效性与解除劳动合同的情形进行了隔离。即便用人单位违法解除劳动合同，也不影响竞业限制协议的效力，除非用人单位主动解除竞业限制协议，否则劳动者仍要履行竞业限制义务，用人单位也仍要履行支付竞业限制经济补偿的义务。

法条链接

《劳动合同法》第三十九条、第四十条

《最高人民法院关于审理劳动争议案件适用法律若干问题的解释（四）》第七条

五、违反竞业限制义务的责任

劳动者违反竞业限制义务，是指劳动者违反竞业限制约定，在解除或者终止劳动合同后，到与本单位生产或者经营同类产品、从事同类业务的有竞争关系的其他用人单位，或者自己开业生产或者经营同类产品、从事同类业务。如果竞业限制协议中约定了违约金的，劳动者应当向用人单位支付违约金。同时给用人单位造成损失的，应当承担赔偿责任。需要注意的是，劳动者违反竞业限制约定而需支付的违约金与赔偿责任所涉及的赔偿金是两码事。两者可同时成立。

典型案例

案例37：如何认定劳动者违反了竞业禁止义务？

2004年4月卞某到某磁业有限公司（以下简称磁业公司）工作。2004年8月25日签订的《技术保密协议》，主要内容为：乙方在参与工作的过程中获得的各项技术、工艺参数以及市场资源作为商业机密，乙方有义务做好保密工作，任何时间、任何情况下不得以任何形式对外扩散各项技术信息；乙方如违反以上条款，甲方将依法追究其违约责任，要求违约人和所服务的企业分别赔偿甲方人民币20万元。2006年1月1日，双方签订书面劳动合同，期限自2006年1月1日起至2015年12月31日止。

2011年6月7日，被告通过电子邮件的形式向公司提出辞职后，未再到磁业公司处工作。卞某离职后，就职于日照×电子材料公司，该公司经营范围为磁性材料、线圈、电子变压器及相关产品的生产与销售，普通货物的进出口（国家限定公司经营或禁止进出口的商品除外）。2011年12月27日，卞某成为该公司股东，工商登记核定的认缴及实缴资本均为200万元。日照亿鑫电子材料有限公司系磁业公司主要产品磁性材料（铁氧颗粒料）的销售对象，2011年11月开始，该公司开始向磁业公司的客户常熟某磁性材料有限公司、苏州某磁业有限公司等提供与磁业公司产品名称、规格相同的产品。磁业公司工作人员在常熟某磁性科技有限公司发现日照×电子材料公司所供的铁氧颗粒料，及产品检验报告中审核栏中有被上诉人卞某的姓名。2012年12月10日，磁业公司提起申诉。2013年1月28日，劳动人事争议仲裁委裁决驳回磁业公司的申请，磁业公司不服，诉至法院，要求卞某向磁业公司支付违约金20万元，赔偿经济损失70万元。卞某认为，劳动合同解除后，磁业公司没有向其支付竞业限制期间的经济补偿或保密费，磁业公司的行为违反了《中华人民共和国劳动合同法》第23条、第24条的规定。磁业公司要求其支付违约金20万元及70万元赔偿于法无据。

法院日照×电子材料公司系磁业公司主要产品磁性材料（铁氧颗粒料）的销售对象，2011年11月份开始生产并销售与磁业公司产品名称、规格相同的产品。有本院在磁业公司客户常熟某磁性材料有限公司、苏州某磁业有限公司拍摄的照片及相关管理人员的陈述相互印证。日照×电子材料公司属于与磁业公司生产或者经营同类产品、从事同类业务的有竞争关系的其他用人单位。卞某的行为违反了协议约定及法律规定的竞业限制义务，构成违约,应当承担违约责任。70万元的损失证据不足,不予支持。判决:卞某赔偿磁业公司违约赔偿金20万元,驳回磁业公司其他诉讼请求。

案例点评

《劳动合同法》第24条第2款规定,“在解除或者终止劳动合同后,前款规定的人员到与本单位生产或者经营同类产品、从事同类业务的有竞争关系的其他用人单位,或者自己开业生产或者经营同类产品、从事同类业务的竞业限制期限,不得超过二年。”卞某与磁业公司签订的《技术保密协议》约定:乙方在参与工作的过程中获得的各项技术、工艺参数以及市场资源作为商业机密,乙方有义务做好保密工作,任何时间、任何情况下不得以任何形式对外扩散各项技术信息;乙方如违反以上条款,甲方将依法追究其违约责任,要求违约人和所服务的企业分别赔偿甲方人民币20万元。

本案中,卞某于2011年6月7日离职。卞某离职后,就职于日照×电子材料公司,并于2011年12月27日成为该公司的股东,而该公司经营范围与磁业公司有竞争关系,并已向磁业公司的客户提供相关产品。卞某已违反了竞业限制义务,构成违约,理应向磁业公司支付违约金。

HR实务指引

用人单位维权成功的关键在于,一是约定了权利义务关系明确的竞业限制协议,明确竞业限制范围,确定违约金数额。二是收集了关键证据,包括(1)《技术保密协议》;(2)劳动者新入职企业的工商登记查询回执及股东名单;(3)新入职企业相关产品进入磁业公司客户单位的照片及检验报告;(4)法院根据磁业公司申请前往其客户单位调查时,拍摄的客户单位从劳动者新入职企业购进产品的照片及客户单位工作人员的陈述笔录;(5)磁业公司提供的产品技术配方及客户名单。

法条链接

《劳动合同法》第二十三条第一款、第二十四条

六、竞业限制协议的签订

首先需要向企业提示两点:第一,竞业限制协议不可滥用,因为该协议的签订同时意味着向劳动者承担经济补偿的义务。第二,如果确需签订,建议将竞业限制协议作为一个单独协议/条款,不可将保密协议/条款与竞业限制协议/条款混在一起。

此外,在签订竞业限制协议时企业需注意的细节问题包括,(1)适用主体限于涉密劳动者,即用人单位的高级管理人员、高级技术人员和其他负有保密义务的人员。(2)经济补偿标准。如果不作约定,按照相关司法解释,则在“劳动者在劳动合同解除或者终止前十二个月平均工资的30%”与“劳动合同履行地最低工资标准”二者之中择较高者适用。(3)经济补偿的支付方式,必须是在劳动关系结束后的竞业限制期限内按月给付。用人单位切勿在工资中发放。(4)劳动者违反竞业限制义务的违约金,建议约定具体数额。(5)注意保留竞业限制协议单方解除权。一般情况下,企业在员工入职时即与之签订了竞业限制协议,但由于劳动合同履行过程中已采取了轮岗措施等原因,所以该员工离职时,可能并不需要其再履行竞业限制义务。如果属于这种情况,企业忽视与员工解除竞业限制协议,则会导致企业额外支付经济补偿。因此,建议企业在协议中保留用人单位的单方解除权,在员工离职前或竞业限制期限内享有履行通知义务后单方解除禁止协议的权利。

范本21:竞业限制条款

第A条 不论何种原因在甲乙双方解除或者终止劳动合同后__2__年内,乙方均不得到与甲方生产或者经营同类产品、从事同类业务的有竞争关系的其他用人单位工作。

第B条 不论何种原因甲已双方在劳动合同终止或解除后__2__年内,乙方均不得自办与甲方有竞争关系的企业或者从事与甲方商业秘密有关产品的生产。

第C条 本协议所称与甲方有竞争关系的企业,包括但不限于以下几类企业:________________________。

第D条 在劳动合同解除或终止之后,甲方向乙方在竞业限制的期限内按月给予乙方经济补偿，补偿费标准为：____________。

第E条 乙方不履行本协议违反以上所有项规定的权利义务，应当承担违约责任，一次性向甲方支付违约金人民币____元，乙方因违约行为所获得的收益应当返还甲方，造成损失的，乙方应当承担赔偿责任。

前款规定的乙方赔偿损失责任，按照下列方式计算：

(1)损失赔偿额为甲方因乙方的违约行为所受的实际经济损失，计算方法是：因乙方的侵权行为导致甲方的产品销售数量下降，其销售数量减少的总数乘以每件产品的利润所得之积；

(2)如果甲方的损失依照第(1)项所述的计算方法难以计算的，损失赔偿额为乙方因违约行为所获得的全部利润，计算方法是：乙方从每件与违约行为直接关联的产品获得的利润乘以在市场上销售的总数之积；

(3)甲方因调查乙方的违约行为而支付的合理费用，包含在损失赔偿额之内。

第F条 在劳动合同解除前、解除之时以及解除后，甲方通过电话、书面等有效方式通知乙方解除本协议的，自甲方发出通知之日起，本协议自动终止。

第G条 本协议自双方签字之日起生效。本协议的变更，由甲乙双方协商一致以书面的形式确认。

七、竞业限制协议的解除

1. 用人单位与劳动者协商一致，可以解除竞业限制协议。

2. 劳动者单方解除竞业限制协议。实践中，经常发生用人单位延迟支付或者不支付竞业限制经济补偿的情况，部分劳动者据此选择不再遵守竞业限制约定，用人单位此时再以劳动者违约为由向法院起诉要求其承担违约责任。对此问题，有不同意见。有的认为，应判令竞业限制协议解除，劳动者无须承担违约责任。有的则认为，应当判令双方继续履行竞业限制协议。《最高人民法院关于审理劳动争议案件适用法律若干问题的解释(四)》第8条对此问题予以了明确，统一了裁判规则，“当事人在劳动合同或者保密协议中约定了竞业限制和经济补偿，劳动合同解除或者终止后，因用人单位的原因导致三个月未支付经济补偿，劳动者请求解除竞业限制约定的，人民法院应予支持。”

3. 用人单位单方解除竞业限制协议。

劳动法上竞业限制制度设立的目的是波阿虎用人单位的商业秘密和与知识产权相关的保密事项，当这些商业秘密和保密事项因已经公开等原因而无须再保密时，竞业限制协议即无继续履行的必要了。也就不能在此情况下，再要求企业负担向劳动者支付经济补偿有违立法本意。

因此，法律也赋予了用人单位有单方解除竞业限制协议的权利。《最高人民法院关于审理劳动争议案件适用法律若干问题的解释（四）》第 9 条规定，“在竞业限制期限内，用人单位请求解除竞业限制协议时，人民法院应予支持。在解除竞业限制协议时，劳动者请求用人单位额外支付劳动者三个月的竞业限制经济补偿的，人民法院应予支持。”但用人单位解除竞业限制协议时，劳动者不可能马上找到与自己掌握的技能相匹配的工作，因此，在允许用人单位单方解约权的同时，允许劳动者主张三个月竞业限制经济补偿的权利。

第三节　保密协议与竞业限制协议的区别

竞业限制协议是针对企业负有保密义务的员工。但保密义务与竞业限制义务以及保密协议与竞业限制协议是两个不同的概念，不可混为一谈。

表 7　保密协议与竞业限制协议的区别

序号	区别点	保密协议	竞业限制协议
1	法理依据	保密义务主要依据民法中的诚实信用原则，源于劳动者对用人单位的忠诚义务	竞业限制义务由保密义务扩展而来，并非直接源于诚实信用和忠诚之法定义务
2	义务性质	保密义务为法定义务。 不论是否签订保密协议，劳动者均有保守用人单位商业秘密的义务	竞业限制为约定义务。 如未约定竞业限制协议，劳动者不负竞业限制义务

续表

序号	区别点	保密协议	竞业限制协议
3	保密方式	侧重规定劳动者不能“说”	侧重规定劳动者不能“做”
4	期限要求	保密义务一般期限较长	竞业限制期限较短，最长不超过二年
5	后果	劳动者择业自由权不受限制	劳动者择业自由权受到限制
6	费用支付	用人单位可以不支付对价	用人单位必须支付对价。 通过经济补偿的形式体现

第五章

劳动合同的履行

本章导读

劳动合同的履行，是指用人单位与劳动者按照劳动合同的约定，全面履行各自的义务。劳动合同依法订立即具有法律约束力，用人单位与劳动者都应当履行劳动合同规定的义务。

履行劳动合同与履行一般的合同一样，都应当坚持一些基本原则，如诚实信用原则、公平原则、平等原则、适当履行原则、协作履行原则等。履行劳动合同是对用人单位和劳动者两个劳动关系主体的要求，一方的义务对应另一方的权利。权利与义务对立统一，用人单位与劳动者在劳动合同履行中各自实现自己的合法利益。对用人单位来说，履行劳动合同的义务就要向劳动者提供适当的工作场所和劳动安全卫生条件、相关工作岗位，并按照约定的金额和支付方式按时向劳动者支付劳动报酬；对于劳动者来说，有义务遵守用人单位的规章制度和劳动纪律，认真履行自己的劳动职责，并且亲自完成劳动合同约定的工作任务。在劳动合同关系中，劳动者提供脑力或体力劳动，用人单位认同并借助劳动者提供的脑力或体力劳动，达到企业盈利和发展的需要。

总之，劳动合同的全面履行就是要求用人单位和劳动者按照合同约定的时间、期限、地点，用约定的方式，按质、按量履行自己应承担的义务。劳动者最主要的义务莫过于按照约定提供劳动，用人单位最主要的义务莫过于按照约定向劳动者提供相关的劳动报酬。本章主要内容如下：

第一节　工作时间与休息休假

我国《宪法》规定,中华人民共和国公民有劳动的权利和义务。中华人民共和国劳动者有休息的权利。国家发展劳动者休息和休养的设施,规定职工的工作时间和休假制度。可见,劳动者工作时间和休息休假权利直接来源于宪法的规定。劳动法对劳动者的这些权利予以了明确和细化。用人单位应当熟知相关规定,使本单位制定的规章制度符合法律法规的要求。

一、工时制度

(一)三种工时制度

根据《劳动法》、《修改工作时间的决定》、《国务院关于职工工作时间的规定》等相关规定,目前我国关于劳动工作时间有三种制度,即标准工时制、综合工时制和不定时工时制。综合工时制和不定时工时制属于特殊工时制度,是相对于标准工时制而言的制度。

表 8　标准工时制、综合工时制和不定时工时制对比表

序号	类型	概念	内容及特点	适用范围
1	标准工时制	或称之为标准工作制度,是由法律确定的一昼夜中工作时间长度,一周中工作日天数,并要求各用人单位和一般职工普遍实行的基本工时制度	1. 每日工作 8 小时、每周工作 40 小时。(国务院关于修改《国务院关于职工工作时间的规定》的决定第 3 条) 2. 标准工时制是标准和基础,是其他特殊工时制度的计算依据和参照标准。 3. 延长工时的,按照《劳动法》第 44 条的规定向劳动者支付报酬	普遍适用

续表

序号	类型	概念	内容及特点	适用范围
2	综合计算工时制	因工作性质特殊或者受季节及自然条件限制，需在一段时间内连续作业，采取以周、月、季、年等为周期综合计算工作时间的一种工时制度	1. 分别以周、月、季、年等为周期，综合计算工作时间，工作时间不区分工作日与公休日。 2. 其基础仍然是标准工时制，虽然允许具体的某日（或某周）工作时间可以超过法定标准工作时间，但是仍然要坚持一定周期内总的工作时间及平均工作时间不能违反法定的标准。 有正常的上下班时间，涉及加班、延长工作时间的限制，并应按规定支付相应报酬。 3. 应与工会和劳动者协商一致，需企业报经劳动行政主管部门批准。 4. 员工在综合计算工时一个周期内只要总的实际工作时间没有超过法定总的工作时间的，其在公休日工作，不需支付200%加班工资。法定节假日工作，一般会按加班算	1. 交通、铁路、邮电、水运、航空、渔业等行业中因工作性质特殊，需连续作业的职工； 2. 地质及资源勘探、建筑、制盐、制糖、旅游等受季节和自然条件限制的行业的部分职工； 3. 其他适合情况
3	不定时工时制	又称为，不定时工作制，每一工作日没有固定的上下班时间限制的工作时间制度	较综合工时制，弹性更大。 1. 机动作业，不定时上班。 2. 不实行加班加点制度，不受《劳动法》第41条规定的日延长工作时间标准和月延长工作时间标准的限制。 企业安排职工每周有一天休息时间即可，不涉及加班、延长工作时间的限制及支付相应报酬等。 3. 对于法定节假日工作是否算作加班，不同城市的规定有所区别。 4. 应与工会和劳动者协商一致，需企业报经劳动行政主管部门批准	1. 企业中的高级管理人员、外勤人员、推销人员、部分值班人员和其他因工作无法按标准工作时间衡量的职工； 2. 企业中的长途运输人员、出租汽车司机和铁路、港口、仓库的部分装卸人员以及因工作性质特殊，需机动作业的职工； 3. 其他适合情况

按照劳动和社会保障部《关于职工全年月平均工作时间和工资折算问

题的通知》(劳社部发〔2008〕3号),根据《全国年节及纪念日放假办法》(国务院令第644号)的规定,全体公民的节日假期由原来的10天增设为11天。据此,职工全年月平均制度工作天数和工资折算办法分别调整如下:

1. 制度工作时间的计算

年工作日:365天-104天(休息日)-11天(法定节假日)=250天

季工作日:250天÷4季=62.5天/季

月工作日:250天÷12月=20.83天/月

工作小时数的计算:以月、季、年的工作日乘以每日的8小时。

2. 日工资、小时工资的折算

按照《劳动法》第51条的规定,法定节假日用人单位应当依法支付工资,即折算日工资、小时工资时不剔除国家规定的11天法定节假日。据此,日工资、小时工资的折算为:

日工资:月工资收入÷月计薪天数

小时工资:月工资收入÷(月计薪天数×8小时)

月计薪天数=(365天-104天)÷12月=21.75天

范本22:实行特殊工时工作制实施方案

实行特殊工时工作制实施方案

为了规范本单位工时制度,维护职工休息休假权利,保证生产任务完成,促进企业健康发展,根据《劳动法》第39条、劳动部《关于企业实行不定时工作制和综合计算工时工作制的审批办法》(劳部发〔1994〕504号)和××省/市人力资源和社会保障部门的规定,结合本单位实际,制定本实施方案。

一、单位基本情况说明

(一)基本情况

1. 用人单位注册类型:(经济性质)____________。

2. 用人单位规模:(注册资本)____________。

3. 经营范围:____________。

(二)用工情况

1. 本单位从业人员总数人,其中签订劳动合同人数人、缴纳社会保险人数人。

本单位使用劳务派遣员工人。

2. 本单位已依法实行劳动用工备案制度，依法建立健全劳动合同制度（或集体合同制度）和考勤制度，劳动用工规范，劳动考勤记录完整。

3. 本单位已依法建立工资分配与支付制度，执行国家和《江苏省工资支付条例》有关规定，按时足额支付劳动报酬。

4. 本单位已依法申报缴纳社会保险。

5. 本单位已依法建立健全劳动安全卫生制度，劳动安全卫生设施和条件符合国家规定标准，执行国家有关女职工（或未成年工）保护的规定。

6. 本单位申请实行综合计算工时工作制的岗位，申请实行不定时工作制的岗位。

（1）无劳务派遣用工。

（2）有劳务派遣用工的已征得（劳务派遣单位名称）同意。

二、实施理由

本单位系（行业描述），符合相关规定（写明本省市的具体规定）要求的申请综合计算工时工作制的必备条件。

部分岗位工种因工作性质特殊存在下列情形，实施综合计算工时工作制：（1）需连续作业；（2）季节、自然限制行业；（3）生产任务不均衡企业；（4）工作地点远需集中休息的；（5）保安、非生产性值班人员；（6）其他：（岗位职责描述）需要集中工作集中休息；

部分岗位工作因工作性质特殊存在下列情形，实施不定时工作制：（1）国有企业中的高级管理人员（企业领导班子成员）；（2）非国有企业中经营管理人员事先约定实行年薪制的；（3）高级管理人员专职司机、秘书；（4）无法按标准工作时间衡量的外勤人员；（5）实行工作量与工资挂钩的推销人员、长途运输人员、押运人员；（6）实行工作量与工资挂钩的铁路、港口、仓库的部分装卸人员；（7）实行承包经营出租车的驾驶员。

三、适用范围和综合工时计算周期

（一）实行综合计算工时工作制的岗位：

生产一线岗位________；工种：________，现有人数________人；

生产辅助岗位________；工种：________，现有人数________人；

其他工作岗位________；工种：________，现有人数________人。

本单位实行综合计算工时工作制，计算周期为□年；□季；□月；□周。

（二）实行不定时工作制的岗位如下：________________。

四、实施期限

申请实行期限为自________年____月____日至________年____月____日；

实施期限届满前一个月，企业要向工会或职工代表大会报告实行综合计算工时工作制的基本情况，听取工会和职工代表的意见，协商确定是否继续申报审批。

五、实施办法

本单位实行综合计算工时工作制的基本原则是以人为本，在确保职工身体健康前提下，在依法维护职工休息休假权利的基础上，结合本单位实际，依法实行综合计算工时工作制，具体办法如下：

（一）工作时间与休息休假的安排

1. 本单位根据生产经营的实际情况，采用以下方式为周期综合计算工作时间的工时制度。

（1）以年为周期，年度工作日为250天/年，工作时间为2000个小时/年；

（2）以季为周期，季度工作日为62.5天/季，工作时间为500个小时/季；

（3）以月为周期，月度工作日为20.83天/月，工作时间为166.64个小时/月；

（4）以周为周期，周工作时间为40个小时/周。

2. 在计算周期内，日连续工作时间超过8小时的，中间安排1小时休息时间，但每日连续工作时间最长不超过11小时。职工在综合计算周期内总工作时间超过总法定工作时间部分，视为延长工作时间。

3. 对实行综合计算工时工作制职工严格执行考勤制度，单位每月将书面考勤记录与职工核对并由职工签字确认。综合计算周期期满后单位应及时统计每个职工的周期内工作时间，并在10日内将职工本人的工作时间汇总统计清单，与职工核对并由职工签字确认。

4. 在保障职工身体健康并充分听取职工意见的基础上，对实行综合计算工时工作制和不定时工作制的岗位职工采用集中工作、集中休息、轮休、调休等适当的工作和休息方式，确保职工休息休假权利和生产、工作任务的完成。工会和职工有权监督企业的执行情况。

5. 根据《职工年休假条例》规定，实行综合计算工时工作制和不定时工作制的职工同样享有带薪年休假。在保证完成生产任务的前提下，由企业与职工协商确定休假时间。

（二）工资待遇

本单位在保证职工工资福利待遇的基础上实行综合计算工时工作制和不定时工作制，依法保护职工获得劳动报酬的权利，严格按照《江苏省工资支付条例》相关规定支付劳动报酬。

1. 本单位严格执行《江苏省工资支付条例》，依法按时足额发放职工工资。在综合计算周期期满后10日内进行结算，并在次月的发薪日按规定支付加班工资。

2. 对综合计算工时工作制职工，在综合计算周期内总的工作时间超过总法定工作时间的部分，按不低于职工本人工资150%支付加班工资；法定节假日工作的，按不低于职工本人工资300%支付加班工资。

3. 企业依法与劳动者终止或解除劳动合同时，应将劳动者在实施综合工时周期内实际履行的工作时间减去标准工作时间，超过的部分按本人工资150%支付加班工资。

4. 单位确因工作需要不能安排职工休年休假的，经职工本人同意，可以不安排职工休年休假。对职工应休未休的年休假天数，单位应当按照该职工日工资收入的300%支付年休假工资报酬。

（三）劳动保护和安全卫生条件措施

1. 本单位依法维护职工人格尊严和安全健康、休息休假的权利。

2. 在气温超过36℃时，严格按照标准工作时间组织生产，以保证职工有充分的休息时间和睡眠时间，避免高温疲劳作业，杜绝恶性事件发生并针对工作性质采取下列措施：

（1）高温期间露天作业的，在组织职工露天作业时，严格遵守“避中间”措施，即不得在中午12:00～15:00期间组织露天作业，防止中暑事件发生。

（2）安排职工从事高温作业的，每天适当缩短2～4小时工作时间；高温作业场所配备30℃以下的休息室，增加工间休息时间与次数，提供必要的降温保健用品（如冰块、茶水、药品等），确保高温岗位职工的安全与健康。

3. 对于本单位的未成年工以及在有毒有害生产作业岗位的实行特殊保护措施，提供符合国家规定的劳动安全卫生条件和必要的劳动防护用品。适当缩短未成年工每天工作时间，不安排未成年工从事夜班劳动。

4. 实行特殊工时工作制度的女职工在“三期”内的，依法执行女职工劳动保护措施，严格控制日工作时间，不超过8小时，不安排其从事夜间劳动。

六、本方案须经与工会或职工代表协商确定，并报劳动行政部门审核批准后实施。

七、劳动保障部门批准后，企业将书面告知有关职工，并在企业内部公示5个工作日，特殊工时在与劳动者变更劳动合同或在劳动合同中明确后正式实施。

单位名称（盖章）

年　　月　　日

（二）中央直属企业特殊工时制度审批

1. 审批依据：《劳动法》第39条；《关于企业实行不定时工作制和综合计算工时工作制的审批办法》（劳部发〔1994〕503号）。

2. 审批对象：中央直属企业（地方企业的审批办法由省级人民政府劳动保障行政部门制定）。

3. 审批内容：中央直属企业（集团）因生产特点需要实行不定时工作制和综合计算工时工作制的工种、岗位。

4. 审批程序：受理、审核、实地核查、批复及建档。

（1）受理。国务院国资委监管企业，国有商业银行、保险公司，具有行业管理职能的铁道、民航、烟草部门所属企业（以下统称中央直属企业）申请实行特殊工时制度由我部劳动关系司直接受理。我司在收到书面申请材料后10个工作日内作出是否受理的决定，并告知申请单位；申请材料不齐全的，应当一次性告知申请单位。

（2）审核。审核中央直属企业提交的材料包括：

①申请函件，包括单位性质特点、经营范围规模等基本情况，以及申请实行特殊工时制的种类及原因；

②单位注册登记、法人营业执照复印件；

③《申请实行不定时工作制和综合计算工时工作制岗位一览表》（附后）；

④实行不定时工作制和综合计算工时工作制岗位职工的休息休假办法；

⑤企业内部各级工会或职工代表大会的意见；

⑥再次申请的，提交前一次实施情况的书面说明；

⑦其他需要提供的有关资料。

（3）实地核查。受理申请后，在必要情况下，可以对申请单位进行现场核查；实地核查应当制作现场笔录，并由被核查企业的相关人员签字。现场核查和批复工作应当在受理后20个工作日内完成。20个工作日内不能作出行政审批决定的，经本行政机关负责人批准，可以延长10个工作日，并应当将延长期限的理由告知申请单位。

（4）批复及建档。作出批复决定后，应当在10个工作日内通告、送达申请单位。申请单位收到批复后，应当在单位内公示，公示期不少于5个工作日。对批复材料建立相应档案，保管期限不少于实施期限届满后1年。

范本23:(中央企业)申请实行综合计算工时工作制和不定时工作制岗位一览表

申报单位盖章:(公章)

企业名称				企业性质		
地址				主管部门		
法人代表人姓名		联系电话			职工人数	
实行特殊工时制度职工人数				人数比例		
综合计算工时工作制				不定时工作制		
岗位或工种	人数	计算周期单位	申请期限	岗位或工种	人数	申请期限

(三)地方企业实行综合计算工时工作制和不定时工作制审批(以北京市为例)

1.特殊工时制度审批提交材料

(1)《北京市企业实行综合计算工时工作制和不定时工作制申报表》(范本附后)。

(2)企业法人营业执照副本及复印件(外地在京分支机构提交法人授权书、营业执照副本及复印件,复印件应加盖用人单位公章)。

(3)申请说明书(应加盖用人单位公章),重点说明不能实行标准工时制度需要实行特殊工时制度的具体原因,涉及的岗位、人数以及综合计算工时工作制的计算周期、工作方式和休息制度。

(4)企业工会对实行特殊工时制度的意见(应加盖用人单位工会章)。没有成立工会组织的,应当提交实行特殊工时制度涉及职工的联名意见(应加盖用人单位公章)。

(5)委托书(被委托人可为1人至2人)。

(6)被委托人居民身份证复印件(正、反面复印在A4纸的同一页面上)。注意事项:报送材料应使用A4纸张。

2. 受理时限及受理岗位

(1)受理岗位:行政事务管理科/劳动关系科。

(2)受理时限:10个工作日。

范本24:北京市企业实行综合计算工时工作制和不定时工作制申报表

编号:

北京市企业实行综合计算工时工作制和不定时工作制申报表

申报单位盖章:

<table>
<tr><td>企业名称</td><td colspan="3"></td><td>企业性质</td><td colspan="2"></td></tr>
<tr><td>地　　址</td><td colspan="3"></td><td>主管部门</td><td colspan="2"></td></tr>
<tr><td>法人代表人姓名</td><td colspan="2"></td><td>联系电话</td><td></td><td>职工人数</td><td></td></tr>
<tr><td>申报种类</td><td colspan="3"></td><td>实行特殊工时制度职工人数</td><td colspan="2"></td></tr>
<tr><td colspan="4">综合计算工时工作制</td><td colspan="3">不定时工作制</td></tr>
<tr><td>岗位或工种</td><td>人数</td><td>计算周期单位</td><td>实行期限</td><td>岗位或工种</td><td>人数</td><td>实行期限</td></tr>
<tr><td></td><td></td><td></td><td></td><td></td><td></td><td></td></tr>
<tr><td></td><td></td><td></td><td></td><td></td><td></td><td></td></tr>
<tr><td></td><td></td><td></td><td></td><td></td><td></td><td></td></tr>
<tr><td></td><td></td><td></td><td></td><td></td><td></td><td></td></tr>
<tr><td></td><td></td><td></td><td></td><td></td><td></td><td></td></tr>
<tr><td></td><td></td><td></td><td></td><td></td><td></td><td></td></tr>
</table>

续表

申报理由： 年　　月　　日（章）	
工会或职工大会意见： 年　　月　　日（章）	
备注	

企业承办人：

填表说明：

在填写申请理由时，应重点说明不能实行标准工时制度的具体原因，涉及的岗位、人数，以及综合计算工时工作制的公式计算周期、工作方式和休息休假制度。

工会或职工大会意见栏应填写企业工会组织对实行综合计算工时工作制或不定时工作制的意见，没有工会组织的企业需提交职工大会的意见。

（四）工时制度审批属于具体操作层面的事务，政策性强

各企业在办理特殊工时制度审批时，要与当地区县人社部门联系，以了解具体操作流程及相关申报材料。

案例38：综合计算工时工作制下，什么情况才算加班？

穆先生与天津某商贸公司签订书面劳动合同，工作岗位为商业服务，工作区域或工作地点为集团所辖公司、店铺或配送中心等场所。工作时间约定为综合计算工时工作制，以年为周期，总工时为2000个小时。月工资为基本工资1500元。后穆先生辞职，因工资问题与用人单位发生纠纷，不服仲裁结果，诉至法院。要求商贸公司支付其2013年4月1日至2014年4月8日期间的加班费54万余元（包含延时加班费、周六日加班费、法定节假日加班费）。商贸发展有限公司辩称，不同意原告的诉讼请求。第一，原告实行综合计算工时，工作场所是开放式的，原告即使出现在工作场所也不一定是工作。第二,原告是店长,不实行打卡制度,在每个月不超过167小时的情况下,上班时间可以自行调配。第三,原告不存在加班,且公司也没安排过加班,只同意仲裁裁决的法定节假日加班工资数额。法院认为,原告穆先生所在岗位实行综合计算工时工作制,故在综合计算周期内,超过法定标准工作时间的部分,视为延长工作时间。但不应存在休息日加班,故休息日加班费不予支持。此期间的法定节假日加班费应予支持。

案例点评

本案的焦点问题:综合计算工时制度下哪些时间应当算入加班时间。

根据劳动部《关于职工工作时间有关问题的复函》(劳部发〔1997〕271号)第5条,经批准实施综合计算工时工作制的用人单位,在计算周期内若日(或周)的平均工作时间没超过法定标准工作时间,但某一具体日(或周)的实际工作时间工作超过8小时(或40小时),"超过"部分是否视为加点(或加班)且受《劳动法》第41条的限制。依据劳动部《关于企业实行不定时工作制和综合计算工时工作制的审批办法》第5条的规定,综合计算工时工作制采用的是以周、月、季、年等为周期综合计算工作时间,但其平均日工作时间和平均周工作时间应与法定标准工作时间基本相同。也就是说,在综合计算周期内,某一具体日(或周)的实际工作时间可以超过8小时(或40小时),但综合计算周期内的总实际工作时间不应超过总法定标准工作时间,超过部分应视为延长工作时间并按《劳动法》第44条第1款的规定支付工资报酬,其中法定休假日安排劳动者工作的,按《劳动法》第44条第3款的规定支付工资报酬。而且,延长工作时间的小时数平均每月不得超过36小时。

本案中,穆先生主张加班费,首先,应当就加班事实的存在承担举证责任。其次,在综合计算周期内,超过法定标准工作时间的部分,视为延长工作时间。但不应存在休息日加班。也就是说,穆先生应当证明在2013年4月1日至2014年4月1日期间,其年工作时间超过了约定的2000个小时,否则其延时加班费、周六日加班费的主张不成立。

另外,按照《天津市工资支付规定》第19条的规定,"经劳动保障部门批准实行综合计算工时工作制的用人单位,在综合计算周期内总实际工作时间超过总法定标准工作时间的部分，视为延长工作时间，应按本规定第十六条（一）规定支付劳动者延长工作时间的加班工资；法定休假日安排劳动者工作的，按本规定第十六条（三）规定支付劳动者法定休假日加班工资。”2013年4月至2014年4月8日期间，存在法定节假日加班17天，因此，用人单位应当支付相应加班费，应按照不低于本人日或小时工资的300%支付加班工资。

HR实务指引

经批准实行综合计算工时制的用人单位，即分别以周、季、年等为周期综合计算工作时间，但其平均日工作时间、周工作时间应与法定标准工作时间基本相同，并保证劳动者每周至少休息一天。实行综合计算工时制的企业职工，工作日正好是标准工时制周休息日的，属于正常工作；其综合计算工作时间超过法定标准工作时间的部分，应当视为延长工作时间，并按照不低于劳动者本人小时工资标准的150%支付延长工作时间的工资；工作日正好是法定节假日的，应依照规定支付不低于工资300%的报酬。

对于实行综合计算工时制的用人单位，判断是否应向员工支付加班工资的关键在于员工的周期综合时间是否超过了法定标准工作时间。如果超过了，就应当支付。因此，用人单位要统计好员工的周期工作时间，并保存好出勤记录、工资单等证据。

法条链接

《劳动法》第四十四条

《劳动部关于企业实行不定时工作制和综合计算工时工作制的审批办法》

第四条 企业对符合下列条件之一的职工，可以实行不定时工作制。

（一）企业中的高级管理人员、外勤人员、推销人员、部分值班人员和其他因工作无法按标准工作时间衡量的职工；

（二）企业中的长途运输人员、出租汽车司机和铁路、港口、仓库的部分装卸人员以及因工作性质特殊，需机动作业的职工；

（三）其他因生产特点、工作特殊需要或职责范围的关系，适合实行不定时工作制的职工。

第六条 对于实行不定时工作制和综合计算工时工作制等其他工作和休息办法的职工,企业应根据《中华人民共和国劳动法》第一章、第四章有关规定,在保障职工身体健康并充分听取职工意见的基础上,采用集中工作、集中休息、轮休调休、弹性工作时间等适当方式,确保职工的休息休假权利和生产、工作任务的完成。

第七条 中央直属企业实行不定时工作制和综合计算工时工作制等其他工作和休息办法的,经国务院行业主管部门审核,报国务院劳动行政部门批准。

地方企业实行不定时工作制和综合计算工时工作制等其他工作和休息办法的审批办法,由各省、自治区、直辖市人民政府劳动行政部门制定,报国务院劳动行政部门备案。

《最高人民法院〈关于审理劳动争议案件适用法律若干问题的解释(三)〉》第九条

案例39:实行不定时工时制的员工能以延长工作时间为由要求加班工资吗?

2012年3月1日至2013年4月25日期间,郭某供职于某物流公司,从事车队队长兼调度工作,主要职责本职工作是车辆调度、安排出车和车辆维修保养。郭某的工资由基本工资1200元和岗位工资450元、基本奖金550元、考核奖250元、车贴和餐贴组成。按照公司的规定,总经理、副总经理、车辆管理员、槽车驾驶员、瓶车驾驶员、押运岗位实行不定时工作制。物流公司实行不定时工作制已经得到当地劳动行政部门审批。郭某认为,自己除白天做车队队长工作8小时,每天晚上加班做调度工作,调度时间从17时至早上8时,但物流公司支付的工资中却不包括延时加班工资。物流公司提供的电子考勤记录显示,郭某早上上班时间并不固定,存在迟于8点上班或不打卡现象,郭某制作的考勤登记表亦显示其每周两天休息。郭某向劳动仲裁委提起仲裁申请,认为自己岗位实行的是不定时工作制,要求物流公司支付延时加班工资。仲裁委认为,郭某的工作实质上属于车辆管理岗位,实行的是不定时工作制,单位已安排了弹性休息,最终驳回了郭某的申请。

案例点评

本案的焦点问题有两个：一是郭某的工作岗位是否实行不定时工作制；二是物流公司应否向郭某支付延时加班工资。

郭某的主要职责本职工作是车辆调度、安排出车和车辆维修保养，因此可以认定郭某的岗位为管理车辆岗位。经劳动行政部门审批，管理车辆岗位实行不定时工作制。因此，郭某的工作岗位实行不定时工作制。

不定时工作制的特点就是采用弹性工作时间，劳动者的工作日没有固定的上下班时间限制，在工作之外就是休息的时间。当然，企业在保障生产、工作任务完成的同时，必须保障职工的休息、休假权利。本案中，电子考勤记录显示，郭某早上上班时间并不固定，存在迟于8点上班或不打卡现象，郭某制作的考勤登记表亦显示其每周两天休息，说明物流公司采取弹性工作时间安排了郭某的工作和休息。物流公司并未违反不定时工作制的规定。

HR实务指引

1. 实行不定时工作制的职工，其劳动时间不受《劳动法》第41条规定的日延长工作时间和月延长工作时间标准的限制，但用人单位应采取弹性工作时间等适当的工作和休息方式，确保职工的权利。

2. 实行不定时工作制，企业安排其在法定节假日工作，是否算做加班，需参考各地政策。例如，根据《北京工资支付规定》第17条，是不算做加班的；根据《上海市企业工资支付办法》第13条，是算做加班的，需要支付300%的加班工资。

3. 本案涉及证据：劳动合同、电子考勤记录、员工考勤登记表、企业实行特殊工时制审批单、车辆动态情况登记表、员工手册、会议纪要、年休假安排单等。

法条链接

《关于企业实行不定时工作制和综合计算工时工作制的审批办法》

第四条 企业对符合下列条件之一的职工，可以实行不定时工作制。

（一）企业中的高级管理人员、外勤人员、推销人员、部分值班人员和其他因工作无法按标准工作时间衡量的职工；

（二）企业中的长途运输人员、出租汽车司机和铁路、港口、仓库的部分装卸人员以及因工作性质特殊，需机动作业的职工；

（三）其他因生产特点、工作特殊需要或职责范围的关系，适合实行不定时工作制的职工。

《〈国务院关于职工工作时间的规定〉问题解答》（劳部发〔1995〕187号）

五、问：哪些企业职工可实行不定时工作制？

答：不定时工作制是针对因生产特点、工作特殊需要或职责范围的关系，无法按标准工作时间衡量或需要机动作业的职工所采用的一种工时制度。例如：企业中从事高级管理、推销、货运、装卸、长途运输驾驶、押运、非生产性值班和特殊工作形式的个体工作岗位的职工，出租车驾驶员等，可实行不定时工作制。鉴于每个企业的情况不同，企业可依据上述原则结合企业的实际情况进行研究，并按有关规定报批。

《劳动部关于职工工作时间有关问题的复函》（劳部发〔1997〕271号）

八、实行不定时工作制的工资如何计发？其休息休假如何确定？

对于实行不定时工作制的劳动者，企业应当根据标准工时制度合理确定劳动者的劳动定额或其他考核标准，以便安排劳动者休息。其工资由企业按照本单位的工资制度和工资分配办法，根据劳动者的实际工作时间和完成劳动定额情况计发。对于符合带薪年休假条件的劳动者，企业可安排其享受带薪年休假。

二、加班

《劳动合同法》第31条规定，用人单位应当严格执行劳动定额标准，不得强迫或者变相强迫劳动者加班。用人单位安排加班的，应当按照国家有关规定向劳动者支付加班费。

劳动定额，是指在一定的生产和技术组织条件下，预先规定生产单位产品或完成一定工作量应该消耗的劳动量标准（一般以劳动时间来表示）。劳动定额有工时定额和产量定额两种形式。其中，工时定额较为常用。加班问题上，有两个关键问题：一是加班如何认定；二是加班费怎样支付。

（一）如何认定加班

劳动法律法规中关于加班有几种不同的称谓，如“加班”、“加点”、“加班加点”、“延长工作时间”等。所谓“加班”，是指劳动者在休息日或者法定节假日工作。按照《劳动法》第 40 条的规定，法定节假日包括：元旦；春节；国际劳动节；国庆节；法律、法规规定的其他休假节日。所谓“加点”，是指在标准工作日以外延长时间工作，如提前上班或者推迟下班。所谓“延长工作时间”，是指超过法定标准工时的时间，包括加班和加点两种形式。《劳动合同法》中使用的“加班”的含义相当于“延长工作时间”。

认定加班要把握三个条件：第一，劳动者已完成劳动定额或规定工作任务；第二，用人单位根据生产经营需要安排；第三，在在法定标准工作时间以外工作。

（二）加班费

按照《劳动法》第 44 条的规定，有下列情形之一的，用人单位应当按照下列标准支付高于劳动者正常工作时间工资的工资报酬：安排劳动者延长工作时间的，支付不低于工资的 150% 的工资报酬；休息日安排劳动者工作又不能安排补休的，支付不低于工资的 200% 的工资报酬；法定休假日安排劳动者工作的，支付不低于工资的 300% 的工资报酬。

表 9　不同情形下加班的认定及加班费的支付对应表

序号	情形	工作日	休息日	法定休假日
1	标准工时工作制	每日加班时间 = 每日工作时间 − 8 小时。 加班费：支付不低于工资的 150% 的工资报酬	休息日每日加班时间 = 每日工作时间。 加班费：支付不低于工资的 200% 的工资报酬（前提条件是不安排补休）	法定休假日每日加班时间 = 每日工作时间。 加班费：支付不低于工资的 300% 的工资报酬
2	综合计算工时制	不区分平日（工作日）、休息日。 加班时间 = 综合计算周期内的总实际工作时间超过总法定标准工作时间的部分。 加班费：支付不低于工资的 150% 的工资报酬		同上
3	不定时工时制	不存在加班问题 加班费：无须支付		同上； 或者认为不是加班，不支付加班费。 各地规定不同

续表

序号	情形	工作日	休息日	法定休假日
4	计件工资	加班时间：完成计件定额任务后，用人单位安排其在法定工作时间以外加班加点所占用的时间。 加班费：不低于劳动者法定工作时间计件单价×150%×与计件定额比较后多出的件数	加班时间：完成计件定额任务后，用人单位安排其在法定工作时间以外加班加点所占用的时间。 加班费：不低于劳动者法定工作时间计件单价×200%×完成的件数	加班时间：完成计件定额任务后，用人单位安排其在法定工作时间以外加班加点所占用的时间。 加班费：不低于劳动者法定工作时间计件单价×300%×完成的件数

（三）加班工资如何计算

1. 加班工资的折算方式

加班工资的折算方式为：日工资为月工资收入除以月计薪天数，月计薪天数为（365天－104天）÷12月＝21.75天（52个双休日是104天）；日工资＝月薪÷21.75天；小时工资＝日工资÷8小时。算出日薪与时薪后，再分别乘上3（法定节假日）或2（休息日），就是劳动者当天应得的加班工资。

表10　加班工资计算公式表

加班类型		加班工资
法定节假日	（×）日加班工资	加班工资基数（月薪）÷21.75×天数×300%
	小时加班工资	加班工资基数（月薪）÷21.75÷8×小时数×300%
休息日	（×）日加班工资	加班工资基数（月薪）÷21.75×天数×200%
	小时加班工资	加班工资基数（月薪）÷21.75÷8×小时数×200%
平日	延时加班工资	加班工资基数（月薪）÷21.75÷8×小时数×150%

2. 确定加班工资基数的原则

（1）如果劳动合同对加班工资基数已作出明确约定的，应按照双方的约定计算加班工资。只要不存在劳动者被欺诈或者被胁迫的情形，即使劳动者每月实际工资收入高于合同约定，也应当按照合同约定的加班工资基数来计算。加班工资不得低于当地最低加班工资标准。

（2）如果劳动合同明确约定工资数额，但没有约定加班工资基数的，应当以劳动合同约定的工资作为加班工资基数。如果劳动合同上工资项目分为“基本工资”、“岗位工资”、“职务工资”等，应当以各个工资项目的总和作为基数计发加班费,而不能以其中单独一项作为计算基数。

(3)如果劳动合同对劳动报酬没有明确,或者约定不明确,引发劳动争议的,依照《劳动合同法》第18条的规定,最好的解决方法是劳动者与用人单位重新协商;协商不成的,可由用人单位与职工代表通过集体协商确定,协商结果应签订集体合同或工资协商协议。

(4)如果集体合同(工资协商协议)、劳动合同均没有约定工资数额以及加班工资基数的,应当以劳动者本人实际工资收入作为加班工资基数。在计算劳动者本人实际收入时,只要是劳动者在正常劳动时间内,在提供正常劳动的情况下取得的收入,均应当纳入加班工资基数的计算范畴。但用人单位已经支付的加班工资应当扣除,不能列入计算范围。但是,不管用哪种方式确定加班工资基数,都不得低于最低工资标准。

(四)加班时间的上限

按照《劳动法》第41条的规定,用人单位由于生产经营需要,经与工会和劳动者协商后可以延长工作时间,一般每日不得超过1小时;因特殊原因需要延长工作时间的,在保障劳动者身体健康的条件下延长工作时间每日不得超过3小时,但是每月不得超过36小时。该条文有关延长工作时间的限制包括正常工作日的加点、休息日和法定休假日的加班。即每月工作日的加点、休息日和法定休假日的加班的总时数不得超过36小时。

(五)休息日或法定休假日加班,用人单位可否不支付加班费而给予补休?补休的标准如何确定?

休息日首先安排补休,法定休假日一般不安排补休,依据《劳动法》第44条规定,休息日安排劳动者加班工作的,应首先安排补休,不能补休时,则应支付不低于工资的200%的工资报酬。补休时间应等同于加班时间。法定休假日安排劳动者加班工作的,应另外支付不低于工资的300%的工资报酬,一般不安排补休。

(六)实行计件工资制的加班工资的认定

用人单位实行计件工资制,劳动者主张加班工资的,认定加班事实应主要审查计件工资劳动定额是否合理。劳动合同对计件工资劳动定额有约定的按照约定的定额审查,无约定的按行业规定审查。对劳动定额明显不合理或无行业规定的,按标准工时折算定额后再计算加班工资。

(七)加班的举证责任如何分配?

《最高人民法院关于审理劳动争议案件适用法律若干问题的解释(三)》(法释〔2010〕12号)第9条规定,劳动者主张加班费的,应当就加班事实的存在承担举证责任。但劳动者有证据证明用人单位掌握加班事实存在的证据,用人单位不提供的,由用人单位承担不利后果。

典型案例

案例40:领取计件工资的劳动者能要求加班费吗?

郑某在某机械厂(以下简称机械厂)从事铣工工作,双方签订了书面劳动合同,最后一期劳动合同期限为2012年1月1日起至2013年12月31日止。劳动合同约定实行计件工资,未约定定额。2013年9月26日,郑某向机械厂邮寄了辞职报告(机械厂于当月27日签收),并于当日向某市江宁区劳动人事争议仲裁委员会申请仲裁,该仲裁委员会于2013年12月13日出具仲裁决定书,以超出45日未审结为由终结审理郑某与机械厂劳动争议一案,郑某法定期限内向原审法院提起诉讼。庭审中,双方一致认可劳动合同解除前12个月郑某的平均工资为4000元,郑某2012年10月27日至2013年9月26日期间法定休息日工作所完成产量对应的工资数额为8500元。郑某的诉讼请求为:机械厂支付休息日加班工资8892元。

郑某主张其每周六均加班,机械厂已支付一倍的工资,现其主张补发另外一倍的休息日加班工资8892元。并提交了机械厂2013年3月~9月、2012年4月、7月~10月、12月的考勤表复印件。机械厂对考勤表复印件的真实性无异议,亦认可郑某周六上班,但不是每周六都上班,且双方约定实行计件工资制,无法计算加班工资。周六上班的工资已在计件工资中足额发放,不应再另算加班工资。

原审法院认为,实行计件工资制的,制定计件定额标准既是用人单位的权利也是用人单位的义务。用人单位未制定计件定额标准并要求劳动者超过法定工作时间工作的,应支付加班工资。本案中,机械厂实行计件工资制未制定定额标准,并认可郑某休息日工作,应支付加班工资。双方一致认可2012年10月27日至2013年9月26日期间休息日工作所完成产量对应的工资数额为8500

元，郑某自认机械厂已支付一倍的加班工资，现其主张机械厂支付休息日加班工资8500元，予以支持。超出该部分的加班工资请求无事实及法律依据，不予支持。法院判决：机械厂支付郑某休息日加班工资8500元。

案例点评

本案争议焦点有两个：一是计件工资制下，劳动者可否主张加班工资；二是没有计件定额标准，如何计算加班工资。

计件工资制下仍可能存在劳动者加班用人单位支付加班费的情况。因为计件工资仅仅代表一种工资计算方式，不能违反国家关于劳动者工作时间的规定，即计件工资制仍应当执行每天工作8小时，每周工作40小时的标准。计件工资制下，用人单位应当根据标准工时制的时间标准计算计件定额标准。超过定额标准的，即认定为加班。

关于计件定额标准，本案中，用人单位未制定，用人单位与劳动者双方未约定，又无行业规定可遵循。因此，可按标准工时折算定额。根据计算后的定额计算加班工资。本案中，双方一致认可2012年10月27日~2013年9月26日期间休息日工作所完成产量对应的工资数额为8500元，郑某自认机械厂已支付一倍的加班工资，因此，机械厂应按此标准向郑某支付未付的加班工资。

HR实务指引

首先，实行计件工资制的用人单位应当纠正计件工资制不存在加班的错误观念。其次，如果实行计件工资制，应当与劳动者约定定额标准，否则可能在计算加班工资标准时发生不必要的损失。

用人单位在确定劳动定额时应当遵循合法和科学合理的原则。《劳动法》第37条规定："实行计件工作的劳动者，用人单位应当根据本法第三十六条规定的工时制度，合理确定其劳动定额和计件报酬标准"。根据《劳动合同法》第4条规定，用人单位在制定涉及劳动者切身利益的劳动定额管理等规章制度或重大事项时，应当经职工代表大会或全体职工讨论，与工会或职工代表平等协商确定。

定额标准不可太高，如果大部分劳动者在法定工作时间内都无法完成，发生纠纷后，将极易被法院认定为不合理，得不到支持。一般认为，只有当80%

以上的员工都能在法定工作时间内完成的劳动定额才是合理的。建议企业与工会或职工代表民主协商,通过协商的办法制定科学合理的劳动定额,并折算出每道工序(或每件产品)的计件单价,在达成一致的情况下告知每位员工。同时,劳动定额、计件报酬标准不得低于当地最低工资标准折算后的工资标准。

法条链接

《劳动合同法》第三十一条

《劳动法》第四十四条

典型案例

案例41:企业和员工谁有责任证明加班事实?

小琳系上海市从业人员,于2012年3月26日进入上海某医疗科技有限公司(以下简称医疗公司)工作,双方之间签订有期限分别为2012年3月26日~2012年4月26日、2012年4月27日~2015年3月25日的服务协议。小琳的月工资标准是人民币(以下币种均为人民币)16000元。医疗公司有对员工进行年度绩效考核的规定。2013年年初,医疗公司评估小琳2012年度绩效考核分数是3.53分,并认定绩效等级B,随后支付小琳绩效奖金16000元。2014年2月18日,小琳以交通等问题无法解决为由向医疗公司提出辞职,并在医疗公司办理工作交接手续、填写离职员工须知。小琳在医疗公司实际工作至2014年2月28日。2014年3月19日,小琳向区劳动人事争议仲裁委员会申请仲裁,要求医疗公司支付:2012年3月26日~2013年1月20日期间延时、休息日加班工资112000元、2013年6月15日~2014年2月28日期间延时、休息日加班工资95200元,每天延时加班2小时,每周周六加班1天以8小时计算,加班工资基数按照16000元计算,中间未主张的期间是小琳产假休息期间。但小琳未提交加班的证据。仲裁委经审理后驳回了小琳的请求。

案例点评

根据《最高人民法院关于审理劳动争议案件适用法律若干问题的解释

(三)》第9条的规定,劳动者主张加班工资的,应当就加班事实的存在承担举证责任,但劳动者有证据证明用人单位掌握加班事实存在的证据,用人单位不提供的,由用人单位承担不利后果。小琳对于所述的每天延时加班2小时、每周休息日加班8小时没有提交证据予以证实。因此,小琳的请求难以得到支持。

HR 实务指引

关于加班费纠纷中的举证责任问题,《最高人民法院关于审理劳动争议案件适用法律若干问题的解释(三)》第9条规定:"劳动者主张加班费的,应当就加班事实的存在承担举证责任。但劳动者有证据证明用人单位掌握加班事实存在的证据,用人单位不提供的,由用人单位承担不利后果。"这一规定对"谁主张,谁举证"原则及举证责任倒置原则有了新的突破,没有偏向某一方,使劳动者和用人单位在主张加班费纠纷中的举证责任分配更加科学和合理。

在证据方面,劳动者可以提供如加班通知、考勤表、值班记录、班次表、交接班记录、工资条或证人证言等可以证明其加班的证据,劳动者提交的相关证据只要可以证明其存在加班的事实,即应视为其完成了对加班事实存在的举证责任,而对于由用人单位掌握的、能够证明加班事实存在的证据,劳动者应举证证明该证据属于用人单位掌握,在劳动者完成该举证责任后则用人单位即应当提供,如不提供,用人单位就应当承担不利后果。劳动者可出示的证据中工资条是劳动者最容易提供的证据,证人证言次之。其他的证据多由用人单位掌握并保管。

法条链接

《最高人民法院关于审理劳动争议案件适用法律若干问题的解释(三)》第九条

三、休息休假

休息休假制度,是指职工休息时间和休假时间的制度。它是与工作时间相对应的制度。劳动者的休息休假时间是指工作时间之外,依照法律、法规规定不从事工作,由个人自行支配的时间。休息休假时间是相对工作时间而言的,它是劳动者实现休息权利的重要保障条件。休息休假时间包括每天休息的时数、每周休息的天数、公休节假日休息、工作间隙休息和带薪年休假等。

(一)休息日

《劳动法》第38条对休息日作了规定:"用人单位应当保证劳动者每周至少休息一日。"国务院《关于职工工作时间的规定》(1995修订)第3条规定,"职工每日工作8小时、每周工作40小时。"因此,实践中,绝大部分企业都实行双休日制度。

(二)法定节假日

根据《劳动法》第40条的规定,每逢元旦、春节、国际劳动节、国庆节和法律法规规定的其他法定节假日,用人单位应当依法安排劳动者休假。关于法定休假日,《全国年节及纪念日放假办法》(2013年12月11日第二次修订)明确的规定:

1. 全体公民放假的节日:

(1)新年,放假1天(1月1日);

(2)春节,放假3天(农历正月初一、初二、初三);

(3)清明节,放假1天(农历清明当日);

(4)劳动节,放假1天(5月1日);

(5)端午节,放假1天(农历端午当日);

(6)中秋节,放假1天(农历中秋当日);

(7)国庆节,放假3天(10月1日、2日、3日)。

2. 部分公民放假的节日及纪念日:

(1)妇女节(3月8日),妇女放假半天;

(2)青年节(5月4日),14周岁以上的青年放假半天;

(3)儿童节(6月1日),不满14周岁的少年儿童放假1天;

(4)中国人民解放军建军纪念日(8月1日),现役军人放假半天。

3. 少数民族习惯的节日,由各少数民族聚居地区的地方人民政府,按照各该民族习惯,规定放假日期。

4. 二七纪念日、五卅纪念日、七七抗战纪念日、九三抗战纪念日、九一八纪念日、教师节、护士节、记者节、植树节等其他节日、纪念日,均不放假。

5. 全体公民放假的假日,如果适逢星期六、星期日,应当在工作日补假。

部分公民放假的假日，如果适逢星期六、星期日，则不补假。

（三）带薪年休假

1. 职工享受带薪年休假的条件

《职工带薪年休假条例》第2条规定，机关、团体、企业、事业单位、民办非企业单位、有雇工的个体工商户等单位的职工连续工作1年以上的，享受带薪年休假。

《企业职工带薪年休假实施办法》第3条规定，职工连续工作满12个月以上的，享受带薪年休假。

《关于〈企业职工带薪年休假实施办法〉有关问题的复函》第1条规定，关于带薪年休假的享受条件：《企业职工带薪年休假实施办法》第3条中的"职工连续工作满12个月以上"，既包括职工在同一用人单位连续工作满12个月以上的情形，也包括职工在不同用人单位连续工作满12个月以上的情形。

2. 带薪年休假天数

《职工带薪年休假条例》第3条规定，职工累计工作已满1年不满10年的，年休假5天；已满10年不满20年的，年休假10天；已满20年的，年休假15天。国家法定休假日、休息日不计入年休假的假期。

《企业职工带薪年休假实施办法》第4条规定，年休假天数根据职工累计工作时间确定。职工在同一或者不同用人单位工作期间，以及依照法律、行政法规或者国务院规定视同工作期间，应当计为累计工作时间。

《关于〈企业职工带薪年休假实施办法〉有关问题的复函》第2条规定，关于累计工作时间的确定：《企业职工带薪年休假实施办法》第4条中的"累计工作时间"，包括职工在机关、团体、企业、事业单位、民办非企业单位、有雇工的个体工商户等单位从事全日制工作期间，以及依法服兵役和其他按照国家法律、行政法规和国务院规定可以计算为工龄的期间（视同工作期间）。职工的累计工作时间可以根据档案记载、单位缴纳社保费记录、劳动合同或者其他具有法律效力的证明材料确定。

3. 职工不享受年休假的情形

《职工带薪年休假条例》第4条规定，职工有下列情形之一的，不享受当年的年休假：

（一）职工依法享受寒暑假，其休假天数多于年休假天数的；

（二）职工请事假累计20天以上且单位按照规定不扣工资的；

（三）累计工作满1年不满10年的职工，请病假累计2个月以上的；

（四）累计工作满10年不满20年的职工，请病假累计3个月以上的；

（五）累计工作满20年以上的职工，请病假累计4个月以上的。

《企业职工带薪年休假实施办法》第7条规定，职工享受寒暑假天数多于其年休假天数的，不享受当年的年休假。确因工作需要，职工享受的寒暑假天数少于其年休假天数的，用人单位应当安排补足年休假天数。

《企业职工带薪年休假实施办法》第8条规定，职工已享受当年的年休假，年度内又出现《职工带薪年休假条例》第4条第2～5项规定情形之一的，不享受下一年度的年休假。

（四）探亲假

1. 可享受探亲假待遇的职工人员范围

国务院《关于职工探亲待遇的规定》第2条规定，凡在国家机关、人民团体和全民所有制企业、事业单位工作满一年的固定职工，与配偶不住在一起，又不能在公休假日团聚的，可以享受本规定探望配偶的待遇；与父亲、母亲都不住在一起，又不能在公休假日团聚的，可以享受本规定探望父母的待遇。但是，职工与父亲或与母亲一方能够在公休假日团聚的，不能享受本规定探望父母的待遇。

2. 职工探亲假期

国务院《关于职工探亲待遇的规定》第3条规定，职工探亲假期（1）职工探望配偶的，每年给予一方探亲假一次，假期为30天。（2）未婚职工探望父母，原则上每年给假一次，假期为20天。如果因为工作需要，本单位当年不能给予假期，或者职工自愿两年探亲一次的，可以两年给假一次，假期为45天。（3）已婚职工探望父母的，每4年给假一次，假期为20天。探亲假期是指职工与配偶、父、母团聚的时间，另外，根据实际需要给予路程假。上述假期均包括公休假日和法定节日在内。

3. 职工探亲期间工资和路费

国务院《关于职工探亲待遇的规定》第5条规定，职工在规定的探亲假期和路程假期内，按照本人的标准工资发给工资。《关于职工探亲待遇的规定》第6条规定，职工探望配偶和未婚职工探望父母的往返路费，由所在单位负担。已婚职工探望父母的往返路费，在本人月标准工资30%以内的，由本人自理，超过部分由所在单位负担。

（五）病假

职工患病或非因工负伤可享受相应时间的医疗期。《企业职工患病或非因工负伤医疗期规定》第3条规定，企业职工因患病或非因工负伤，需要停止工作医疗时，根据本人实际参加工作年限和在本单位工作年限，给予3个月到24个月的医疗期：（1）实际工作年限10年以下的，在本单位工作年限5年以下的为3个月；5年以上的为6个月。（2）实际工作年限10年以上的，在本单位工作年限5年以下的为6个月；5年以上10年以下的为9个月；10年以上15年以下的为12个月；15年以上20年以下的为18个月；20年以上的为24个月。

《企业职工患病或非因工负伤医疗期规定》第4条规定，医疗期3个月的按6个月内累计病休时间计算；6个月的按12个月内累计病休时间计算；9个月的按15个月内累计病休时间计算；12个月的按18个月内累计病休时间计算；18个月的按24个月内累计病休时间计算；24个月的按30个月内累计病休时间计算。

劳动部《关于贯彻〈企业职工患病或非因工负伤医疗期规定〉的通知》第2条规定，关于特殊疾病的医疗期问题：根据目前的实际情况，对某些患特殊疾病（如癌症、精神病、瘫痪等）的职工，在24个月内尚不能痊愈的，经企业和劳动主管部门批准，可以适当延长医疗期。

（六）婚假

职工本人结婚，由本单位行政领导批准给予婚假3天，职工结婚时双方不在一地工作的，可以根据路程远近，另给予路程假。

男年满25周岁、女满23周岁初婚者为晚婚，可享受延长婚假。

由于各地方婚假规定均不一致，具体操作需按照地方规定执行。

（七）丧假

职工的直系亲属（父母、配偶和子女）死亡时，可给予丧假3天，如职工的直系亲属居住在外地死亡时，需要职工本人去外地料理丧事的，可以根据路程远近，另给予路程假。具体操作可参考原国家劳动总局、财政部《关于国营企业职工请婚丧假和路程假问题的通知》之法律规定。

此外，职工还依法享有女职工产假、依法参加社会活动请假等。

表11　休息休假时间对照表

假期类型	标准	补充说明	文件依据
休息日	每周2天	每周工作40小时，每月工作天数20.83天，工作时间166.64小时	《关于职工全年月平均工作时间和工资折算问题的通知》（劳社部发〔2008〕3号）
节假日	每年11天	元旦1天、春节3天、清明节1天、五一节1天、端午节1天、中秋节1天、国庆节3天，妇女节：妇女放假半天	关于修改《全国年节及纪念日放假办法》（国务院令第513号）
		属于全国人民的假日，如适星期六、星期日，应次日补假	
医疗期病假 连续工龄 十年以下 本单位工龄5年以下	3个月	按6个月累计病休时间计算	企业职工患病或非因工负伤医疗期规定（劳部发〔1994〕479号）
医疗期病假 连续工龄 十年以下 5年以上	6个月	按12个月累计病休时间计算	
医疗期病假 连续工龄 十年以上 5年以下	6个月	按12个月累计病休时间计算	
医疗期病假 连续工龄 十年以上 5~10年	9个月	按15个月累计病休时间计算	
医疗期病假 连续工龄 十年以上 10~15年	12个月	按18个月累计病休时间计算	
医疗期病假 连续工龄 十年以上 15~20年	18个月	按24个月累计病休时间计算	
医疗期病假 连续工龄 十年以上 20年以上	24个月	按30个月累计病休时间计算	
婚假	3天	男22周岁，女20周岁结婚（男25周岁，女23周岁结婚可享受延长婚假）	婚姻法关于职工探亲假待遇的规定（国发〔1981〕36号） 女职工保护规定（国务院令第9号）
丧假	1~3天	父母、岳父母、公婆死亡	
探亲假 配偶	30天	包括法定假日，不包括路程假	
探亲假 父母	20天	未婚职工每年一次，已婚职工四年一次	
产假 一般	98天	其中：产前假15天，产后假83天	
产假 难产	113天	难产的增加15天	
产假 多胞胎	98+15天	每多生育一个婴儿增加产假15天	
年休假 1~10年	5天	1. 连续工作12个月以上享受年休假 2. 休假期间享受与正常工作期间相同的工资收入	职工带薪年休假条例（国务院令第514号）
年休假 10~20年	10天		
年休假 20年以上	15天		

第二节　薪酬管理

《劳动合同法》第30条规定，"用人单位应当按照劳动合同约定和国家规定，向劳动者及时足额支付劳动报酬。用人单位拖欠或者未足额支付劳动报酬的，劳动者可以依法向当地人民法院申请支付令，人民法院应当依法发出支付令。"

劳动报酬是劳动者为用人单位提供劳动而获得的各种报酬。劳动者一方只要在用人单位的安排下按照约定完成一定的工作量，劳动者就有权要求按劳动取得报酬。向劳动者支付劳动报酬是用人单位应当履行的劳动合同主要义务之一。

一、劳动报酬的构成

用人单位在生产过程中支付给劳动者的全部报酬包括货币工资、实物报酬和社会保险三部分。

1. 货币工资，用人单位以货币形式直接支付给劳动者的各种工资、奖金、津贴、补贴等。工资由标准工资和非标准工资两大部分构成。标准工资即通常说的基本工资，是指按规定工资标准计算的工资（包括实行结构工资制的基础工资、职务工资和工龄津贴）。非标准工资是指标准工资以外的各种工资，包括奖金、津贴、补贴、加班加点工资以及特殊情况下支付的工资。

劳动法中的工资是指用人单位根据国家有关规定或者劳动合同的约定，以货币形式直接支付给本单位劳动者的劳动报酬，根据国家统计局1990年发布的《关于工资总额组成的规定》，一般包括计时工资、计件工资、奖金、津贴和补贴、延长工作时间的工资报酬以及特殊情况下支付的工资等。

表 12　工资组成表

序号	名称	含义	内容
1	计时工资	按计时工资标准(包括地区生活费补贴)和工作时间支付给个人的劳动报酬	(1)对已做工作按计时工资标准支付的工资; (2)实行结构工资制的单位支付给职工的基础工资和职务(岗位)工资; (3)新参加工作职工的见习工资(学徒的生活费); (4)运动员体育津贴
2	计件工资	对已做工作按计件单价支付的劳动报酬	(1)实行超额累进计件、直接无限计件、限额计件、超定额计件等工资制,按劳动部门或主管部门批准的定额和计件单价支付给个人的工资; (2)按工作任务包干方法支付给个人的工资; (3)按营业额提成或利润提成办法支付给个人的工资
3	奖金	支付给劳动者的超额劳动报酬和增收节支的劳动报酬	(1)生产奖; (2)节约奖; (3)劳动竞赛奖; (4)机关、事业单位的奖励工资; (5)其他奖金
4	津贴和补贴	为了补偿劳动者特殊或者额外的劳动消耗和因其他特殊原因支付给劳动者的津贴,以及为了保证劳动者工资水平不受物价变化影响支付给劳动者的各种补贴	(1)津贴。包括:补偿职工特殊或额外劳动消耗的津贴,保健性津贴,技术性津贴,年功性津贴及其他津贴。 (2)物价补贴。包括:为保证职工工资水平不受物价上涨或变动影响而支付的各种补贴
5	延长工作时间的工资报酬	劳动者在法定的标准工作时间之外超时劳动所获得的额外的劳动报酬,即加班费	按规定支付的加班工资和加点工资
6	特殊情况下支付的工资	主要包括根据国家法律、法规和政策规定,在病假、事假和一些特殊休假期间及停工学习、执行国家或者社会义务时支付的工资和附加工资、保留工资	(1)根据国家法律、法规和政策规定,因病、工伤、产假、计划生育假、婚丧假、事假、探亲假、定期休假、停工学习、执行国家或社会义务等原因按计时工资标准或计时工资标准的一定比例支付的工资; (2)附加工资、保留工资

根据劳动部《关于贯彻执行〈中华人民共和国劳动法〉若干问题的意见》的规定，工资是劳动者劳动收入的主要组成部分。但劳动者的以下劳动收入不属于工资的范围。

表 13　不列入工资范围的收入

序号	项目
1	根据国务院发布的有关规定颁发的发明创造奖、自然科学奖、科学技术进步奖和支付的合理化建议和技术改进奖以及支付给运动员、教练员的奖金
2	有关劳动保险和职工福利方面的各项费用
3	有关离休、退休、退职人员待遇的各项支出
4	劳动保护的各项支出
5	稿费、讲课费及其他专门工作报酬
6	出差伙食补助费、误餐补助、调动工作的旅费和安家费
7	对自带工具、牲畜来企业工作职工所支付的工具、牲畜等的补偿费用
8	实行租赁经营单位的承租人的风险性补偿收入
9	对购买本企业股票和债券的职工所支付的股息(包括股金分红)和利息
10	劳动合同制职工解除劳动合同时由企业支付的医疗补助费、生活补助费等
11	因录用临时工而在工资以外向提供劳动力单位支付的手续费或管理费
12	支付给家庭工人的加工费和按加工订货办法支付给承包单位的发包费用
13	支付给参加企业劳动的在校学生的补贴
14	计划生育独生子女补贴

2. 实物报酬，即用人单位以免费或低于成本价提供给劳动者的各种物品和服务等。

3. 社会保险，是指用人单位为劳动者直接向政府或保险部门支付的失业、养老、人身、医疗、家庭财产等保险金。

二、劳动报酬的支付

(一)用人单位应按照劳动合同约定和国家规定支付劳动报酬

1. 支付方式。

工资应以货币形式支付，应当保存书面记录 2 年以上。

《劳动法》第50条规定,工资应当以货币形式按月支付给劳动者本人。可见,工资应当以法定货币支付,不得以发放实物或有价证券等形式代替货币支付。

《工资支付暂行规定》第6条规定,用人单位应将工资支付给劳动者本人。劳动者本人因故不能领取工资时,可由其亲属或委托他人代领。用人单位可委托银行代发工资。用人单位必须书面记录支付劳动者工资的数额、时间、领取者的姓名以及签字,并保存2年以上备查。用人单位在支付工资时应向劳动者提供一份其个人的工资清单。现在用人单位多采取委托银行代发工资的方式,工资存折和银行相关记录可以代替劳动者领取签字的记录。

2. 最低工资制度。

《劳动法》第48条规定了国家实行最低工资保障制度,用人单位支付劳动者的工资不得低于当地的最低工资标准。"最低工资"是指劳动者在法定工作时间内履行了正常劳动义务的前提下,由其所在单位支付的最低劳动报酬。最低工资不包括延长工作时间的工资报酬,以货币形式支付的住房和用人单位支付的伙食补贴,中班、夜班、高温、低温、井下、有毒、有害等特殊工作环境和劳动条件下的津贴以及国家法律、法规、规章规定的社会保险福利待遇。

全日制劳动者适用月最低工资标准,非全日制劳动者适用小时最低工资标准。

用人单位低于最低工资标准支付劳动者工资的,由劳动行政部门责令其限期补发所欠劳动者工资和经济补偿,并可责令其按所拖欠工资的1~5倍恢复劳动者赔偿金。

典型案例

案例42:实行无底薪工资制的企业需遵守最低工资制吗?

黎肇文与某建工设计公司签订了期限为2011年5月10日~2013年5月10日的劳动合同。劳动合同中约定申请人的工资为无底薪提成制,每月预支设计提成6500元(其中基本工资1800元),2012年1月调至7000元。计发提成时返还,每月次月3日以银行转账的方式向其预支上月工资。2012年11月12日,建工设计公司将黎肇文辞退。黎肇文在职期间，参与设计的3个项目，按照公司规定其应计提成总额为89557.64元，黎肇文在2011年4月～2012年10月期间实际领取预提工资总额143267.61元，建工设计公司支付申请人工资到2012年10月。

2013年8月14日，黎肇文向广州市劳动人事争议仲裁委员会申请劳动仲裁。建工设计公司又在该仲裁委反诉请求申请人返还其在职期间多领取的设计提成费53709.97元。审理中，双方对黎肇文在职期间已经领取的报酬143267.91元均无异议。另查，建工设计公司在解除黎肇文的劳动合同时，未以书面形式向黎肇文提出其还有多领取的设计提成费未结算并要求黎肇文配合结算。裁决驳回建工设计公司的全部仲裁申请。

案例点评

建工设计公司主张黎肇文应返还其在职期间多领取的设计提成费53709.97元。如果按照建工设计公司的主张，双方在劳动合同中约定的基本工资1800元都要予以返还，因此，建工设计公司此种薪酬计发方式已经违反了劳动部关于印发《关于贯彻执行〈中华人民共和国劳动法〉若干问题的意见》的通知（劳部发〔1995〕309号）第56条规定“在劳动合同中，双方当事人约定的劳动者在未完成劳动定额或承包任务的情况下，用人单位可低于最低工资标准支付劳动者工资的条款不具有法律效力”。建工设计公司主张黎肇文返还提成款53709.97元缺乏法律依据。

HR实务指引

根据《关于工资总额组成的规定》第4条的规定，工资总额由下列6个部分组成：计时工资、计件工资、奖金、津贴和补贴、加班加点工资、特殊情况下支付的工资。其中，并不存在“提成”这种工资形式。“提成”的性质及含义均较为模糊。

实践中，劳动者与用人单位之间在劳动合同中通常会约定一个较低的基本工资数额和一定比例的提成，如业务提成、销售提成等。用人单位与劳动者之间也存在无底薪仅有提成工资的情形，但即使无底薪，提成工资不得低于本市最低工资标准。劳动者只要在法定工作时间内提供了正常劳动,实际所得就不得低于最低工资标准。

用人单位与劳动者之间关于提成取得的相关约定是处理类似本案类型纠纷的重要依据,因此,用人单位与劳动者双方是否存在提成约定以及约定的明确程度都关乎自身合法权益能否得到最大维护。建议企业与劳动者对于提成应约定清楚,明确提成的依据、性质和计算方法,以减少争议。

法条链接

《关于工资总额组成的规定》第四条

劳动部关于印发《关于贯彻执行〈中华人民共和国劳动法〉若干问题的意见》的通知(劳部发〔1995〕309号)

第五十六条 在劳动合同中,双方当事人约定的劳动者在未完成劳动定额或承包任务的情况下,用人单位可低于最低工资标准支付劳动者工资的条款不具有法律效力。

《最低工资规定》

第十二条 在劳动者提供正常劳动的情况下,用人单位应支付给劳动者的工资在剔除下列各项以后,不得低于当地最低工资标准:

(一)延长工作时间工资;

(二)中班、夜班、高温、低温、井下、有毒有害等特殊工作环境、条件下的津贴;

(三)法律、法规和国家规定的劳动者福利待遇等。

实行计件工资或提成工资等工资形式的用人单位,在科学合理的劳动定额基础上,其支付劳动者的工资不得低于相应的最低工资标准。

劳动者由于本人原因造成在法定工作时间内或依法签订的劳动合同约定的工作时间内未提供正常劳动的,不适用于本条规定。

3. 加班费等特殊情况下的工资也应当依法支付。

加班费或者劳动者依法参加社会活动期间的工资支付、带薪年休假期间的工资、法定休假日的工资、探亲假期间的工资、婚丧假期间的工资、产假期间的工资等,用人单位同样应当按照国家法律、法规的规定向劳动者支付。

典型案例

案例43:员工休病假耽误工作,企业可以少支付病假期间的工资吗?

2010年5月24日,甲某与上海市L公司签订了期限均自2010年5月24日~2012年5月23日的劳动合同,试用期至2010年7月23日。《劳动合同》中约定,劳动者因病或非因工负伤期间,享有上海市规定的医疗期和疾病休假待遇,具体由用工单位根据本市规定执行。2010年7月21日~2010年8月6日,甲某因病入住某医院,诊疗意见为自8月6日起休息3个月。2010年10月20日,甲某因与L公司因工资等发生争议,向上海市某区劳动人事争议仲裁委员申请仲裁,甲某要求L公司支付其2010年8月1日至同年10月31日病假工资差额14590元。裁决:L公司支付甲某2010年8月1日至同年10月31日病假工资差额6188.66元。裁决后,L公司不服,认为甲某因病耽误单位很多工资,不同意补发工资差额,向法院提起诉讼。

法院认为,当事人对自己提出的诉讼请求所依据的事实或者反驳对方诉讼请求所依据的事实有责任提供证据加以证明;没有证据或者证据不足以证明当事人的事实主张的,由负有举证责任的当事人承担不利后果。按照相关规定,L公司应当书面记载支付被上诉人甲某工资的数额、项目、时间、本人签收等内容,并保存两年以上备查。然而L公司未能提供甲某的工资清单,其应当承担举证不能的责任。法院采信甲某关于其试用期月工资为每月8000元、期满后为每月10000元的陈述。按照相关规定,用人单位与劳动者就疾病休假工资无任何约定的,假期工资的计算基数统一按劳动者本人所在岗位正常出勤的月工资的70%确定。又因甲某连续工龄不满2年,用人单位应按甲某工资的60%计发其疾病休假工资。按照上述规定,甲某疾病休假工资为每月4200元,L公司应当补足甲某2010年8月1日至同年10月31日期间的疾病休假工资差额6188.66元。

案例点评

用人单位应当按照劳动合同约定和国家规定,向劳动者及时足额支付劳动报酬。病假期间的工资也属于劳动报酬范围,用人单位用糖应当按照国家法律、法规的规定向劳动者支付。本案中,甲某休病假,有医院诊断证明,需休假3个月,依法应当享受医疗期待遇。

《上海市企业工资支付办法》及上海市劳动局《关于加强企业职工疾病休假管理保障职工疾病休假期间生活的通知》的规定,上海市计算病假工资最基本的公式为:病假工资=病假工资基数×病假工资系数。

对于病假工资的计算基数,双方在劳动合同中有约定的,按不低于劳动合同约定的劳动者本人所在岗位(职位)相对应的工资标准确定;如果用人单位与劳动者无任何约定的,假期工资的计算基数统一按劳动者本人所在岗位(职位)正常出勤的月工资的70%确定。当然,由此计算所得的病假工资基数不得低于上海市的最低工资标准。

病假工资系数。病假工资的系数与职工病假期限以及工龄的长短相对应,一般来讲,期限越长,工龄越短,系数越小。如果职工连续休假在6个月以内,连续工龄不满2年的,病假工资的系数为本人工资的60%。

本案中,甲某正常情况下月工资为10000元,休病假3个月。甲某疾病休假工资为每月4200元。

HR实务指引

医疗期,是指劳动者患病或者非因工负伤停止工作治病休息,而用人单位不得解除劳动合同的期限。此时,由于员工因疾病往往很容易陷入困境,所以《劳动法》对在此期间劳动合同的解除、终止、病假工资的发放等方面作出了特殊规定,以保证患病职工的基本生活。用人单位不得扣发甚至不发劳动者医疗期内应得的工资。需要注意的是,上海市计算劳动者病假期间的工资有其特殊规定,实行"两次折扣"制,即假期折扣,以及根据病假长短和工龄长短的折扣。

法条链接

《劳动合同法》第三十条

《劳动部关于贯彻执行〈中华人民共和国劳动法〉若干问题的意见》(劳部发〔1995〕309号)第五十九条

《上海市企业工资支付办法》(沪劳保综发〔2003〕2号)

九、劳动者在依法享受婚假、丧假、探亲假等假期期间,用人单位应当按国家规定支付假期工资。假期工资的计算基数按以下原则确定:

(一)劳动合同有约定的,按不低于劳动合同约定的劳动者本人所在岗位(职位)相对应的工资标准确定。集体合同(工资集体协议)确定的标准高于劳动合同约定标准的,按集体合同(工资集体协议)标准确定。

(二)劳动合同、集体合同均未约定的,可由用人单位与职工代表通过工资集体协商确定,协商结果应签订工资集体协议。

(三)用人单位与劳动者无任何约定的,假期工资的计算基数统一按劳动者本人所在岗位(职位)正常出勤的月工资的70%确定。

按以上原则计算的假期工资基数均不得低于本市规定的最低工资标准。法律、法规另有规定的,从其规定。

十四、加班加点的日工资计算:按本办法第九条原则确定的计算基数,除以每月平均制度工作天数20.92天;小时工资的计算:日工资除以8小时。

在制度工作日内请病、事假等的日工资计算:按本办法第九条原则确定的计算基数,除以发生当月的计薪日。计薪日是指国家规定的制度工作日加法定休假日。

《关于加强企业职工疾病休假管理保障职工疾病休假期间生活的通知》

第四条第一款 职工疾病或非因工负伤连续休假在6个月以内的,企业应按下列标准支付疾病休假工资:连续工龄不满2年的,按本人工资的60%计发;连续工龄满2年不满4年的,按本人工资的70%计发;连续工龄满4年不满6年的,按本人工资的80%计发;连续工龄满6年不满8年的,按本人工资的90%计发;连续工龄满8年及以上的,按本人工资的100%计发。

上海市劳动和社会保障局《关于本市企业职工疾病休假工资或疾病救济费最低标准的通知》(沪劳保保发〔2000〕14号)

第一条 企业支付职工疾病休假期间的病假工资或疾病救济费不得低于当年本市企业职工最低工资标准的80%。

(二)支付劳动报酬应当及时

用人单位应当每月至少发放一次劳动报酬。实行月薪制的用人单位,工资必须按月支付，实行小时工资制、日工资制、周工资制的用人单位的工资也可以按小时、按日或者按周支付。如果约定的支付日期是节假日或休息日，则应提前在最近工作日支付。

超过用人单位与劳动者约定的支付工资的时间支付工资的即构成拖欠劳动者劳动报酬的违法行为，由劳动行政部门责令其支付所欠工资和经济补偿，并可责令其支付赔偿金。

（三）支付劳动报酬应当足额

用人单位对履行了劳动合同规定的义务和责任，保质保量地完成生产工作任务的劳动者，应当足额支付劳动报酬，劳动者的工资获得权和使用权受法律的保护。

工资不得随意扣除，企业不得将扣发工资作为处理职工的一种处罚性手段。用人单位不得“克扣”、“无故拖欠”劳动者工资。“克扣”是指用人单位对履行了劳动合同规定的义务和责任，保质保量完成生产工作任务的劳动者，不支付或未足额支付其工资。“无故拖欠”应理解为，用人单位无正当理由在规定时间内故意不支付劳动者工资。

根据《劳动合同法》第38条的规定，用人单位未及时足额支付劳动报酬的，劳动者可以解除劳动合同。根据《劳动合同法》第85条的规定，用人单位未及时足额支付劳动报酬的，由劳动行政部门责令限期支付劳动报酬；劳动报酬低于当地最低工资标准的，应当支付其差额部分；逾期不支付的，责令用人单位按应付金额50%以上100%以下的标准向劳动者加付赔偿金。

典型案例

案例44：企业可因人事调整少支付劳动报酬吗？

2010年2月，小唐与某公司双方建立劳动关系，小唐到某公司上班，主要从事销售工作，基本工资为每月3500元，提成按业务量的2%计算。2012年9月起，某公司将小唐的基本工资降为每月2100元，小唐多次要求某公司补发，均被拒绝。2013年2月15日，双方因故解除了劳动关系。小唐于2014年5月6日，向杭州市某区劳动人事争议仲裁委员会申请仲裁，要求某公司支付2012年9月~2013年2月的工资差额8400元。某公司辩称，因公司人事调整，才将小唐的工资自2012年9月起将降为每月2100元。

仲裁委员会认为，用人单位应按月足额支付劳动者工资。2012年9月起，某公司将小唐的工资降为每月2100元，但小唐的工作岗位及内容并未有相应的变化，某公司据此降低小唐的工资待遇缺乏依据。裁决某公司支付小唐工资差额8400元。

案例点评

按照《劳动法》相关规定，用人单位向劳动者支付劳动报酬应当做到“及时”和“足额”。本案中，某公司实际上属于“克扣”劳动者工资，即对履行了劳动合同规定的义务和责任，保质保量完成生产工作任务的劳动者，未足额支付其工资。小唐的工作岗位、工作内容未发生变化，企业仅以人事调整为由，又未提供其他证据证明小唐存在过失或错误，小唐理应获取2012年9月~2013年2月的全部劳动报酬。因此，某公司应当支付小唐2012年9月~2013年2月的工资差额8400元[（3500-2100）×6]。

HR实务指引

用人单位未及时足额支付劳动报酬，劳动者有权解除劳动合同并主张经济补偿。《劳动合同法》第38条第1款第2项：“用人单位未及时足额支付劳动报酬的，劳动者可以解除劳动合同。”《劳动合同法》第46条第2项：“劳动者依照本法第三十八条规定解除劳动合同的，用人单位应当向劳动者支付经济补偿。”本案中，小唐多次要求某公司补发工资差额，均被拒绝。因此，如果小唐因此解除劳动合同，并主张依据经济补偿按劳动者在本单位每满一年支付一个月工资标准的，是能够得到支持的。

法条链接

《劳动法》第五十条

《劳动合同法》第三十八条、第四十六条

劳动部办公厅关于印发《关于〈劳动法〉若干条文的说明》的通知（劳办发〔1994〕289号）

第五十条 工资应当以货币形式按月支付给劳动者本人。不得克扣或者无故拖欠劳动者的工资。

本条中的"货币形式"排除发放实物、发放有价证券等形式。"按月支付"应理解为每月至少发放一次工资，实行月薪制的单位，工资必须每月发放，超过企业与职工约定或劳动合同规定的每月支付工资的时间发放工资即为不按月支付。实行小时工资制、日工资制、周工资制的单位工资也可以按日或按周发放，并且要足额发放。"克扣"是指用人单位对履行了劳动合同规定的义务和责任，保质保量完成生产工作任务的劳动者，不支付或未足额支付其工资。"无故拖欠"应理解为，用人单位无正当理由在规定时间内故意不支付劳动者工资。

（四）支付令

用人单位拖欠或者未足额支付劳动报酬的，劳动者可以依法向当地人民法院申请支付令。《劳动合同法》为了保护劳动者的合法权益，将支付令制度引入了欠薪案件中，赋予劳动者快捷进入司法救济程序的途径。根据本法和民事诉讼法的有关规定，用人单位拖欠或者未足额支付劳动报酬的，劳动者与用人单位之间没有其他债务纠纷且支付令能够送达用人单位的，劳动者可以向有管辖权的基层人民法院申请支付令。劳动者在申请书中应当写明请求给付劳动报酬的金额和所根据的事实、证据；劳动者提出申请后，人民法院应当在5日内通知其是否受理；人民法院受理申请后，经审查劳动者提供的事实、证据，对工资债权债务关系明确、合法的，应当在受理之日起15日内向用人单位发出支付令；人民法院经审查认为劳动者的申请不成立的，可以裁定予以驳回；用人单位应当自收到支付令之日起15日内清偿债务，或者向人民法院提出书面异议；用人单位在前款规定的期间不提出异议又不履行支付令的，劳动者可以向人民法院申请强制执行；人民法院收到用人单位提出的书面异议后，应当裁定终结支付令这一督促程序，支付令自行失效，劳动者可以依据有关法律的规定提出调解、仲裁或者起诉。

三、拒不支付劳动报酬罪

用人单位及相关主管人员、负责人拒不支付劳动报酬达到一定程度，即可构成拒不支付劳动报酬罪，依法承担刑事责任。

按照《刑法》第276条之一的规定，拒不支付劳动报酬罪，是指以转移财产、逃匿等方法逃避支付劳动者的劳动报酬或者有能力支付而不支付劳动者的劳动报酬，数额较大，经政府有关部门责令支付仍不支付的行为。

拒不支付劳动报酬罪的法律责任为，“处三年以下有期徒刑或者拘役，并处或者单处罚金；造成严重后果的，处三年以上七年以下有期徒刑，并处罚金”。“单位犯前款罪的，对单位判处罚金，并对其直接负责的主管人员和其他直接责任人员，依照前款的规定处罚。”“尚未造成严重后果，在提起公诉前支付劳动者的劳动报酬，并依法承担相应赔偿责任的，可以减轻或者免除处罚。”

(一)刑法关于“劳动者的劳动报酬”的界定

《最高人民法院关于审理拒不支付劳动报酬刑事案件适用法律若干问题的解释》第1条明确了“劳动者的劳动报酬”的范围，内容包括工资、奖金、津贴、补贴、延长工作时间的工资报酬及特殊情况下支付的工资等，应当认定为刑法规定的“劳动者的劳动报酬”。

需要注意的是，该条款将“劳动者的劳动报酬”限定为劳动报酬。根据劳动法、劳动合同法等法律规定，劳动报酬是基于用人单位和劳动者之间建立劳动关系所产生的工资收入；而劳务报酬并非基于劳动关系产生，属于普通民事法律关系调整的范畴。

规定拒不支付劳动报酬罪，是为了强化对处于相对弱势地位的劳动者的保护。对平等民事主体之间的劳务报酬纠纷，应通过民事法律程序解决。

(二)对单位直接主管人员可定罪处罚

单位拒不支付劳动报酬，构成犯罪的，依照刑法及相关司法解释规定的定罪量刑标准，对直接负责的主管人员和其他直接责任人员定罪处罚，并对单位判处罚金。

不具备用工主体资格的单位或个人，违法用工且拒不支付劳动者的劳动报酬，数额较大，经政府有关部门责令支付仍不支付的，应当依照刑法规定，以拒不支付劳动报酬罪追究刑事责任。

此外，用人单位的实际控制人实施拒不支付劳动报酬行为，构成犯罪的，应当依照刑法规定追究刑事责任。

(三)从宽处罚情节

刑法规定，拒不支付劳动者的劳动报酬，尚未造成严重后果，在提起公诉前支付劳动者的劳动报酬，并依法承担相应赔偿责任的，可以减轻或者免除处罚。那么，何为“尚未造成严重后果”？如何“减轻或者免除处罚”？

根据《最高人民法院关于审理拒不支付劳动报酬刑事案件适用法律若干问题的解释》(法释〔2013〕3号)第6条的规定,拒不支付劳动者的劳动报酬,尚未造成严重后果,在刑事立案前支付劳动者的劳动报酬,并依法承担相应赔偿责任的,可以认定为情节显著轻微危害不大,不认为是犯罪;在提起公诉前支付劳动者的劳动报酬,并依法承担相应赔偿责任的,可以减轻或者免除刑事处罚;在一审宣判前支付劳动者的劳动报酬,并依法承担相应赔偿责任的,可以从轻处罚。对于免除刑事处罚的,可以根据案件的不同情况,予以训诫、责令具结悔过或者赔礼道歉。拒不支付劳动者的劳动报酬,造成严重后果,但在宣判前支付劳动者的劳动报酬,并依法承担相应赔偿责任的,可以酌情从宽处罚。

典型案例

案例45:拒不支付劳动报酬罪如何认定?

2009年10月,被告人江某办理工商登记在泗阳县成立某服装厂,经营性质为个体经营,被告人江某为经营者。2011年年初,被告人江某等人商议合伙经营某服装厂,史某、徐绍波各出资人民币2万余元给被告人江某入股。被告人江某负责在外地联系业务、接收货款,史某负责组织生产等,并将被告人江某交付给其的款项用于发放工资等。自2011年9月之后,工厂开始停止发放工资,至2012年年初共拖欠32名工人工资计人民币7万余元。其间,被告人江某等人一直推诿、拖延、逃避支付工人工资。泗阳县人力资源和社会保障局于2013年4月召集被告人江某等人谈话,要求其在一个星期内对账并支付工人工资,并发限期改正指令书,责令某服装厂于一周之内发放工人工资,但被告人江某等人一直未支付劳动者所欠工资。后被告人江某手机关机,并更换联系方式。后泗阳县公安局对该案立案侦查。另查明,被告人江某在2011年9月~2013年期间,曾经购买雪佛兰轿车一辆并予以出售,期间其还在常熟市经营一服装厂。案发后,被告人江某于2013年7月16日向上海市公安局宝山分局罗泾派出所投案,如实供述了自己的犯罪事实。后被告人江某等人于起诉前将工人工资发放完毕。

上述事实,有下列证据证实:被告人供述、证人证言、被害人陈述、某服装厂档案信息、调查报告、照片等证据、发破案经过，案件移送书，户籍信息等证据。

法院认为，被告人江某有能力支付而拒不支付劳动者的劳动报酬，数额较大，经政府有关部门责令支付仍不支付，其行为构成拒不支付劳动报酬罪。公诉机关指控被告人江某犯拒不支付劳动报酬罪，指控罪名成立。被告人江某主动投案，如实供述主要犯罪事实，系自首，且其在起诉前已经支付劳动报酬，故对其从轻处罚并适用缓刑。判决如下：被告人江某犯拒不支付劳动报酬罪，判处拘役四个月，缓刑八个月，并处罚金五千元。

案例点评

从犯罪构成分析，本案中，江某是服装厂的经营者、负责人。在主观方面，江某明确拒绝支付劳动者应得的劳动报酬，属于主观故意。江某的行为既侵犯劳动者的财产权，又妨碍了正常的劳动用工关系，侵犯了社会主义市场经济秩序。

在客观方面，江某曾经购买雪佛兰轿车一辆并予以出售，期间其还在常熟市经营一服装厂，有能力支付工人工资，却在工人要求、人力资源和社会保障局责令改正后，仍拒绝支付工资，并使手机关机，更换联系方式的行为。综上所述依法构成拒不支付劳动报酬罪。江某在公诉机关提起公诉前将工人工资发放完毕，属于从宽处罚情节。

HR 实务指引

实践中，很多用人单位尤其是中小企业对于不支付劳动报酬的法律后果缺乏清晰认识。实际上，国家近年来逐步强化了欠薪所承担的法律责任。特别是 2011 年 5 月，《刑法修正案（八）》新设拒不支付劳动报酬罪，规定了欠薪的刑事法律责任。2013 年 1 月《最高人民法院关于审理拒不支付劳动报酬刑事案件适用法律若干问题的解释》（以下简称司法解释）出台。

司法解释对《刑法修正案（八）》有关内容作出了具体解释，对追究拒不支付劳动报酬罪责任主体责任做出了可操作性规定。

一是明确了欠薪入罪的数额标准。司法解释规定了拒不支付劳动报酬罪的入罪数额幅度，对拖欠单个劳动者和多名劳动者劳动报酬分别规定了“数额较大”的认定标准，即“拒不支付1名劳动者3个月以上的劳动报酬且数额在5000元至30000元以上的；拒不支付10名以上劳动者的劳动报酬数额累计在30000元至100000元以上的”。同时，考虑到各地经济水平发展的不平衡，解释还规定了各地高级人民法院可以根据情况制定具体数额标准。

二是认定了“以转移财产、逃匿等方法逃避支付劳动者的劳动报酬”的具体情形。司法解释列举隐匿财产、恶意清偿、虚构债务、虚假破产、虚假倒闭或者以其他方法转移、处分财产的；逃跑、藏匿的；隐匿、销毁或者篡改账目、职工名册、工资支付记录、考勤记录等与劳动报酬相关的材料的；以其他方法逃避支付劳动报酬等都属于转移财产、逃匿的具体违法情形。

三是规定了简便易行的行政执法文书送达程序。根据《刑法修正案（八）》的规定，行政部门责令改正而仍不支付是不支付劳动报酬罪的构成要件之一。对欠薪逃匿案件的查处中，当直接送达无法送达时，按照公告送达60天期满再对行为人采取法律措施将影响执法效果。司法解释对送达程序作出了特别规定，即人力资源社会保障行政部门在无法直接送达的情况下，通过在行为人的住所地、生产经营场所等地张贴责令支付文书等方式责令支付，并采用拍照、录像等方式记录的，视为“经政府有关部门责令支付仍不支付”。

可见，拒不支付劳动报酬罪入罪门槛较低，犯罪主体范围较宽，客观方面要求可有多重表现形式。因此，企业及相关负责人应当提高此方面法律风险防范意识。一方面应当及时足额支付劳动者劳动报酬，另一方面应当保管好职工花名册、考勤记录、工资发放记录等材料。

法条链接

《劳动合同法》第三十条

《刑法》

第二百七十六条之一 以转移财产、逃匿等方法逃避支付劳动者的劳动报酬或者有能力支付而不支付劳动者的劳动报酬，数额较大，经政府有关部门责令支付仍不支付的，处三年以下有期徒刑或者拘役，并处或者单处罚金；造成严重后果的，处三年以上七年以下有期徒刑，并处罚金。

单位犯前款罪的，对单位判处罚金，并对其直接负责的主管人员和其他直接责任人员，依照前款的规定处罚。

有前两款行为，尚未造成严重后果，在提起公诉前支付劳动者的劳动报酬，并依法承担相应赔偿责任的，可以减轻或者免除处罚。

第五十二条 判处罚金，应当根据犯罪情节决定罚金数额。

第五十三条 罚金在判决指定的期限内一次或者分期缴纳。期满不缴纳的，强制缴纳。对于不能全部缴纳罚金的，人民法院在任何时候发现被执行人有可以执行的财产，应当随时缴纳。

第六十一条 对犯罪分子决定刑罚的时候，应当根据犯罪的事实、犯罪的性质、情节和对于社会的危害程度，依照本法的有关规定判处。

第三节 用人单位自身变化对劳动合同履行的影响

一、用人单位名称、法定代表人等变更

《劳动合同法》第 33 条规定，用人单位变更名称、法定代表人、主要负责人或者投资人等事项，不影响劳动合同的履行。

用人单位的名称只是代表一个用人单位的称谓符号，用人单位的名称发生变更，也只是这一称谓符号发生了变化，而用人单位这一实体组织及其内部机构、人员并没有发生任何变动，这当然不会也不应该影响劳动合同的履行。法人的法定代表人，是依照法律或者法人组织章程的规定，代表法人行使职权的负责人。法人对它的法定代表人和其他工作人员的经营活动，承担责任。可见，法人是独立于自然人的一类法律主体，它的内部一般由决定机构、执行机构和监督机构等组成，法定代表人虽然由自然人担任，但自然人的职务行为属于法人的行为，其一切法律后果由法人承担。担任法定代表人的自然人可以变动，但法定代表人的职务行为的归属却不能变，也就是说，法定代表人的行为即法人的行为没有变。只要法人存在，原法定代表

人与职工依法签订的劳动合同就依然有效。因此,劳动合同依法订立后,用人单位的法定代表人或者主要负责人变更的,原法定代表人或者主要负责人与劳动者订立劳动合同的职务行为的后果也仍然要由用人单位承担。至于投资人的变更,也不会改变用人单位这个实体组织独立承担民事责任的性质,用人单位仍要继续履行其与劳动者已经订立的劳动合同。

上述用人单位变更名称、法定代表人、主要负责人或者投资人等事项的变更,不改变用人单位实体权利义务,也不能改变已签订或履行的劳动合同的效力。这种情况下,不需要重新签订原劳动合同。用人单位名称、法定代表人变更后,可相应修订劳动合同中的当事人条款对应的信息。

二、用人单位合并或者分立

(一)企业合并或者分立对履行劳动合同的影响

用人单位合并或者分立的,劳动合同怎么履行?

1. 原劳动合同继续有效,由承继主体继续履行。

《劳动合同法》第 34 条规定,用人单位发生合并或者分立等情况,原劳动合同继续有效,劳动合同由承继其权利和义务的用人单位继续履行。《民法通则》第 44 条第 2 款规定:“企业法人分立、合并,它的权利和义务由变更后的法人享有和承担。”《劳动合同法》第 34 条的规定是《民法通则》上述立法精神在劳动法领域里的具体体现,即尽最大可能地保护劳动者的合法权益。因公司收购、重组,集团内部调整等方面原因,经常发生企业合并或者分立的情况。合并分为吸收合并与新设合并,不管哪种情况,用人单位订立劳动合同后合并的,原劳动合同继续有效,由合并后的新的用人单位继续履行该劳动合同。用人单位发生分立,是指在订立劳动合同后,用人单位由一个法人或者其他组织分裂为两个或者两个以上的法人或者其他组织,即由一个用人单位分裂为两个或者两个以上用人单位,原则上,新成立的用人单位就应当承担原用人单位的义务,继续履行原劳动合同并对劳动者负责。

2. 可以变更解除或重新签订劳动合同。

劳动部关于印发《关于贯彻执行〈中华人民共和国劳动法〉若干问题的意见》的通知(劳部发〔1995〕309 号)第 37 条规定,根据《民法通则》第 44 条第 2 款“企业法人分立、合并,它的权利和义务由变更后的法人享有和承担”

的规定，用人单位发生分立或合并后，分立或合并后的用人单位可依据其实际情况与原用人单位的劳动者遵循平等自愿、协商一致的原则变更、解除或重新签订劳动合同。在此种情况下的重新签订劳动合同视为原劳动合同的变更，用人单位变更劳动合同，劳动者不能依据劳动法第28条要求经济补偿。

（二）企业合并或者分立时确定诉讼当事人的方法

关于企业合并或分立情况下发生劳动争议，如何确定诉讼主体问题，《最高人民法院关于审理劳动争议案件适用法律若干问题的解释》第10条规定："用人单位与其他单位合并的，合并前发生的劳动争议，由合并后的单位为当事人；用人单位分立为若干单位的，其分立前发生的劳动争议，由分立后的实际用人单位为当事人。用人单位分立为若干单位后，对承受劳动权利义务的单位不明确的，分立后的单位均为当事人。"

第六章

调岗调薪与劳动合同的变更

本章导读

劳动合同由用人单位与劳动者协调一致，并经用人单位与劳动者在劳动合同文本上签字或者盖章生效。劳动合同系双方真实意思的表示，双方在签约之时，用人单位对劳动者工作的内容、工作条件、工作地点、职业危害、安全生产状况、劳动报酬等关涉劳动者切身利益的内容予以明确约定。劳动合同作为一种持续性履行的约定，劳动者会根据合同约定对其工作和生活做出合理的预期和规划。因此，劳动合同一经依法订立，即具有法律约束力，受法律保护，双方当事人应当严格履行，任何一方不得随意变更劳动合同约定的内容。

劳动合同的变更，是指劳动合同依法订立后，在合同尚未履行时或者履行完毕之前，用人单位和劳动者双方当事人依法对劳动合同的内容和条款进行部分修改、补充或者删减的法律行为。劳动合同的未变更部分继续有效。《劳动合同法》第35条规定，"用人单位与劳动者协商一致，可以变更劳动合同约定的内容。变更劳动合同，应当采用书面形式。变更后的劳动合同文本由用人单位和劳动者各执一份。"可见，法律在允许劳动合同变更的同时，对劳动合同的变更条件设立了必须经过双方协商和采取书面形式等条件来加以限制，这也是劳动合同法构建和发展和谐稳定的劳动关系的立法本意。

为什么允许变更劳动合同？主要有两方面原因：一是订立劳动合同之初，有些内容未规定或者规定得不明确、不妥当。后来发现有必要重新约定清楚，所以可以变更劳动合同。二是劳动合同履行中，当事人权利义务发生变化所致。随着劳动关系的持续履行，劳动合同双方的权利义务会经常变化，如劳动者的工资会不断增加、工作岗位会进行调整、工作内容会发生变化等，此时，双方当初所约定的劳动合同内容就出现了变更。又如劳动者因意外事故致伤、致残，不能从事原岗位劳动，工作岗位需要作适当调整；国家颁布了新的法律、法规，原劳动合同的某些条款与新的法律、法规相悖；由于不可抗力（如水灾、地震、战争）等因素，造成企业或劳动者无法履行原劳动合同时，经双方当事人平等协商，都可以变更劳动合同的相关内容。可见，劳动合同的变更在整个劳动过程中是一种常态，也是一种正常的现象。

从性质上看，劳动合同的变更是在原劳动合同的基础上对其内容作部分的修改、补充或者删减，而不是签订新的劳动合同。原劳动合同未变更的部分仍然有效，变更后的内容就取代了原合同的相关内容，新达成的变更协议条款与原合同中的其他条款具有同等的法律效力，对双方当事人都有约束力。

那么，如何对劳动合同进行变更，变更时应当注意哪些问题，变更可以采取何种形式？本章将对相关问题做详细探讨，主要内容如下。

第一节 劳动合同变更的类型

一、协商变更劳动合同

协商一致原则是《劳动合同法》的基本原则之一，也是劳动合同内容变更的原则。劳动关系涉及双方主体，劳动合同的内容也需要由双方共同去完成。一般情况下，只要用人单位与劳动者协商一致，即可变更劳动合同约定的内容。因为劳动合同是用人单位与劳动者双方协商达成的协议，双方当然也可以协商修改、删减、补充相关内容，即协商变更。对于劳动合同约定的内容，只要是经双方当事人协商一致而达成的，都可以经协商一致予以变更。

变更劳动合同必须遵循与订立劳动合同时同样的原则，即遵循合法、公平、平等自愿、协商一致、诚实信用的原则。

典型案例

案例46：企业将业务外包后，能同时决定将员工的劳动关系转移到外包公司吗？

小靳于2010年12月23日入职Y公司做保安工作，双方订立书面劳动合同，并约定小靳的工作岗位实行综合计算工时制。2012年4月20日，Y公司下发《关于食堂及安保工作外包的通知》，决定将食堂及安保工作外包给专业公司进行，要求相关岗位员工于2012年5月31日前将劳动关系转移到外包公司，并告知员工如果愿意去的就去，不愿意的就离职或转岗。2012年5月26日，因小靳未同意Y公司提出的岗位外包要求，Y公司停止了小靳的工作、停缴小靳的社会保险缴费，并要求小靳办理工作交接。双方产生争议，小靳向仲裁机关提起仲裁。仲裁委认为，Y公司将保安工作外包，小靳未同意对其重新安置的条件，Y 公司也未对小靳进行内部转岗安排，在未与小靳协商一致的情况下停止小靳的工作，导致双方的劳动关系事实上解除。Y 公司的行为不符合《中华人民共和国劳动合同法》有关用人单位解除劳动合同的条件和程序，故小靳主张 Y 公司违法解除劳动关系，仲裁委予以支持。裁决：Y 公司向小靳支付经济补偿金 4852.14 元。

案例点评

Y 公司将保安工作外包其他公司，并告知小靳要么就将劳动关系转移到外包公司，要么离职或转岗。将劳动关系转移到外包公司，等于 Y 公司在劳动合同约定的期限内，变更劳动合同约定的用工主体，属于变更劳动合同的主要约定内容，根据《劳动合同法》的相关规定，应当与劳动者，即小靳协商一致。

在 Y 公司未与小靳就变更劳动合同主要内容协商一致的情况下，停止小靳的工作、停缴小靳的社会保险缴费，事实上已解除了与小靳的劳动关系，该行为有违《劳动合同法》关于解除、终止劳动合同的相关规定，故仲裁机关认定 Y 公司违法解除劳动合同，裁决 Y 公司向小靳支付双倍经济补偿金的赔偿金，符合法律的规定。

HR 实务指引

本案中，用人单位与劳动者争议的实质问题是，用人单位一方是否有权单方决定变更劳动合同的权利义务主体，即变更小靳的用人单位。相当于 Y 公司决定解除双方的劳动合同，显然，是不可以的。劳动合同的签约主体是劳动合同的必备条款，未经双方协商一致不得变更。且劳动合同具有人身属性，劳动合同一方主体无权擅自决定对方的去、留、转。

法条链接

《劳动合同法》第三十五条、第三十九条

范本25：劳动合同变更协议书

劳动合同变更协议书

单位名称：

法定代表人或主要负责人：

委托代理人：

劳动者：

单位与劳动者在平等自愿、协商一致的前提下，对________年____月____日签订的书面劳动合同变更事项达成如下协议：

一、劳动合同变更内容：

1. ____。

2. ____。

3. ____。

二、本协议签订后，原劳动合同仍继续履行，但变更条款按照本协议执行。

三、本协议一式两份，单位与劳动者各执一份，均具有同等法律效力。

单位：（盖章）　　　　　　　劳动者：（签收）

代表：（签名）

年　　月　　日　　　　　　　年　　月　　日

二、用人单位单方变更劳动合同

协商一致原则，是劳动合同变更的基本原则。如果用人单位与劳动者双方未就劳动合同变更达成一致，则应继续履行原劳动合同。只有在极少数情况下，才允许用人单位单方变更劳动合同。

表14　用人单位行使单方变更劳动合同权利的情形

序号	情形	依据	备注
1	依劳动合同中的约定	《劳动部关于企业职工流动若干问题的通知》（劳部发〔1996〕355号）第2条：用人单位与掌握商业秘密的职工在劳动合同中约定保守商业秘密有关事项时，可以约定在劳动合同终止前或该职工提出解除劳动合同后的一定时间内（不超过六个月），调整其工作岗位，变更劳动合同中相关内容	劳动合同中须事先约定了用人单位单方调整劳动者工作岗位的权利
2	劳动者患病或者非因工负伤，在规定的医疗期满后不能从事原工作	《劳动合同法》第40条有下列情形之一的，用人单位提前三十日以书面形式通知劳动者本人或者额外支付劳动者一个月工资后，可以解除劳动合同：（1）劳动者患病或者非因工负伤，在规定的医疗期满后不能从事原工作，也不能从事由用人单位另行安排的工作的	“规定的医疗期”，是指劳动者根据其工龄等条件，依法可以享受的停工医疗并发给病假工资的期间，而不是劳动者病伤治愈实际需要的医疗期
3	劳动者不能胜任工作	《劳动合同法》第40条有下列情形之一的，用人单位提前30日以书面形式通知劳动者本人或者额外支付劳动者一个月工资后，可以解除劳动合同：（2）劳动者不能胜任工作，经过培训或者调整工作岗位，仍不能胜任工作的	“不能胜任工作”，是指不能按要求完成劳动合同中约定的任务或者同工种、同岗位人员的工作量。但用人单位不得故意提高定额标准，使劳动者无法完成

上述用人单位单方变更劳动合同的三种情形下，用人单位可以不必与劳动者进行协商，在未征得劳动者同意的情形下便可单方变更劳动者的岗位。但是，首先，企业不应滥用这种单方变更权。一旦发生纠纷，用人单位应当对劳动者出现“医疗期满不能从事原工作”、“不能胜任工作”的情形承担证明责任，需要有确凿的事实证明劳动者确实存在上述情形。其次，工作岗位的变更应当具有“充分合理性”，用人单位对这种“充分合理性”同样承担举证责任。

典型案例

案例 47：员工经常请病假，企业有单方调岗权吗？

阿梅于 1994 年 10 月 4 日入职东莞某公司工作。双方于 2006 年 7 月 27 日签订无固定期限劳动合同，合同约定阿梅的工种为监督职岗位。2011 年期间阿梅累计休带薪病假 22 天，2012 年 1 月至 11 月累计休病假 64 天，最后一次休假期从 2012 年 7 月 2 日至 9 月 13 日。2012 年 9 月 1 日东莞某公司以阿梅身体状况及对工作造成影响为由对阿梅的工作进行调整，将阿梅从科长调整为专员。调整工作后，阿梅职务津贴少了 200 元，但阿梅向工会反映后，东莞某公司向阿梅补回了津贴。阿梅的工资待遇及工资组成在调岗前后没有发生改变。2012 年 9 月 14 日，阿梅休假期满回到东莞某公司上班，以不满工作调整向东莞某公司提出异议，要求恢复原来的工作岗位，但东莞某公司没有同意。2012 年 11 月 12 日，阿梅以东莞某公司擅自调动其工作岗位为由向东莞某公司提出被迫解除劳动关系的请求，并于 2012 年 12 月 5 日正式离职。

之后，阿梅向东莞市某劳动人事争议仲裁庭申诉，诉求为：要求东莞某公司支付解除劳动合同的经济补偿金 65323 元。本案庭审时，阿梅主张其请假的原因是患有心肌劳损，虽然不需要住院治疗，但是需要休息，现在仍没有治愈，也比较难治愈，属慢性病的一种。仲裁庭认为，调动阿梅工作岗位，主要是基于其身体状况，不能适应工作要求，属于东莞某公司行使用工自主权，阿梅应予以配合。裁决：一、确认阿梅、东莞某公司的劳动关系已解除；二、驳回阿梅提出的申诉请求。阿梅对上述裁决结果不服，向法院提起诉讼。

案例点评

本案的争议焦点为东莞某公司调整阿梅工作岗位是否合法。按照《劳动合同法》第 40 条第 2 项的规定，劳动者不能胜任工作，用人单位可以调整工作岗位。阿梅表示请假的原因是患有心肌劳损，难以治愈，需要休息。2011 年和

2012 年，阿梅因病多次请假，2012 年请假天数多达 64 天，这与其所担任的电器品证部检查三科科长职责要求显然是不相符的。假设阿梅还继续担任检查三科的科长，这必然会对东莞某公司的生产经营管理造成影响。东莞某公司将阿梅调整为无须管理人员的电器品证部专员，且职级待遇不变，符合上述规定。该调动属于东莞某公司行使用工自主权，阿梅应予以配合。

阿梅不同意东莞某公司调动其工作岗位，从而提出解除劳动关系的请求，不属于用人单位“迫使劳动者提出解除劳动合同”的情形。阿梅要求东莞某公司支付经济补偿金，因不符合《最高人民法院关于审理劳动争议案件适用法律若干问题的解释》第 15 条的规定。

HR 实务指引

协商一致是变更劳动合同的基本原则，但是，该原则也有例外。“劳动者不能胜任工作”即是其中一个。如果在劳动者不能胜任工作的情况下，还不允许用人单位调整其工作岗位，势必造成双方的权利义务严重失衡。

依据“劳动者不能胜任工作”调整劳动者的工作岗位的关键在于，恰当把握判断“劳动者不能胜任工作”的标准。要结合岗位的性质、职责要求、劳动者的工作能力、素质、时间保障等因素综合判断，保险起见，建议企业通过考核制度来认定，对照清晰明确的岗位职责，用已告知劳动者的考核制度和考核方式来考核劳动者。这就要求各企业：一是明确工作岗位职责。可通过岗位说明书的方式，或者劳动合同中约定的方式确定，相关岗位职责和任职要求。二是明确任职胜任与不胜任标准。三是明确考核机制和考核方式。考核结果要及时告知劳动者。

发生该种纠纷，企业收集的主要证据应包括：人事登记表、劳动合同、部门人员构成图、部门责任和权限、职务说明、资格职务体系图、薪资表、律师调查笔录、请假记录、请假单、证人证言、工资清单等。

法条链接

《劳动合同法》第三十五条

《最高人民法院关于审理劳动争议案件适用法律若干问题的解释》第十五条

范本26：劳动合同变更通知书

劳动合同变更通知书

________先生/女士：

因为原因，单位拟与你变更劳动合同内容：

变更内容为：

1. ____。

2. ____。

3. ____。

请你于十日内予以书面答复。

单位：（盖章） 劳动者：（签收）

年 月 日 年 月 日

（此通知书一式两份，用人单位、劳动者各执一份）

第二节 劳动合同变更的形式要求

按照劳动合同法的规定，变更劳动合同，应当采用书面形式。变更后的劳动合同文本由用人单位和劳动者各执一份。由此可知，劳动合同的形式为要式合同，法律对劳动合同的形式和变更程序均予以了规定。

签订劳动合同要求书面形式。变更劳动合同也必须采用书面形式。劳动合同双方当事人经协商后对劳动合同中的约定内容的变更达成一致意见时，必须达成变更劳动合同的书面协议，任何口头形式达成的变更协议都是无效的。这一规定，主要是为了避免劳动合同双方当事人因劳动合同的变更问题而产生劳动争议。

需要说明的是，通过书面形式变更劳动合同，并不限于纸质的合同书。目前而言，能够通过文字记载或者其他形式证明的书面材料，包括邮件往来的文字材料、发给劳动者的工资单、岗位变化通知等，在一定条件下都可视为变更劳动合同的书面形式。

第三节 调 岗

“调岗”，即调整劳动者工作岗位。工作岗位应当主要是指《劳动合同法》第17条规定的劳动合同必备条款之一的“工作内容和工作地点”。调岗在劳动合同变更中极易产生纠纷。用人单位与劳动者自愿协商一致调岗，自然无事，但有时约定不明确，或者一方不同意另一方意见时，难免发生争议。

一、调岗的依据

调岗，本质上属于变更劳动合同的内容。调岗必须有依据，主要包括两种：第一，法律规定。法律法规明确规定了用人单位可以调整劳动者工作岗位的，那么用人单位可以依法调岗。第二，劳动合同约定。用人单位与劳动者协商一致，可以变更劳动合同，在协商一致的情况下，当然也可以“调岗”。除此之外，均不得对劳动者工作岗位作出调整。

劳动合同的约定虽然可以作为“调岗”的依据，但是，实践中却发现很多所谓的“约定”非常模糊，甚至属于“霸王条款”，如“甲方可根据需要/工作安排调整乙方的工作岗位”就属于比较笼统的约定，容易发生纠纷。如果企业不能证明调岗的合理性，则很难获得支持。《上海市高级人民法院关于审理劳动争议案件若干问题的解答》第15条规定：“用人单位和劳动者因劳动合同约定，用人单位有权根据生产经营需要随时调整劳动者工作内容或岗位，双方为此发生争议的，应由用人单位举证证明其调职具有充分合理性。用人单位不能举证证明其调职具有充分合理性的，双方仍应按原劳动合同履行。”

规章制度是企业行使自主经营和管理权利的体现。《最高人民法院关于审理劳动争议案件适用法律若干问题的解释》第19条规定：“用人单位根据《劳动法》第四条之规定，通过民主程序制定的规章制度，不违反国家法律、行政法规及政策规定，并已向劳动者公示的，可以作为人民法院审理劳动争议案件的依据。”可见，规章制度在企业管人用人方面也发挥着重要作用。但在“调岗”这一重要问题上，笔者认为，企业不能仅凭规章制度对一个劳动者进行“调岗”，应当配合劳动合同或者劳动合同补充协议、劳动合同变更通知书等文件一起使用。还需要提醒企业的是，只有“通过民主程序制定”并“向劳动者公示”的规章制度才被认可具有法律效力。

典型案例

案例48：企业可否根据劳动合同中约定的调岗权，不经员工同意直接调整其岗位？

阿蒙与上海某科技公司签订了期限为2011年6月26日至2014年6月26日期间的劳动合同，劳动合同约定：阿蒙的工作岗位为SQE部门助理工程师、工作地点为上海；上海某科技公司依据经营状况和阿蒙的绩效及能力表现，可调整阿蒙的部门、职位、工作内容和工作地点，如阿蒙不同意调整，应于上海某科技公司做出调整决定后五个工作日内以书面表示；未经上海某科技公司指定主管人员或其代理人同意，连续旷职三日且无正当理由说明的，上海某科技公司可以解除劳动合同。

2013年4月，阿蒙所属工作部门组织及业务转至苏州的关联企业，阿蒙不同意转至苏州工作，在上海某科技公司处等待安排新岗位，阿蒙的工资待遇不变。2013年8月27日，上海某科技公司向阿蒙送达部门调整通知书，内容为：“考虑公司之生产经营管理需要及您过去展现的个人能力和绩效表现，在主要工作性质及内容、工作地点和劳动报酬等实质条件不变的前提下，根据双方所签之劳动合同第3条的约定，由公司调整安排您的工作部门组织：自2013年8月28日起，您所在的部门组织由之前的第一事业群——制造中心——制造一处——F1厂——电子工程部——CQE课调整为第三事业群——第二事业处——制造一处——系统维修部——系统维修一课，请您于2013年8月28日8时前至F7厂第三事业群——第二事业处——制造一处——系统维修部——系统维修一课报到履职，报到联系人：刘某。”阿蒙书面回复上海某科技公司表示不同意转调。2013年8月28日,阿蒙未至新岗位报到。当日下午,阿蒙向原部门负责人张某(已转至苏州的关联企业工作)请年休假2天(即8月29日、8月30日),获准许。2013年9月3日,上海某科技公司出具解除劳动合同通知书,以阿蒙旷职三日以上属严重违纪为由解除了劳动合同。

2013年9月9日,阿蒙作为申请人向上海市浦东新区劳动人事争议仲裁委员会申请仲裁,要求被申请人即上海某科技公司支付:违法解除劳动合同的赔偿金27125元。2013年10月22日,该仲裁委员会作出裁决:申请人要求被申请人支付违法解除劳动合同的赔偿金27125元的请求,不予支持。仲裁裁决后,阿蒙不服,遂诉至法院,请求判决上海某科技公司支付:违法解除劳动合同的赔偿金27125元。

一审法院认为,用人单位与劳动者协商一致,可以变更劳动合同约定的内容。虽有相关约定,上海某科技公司仍应就此次调岗具有的合理性进行举证证明。因上海某科技公司未能就调岗合理性提供相关证据,原审法院认为上海某科技公司的单方调岗行为,显属不当。阿蒙确实三日未到新岗位报到,其中2013年8月28日在原岗位,2013年8月29日、30日请假,上海某科技公司据此认定阿蒙旷职三日构成严重违纪并解除劳动合同,显属不妥。判决:上海某科技公司支付阿蒙赔偿金19375元。二审法院判决如下:驳回上诉,维持原判。

案例点评

本案的焦点问题是,上海某科技公司调整阿蒙工作岗位(含工作地点)的行为是否合法?在《劳动合同》已约定企业可调整劳动者工作内容和工作地点的情况下,企业是否有权依约定调整?(解除劳动合同的合法性问题,非本文讨论的重点。)

上海市高级人民法院于2002年2月6日发布的《关于审理劳动争议案件若干问题的解答》第15条规定:“用人单位和劳动者因劳动合同约定,用人单位有权根据生产经营需要随时调整劳动者工作内容或岗位,双方为此发生争议的,应由用人单位举证证明其调职具有充分合理性。用人单位不能举证证明其调职具有充分合理性的，双方仍应按原劳动合同履行。”按照该规定，阿蒙、上海某科技公司虽在劳动合同中约定上海某科技公司依据经营状况和阿蒙的绩效及能力表现，可调整阿蒙的部门、职位、工作内容等，但上海某科技公司仍应就此次调岗具有的合理性进行举证证明。上海某科技公司不能就调岗合理性提供相关证据，法院因此认为上海某科技公司的单方调岗行为。

本案中，虽然阿蒙与上海某科技公司已在《劳动合同》中约定，“阿蒙的工作岗位为 SQE 部门助理工程师、工作地点为上海；上海某科技公司依据经营状况和阿蒙的绩效及能力表现，可调整阿蒙的部门、职位、工作内容和工作地点”。但约定中的调整应在一定限度内，须具合理性。阿蒙的工作地点由上海调整到苏州，应属于《劳动合同法》第 40 条第 3 项规定的“劳动合同订立时所依据的客观情况发生重大变化，致使劳动合同无法履行”的情况，是工作内容的实质性重大变更，双方应当进行再协商。如果协商不成，企业可选择“提前三十日以书面形式通知劳动者本人或者额外支付劳动者一个月工资后，解除劳动合同”。

同样是工作内容和工作地点变更，假设本案将阿蒙的工作地点由上海的 A 区调整到 B 区，其他案情均不变，那么，企业可基于已有的约定要求劳动者服从工作安排，否则，企业可以基于劳动者违纪之由与其解除劳动合同，并无须承担补偿或赔偿责任。

HR 实务指引

本案反映的是用人单位用工自主权与劳动者劳动权利之间的冲突及博弈。对于此类问题，应把握两个方面的问题：

1. 企业享有用工自主权。

劳动合同法在内的劳动法律法规包含很多保护劳动者合法权益的规定，但绝不意味着用人单位毫无权利保障，从总体上，劳动法律追求的是一种用人单位与劳动者双方利益的平衡。用人单位享有用工自主权。《就业促进法》明确规定，用人单位依法享有自主用人的权利。用人单位用工自主权主要体现在：

（1）企业可以根据自身的生产需要和行业特点，通过考试等形式，择优录用员工；

(2)企业可以根据实际需要,从外单位和外地区聘用技术人员和管理人员;

(3)企业可以根据法律规定和合同约定给予和调整员工的工作内容、工作地点及薪资待遇;

(4)企业可以对员工进行适当的奖励和必要的惩罚;

(5)企业可以辞退违反法律规定和企业规章制度的员工等。

2. 注意区分工作内容和工作地点的重大变更和一般变更

表15　企业不同情况下调整员工工作内容和工作地点对策表

类别	界定	举例	司法实践	建议对策
重大变更	工作内容和工作地点的变更使得劳动合同当事人的法律关系变动重大,已经无法从原劳动合同中找到合意基础。常见于“发生不可抗力或出现致使劳动合同全部或部分条款无法履行的其他情况,如企业迁移、被兼并、企业资产转移等”情况	如工作性质和内容作如下调整:将技术工程师调整到门卫,将办公室文员调整到保洁岗位。如工作地点作如下调整:由北京调整到广州	多数认为,应当与劳动者协商一致,取得劳动者同意	适用情势变更原则。建议企业先行与员工协商,协商不成可考虑依法解除劳动合同,切勿擅自以本单位规章制度辞退员工。具体说来,用人单位应先与劳动者协商变更劳动合同,双方如就变更劳动合同达成协议,则按照变更后的劳动合同继续履行;如不能达成协议,用人单位可以解除劳动合同,但必须“提前三十日以书面形式通知劳动者本人或者额外支付劳动者一个月工资”。当然,如果员工自行辞职,则企业无须支付经济补偿
一般变更	工作内容和工作地点的变更具有临时性、小幅性和可适应性	如工作性质和内容作如下调整:从国际销售部调整到国内销售部。如工作地点作如下调整:由北京A区调整到B区	如劳动合同中已约定企业的调整权利,容易获得认可	适用企业用工自主权处理原则。建议企业先在劳动合同中与劳动者约定企业调整劳动者工作岗位、工作内容和工作地点的权利,需调整时再根据该约定作出调整

劳动关系成立时用人单位对劳动者即具有劳动请求权,用人单位在合

同中约定，可以根据经营情况调整劳动者的岗位，是行使劳动请求权的一种方式，也是符合情理的。劳动合同中有关调整劳动者工作岗位的约定原则上应予认可。为提高被认可的程度，建议企业在劳动合同中对可能调整的岗位及工作地点作出明确约定。但是，企业也不可滥用用工权，单位调整岗位时应考虑调整具有充分合理性，否则用人单位的行为难以得到司法机关的支持。

法条链接

《劳动合同法》第三十五条、第四十条

劳动部办公厅关于印发《关于〈劳动法〉若干条文的说明》的通知（劳办发〔1994〕289号）

第二十六条 有下列情形之一的，用人单位可以解除劳动合同，但是应当提前三十日以书面形式通知劳动者本人：

（一）劳动者患病或者非因工负伤，医疗期满后，不能从事原工作也不能从事由用人单位另行安排的工作的；

（二）劳动者不能胜任工作，经过培训或者调整工作岗位，仍不能胜任工作的；

（三）劳动合同订立时所依据的客观情况发生重大变化，致使原劳动合同无法履行，经当事人协商不能就变更劳动合同达成协议的。

本条第（一）项指劳动者医疗期满后，不能从事原工作的，由原用人单位另行安排适当工作之后，仍不能从事另行安排的工作的，可以解除劳动合同。

本条第（二）项中的“不能胜任工作”，是指不能按要求完成劳动合同中约定的任务或者同工种，同岗位人员的工作量。用人单位不得故意提高定额标准，使劳动者无法完成。

本条中的“客观情况”指：发生不可抗力或出现致使劳动合同全部或部分条款无法履行的其他情况，如企业迁移、被兼并、企业资产转移等，并且排除本法第二十七条所列的客观情况。

二、用人单位单方调岗权

《劳动合同法》第40条是关于用人单位单方解除劳动合同的规定。通过《劳动合同法》第40条第1项、第2项规定，可以引申出用人单位的单方调岗权。

第一，劳动者患病或者非因工负伤，在规定的医疗期满后不能从事原工作，用人单位有权给劳动者另行安排。

第二，劳动者不能胜任工作，用人单位有权调整其工作岗位。对此情况，劳动部办公厅《关于职工因岗位变更与企业发生争议等有关问题的复函》（劳办发〔1996〕100号）第1条有类似规定，“因劳动者不能胜任工作而变更、调整职工工作岗位，则属于用人单位的自主权。”

用人单位单方调岗权是用人单位的法定权利，是企业用人自主权的体现。用人单位在公平合理的范围内，可以对劳动者行使适当的单方调岗权。用人单位单方对劳动者进行调岗，应当符合以下条件，同时应当具备合理性：（1）调岗是基于企业的生产经营需要或因劳动者个人能力、工作态度等因素导致；（2）调岗前后工资待遇应当持平；（3）调岗不得增大劳动者的劳动成本；（4）不得具有侮辱性和惩罚性。

关于用人单位的单方调岗权，可参见本书本章第一节中的表14　用人单位行使单方变更劳动合同权利的情形。

三、轮岗

目前，很多企业，尤其是大中型企业都在公司内部或跨国分公司之间建立了岗位轮换制度。有些企业甚至制定了本企业的《轮岗管理办法》，实行定期的制度性的轮岗。对企业而言，轮岗可以培养复合型人才，从而提升组织的安全性和稳定性及动态适应能力，提升组织跨部门协作的效率与效益。另外，在培养企业接班人方面，轮岗也具有不可替代的价值。跨部门的轮岗一方面可以使管理者和员工亲身体验其他部门工作的艰辛与内涵，从而能站在更高的角度上思考与处理问题，形成换位思考；另一方面可以融通相互之间的人际关系。对员工而言，轮岗不仅可以让员工对企业其他部门有一定了解，拓宽视野和知识面，而且可以重新点燃员工的工作兴趣，并有利于员工自我职业生涯规划的确立与调整。可以说，轮岗具有重要的积极意义。

从劳动法律视角看，轮岗并非专业术语。轮岗是否属于调岗，要分具体情况。如果只是用人单位为培养人才，在一定期限内要求劳动者多经历几个工作岗位，最终劳动者还是要回归劳动合同中约定的工作岗位，其工资待遇也不发生变化，那么，这种性质的就属于轮岗，不属于调岗，不应当看作是对劳动合同内容的变更，一般无须征得劳动者的同意。如果岗位变化，完全违背劳动合同约定，或假借轮岗之名，恶意调整员工工作岗位，甚至以此迫使员工辞职，就属于调岗，应看作变更劳动合同的内容。

典型案例

案例 49：轮岗与调岗是否有区别？

小涛与某企业签订了一份《劳动合同》。双方约定，小涛的工作岗位是人事助理，月薪为 2900 元。合同第 8 条约定，乙方（小涛）须服从单位安排，遵守甲方规章制度及相关文件。2013 年，企业调整经营策略，决定对小涛进行轮岗，于是将小涛轮调到销售部门担任业务员。因为岗位变动，小涛的月薪也从固定的每月 2900 元调整为 1600 元加销售提成。

一开始，企业经营状况较好，有时小涛业绩好的话，收入甚至远高于原来的固定工资，对这次轮岗还比较满意。后来，单位人事发生变动，管理层决定终止轮岗，继续按照轮岗前的岗位开展工作。按要求，小涛须回到原人事助理的工作岗位。如果不服从安排，单位将和她解除劳动合同。小涛颇感不满，认为自己刚刚适应销售岗位，现在又要面临变动。用人单位对小涛的岗位变动属于轮岗还是调岗？用人单位的做法妥当吗？

案例点评

轮岗和调岗是有区别的。轮岗不是法律术语，如果劳动合同及规章制度中对轮岗制度做出了明确约定，那么轮岗并无不可。一般情况下，轮岗不涉及调整劳动者的工资待遇，并且发生在一定合理期限内，期限结束仍回到原工作岗位。从时间上看,轮岗的约定一般有合同或规章制度事先约定好。调岗,即调整工作岗位,是一个具有劳动法律意义的专业用语,涉及变更劳动者"工作内容和工作地点",属于变更劳动合同的内容。调岗即可事先在劳动合同和规章制度中事先约定好,也可事后协商一致作出调整。

本案中,小涛与某企业签订的《劳动合同》中未事先约定轮岗,只是在公司调整战略时,要求小涛轮岗。而且,对小涛的工资待遇进行了调整。应当属于变更了劳动合同的内容,应当看作是"调岗",企业是假借"轮岗"之名行"调岗"之实。用人单位并未征得小涛的同意,变更劳动合同也未采用书面形式。用人单位的做法欠妥。小涛可以拒绝,用人单位无权擅自解除劳动合同。

HR 实务指引

调整工作岗位是对劳动合同内容的实质变更。调岗应有相应的法律依据:

第一,双方协商一致调岗,变更劳动合同约定的内容。

第二,按照劳动合同事先的约定调岗,但是劳动合同中约定的指向应当明确,如在什么情况下进行何种调动,如果约定的指向不够明确,企业必须承担较重的举证义务,说明调岗具有充分的合理性。

第三,根据规定调岗,如劳动者患病或者非因工负伤,在规定的医疗期满后不能从事原工作,用人单位可以另行安排工作;劳动者不能胜任工作,用人单位可以调整工作岗位;劳动合同订立时所依据的客观情况发生重大变化,致使劳动合同无法履行,用人单位可以与劳动者协商,就变更劳动合同内容达成协议。

但是上述情形发生的证明责任在于用人单位。

法条链接

《劳动合同法》第三十五条

四、调整工作地点

广义上说,工作岗位包含工作地点内容。调整工作地点可以表现为,同一个城市内不同地点的调整，如从北京市的城区西城区调整到郊区顺义区；可以表现为同一省份内不同城市的调整，如从山西的太原调整到大同；还可以是不同省份间的调整，如从上海市调整到甘肃省等。

调整工作地点，本质上也属于变更劳动合同内容。原则上，用人单位与劳动者双方应当协商一致。如果企业单方对员工的工作地点进行调整，劳动者无义务无条件服从，劳动者据此解除劳动合同的，实践中，有些司法机关会认为用人单位系未能按照劳动合同约定提供劳动条件，认可劳动者辞职并主张解除劳动关系经济补偿金。

第四节　调　薪

一、法定调薪

法定调薪，是指用人单位按照最低工资标准调整本企业的薪酬标准，使得本企业员工的工资水平符合国家及相关省市的最低工资标准。

我国实行最低工资制度。《劳动法》第五章明确规定，国家实行最低工资保障制度，最低工资的具体标准由省、自治区、直辖市人民政府规定，报国务院备案。最低工资是指劳动者在法定工作时间或依法签订的劳动合同约定的工作时间内提供了正常劳动的前提下，用人单位依法应支付的最低劳动报酬。本规定所称正常劳动，是指劳动者按依法签订的劳动合同约定，在法定工作时间或劳动合同约定的工作时间内从事的劳动。劳动者依法享受带薪年休假、探亲假、婚丧假、生育（产）假、节育手术假等国家规定的假期间，以及法定工作时间内依法参加社会活动期间，视为提供了正常劳动。用人单位应支付给劳动者的工资在剔除下列各项以后，不得低于当地最低工资标准：（1）延长工作时间工资；（2）中班、夜班、高温、低温、井下、有毒有害等特殊工作环境、条件下的津贴；（3）法律、法规和国家规定的劳动者福利待遇等。

最低工资保障制度适用于中华人民共和国境内的企业、民办非企业单位、有雇工的个体工商户（以下统称用人单位）和与之形成劳动关系的劳动者。国家机关、事业单位、社会团体和与之建立劳动合同关系的劳动者，依照最低工资保障制度规定执行。截至目前，全国31个省、自治区、直辖市都已建立并实施了最低工资保障制度，正式公布了最低工资标准。因此，企业所在省市政府发布当地的新的最低工资标准时，各用人单位必须进行对照，如果员工的工资标准低于最低工资标准的，必须作出调整。

此外，特殊情况下，如员工患病期间，企业可依法减少工资发放。

二、企业自主调薪

除了上述法定调薪外，其他情况下的调薪都属于企业自主调薪范畴。薪酬制度是企业管理员工的重要手段，通过薪酬的调高或降低达到奖优罚劣，鼓励劳动者为企业创造价值的目标。企业自主调薪常见于年度调薪；晋升加薪；特别调薪。

（一）年度调薪

通常企业在年度的某个固定的月份进行例行性的调薪，通常此种调薪的目的是为了反映过去一年员工的工作表现，激励员工更佳的表现。年度调薪一般会参考以下因素：绩效管理因素，即一个员工对企业的贡献是大是小，贡献越大薪酬越高；市场变化因素；物价因素；企业赢利表现因素。

（二）晋升加薪

晋升是指员工提升其工作职务，而被指派到更重要的工作岗位，或担任更高一级或者更重要的职务，一般在企业中员工的升值和加薪是同时发生的。同样为了体现晋升的员工其贡献度的增加，晋升时也会伴随着调薪，但其调幅通常依公司薪酬制度而定。

（三）特别调薪

特别调薪主要是针对在工作中有重大贡献或失误的人员进行的薪酬调整。特别调薪有时适用于为了留住某一重要员工的情况。

典型案例

案例50：调岗的同时可以调薪吗？

2011年6月23日，庞女士入职某信息技术公司（以下简称信息公司），担任市场总监，月工资为2万元，其中基本工资12000元、绩效工资8000元。同日，双方签订劳动合同，期限是2011年6月23日至2013年6月22日。该合同约定庞女士的工作地点为北京，信息公司安排庞女士执行标准工时制度，信息公司每月10日前以货币形式支付庞女士工资，月工资按公司薪酬管理制度执行。根据公司的薪酬管理制度，信息公司总监级别（3年至5年同岗管理经验）的薪酬等级为1.2万元至1.5万元。

2013年3月8日，庞女士发现妊娠5周，通知了信息公司。2013年4月15日，庞女士收到公司邮件，通知其取消市场部。2013年4月17日，信息公司作出《取消市场部的公示》，内容为因公司进行战略调整，故公司取消市场部编制，即原有市场部人员并入其他部门进行管理。庞女士调入运营部，负责客服工作，汇报对象为运营部总监王媛。2013年4月21日，信息公司通过电子邮件的形式告知庞女士工作内容安排以及工资结构的调整。庞女士的工资总额仍为2万元，其中基本工资4000元、绩效工资1.6万元。

2013年5月13日，信息公司出具了关于庞女士2013年4月的工资说明，载明庞女士2013年4月1日至16日的工资包括基本工资6000元、餐补132元。4月17日至4月30日，信息公司按照北京市最低工资标准1400元发放庞女士工资636.36元、餐补120元。庞女士2013年4月工资合计6888.36元，扣除公积金及保险1299.40元，应发5588.96元，代扣个税103.90元，实发工资5485.06元。

庞女士2013年6月向劳动争议仲裁委提出仲裁，提出恢复原职位、工资标准、继续履行原劳动合同等要求。还要求信息公司支付2013年4月克扣工资13111.64元并支付100%赔偿金13111.64元。2013年10月28日，仲裁委裁决信息公司按双方劳动合同约定的工资标准继续履行与庞女士的劳动合同；支付庞女士2013年4月工资差额13111.64元。信息公司不服该裁决,起诉至法院。一审法院判决:(一)信息公司按原工资标准(基本工资1.2万元、绩效工资8千元)继续履行与庞女士的劳动合同。(二)判决生效后七日内,信息公司给付庞女士2013年4月工资差额13111.64元;三、驳回北京惠辉世纪信息技术有限公司的诉讼请求。信息公司不服,再提起上诉,二审判决驳回上诉,维持原判。

案例点评

本案的焦点问题有两个:一是信息技术公司对庞女士的调岗是否合法;二是信息技术公司可否调整庞女士的工资结构。

关于调岗问题,信息公司基于企业自主经营权,可根据客观经济情况的变化,决定取消市场部并对庞女士的工作岗位进行调整。

关于调整庞女士的工资结构问题,劳动报酬属于劳动合同的重要内容,变更工资结构严重影响劳动者权益。2011年6月庞女士入职后,信息公司按照基本工资12000元,绩效工资8000元的薪酬标准向庞女士支付劳动报酬。2013年4月,信息公司将庞女士的月薪调整为基本工资4000元,绩效工资16000元,该行为属于对双方原有劳动合同内容的重大变更。根据《劳动合同法》第35条的规定,用人单位变更劳动合同应当与劳动者协商一致,并采用书面形式予以变更。信息公司就庞女士的工资结构调整未能与其达成一致意见,亦未通过书面形式进行变更,故信息公司应当按照原有工资的结构及标准履行与庞女士的劳动合同,并应按原工资标准支付庞女士2013年4月工资差额13111.64元。

HR实务指引

为员工加薪一般不会引发争议,只有在降薪的情况下才会出现纠纷。一般情况下,当员工工作失误或违反公司规章制度、存在其他严重违纪行为时使用降薪措施。本案中,公司因战略调整,取消部门对员工调岗时,除非与员工协商一致,否则不宜同时降薪。实践中,合法的减薪程序有两种:一种是公司与员工单独沟通,双方通过签署协议来变更此前劳动合同中关于劳动报酬的条款,从而实现薪酬的调整;另一种是走民主程序,企业与职代会、工会集体协商,达成集体协议。但集体协议应采用书面的形式公告全体。而且,按照《最高人民法院关于民事诉讼证据的若干规定》第6条的规定,“在劳动争议纠纷案件中,因用人单位作出开除、除名、辞退、解除劳动合同、减少劳动报酬、计算劳动者工作年限等决定而发生劳动争议的,由用人单位负举证责任。”因减少劳动报酬而发生的劳动争议,由用人单位负举证责任。

本案中,还有一个细节,“2013年3月8日,庞女士发现妊娠5周,通知了信息公司。2013年4月15日,庞女士收到公司邮件,通知其取消市场部。”因此,不排除信息公司因为庞女士怀孕而对其做出调岗降薪的决定。实践中,有很多企业觉得妇女怀孕了,工作量跟不上,企业对其降薪是合理的。殊不知,《劳动合同法》第35条第1款规定,用人单位与劳动者协商一致,可以变更劳动合同约定的内容。变更劳动合同,应当采用书面形式。《妇女权益保障法》第27条第1款规定,任何单位不得因结婚、怀孕、产假、哺乳等情形,降低女职工的工资,辞退女职工,单方解除劳动(聘用)合同或者服务协议。但是,女职工要求终止劳动(聘用)合同或者服务协议的除外。可见,职业女性在孕期、产期、哺乳期应当受特殊保护。企业不得在这种情况下,单方降低员工工资。

企业违法降薪的,不但应补足劳动者的工资差额,还可能被劳动行政部门责令用人单位按应付金额50%以上100%以下的标准向劳动者加付赔偿金。除此以外,在用人单位未及时足额支付劳动报酬的情形下,劳动者可以解除劳动合同,并可以获得相应的经济补偿。因此,应当提高降薪的法律风险意识。

一要制定合理的薪酬体系。薪酬体系的典型类型包括:职务工资制、职能工资制、绩效工资制、年薪制、综合薪酬制等。

二要做好劳动合同薪酬条款设计。将薪酬条款约定具体化,尤其应明确降薪的条件、程序、幅度等。

三要健全企业规章制度。规章制度要配合劳动合同的约定,共同起到调整员工薪酬的作用。

四要设计并执行好对员工的考核管理,将调薪与考核相挂钩,将考核结果作为调薪的基础依据。首先应当制定企业的考核管理办法,并告知员工。每次重要考核一定要让员工签字确认。

第七章

解聘离职与劳动合同的解除和终止

本章导读

劳动合同的解除，是指劳动合同订立后，尚未履行或者尚未全部履行之前，由于某种原因导致劳动合同一方或双方当事人提前中断劳动关系的法律行为。英文表述为“Early termination”。从性质上讲，劳动法律偏于公法或社会法。因此，虽然名称上也叫做合同的解除，但劳动合同解除不同于民法上的合同解除，不可将二者相混淆。首先，民法属于私法，强调当事人的意思自治。因此，民法上的合同解除以协商（约定）解除为主，法定解除一般见于一方当事人违约或存在过错等情况，而劳动合同解除大量表现为法定解除的情况，法定解除也不以当事人有过错为条件。从类别看，劳动合同的解除按照不同的标准划分，有不同的分类。按照是否需要协商（解除方式的不同），可分为协商解除、约定解除和法定解除；按照主体的不同，可分为双方解除和单方解除。按照解除原因的不同，可分为有过错解除和无过错解除。如果按照现行《劳动合同法》规定的设置来看，可分为三类：协商解除、劳动者单方解除、用人单位单方解除。

劳动合同的终止，是指由于劳动合同期限届满或者法律规定或者当事人约定的劳动合同终止条件出现而使得劳动合同的法律效力消灭，劳动关系终结，当事人之间的权利义务关系不再存在。英文表述为“End”或者“Expiration”。

劳动合同的解除和终止往往伴随着经济补偿金问题，关系到用人单位和劳动者双方的切身利益，极易引发大量争议。用人单位在劳动合同的解除和终止问题上需要慎之又慎。本章主要介绍劳动合同解除和终止相关法律问题，包括如下内容。

第一节　协商解除劳动合同

劳动合同的签订是用人单位与劳动者协商一致的结果，在不违反法律强制性规定，且不违背国家利益和社会公共利益的情况下，双方协商一致解除劳动合同当然也是可以的。在协商一致的情况下，劳动合同可以随时解除，可以不受劳动合同中约定的终止条件的限制。这是保障用人单位的用人自主权和劳动者劳动权的体现。不论对于用人单位还是对于劳动者，能通过协商的方式解除劳动合同都是成本较低的，当成为首选的方案。

协商解除劳动合同，应满足一定条件：

(1)协商解除的须为双方依法建立的合法劳动关系。这是因为如果双方非劳动合同关系，或劳动合同无效，那么解除劳动合同就无从谈起。

(2)劳动合同双方均有提出协商解除劳动合同的权利。

(3)协商解除劳动合同须在劳动合同全部履行完毕之前进行。这是因为劳动合同一旦履行完毕，已无解除的必要。

(4)劳动合同双方协商解除合同要遵守平等自愿、协商一致的原则，且不违反法律强行规定。

需要注意的是，通过协商途径解除劳动合同，因提出主体不同，法律后果不同。如果是用人单位提出与劳动者协商一致解除劳动合同，用人单位应当向劳动者支付经济补偿金。如果是劳动者提出，则用人单位无须向劳动者支付经济补偿金。劳动者提出解除时，多因跳槽，此时如要求用人单位支付经济补偿金不太合理。所以法律区分情况进行规定。

为避免争议，建议用人单位与劳动者解除劳动合同时，签订书面的《协商解除劳动合同协议书》。

范本27：协商解除劳动合同协议书

协商解除劳动合同协议书

甲方：

乙方：________（身份证号码：____________________）

甲、乙双方于＿＿＿＿＿＿年＿＿＿＿＿月＿＿＿＿＿日签订了《劳动合同》，现＿＿＿＿＿方提出按照《中华人民共和国劳动合同法》第三十六条的规定协商解除劳动合同，经甲、乙双方协商一致，同意解除劳动合同，并达成如下协议：

一、自＿＿＿＿＿＿年＿＿＿＿＿月＿＿＿＿＿日起解除双方签订的劳动合同。

二、双方的劳动关系、工资、社保福利截止到＿＿＿＿＿＿年＿＿＿＿＿月＿＿＿＿＿日。甲方为乙方缴纳的基本养老保险金、基本医疗保险金、失业保险金、工伤保险金、生育保险金、住房公积金至＿＿＿＿＿＿年＿＿＿＿＿月＿＿＿＿＿日止。

三、乙方应于＿＿＿＿＿＿年＿＿＿＿＿月＿＿＿＿＿日前配合甲方完成工作交接。甲方为乙方办理相关退工手续，并出具相应的离职证明。

四、甲方支付乙方经济补偿金人民币＿＿＿＿＿＿元。

五、《劳动合同》的解除不影响原合同中保密条款及双方所签《保密协议》的效力。

六、乙方竞业限制业务按照双方签订的竞业限制协议执行。甲乙双方之间无任何竞业限制协议，合同解除后，乙方无须履行任何竞业限制义务。

七、本协议是解决双方劳动争议的所有安排，双方不存在其他任何劳动争议。乙方不再以任何事由追究甲方任何责任。

八、本协议自甲、乙双方签字（盖章）后生效。

九、本协议书一式三份，双方各执一份、甲方员工档案留存一份，具有同等法律效力。

甲方：　　　　　　　　　　乙方：

日期：　　　　　　　　　　日期：

典型案例

案例51：如何判断劳动合同的解除已经过协商一致？

阿炳于2011年3月30日进入G公司工作，双方当事人签订书面劳动合同，约定期限自2011年3月30日起至2014年3月31日止，阿炳从事数控操作员工作。2013年2月27日，G公司向阿炳出具《劳动关系解除证明》，载明"实际在本公司服务期限为2011年3月30日至2013年2月26日。离职原因为公司提出协商解除劳动合同"。同日，G公司与阿炳办理离职交接，在离职交接表中，财务经理确认无公司财务财目与其他未结清的费用并签字。G公司向阿炳出具退工手续备案表，G公司提供了退工手续备案表，注明解除合同时间为"2013年2月26日"，解除劳动合同类型"协商解除（单位提出）"前□处打印阴影并手工√选，阿炳在员工本人意见栏中签名。经双方当事人确认，阿炳离职前十二个月月平均工资为4500元。G公司支付了2个月工资标准支付阿炳经济补偿9000元。另查明，G公司提交的退工手续备案表仅在解除劳动合同类型"协商解除（单位提出）"前□处打印阴影，手工√选是在仲裁之后由人事加上去的。

2013年3月阿炳申诉至劳动争议仲裁委员会，认为G公司未与其协商一致即解除劳动合同，属于违法解除劳动合同，请求裁决G公司立即支付阿炳违法解除劳动合同的赔偿金18000元。仲裁委裁决对阿炳的仲裁请求不予支持。后诉至法院，亦未得到支持。

案例点评

本案的焦点问题是阿炳与G公司解除劳动合同是否经双方协商一致。

阿炳虽称G公司未经协商一致非法解除劳动合同，但从退工手续备案表内容来看，打印阴影选择解除劳动合同类型为"协商解除（单位提出）"，应系发生于阿炳签名之前，阿炳未在员工本人意见栏中表示异议，且该退工手续备案表与阿炳提供的劳动关系解除证明内容相吻合，均表明公司提出协商解除劳动合同的事实。双方当事人还办理了离职交接，从证据中均不能体现G公司单方解除劳动关系的意思表示，也不能证明阿炳对于解除劳动关系提出过异议，符合退工手续备案表中协商解除（单位提出）的记载。故确认经G公司提出，双方当事人协商解除劳动合同，阿炳提出G公司违法解除劳动合同并主张赔偿金，无事实依据。

HR实务指引

对于用人单位而言，协商解除劳动合同与违法解除劳动合同支付给劳动者的经济补偿存在很大差别。如果确属协商解除劳动合同，建议企业：

一、签订书面的《协商解除劳动合同协议》，办理或出具《退工手续备案表》、《劳动合同解除证明》、《离职交接单》等。

二、上述文件中，一定要明确体现如下要素：(1)是用人单位还是劳动者提出通过协商一致的方式解除劳动合同；(2)要求劳动者签字确认；(3)明确劳动合同终止的具体日期，即双方劳动关系解除日；(4)约定工作交接事项；(5)对于涉及商业秘密、知识产权及竞业限制的劳动者，再次明确劳动合同解除后应履行的相关义务。

三、保存好如下证据：劳动合同、劳动合同解除证明、退工手续备案表、离职交接单、银行交易明细、工资单等。

法条链接

《劳动法》第二十四条

《劳动合同法》第三十六条、第四十六条

表16　协商解除劳动合同HR实务指引表

主体	劳动合同解除类型	是否需要支付经济补偿金	用人单位法律风险	法律依据	程序要求	备注
企业与员工双方	协商解除(用人单位提出)	是	1. 能够证明由双方协商一致解除，而非企业违法解除；2. 能够证明已支付经济补偿	《劳动合同法》第36条、第46条第2项	首先由用人单位向劳动者提出解除劳动关系，再由双方按照协商情况签订书面解除劳动合同的协议	企业需注意保存证据，劳动合同解除协议详见本书给出的范本
	协商解除(劳动者提出)	否	能够证明是由劳动者提出	《劳动合同法》第36条	首先由劳动者向企业提出解除劳动关系，再由双方按照协商情况签订书面解除劳动合同的协议	

第二节　劳动者单方解除劳动合同

劳动者单方解除劳动合同,与通常意义上的"跳槽"、"辞职"、"换工作"接近。根据方式和原因的不同,大致分为三大类别:一是预告辞职,即劳动者一方提前通知用人单位辞职;二是即时通知辞职,即劳动者一方不提前通知,而是即时通知即时辞职,该情况发生于用人单位有过错时;三是无通知立即解除劳动合同,该情况发生于用人单位存在严重过错时。

如何认识劳动合同的单方解除权?解除权属形成权,形成权是指权利人以自己一方的意思表示而使法律关系发生、内容变更或消灭的权利,形成权是基于意思自治原则,本来一种法律关系的变动需要该关系所涉及各方当事人的共同意思才能发生,但是若一方当事人享有形成权,那么仅凭其一方的意思表示,该种法律关系就会发生变动。形成权具有以下特征:(1)形成权的行使表现为单方行为,仅凭权利人单方的意思即可实现,并不借助于相对人的意思表示,相对人同意与否,均不影响行使形成权所发生的效力;(2)单方意思表示一经到达对方即为生效,行使形成权的意思表示可以撤回但不得撤销;(3)行使形成权不得附条件和期限;(4)形成权是使法律关系产生、变更或消灭的权利。形成权按照法律关系所产生的效力不同,可分为设立性形成权、变更性形成权和消灭性形成权。

解除权属于消灭性形成权,即因形成权的行使而使既有法律关系消灭的权利。如劳动者行使劳动合同解除权,产生的法律后果是解除其与用人单位之间的劳动关系。以劳动合同法规定的预告解除为例:《劳动合同法》第 37 条规定了劳动者的预告解除权,劳动者在试用期内提前 3 天,试用期满后提前 30 日以书面形式通知用人单位解除劳动合同,通知到达用人单位后,该通知立即产生法律效力。

一、劳动者提前通知解除劳动合同

在劳动合同解除问题上，相对于用人单位而言，法律赋予了劳动者更多的自由和权利。法律对劳动者行使辞职权未附加任何实体性条件，但在用人单位无过错的情况下，劳动者解除劳动合同需履行一定的程序。试用期内须有至少3天的预告期，对于用书面形式还是口头形式不作要求。试用期后的辞职，须有至少30天的预告期，另须用书面形式通知。《劳动合同法》第37条作出了详细规定。这一制度安排，在充分保障劳动者择业自由的同时，也给用人单位也预留了必要的时间。

现实中劳动合同纠纷中，存在争议的是对劳动者提前30日以书面形式通知用人单位是劳动合同的解除程序，还是劳动合同的解除条件，用人单位与劳动者往往有着不同的理解。对此问题，劳动部办公厅《关于劳动者解除劳动合同有关问题的复函》（劳办发〔1995〕324号）规定："劳动者提前30日以书面形式通知用人单位，既是解除劳动合同的程序，也是解除劳动合同的条件。劳动者提前30日以书面形式通知用人单位，解除劳动合同，无须征得用人单位的同意。超过30日，劳动者向用人单位提出办理解除劳动合同的手续，用人单位应予办理。"这是《劳动法》、《劳动合同法》赋予劳动者自主选择职业的权利，是劳动者的一项基本权利。

典型案例

案例52：劳动合同履行期内员工提前30天通知解除劳动合同需企业同意吗？

2000年7月1日，小马入职某公司，双方签订无固定期限劳动合同。2013年1月30日，小马向某公司邮寄送达《解除劳动关系通知书》，要求依照《劳动合同法》第37条的规定向某公司提出解除劳动关系，并要求某公司为其办理相关手续。2013年1月31日，某公司签收该邮件。小马要求某公司为其出具解除劳动关系证明，办理劳动人事档案、社会保险关系的转移手续，遭到拒绝。

2013年3月11日，小马申诉至区劳动人事争议仲裁委员会。某公司认为，小马违反劳动合同法的约定提前解除劳动关系，用人单位与小马的劳动关系并未因其单方面通知解除劳动关系而解除，用人单位不应为小马出具解除劳动关系证明，不应为其办理劳动人事档案、社会保险关系及空勤人员体检档案的转移手续。小马提前解除劳动关系应当向用人单位支付违约金。仲裁委裁决，某公司于判决生效之日起十五日内为小马出具解除劳动关系证明并办理人事档案、社会保险关系。裁决后，某公司不服。两级法院的判决均支持了小马的诉讼请求。

案例点评

本案的争议焦点是，小马解除劳动合同的行为是否合法有效。

2013 年 1 月 30 日，小马向某公司出具解除劳动关系通知书，要求与某公司解除劳动关系。根据《劳动合同法》第 37 条的规定，劳动者提前 30 日以书面形式通知用人单位，可以解除劳动合同。也就是说，法律赋予了劳动者单方解除劳动合同的权利。本案中，小马已就其解除劳动合同意思表示于 2013 年 1 月 30 日书面通知某公司，某公司于 1 月 31 日收到该通知，故双方劳动合同已解除。可见，小马解除劳动合同的行为，符合法律规定是合法有效的。

根据《劳动合同法》第 50 条的规定，用人单位应当在解除或者终止劳动合同时出具解除或者终止劳动合同的证明，并在 15 日内为劳动者办理档案和社会保险关系转移手续，因此对小马要求某公司出具解除劳动关系证明、办理人事档案、社会保险关系转移手续的请求应当予以支持。

HR 实务指引

1. 劳动者单方提出解除劳动合同，只要具备法律规定形式、条件，无须双方协商达成一致意见，也无须征得用人单位的同意，劳动者一旦作出便产生解除的劳动关系的法律效果。

同理，本案中劳动者提前通知解除劳动合同并不需要用人单位批准或同意，只要符合“提前三十日以书面形式通知用人单位”的程序性要求即可。

2. 约定的劳动合同期限未届满，劳动者也可单方提前通知解除劳动合同，用人单位不得要求劳动者支付违约金。

3. 劳动合同解除后,用人单位应当在十五日内为劳动者办理档案和社会保险关系转移手续。当然,劳动者也有义务配合用人单位办理工作交接。

范本28:解除劳动合同证明书

解除劳动合同证明书

本单位与________先生/女士(身份证号码或者其他有效身份证件号码:____________________)签订________期限劳动合同,由于____________________原因于________年____月____日解除,其档案及社会保险关系转移至________。该职工在本单位的相关工作情况:

1. 本单位与其最近一次签订的劳动合同期限为:自________年____月____日起至________年____月____日止。

2. 该职工在本单位的所从事的工作内容或工作岗位为:_____。

3. 该职工在本单位的工作年限共计为:__________________。

单位盖章

年　　月　　日

本通知书一式三份(用人单位和职工各留存一份,一份存入职工个人档案)

法条链接

《劳动合同法》第三十七条、第五十条

二、劳动者即时通知解除劳动合同

劳动者即时通知解除劳动合同,就是当用人单位存在过错时,允许劳动者不必履行预告期义务,直接通知用人单位解除劳动合同。比如有的用人单位随意扣发工资,不为员工上社保,工作性质存在职业病风险却不提供必要的劳动保护等。《劳动合同法》第38条第1款作出了详细规定。在此情况下,法律就不要求劳动者再提前30天或提前3天解除劳动合同了。

需要注意的是,虽然劳动者无须履行提前书面通知的程序性义务了,但是仍需要通知用人单位。

典型案例

案例53:劳动者以企业拖欠工资为由辞职,劳动合同何时解除?

阿宝在2013年6月1日入职某电子公司(以下简称电子公司),双方签订了书面劳动合同,约定每月工资3200元,每月最后一天发放。从2013年12月开始,电子公司以客户未给付货款为由一直拖欠工资。2014年3月9日,阿宝找到公司负责人要求支付工资,但公司负责人却表示经营困难暂时无法支付,什么时候能够支付工资也没有明确说法。2014年3月16日,阿宝以电子公司拖欠其工资为由向公司经理递交了书面辞职申请,辞职理由是拖欠工资。但该公司经理却拒绝收取阿宝的辞职信,阿宝此后也未到电子公司工作。2014年3月18日,电子公司通过电话和EMS快递邮件通知阿宝于2014年3月23日内来公司上班,否则按旷工解除劳动合同。

无奈之下,阿宝向仲裁委申请仲裁,请求裁决解除劳动合同,由电子公司支付拖欠工资和解除劳动合同经济补偿金。电子公司认可阿宝确实有向其公司经理提交了辞职申请,但公司认为当时并未收取,后来公司也通过电话和EMS快递邮件通知阿宝回公司上班,但阿宝并没有回来,因此电子公司从未与其解除劳动合同,故不同意支付阿宝解除劳动合同经济补偿金。仲裁委裁决:认定双方的劳动合同已经解除,支持阿宝的经济补偿金仲裁请求。

案例点评

本案的焦点有两个:一是阿宝与电子公司的劳动合同是否已经解除;二是阿宝可否获得经济补偿金。

劳动者有择业自由。且《劳动合同法》第38条规定,用人单位未及时足额支付劳动报酬的,劳动者可以解除劳动合同。本案中,电子公司从2013年12月份开始一直拖欠阿宝工资,属于未及时足额支付劳动报酬的行为。因此,阿宝有权随时解除劳动合同,双方的劳动合同应当自阿宝通知电子公司之日起解除。电子公司也承认,其阿宝确实已向其公司经理提交了辞职申请,只是未实际收取。但这并不影响阿宝发出的解除劳动合同通知书的效力。因此,应当认定自2014年3月16日起,阿宝与电子公司之间的劳动合同已经解除。劳动者行使解除权并不以电子公司同意为要件。

按照《劳动合同法》第46条的规定:"有下列情形之一的,用人单位应当向劳动者支付经济补偿:(一)劳动者依照本法第三十八条规定解除劳动合同的"。因此,电子公司应当向阿宝支付经济补偿。

HR实务指引

劳动者行使即时通知解除劳动合同权利的要件如下:

1. 用人单位存在《劳动合同法》第38条第1款所列举的情形之一。

2. 劳动者告知用人单位,至于告知方式,《劳动合同法》未明确规定,实践中,劳动者可采取书面或者口头方式告知。

用人单位确有抛弃劳动者解除劳动合同需经其同意的想法,劳动者享有单方解除劳动合同的权利,只是不同的情况下,劳动者履行的程序不同而已。

法条链接

《劳动合同法》第三十八条、第四十六条

三、无通知立即解除劳动合同

当用人单位存在严重过错时,劳动者连通知的义务都可以不履行,直接解除劳动合同,即无须通知立即/随时解除劳动合同。这种方式比"劳动者即时通知解除劳动合同"方式更进一步。

《劳动合同法》第38条第2款作出了详细规定这种方式的适用情形,包括:一是用人单位以暴力、威胁或者非法限制人身自由的手段强迫劳动者劳动;二是用人单位违章指挥、强令冒险作业危及劳动者人身安全。上述情形,已经远远超过了一般过错的程度,甚至构成了犯罪应当被追究刑事责任,因此,法律规定劳动者可以不用履行任何程序,连通知用人单位都免了,即可以“不辞而别”。

表 17　劳动者单方解除劳动合同 HR 实务指引表

主体	劳动合同解除类型	适用情形	程序要求	是否需要支付经济补偿金	用人单位法律风险	法律依据
劳动者	预告解除（预告辞职）	试用期内辞职	提前三日通知。（注：劳动者无须书面通知）	否	用人单位负举证责任	《劳动合同法》第37条
		非试用期内辞职	（1）提前30日通知；（2）书面形式（注：无须征得用人单位同意）	否	用人单位负举证责任	《劳动合同法》第37条
	即时通知辞职	（1）未按照劳动合同约定提供劳动保护或者劳动条件的；（2）未及时足额支付劳动报酬的；（3）未依法为劳动者缴纳社会保险费的；（4）用人单位的规章制度违反法律、法规的规定，损害劳动者权益的；（5）以欺诈、胁迫的手段或者乘人之危，使对方在违背真实意思的情况下订立或者变更劳动合同的；致使劳动合同无效的；（6）用人单位免除自己的法定责任、排除劳动者权利的；致使劳动合同无效的；（7）违反法律、行政法规强制性规定的。致使劳动合同无效的；（8）法律、行政法规规定劳动者可以解除劳动合同的其他情形	劳动者可以立即解除劳动合同，不需事先告知用人单位	是	用人单位证明自己无过错	《劳动合同法》第38条

续表

主体	劳动合同解除类型	适用情形	程序要求	是否需要支付经济补偿金	用人单位法律风险	法律依据
	无须通知立即解除	(1)用人单位以暴力、威胁或者非法限制人身自由的手段强迫劳动者劳动的; (2)用人单位违章指挥、强令冒险作业危及劳动者人身安全的	劳动者可以立即解除劳动合同,不需事先告知用人单位	否;但是,依法给予行政处罚;构成犯罪的,依法追究刑事责任;给劳动者造成损害的,应当承担赔偿责任	承担民事、行政甚至刑事责任	《劳动合同法》第38条、第88条

第三节　用人单位单方解除劳动合同

法律在赋予劳动者单方解除劳动合同权利的同时,也赋予用人单位对劳动合同的单方解除权,以保障用人单位的用工自主权。但法律对于用人单位行使解除权设定了更高的条件,不允许用人单位无理由的解除劳动合同。

用人单位单方解除劳动合同共分为三种情况:一是过失性辞退,即因劳动者的过错用人单位单方解除劳动合同;二是无过失性辞退,劳动者虽无任何过失,但因某种客观原因不得不解除劳动合同;三是经济性裁员,是指用人单位一次性辞退部分劳动者,以此作为改善生产经营状况的一种手段,其目的是保护自己在市场经济中的竞争和生存能力,渡过暂时的难关。

一、过失性辞退

过失性辞退,是指用人单位在劳动者有过错的情况下,无须提前30天通知，即可辞退劳动者的行为。过失性辞退属于劳动者一方当事人存在主观过错行为，用人单位有权解除劳动合同，而无须征得他人的意见，也不必履行特别的程序。

典型案例

案例54：员工拒绝企业有关休息日加班的工作安排，企业可以单方解除劳动合同吗？

阿珍于2009年2月6日入职海南某公司，在该公司生产部车间任操作员，每月工资1600元。阿珍与海南某公司订立了书面劳动合同，合同约定被告阿珍每天的工作时间为8小时，如因生产（工作）需要，乙方（即阿珍）加班，甲方（即海南某公司）按乙方加班实时补发加班费给乙方。2012年4月10日，阿珍学习过公司的GMP文件（机构人员管理文件、人员职责管理文件），并在员工培训记录表上签名。海南某公司的GMP文件规定，所有员工应提前做好上班前的一切准备工作，不迟到、早退，服从生产调度计划，按时完成生产任务指标；还规定，员工连续旷工15天或一年累计30天，给予除名处理。2014年3月22日（当日为星期六），海南省食品药品监督管理局对原告海南某公司进行药品注册检验抽样。原告海南某公司提前通知生产车间的全体人员当天上午上班，并答应给生产车间10人共补贴3000元，人均补贴300元。但生产车间的10人嫌钱少，要求补贴10000元，人均1000元。原告海南某公司没有同意她们的要求，并表明，如果检查当天不来，公司就终止该员工的劳动合同。2014年3月22日当天，10人的生产车间只来了3个人，被告阿珍不同意原告海南某公司的加班要求，没有到公司加班。因当日生产车间人手不够，该新产品没有通过检验。原告海南某公司为该产品投入的总费用为111765元。此后原告海南某公司经过讨论，做出2014年4月1日起终止与被告阿珍劳动合同的决定。2014年3月31日，原告海南某公司的生产部经理口头通知被告阿珍明天不用来上班。2014年4月1日原告海南某公司张贴《公告书》，称"公司生产部阿珍、陈某、邱某、吴某、李某、王某、梁某，以上七人，因未服从公司生产安排，严重违反公司规章制度，给公司造成严重的影响和损失，经公司讨论决定，决定从2014年4月1日起终止与以上人员的劳动合同，现进行全厂通告”。

2014年4月11日，阿珍向劳动仲裁委提出仲裁申请，请求：(1)请求裁决原告支付被告解除劳动合同的经济补偿9600元(工作5年多，月工资1600元，共计6个月)。(2)请求裁决原告支付被告解除劳动合同时没有支付被告经济补偿金的赔偿金19200元(经济补偿金的二倍)。2014年7月18日劳动仲裁委作出仲裁裁决：(一)海南某公司于本裁决生效后十日内支付阿珍赔偿金17600元。(二)驳回阿珍的其他仲裁请求。

海南某公司不服仲裁裁决，于2014年8月6日向法院提起了诉讼。法院认为，海南某公司未就加班事宜与阿珍协商一致，阿珍拒绝在休息日加班，并不构成严重违反公司的规章制度，原告海南某公司以此为由终止双方的劳动合同，属违法终止劳动合同。判决海南某公司支付阿珍赔偿金17600元。

案例点评

本案的焦点问题有两个：一是阿珍拒绝海南某公司的加班要求是否构成严重违反公司的规章制度；二是海南某公司解除劳动合同的行为是否违法。

关于拒绝海南某公司加班要求的行为，根据《劳动法》第41条的规定，用人单位由于生产经营需要，经与工会和劳动者协商后可以延长工作时间，但必须符合法律的规定，并支付相应的工资报酬，对于用人单位单方面延长工作时间的安排，劳动者有权拒绝执行。本案中，海南某公司在未成立工会组织的情形下，双方经过协商就休息日加班未达成一致，且海南某公司安排的加班不属于《劳动法》第42条规定的情形，海南某公司未提供公司相关规章制度方面的证据，即便提供该等证据也因违反法律规定而无效。因此，阿珍可以拒绝海南某公司加班要求。阿珍虽存在不配合公司的工作安排，但阿珍拒绝在休息日加班，并不构成严重违反公司的规章制度。

关于海南某公司解除劳动合同的行为的合法性问题，既然阿珍拒绝海南某公司加班要求的行为并无不当，海南某公司以拒绝休息日加班为由解除双方的劳动合同，属违法解除劳动合同。

关于经济赔偿金的计算问题，海南某公司于2014年3月31日口头通知阿珍明天不用来上班，并公告通知解除双方的劳动合同，此后被告阿珍不再为海南某公司工作。因此，可确认阿珍与海南某公司自2009年2月6日至2014年3月31日存在劳动关系。阿珍的工作年限为5年零1个月，劳动合同终止前12月平均工资为1600元，海南某公司应支付阿珍违法解除劳动合同的赔偿金17600元（1600元×5.5×2）。

HR实务指引

本案提醒用人单位正确判别劳动者构成“严重违反用人单位的规章制度”的标准。用人单位适用该条款单方解除劳动合同必须符合以下条件：

1. 规章制度的内容必须是符合法律、法规的规定，而且是通过民主程序公之于众的。

本案用人单位未提供规章制度。但假如用人单位提供了相关制度，如作出“乙方应服从甲方关于休息日加班的工作安排。乙方不服从甲方安排的，甲方可以解除劳动合同”类似规定，那么这种规章制度也是违法的。因为如果与工会或劳动者协商一致的情况下，除非符合《劳动法》第42条的规定，否则都是违法的。而按照《劳动法》第42条的规定：有下列情形之一的，延长工作时间不受本法第41条规定的限制：（1）发生自然灾害、事故或者因其他原因，威胁劳动者生命健康和财产安全，需要紧急处理的；（2）生产设备、交通运输线路、公共设施发生故障，影响生产和公众利益，必须及时抢修的；（3）法律、行政法规规定的其他情形。因此，用人单位应当确保规章制度合法，并告知劳动者确认。

2. 劳动者的行为客观存在，并且是属于“严重”违反用人单位的规章制度。何为“严重”，一般应根据劳动法规所规定的限度和用人单位内部的规章制度依此限度所规定的具体界限为准。例如，违反操作规程，损坏生产、经营设备造成经济损失，不服从用人单位正常的工作调动，不服从用人单位的劳动人事管理，无理取闹，打架斗殴，散布谣言损害企业声誉等，这些都给用人单位的正常生产经营秩序和管理秩序带来了损害。

3. 用人单位对劳动者的处理是按照本单位规章制度规定的程序办理的，并符合相关法律、法规规定。

法条链接

《劳动法》第四十一条、第四十二条

《劳动合同法》第三十九条、第四十七条、第八十七条

典型案例

案例55:如何判断员工是否严重失职?

阿庄系某数控装备有限公司(以下简称装备公司)物检人员,双方签有劳动合同,期限自2009年3月1日至2014年3月1日。该合同第6条第3款约定,“乙方有下列情形之一的,甲方可以解除劳动合同,……严重失职,营私舞弊的”。2014年2月12日上午9时,装备公司保卫部职工在公司东门查扣一辆四轮车,司机杨某不是该厂职工,该车内装运30×30×3000毫米木方约3立方米、80×80×3000毫米木方8根,其中30×30×3000毫米木方是小李的,80×80×3000毫米木方是司机杨某向调度邱某索要的,这些木料均是宽度、厚度和长度相等或相近的企业生产包装箱所用的成品木材,由小李办理出厂手续,小李持有的交款证明显示“50元木柈子一车”,该票据有物资检查人员阿庄签字。该车木材系小李通过装备公司木型包装车间调度邱某购买,装车过程中,原告阿庄始终在场。2014年2月18日,装备公司发布(2014)3号文件《关于对小李等人侵占公司财物的处理决定》,该决定认为阿庄作为物检人员,默许、纵容小李、邱某侵占公司财物的行为严重违反公司的规章制度,作出给予阿庄解除劳动合同的处理决定。经查,装备公司制定的《员工奖惩条例》及《公司内部安全保卫工作若干规定》规定,员工侵占公司财物等违纪行为,用人单位有权解除劳动合同。阿庄对装备公司解除劳动关系的决定不服,向劳动人事争议仲裁委申请仲裁,请求撤销被告作出的处理决定书,仲裁委裁决驳回了原告的仲裁请求。

案例点评

本案的焦点问题是装备公司解除劳动合同的行为是否合法。

根据《劳动合同法》的规定，劳动者严重违反用人单位规章制度的，用人单位可以解除劳动合同。阿庄与装备公司签订的劳动合同合法有效，用人单位可以依据本单位的规章制度，对劳动者的行为作出处理。

本案中，阿庄是装备公司的物检监装人员。装备公司保卫科 2014 年 2 月 12 日截获的货车照片可以看出，该车木材均是宽度、厚度和长度相同或相近的、具有整齐规格的成品木材，阿庄作为包装工段的物检人员，对小李所装运的木料的用途及价值是明知的，阿庄默许小李、邱某以购买公司的废弃料的名义，装运企业生产使用的成材这一行为严重违反了装备公司《员工奖惩条例》及《公司内部安全保卫工作若干规定》以及双方签订的《劳动合同》的相关规定，属于严重失职，给装备公司造成了不良影响，违反了劳动合同的相关规定。装备公司有权单方解除劳动合同。

HR 实务指引

劳动者“严重失职，营私舞弊，给用人单位造成重大损害的”，用人单位可以单方解除劳动合同，并且不支付经济补偿。

劳动者“严重失职，营私舞弊，给用人单位造成重大损害”，是指劳动者在履行劳动合同期间，没有按照岗位职责履行自己的义务，违反其忠于职守、维护和增进用人单位利益的义务，有未尽职责的严重过失行为或者利用职务之便谋取私利的故意行为，使用人单位有形财产、无形财产遭受重大损害，但不够刑罚处罚的程度。“严重失职”一般表现为过失或间接故意；“营私舞弊”一般表现为直接故意。

在认定员工是否构成“严重失职，营私舞弊，给用人单位造成重大损害”时可采用如下方法：

第一，考察劳动者的行为是否违反其工作岗位职责，如有违反，违反到何种程度。

第二，考察劳动者的行为是否违反了企业的规章制度，如有违反，违反到何种程度。

第三，考察劳动者行为造成的不利后果程度如何，按照《关于〈劳动法〉若干条文的说明》第 25 条第 3 款的规定，“重大损害”由企业内部规章来规定。因为企业类型各有不同，对重大损害的界定也千差万别，故不便对重大损害作统一解释。若由此发生劳动争议，可以通过劳动争议仲裁委员会对其规章规定的重大损害进行认定。

建议用人单位根据实际情况,确定具体的标准。

法条链接

《劳动合同法》第三十九条

劳动部办公厅关于印发《关于〈劳动法〉若干条文的说明》的通知(劳办发〔1994〕289号)

第二十五条 劳动者有下列情形之一的,用人单位可以解除劳动合同:

(一)在试用期间被证明不符合录用条件的;

(二)严重违反劳动纪律或者用人单位规章制度的;

(三)严重失职,营私舞弊,对用人单位利益造成重大损害的;

(四)被依法追究刑事责任的。

本条中"严重违反劳动纪律"的行为,可根据《企业职工奖励条例》和《国营企业辞退违纪职工暂行规定》等有关法规认定。

本条中的"重大损害"由企业内部规章来规定。因为企业类型各有不同,对重大损害的界定也千差万别,故不便对重大损害作统一解释。若由此发生劳动争议,可以通过劳动争议仲裁委员会对其规章规定的重大损害进行认定。

本条中"被依法追究刑事责任",具体指:1. 被人民检察院免予起诉的;2. 被人民法院判处刑罚(刑罚包括:主型:管制、拘役、有期徒刑、无期徒刑、死刑;附加刑:罚金、剥夺政治权利、没收财产)的;3. 被人民法院依据刑法第32条免予刑事处分的。

典型案例

案例56:员工以罢工方式维权,用人单位有权单方解除劳动合同吗?

小魏等20人是深圳某橡胶制品公司(以下简称橡胶公司)职工,工作岗位的性质(注塑部)。自2013年6月以来,橡胶公司未向员工发放高温津贴、加班补贴及未休年休假工资,并在各车间安装监控。小魏等人认为,橡胶公司侵犯部分员工的隐私权,导致部分员工精神极度压抑,甚至有轻生倾向。因高温津贴、加班补贴、未休年休假工资及监控设备的安装等问题产生纠纷。经调解达不成一致意见，小魏等20人在2013年10月10日至2013年10月25日期间采取怠工、罢工以示抗议，维权。橡胶公司认为，小魏等20人工作岗位的性质（注塑部），在小魏等20人工序未能完成的情况下，橡胶公司其他生产部门不能正常运转，罢工行为给公司造成了重大损失和严重负面影响，因此，作出了解除与小魏等20人劳动合同的决定。

小魏等人向仲裁委提出仲裁申请，要求认定橡胶公司解除劳动合同的行为违法，橡胶公司支付违法解除劳动合同经济赔偿金。仲裁委认为，小魏等在长达15天的时间里罢工、怠工，严重违反橡胶公司的规章制度，由此给用人单位造成严重经济损失是显而易见的。故橡胶公司以此为由解除其与小魏等人的劳动合同关系，符合法律规定，其无须支付解除劳动合同经济补偿金。裁决驳回小魏等人的申请。

案例点评

本案的争议焦点是小魏等人的罢工行为是否属于严重失职，给用人单位造成重大损失。如果是，则橡胶公司有权单方解除劳动合同，并无须支付经济补偿金。否则，属于违法解除劳动合同。

本案中，小魏等人在2013年10月10日至2013年10月25日期间怠工、罢工，必然影响企业的正常运转。由于小魏等人的工作岗位属于注塑部，其工作停滞，后续工作必然停滞，必然导致企业的生产停顿，也就势必给用人单位造成重大损害。虽然小魏等人是出于维护自身合法权益的目的，但是客观上其行为已经违背了工作岗位要求，属于严重失职。维权应当通过合法合理的方式。

根据《劳动合同法》第39条第1款第3项的规定，劳动者严重失职，给用人单位造成重大损害的，用人单位可以单方解除劳动合同。因此，橡胶公司解除与小魏等人的劳动合同的行为是合法的，无须支付经济补偿金。

HR实务指引

用人单位应尽量完善公司的规章制度，明确哪些行为属于严重违纪行为，哪些行为属于严重失职行为等，以便出现相关情况时，直接依据规章制度对员工做出相应处理。

本案中，橡胶公司可准备的证据包括：公司规章制度，员工工资、补贴明细，员工罢工、怠工的监控录像，生产停滞的照片、记录等，公司损失情况方面的证据等。

法条链接

《劳动合同法》第三十九条

典型案例

案例57：劳动者隐瞒已有工作的事实，企业与其建立劳动关系后予以辞退的，需支付经济补偿吗？

玲子于2013年1月28日应聘到某投资公司（以下简称投资公司）工作，担任主管会计职务。双方约定第一年服务期月工资3000元，由投资公司按月发放。双方未签订书面合同，也未参加社会保险。玲子到投资公司任职前与某采石场签订劳动合同，到投资公司任职后，至今未与某采石场解除劳动关系，仍然是该采石场的财会负责人，并一直没有将该实情告知投资公司，玲子在仲裁庭审中承认该事实。2014年2月28日因无法完成本职工作，严重影响到投资公司的正常运转，投资公司向玲子发出《关于辞退玲子的通知》，决定从当日起辞退玲子。玲子于当日签收了该通知并领取了投资公司支付的经济补偿3000元，并按投资公司的要求，整理其在该公司工作期间未完成的账务以便交接，至2014年3月10日后才离开，并签领了投资公司支付的2014年2月1日至2014年3月10日的工资4620元。

玲子申诉到仲裁委，申请由投资公司支付因未签订书面劳动合同的两倍工资差额，并支付违法解除劳动合同的赔偿金。仲裁委认为，《劳动合同法》第26条中规定，采取欺诈、威胁等手段订立的劳动合同无效。本案中，玲子违反了诚实信用的原则，在与鸿发石场仍存在劳动关系的情况下，在投资公司招用时不予说明，存在欺诈行为，因此，他们之间口头约定的劳动关系无效。无效的劳动合同，从订立的时候起，就没有法律约束力。玲子不能依据无效协议取得有效协议所能够得到的利益，投资公司辞退玲子的行为合法，玲子无权取得任何经济补偿。

案例点评

本案的争议焦点是玲子与投资公司建立劳动关系后，与其他用人单位存在劳动关系的事实的存在是否是导致投资公司免于支付两倍工资给玲子的事由。

《劳动合同法》第 82 条规定“用人单位自用工之日起超过一个月不满一年未与劳动者订立书面劳动合同的，应当向劳动者每月支付二倍工资”。但该条款的适用必须具备两个前提条件：第一，用人单位确与劳动者形成了事实上的劳动关系，并且没有签订书面的劳动合同。第二，用人单位与劳动者所形成的劳动关系是合法有效的，应当受到我国《劳动法》以及《劳动合同法》及相关法律规定所保护的劳动关系。

本案中，由于玲子在入职投资公司前已与某采石场签订劳动合同，与该石场形成劳动关系。2013 年 1 月 28 日到投资公司应聘主管会计职务时与该石场并未解除劳动关系，玲子为了应聘到上述职务，采用了欺骗的手段，隐瞒了其与某采石场仍存在劳动关系的事实，从而使投资公司在不明真相的情况下对玲子进行了录用，《劳动合同法》第 26 条第 1 款的规定“以欺诈、胁迫手段或者乘人之危，使对方在违背真实意思的情况下订立或者变更劳动合同的”该劳动合同无效，因此，玲子与投资公司的劳动关系是无效的；其次，玲子在入职投资公司后，仍然与鸿发采石场保持劳动关系，违反了该公司规章制度所规定的劳动者不能在其他单位兼职（特别是同种职位）之规定，并在其他单位兼职做财务主管工作，对完成投资公司的工作任务造成严重影响。所以，玲子与投资公司之间所形成的劳动关系是违法和无效的，《劳动合同法》第 39 条：“劳动者有下列情形之一的，用人单位可以解除劳动合同：……（二）严重违反用人单位的规章制度的；……（四）劳动者同时与其他用人单位建立劳动关系，对完成本单位的工作任务造成严重影响，或者经用人单位提出，拒不改正的；……”。本案中，玲子存在违反《劳动合同法》第 26 条第 1 款、第 39 条第 2 款、第 4 款的情形，而且投资公司在解除与玲子的劳动关系时亦多支付了一个月工资额的补偿金，因此，投资公司有权解除该公司与玲子的劳动关系，且无须支付任何赔偿金。

HR 实务指引

1. 劳动者“以欺诈、胁迫的手段或者乘人之危，使对方在违背其真实意思的情况下订立或者变更的劳动合同”属于无效劳动合同，用人单位有权单方解除劳动合同。

所谓“欺诈”，是指一方当事人故意告知对方当事人虚假的情况，或者故意隐瞒真实的情况，诱使对方当事人做出错误的意思表示，并基于这种错误的认识而签订了劳动合同。“胁迫”是指以给公民及其亲友的生命健康、荣誉、名誉、财产等造成损害为要挟，迫使对方做出违背其真实的意思表示的行为，并签订了劳动合同。“乘人之危”是指行为人利用他人的危难处境或紧迫需要，为牟取不正当利益，迫使对方违背自己的真实意愿而订立的合同。《劳动合同法》第 3 条规定：“订立劳动合同，应当遵循合法、公平、平等自愿、协商一致、诚实信用的原则。”任何一方利用任何一种行为手段而使对方在违背真实意思的情况下订立或者变更劳动合同，均违反了意思自治的基本原则，是被法律所禁止的，因此当然允许利益受损者解除当事人之间的合同关系。

本案中，玲子故意隐瞒其与某采石场已建立劳动关系的事实，使得投资公司基于错误认识才与其建立了劳动关系，可见玲子的行为属于以“欺诈”的手段使得投资公司在违背真实意思的情况下订立的劳动合同，应属无效合同。投资公司可以单方解除。

2. 劳动者同时与其他用人单位建立劳动关系，对完成本单位的工作任务造成严重影响，或者经用人单位提出，拒不改正的，用人单位也有权单方解除劳动合同。

劳动者同时与其他用人单位建立劳动关系，即我们通常所说的“兼职”。法律并未完全禁止劳动者兼职行为。但是，在以下两种情况下，用人单位有权单方解除劳动合同：(1) 劳动者同时与其他用人单位建立劳动关系，对完成本单位的工作任务造成严重影响的；(2) 劳动者同时与其他用人单位建立劳动关系，经用人单位提出，拒不改正的。

法条链接

《劳动合同法》第二十六条、第三十九条

二、无过失性辞退

无过失性辞退，是指在劳动者并无过失的情况下，用人单位有权解除劳动合同，但须提前30日以书面形式通知劳动者本人或者额外支付劳动者1个月工资。无过失性辞退，是用人单位根据劳动合同履行中客观情况的变化而解除劳动合同。这里的"客观情况"既包括用人单位的，也有劳动者自身的原因。如劳动合同订立时所依据的客观条件发生重大变化，致使原劳动合同无法履行，经当事人协商不能就变更劳动合同达成协议的；劳动者患病或者非因工负伤，医疗期满后，不能从事原工作也不能从事用人单位另行安排的工作的；劳动者不能胜任工作，经过培训或者调整工作岗位，仍不能胜任工作等。

典型案例

案例58：劳动者不能胜任工作，经过调整工作岗位，仍不能胜任工作的，用人单位如何解除劳动合同？

小黄于2004年5月22日进入江苏某公司工作，先后在销售结算岗位、配件处会计岗位、售后结算岗位、库管员岗位工作。双方已签订劳动合同，也办理了社会保险。近期劳动合同期限为2008年2月29日~2010年2月28日。2008年6月1日江苏某公司召开了第一届第一次职工代表大会，小黄作为江苏某公司的职工代表，参加了江苏某公司的第一届第一次职工代表大会，并讨论通过了《员工考勤管理规程》及《员工奖励与惩戒条例》等规定，该规程规定：公司工作时间为8:30~12:00，14:00~17:00，每周休息一天。2008年6~7月，小黄时任配件会计岗位，江苏某公司因在备件库存审计中，发现备件短少及大量报废备件，于2008年7月6日下发了《关于江苏某公司配件部停发本月工资的通知》，决定暂停发放配件部所有员工的岗位工资和绩效工资，待责任完全认定之后再做相应处理。2008年8月26日，江苏某公司作出《江苏某公司备件审计发现问题的责任认定》，小黄在责任认定上签名。2008年9月4日江苏某公司将小黄调整至售后结算岗位。2009年2月17日江苏某公司以小黄电脑操作水平不能满足售后结算岗位要求，将其调整从事库管员。2009年3月31日江苏某公司以小黄"不能胜任原岗位（售后结算员）工作，经过调整工作岗位，仍不能胜任新岗位（库管员）工作"为由作出解除小黄劳动合同的通知书，并送达给小黄，通知小黄于2009年4月30日办理离职手续。小黄于2009年4月22日起未再上班，江苏某公司已发放小黄2009年4月份工资730.77元。小黄离职前一年的月平均工资为1693.35元。

2009年5月31日，小黄向南京市雨花台区劳动争议仲裁委员会申请仲裁，小黄对仲裁裁决不服，诉请法院：(1)判决江苏某公司解除与小黄订立的劳动合同的行为系违法解除劳动合同行为；(2)判决江苏某公司支付小黄解除劳动合同经济赔偿金25331.40元。小黄向原审一审法院提交小黄的《就业培训结业证书》、《会计电算化知识培训合格证书》、《用友软件应用证书》、《会计从业资格证书》、《会计人员信息卡》、《专业技术资格证书》、《珠算技术资格证书》、《会计中专毕业证》等证据以证明小黄能胜任工作。江苏某公司向原审一审法院提交有小黄签名的《江苏某公司备件审计发现问题的责任认定》、《关于调整售后结算员小黄岗位的申请》、《关于财务部人员配置调整的申请》、《关于调整售后结算员小黄工作的申请》、《关于更换库管员的申请》、《关于调整库管员的申请》及证人证言以证明小黄在职期间的工作失误及不能胜任工作岗位。

一审认为，《劳动合同法》第40条第2款规定："劳动者不能胜任工作，经过培训或者调整工作岗位，仍不能胜任工作的，用人单位提前三十日以书面形式通知劳动者本人或者额外支付劳动者一个月工资后，可以解除劳动合同。"2008年9月4日江苏某公司因备件审计中发生的问题，将小黄调整至售后结算岗位。2009年2月17日江苏某公司因小黄电脑操作水平不能满足售后结算岗位要求，将小黄调整至库管员。2009年3月31日江苏某公司以小黄“不能胜任原岗位(售后结算员)工作，经过调整工作岗位，仍不能胜任新岗位(库管员)工作”为由作出解除小黄劳动合同的决定。小黄提交的各类技能证书，只能证明经过各类培训，不能证明小黄工作中的实际工作能力，且小黄确实存在多次岗位调整，故江苏某公司以小黄不能胜任工作为由解除与小黄的劳动合同，并不违反法律规定，但应支付小黄解除劳动合同经济补偿金，而小黄要求确认江苏某公司解除行为违法和支付赔偿金的诉讼请求，缺乏事实和法律依据，故一审法院只支持解除劳动合同经济补偿金的请求。判决：江苏某公司支付小黄解除劳动关系经济补偿金，驳回其他诉讼请求。

小黄不服一审判决，提起上诉。二审法院同样仅支持小黄的经济补偿金诉请。

小黄再提起再审请求，再审法院认为，江苏某公司在解除与小黄的劳动合同过程中，未履行向全体职工说明情况并听取意见的义务，江苏某公司未经法定程序解除劳动合同，应承担相应赔偿责任。根据《劳动合同法》第87条的规定，用人单位违反本法规定解除或者终止劳动合同的，应当依照本法第47条规定的经济补偿标准的2倍向劳动者支付赔偿金。原审二审判决适用法律错误，应予纠正。

案例点评

本案的焦点问题是江苏某公司解除劳动合同的行为是否违法。作者认为，一审、二审法院判决正确，再审判决错误，江苏某公司仅应向小黄支付经济补偿金，不承担违法解除劳动合同的赔偿金。

《劳动合同法》第40条第2项规定，“劳动者不能胜任工作，经过培训或者调整工作岗位，仍不能胜任工作的，用人单位提前三十日以书面形式通知劳动者本人或者额外支付劳动者一个月工资后，可以解除劳动合同。”根据第43条规定，“用人单位单方解除劳动合同，应当事先将理由通知工会。用人单位违反法律、行政法规规定或者劳动合同约定的，工会有权要求用人单位纠正。用人单位应当研究工会的意见，并将处理结果书面通知工会。”

本案中,小黄最初的工作岗位是配件会计岗位,后因备件库存审计发现问题,经责任认定后,将其工作岗位调整至售后结算岗位,之后又因小黄电脑操作水平不能满足售后结算岗位要求,将其调整从事库管员。两次调岗有《江苏某公司备件审计发现问题的责任认定》、《关于调整售后结算员小黄岗位的申请》、《关于财务部人员配置调整的申请》、《关于调整售后结算员小黄工作的申请》、《关于更换库管员的申请》、《关于调整库管员的申请》及证人证言等证据证明。因此,可以认定小黄"不能胜任工作,经过调整工作岗位仍不能胜任工作"。

从程序上看,江苏某公司于2009年3月31日向小黄送达了《解除劳动合同通知书》,双方于2009年4月30日办理离职手续。另江苏某公司未成立工会,所以江苏某公司无须按照《劳动合同法》第43条的规定事先将解除劳动合同的理由通知工会。再审法院认为江苏某公司"未履行向全体职工说明情况并听取意见的义务,江苏某公司未经法定程序解除劳动合同,应承担相应赔偿责任。"没有法律依据。

综上,江苏某公司解除其与小黄的劳动合同,从实体到程序均符合法律规定,江苏某公司仅应按照《劳动合同法》第46条的规定向小黄支付经济补偿金。

HR实务指引

本案中,三次法院裁判的最大差别是江苏某公司是否履行了解除劳动合同的相关程序。本案启示用人单位在重视解除劳动合同实体要件的同时,不能忽视程序要件。

1. 用人单位已成立工会的,在单方解除劳动合同时,必须事先将理由通知工会。解除决定存在违法或违约情况的,工会有权要求用人单位纠正。用人单位应当研究工会的意见,并将处理结果书面通知工会。

这是一个程序性要求,用人单位不应忽视。如果用人单位忽视了,记得最高院司法解释给了用人单位一个补正权,即诉前补正。假如因未通知工会,仲裁裁决用人单位败诉,用人单位一定记得在仲裁后补正。在起诉前补正完毕的话,用人单位在程序上就履行了应有的义务。

2. 未成立工会的,无须也无法事先将理由通知工会。按照《工会法》第2条第1款的规定:"工会是职工自愿结合的工人阶级的群众组织。"成立工会组织是企业职工的自愿行为，在工会未成立的情况下，江苏某公司解除劳动合同无法完成通知工会的程序。法律并未规定在此情况下要履行向全体职工说明情况并听取意见的义务。因此，用人单位不应为未成立工会的后果负责。

但是，鉴于如本案再审的司法判例中认为，用人单位未成立工会的，用人单位应当履行向全体职工说明情况并听取意见的义务，为稳妥起见，建议尚未成立工会的用人单位不妨将解除劳动合同的情况向全体职工进行公示。

3. 要有证据意识。因用人单位作出的开除、除名、辞退、解除劳动合同等决定而发生的劳动争议，用人单位负举证责任。因此，用人单位应当注意在作出相关行为时就有意识地保留相关证据。本案江苏某公司的做法值得借鉴。员工工作失职或不胜任工作，公司制作了《责任认定》，调整工作岗位，有专门的《关于调整岗位的申请》。

范本 29：解除劳动合同告知书（通知工会用）

解除劳动合同告知书

公司工会：

因（解除劳动合同的理由/事实情况），根据《劳动合同法》第____条款规定和/或劳动合同第____条约定，经研究决定，与（劳动者姓名）解除劳动合同，解除劳动合同时间为________年____月____日。

特此告知

单位（盖章）

年　　月　　日

联系人：　　　　　　　　联系电话：

工会意见：

工会（盖章）

年　　月　　日

联系人：　　　　　　　　联系电话：

本通知一式两份，企业及工会签署意见并盖章后，企业与工会各留存一份。

送达记录:________ 受送达人:________

送达时间:________ 送达人:________

法条链接

《劳动合同法》第四十条、第四十三条、第四十六条

典型案例

案例59:劳动者不能胜任工作,又拒不接受用人单位调岗安排的,用人单位如何解除劳动合同?

刘某于2005年11月25日入职某铝箔公司,双方于2011年1月1日签订最后一份《劳动合同》约定,刘某的工种为轧机助手,合同期限自2011年1月11日至2015年12月31日,在合同期内,铝箔公司因经营工作需要确需调整刘某工作岗位或工作地点的,应与刘某协商,刘某如无正常理由应服从铝箔公司变更。劳动合同第9条还约定,拒不服从工作安排,影响恶劣的视为严重违反规章制度的行为,铝箔公司有权解除劳动合同,将刘某辞退。轧机助手需要倒班,24小时分为4个班组进行倒班,其直接上级是轧机主操。2012年8月1日生效的《厦顺员工行为规范》第4条第2项规定,拒不服从工作安排,影响恶劣的,铝箔公司可不经预告作违纪解除劳动合同的处理。该规范在厦顺铝箔公司的工会园地予以张贴公告。2012年10月24日至2012年11月1日,刘某因患急性化脓性阑尾炎到医院住院治疗,医嘱建议全休2周。2012年12月11日,因轧机主操反映刘某工作不积极,铝箔公司安排工作人员与刘某谈话,刘某对此问题解释称,因刚做完手术不久尚在恢复期,较重的体力活无法进行。2013年1月10日,因领班和轧机主操反映刘某工作不积极,铝箔公司再次安排工作人员与刘某谈话。2013年1月21日,铝箔公司书面通知刘某从2013年1月22日起到包装岗位工作,刘某将书面通知撕毁。刘某从未到包装部报到。2013年1月24日,铝箔公司以刘某拒不服从工作安排,影响恶劣为由,

将其辞退。铝箔公司的工会委员会在意见栏签署同意并盖章确认。刘某工作至2013年1月24日。

刘某认为其有9个月的医疗期,刘某尚在医疗期内,铝箔公司不能解除劳动合同。2013年2月16日,刘某向劳动争议仲裁委提起仲裁申请,要求厦顺铝箔公司支付给刘某:违法解除劳动合同经济补偿金赔偿金39015元(2601×7.5×2)。仲裁委认为,刘某因患阑尾炎实施手术,医嘱刘某全休两周,铝箔公司均予以安排。考虑到刘某的身体状况及工作表现,将刘某调至不需要倒班且工作较为轻松的包装部工作,该岗位调动是合理合法的。刘某却将变动通知当场撕毁,造成较为恶劣的影响。根据铝箔公司制作并公示的《铝箔公司员工行为规范》第4条第2项规定以及《劳动合同法》第9条的规定,铝箔公司有权解除其与刘某的劳动合同。铝箔公司解除劳动合同已通知工会,工会同意。仲裁委裁决,驳回刘某的仲裁申请。

案例点评

本案的争议焦点是铝箔公司解除与刘某的劳动合同是否合法。铝箔公司的主要理由是,刘某不胜任工作的情况下,公司安排调整工作岗位,但刘某拒不服从安排,情节恶劣,按照双方《劳动合同》的约定,属于严重违反规章制度,因此,铝箔公司有权单方解除劳动合同。

刘某因患阑尾炎实施手术而于2012年10月24日至2012年11月1日住院治疗,医嘱刘某全休两周,铝箔公司均予以安排。刘某在上班后却仍以实施手术身体不适为由不听从上级安排,铝箔公司先后找刘某两次谈话,刘某表示只能从事较轻体力的工作。刘某原从事的轧机助手岗位需要倒班,工作强度较大,刘某已经无法胜任轧机助手的岗位。铝箔公司考虑到刘某的身体状况及工作表现,将刘某调至不需要倒班且工作较为轻松的包装部工作,该岗位调动是合理合法的。根据《劳动部办公厅关于职工因岗位变更与企业发生争议等有关问题的复函》第1条"……因劳动者不能胜任工作而变更、调整职工工作岗位,则属于用人单位的自主权"的规定,铝箔公司根据客观情况变更刘某的工作岗位,具有合同依据,符合法律的规定。刘某在接到岗位变动通知后,没有到包装部门报到,拒绝服从铝箔公司的工作安排,并且将变动通知当场撕毁，造成较为恶劣的影响。根据铝箔公司制作并公示的《铝箔公司员工行为规范》第4条第2项规定以及《劳动合同》第9条的规定，铝箔公司有权解除其与刘某的劳动合同。铝箔公司在作出解除与刘某的劳动合同之前，向公司的工会委员会征求意见，工会委员会同意铝箔公司的解除行为。铝箔公司解除行为在程序上合法。

关于刘某提出的其有9个月的医疗期，刘某尚在医疗期内，铝箔公司不能解除劳动合同的意见。《企业职工患病或非因工负伤医疗期规定》规定了5年以上10年以下的职工享有9个月的医疗期，但是该医疗期是累计期限，而非员工一旦患病就必然享有9个月的医疗期，需要根据实际治疗和恢复情况确定。在本案中，铝箔公司已经根据刘某的手术期和医院意见的全休期，安排刘某予以全休，刘某的医疗期满。如果需要延长休息期，应有相关医疗机构的证明。

综上，刘某要求铝箔公司支付违法解除劳动合同经济补偿金的请求，缺乏事实和法律上的依据，不能得到支持。

HR实务指引

用人单位因不同事由解除劳动合同，涉及的程序及是否支付经济补偿是不同的。

按照《劳动合同法》第40条的规定，有下列情形之一的，用人单位提前30日以书面形式通知劳动者本人或者额外支付劳动者一个月工资后，可以解除劳动合同：劳动者不能胜任工作，经过培训或者调整工作岗位，仍不能胜任工作的。

应当注意本案并非上述规定中的情况。本案中，虽然刘某存在不能胜任工作，用人单位试图调整其工作岗位的事实，但刘某未到新的工作岗位工作，不属于调整工作岗位后仍不能胜任工作的情况，而是属于严重用人单位违反规章制度的情况。因此，用人单位单方解除劳动合同无需履行“提前30日以书面形式通知劳动者本人或者额外支付劳动者一个月工资”的程序和义务。

法条链接

《劳动合同法》第三十九条、第四十条

三、经济性裁员

为应付企业发生的严重经济困难，或者出现的情势变更情况，企业可能会采取经济性裁员。劳动合同法意义上的经济性裁员特指上述情况下，需要裁减人员 20 人以上或虽裁减不足 20 人但占企业职工总数 10% 以上的裁员。

经济性裁员要履行一定程序，即提前说明、听取意见、向劳动部门报告。(1)提前说明。企业在经济性裁员前 30 日，应向工会或者全体职工说明情况，企业应当尊重员工的权利，切实履行该项义务。(2)听取意见。企业在向工会或者职工说明情况后，还需要听取工会或者职工的意见，充分交流后，才能形成正式的裁减人员方案。(3)向劳动部门报告。

经济性裁员还受到一定限制，即优先留用制度和优先招用制度。(1)优先留用制度是劳动合同法新规定的一项制度，对两类人员用人单位需要特别照顾，优先留用。一类是合同期限较长的人员，包括与用人单位订立较长期限固定期限劳动合同和无固定期限劳动合同的劳动者；另一类是家庭经济困难人员，这类人员的具体界定标准是家庭无其他就业人员，有需要抚养的老人或者未成年人，这主要是考虑到该类人员的经济负担往往比较重，较一般人更加需要工作。企业在进行经济性裁员时，应当优先留用以上两类人员。(2)同时劳动合同法沿用了原劳动法规定的优先招用制度。劳动合同法规定，用人单位在六个月内重新招用人员的，应当通知被裁减的人员，并在同等条件下优先招用被裁减的人员。

典型案例

案例 60：用人单位如何合法裁员？

彭某就职于深圳 S 公司，但受行业不景气影响，公司连续三年出现亏损，生产经营发生严重困难，准备裁员，彭某在裁员之列。2012 年 8 月 5 日，深圳 S 公司召开了员工代表大会，并向员工发出《通告》，说明了公司经营状况以及公司决定。8 月 10 日，深圳 S 公司向某街道劳动管理办公室提交《经济性裁员报告》，该办收到《经济性裁员报告》后，告知深圳 S 公司，用人单位有权依法对公司经营方向及人员结构作出调整，但必须根据《中华人民共和国劳动合同法》给予相关解除劳动合同关系员工经济补偿。彭某接受了公司的经济补偿和代通知金。2012 年 9 月 26 日，彭某向劳动仲裁委提出仲裁申请，认为公司违法解除劳动合同，应当支付违法解除劳动关系赔偿金。深圳 S 公司提交了《员工代表委任书》、员工代表《会议记录》、《通告》和送达区人力资源局的《情况报告》。仲裁委认为，彭某在主观意思自治的情形下同意接受公司与其解除劳动关系。彭某在双方的权利义务终结后，再行主张支付违法解除劳动关系赔偿金，没有事实法律依据，驳回了彭某的申请。

案例点评

深圳 S 公司是独立法人，在现行有效法律规定的范围内，有权依法自主制定公司的经营方针计划，对于作出的裁员决定，根据上述证据的显示，深圳 S 公司已经召开了员工代表大会，向员工发出《通告》并向相关劳动管理部门提出了备案。据此，深圳 S 公司与相关的解除劳动关系的员工办理了相关的手续并支付了解除劳动关系补偿金和代通知金，已经履行了裁员必经的法律程序和办理了相关手续。

本案中，彭某已经与深圳 S 公司办理了解除劳动关系的相关的手续，并收取了深圳 S 公司支付的解除劳动关系补偿金和代通知金。深圳 S 公司与彭某因经济性裁员而解除劳动关系的程序已经终结。在案件审理中，彭某不能证明深圳 S 公司在裁员的行为中行使了违法的手段，而导致其当时是在受到违法胁迫的情况下违背了自己的主观意志而作出了与深圳 S 公司解除劳动关系的行为。因此，应认定深圳 S 公司与彭某解除劳动合同行为合法。深圳 S 公司无须再另外支付彭某违法解除劳动关系赔偿金。

HR 实务指引

通过本案应当了解经济性裁员的操作规范。

一、应当首先掌握经济性裁员的构成要件

实体性要件：《劳动合同法》第 41 条第 1 款规定的裁减人员 20 人以上或者裁减人员不足 20 人但占企业职工总人数 10% 以上且满足以下条件之

一:(1)依照企业破产法规定进行重整的;(2)生产经营发生严重困难的;(3)企业转产、重大技术革新或者经营方式调整,经变更劳动合同后,仍需裁减人员的;(4)其他因劳动合同订立时所依据的客观经济情况发生重大变化,致使劳动合同无法履行的。

程序性要件:用人单位提前30日向工会或者全体职工说明情况,听取工会或者职工的意见后,裁减人员方案经向劳动行政部门报告。需要注意的是,"向工会或者全体职工说明情况"、"听取工会或者职工的意见"、"裁减人员方案经向劳动行政部门报告"等内容,仅要求企业依法实施上述行为,至于工会、全体职工、劳动行政部门的意见是否同意、统一,则无限定。

二、注意经济性裁员应当支付经济补偿,如未履行提前通知义务的还应当支付代通知金

所谓"代通知金",即代替通知金,并非法律用语,劳动法律中没有"代通知金"的概念。代通知金是香港和台湾的说法,就是指用人单位在提出解除劳动合同或终止劳动合同时应该提前一个月通知的情况下,如果用人单位没有依法提前一个月通知的,以给付一个月工资作为代替。

三、经济性裁员具体操作程序

第一,提前30日向工会或全体职工说明情况,并提供有关生产经营状况的资料;

第二,提出裁减人员方案,内容包括:被裁减人员名单、裁减时间及实施步骤,符合法律、法规规定和集体合同约定的被裁减人员的经济补偿办法;

第三,将裁减人员方案征求工会或者全体职工的意见,并对方案进行修改和完善;

第四,向当地劳动行政部门报告裁减人员方案以及工会或者全体职工的意见,并听取劳动行政部门的意见;

第五,由用人单位正式公布裁减人员方案,与被裁减人员办理解除劳动合同手续,按照有关规定向被裁减人员本人支付经济补偿金,并出具裁减人员证明书或解除劳动合同证明。

范本30：经济性裁员情况报告表

用人单位裁减人员情况报告表

<table>
<tr><td>单位名称</td><td colspan="5"></td></tr>
<tr><td>性质</td><td></td><td>现有职工人数</td><td></td><td>隶属系统</td><td></td></tr>
<tr><td>单位电话
（联系人）</td><td></td><td>地址</td><td></td><td>邮编</td><td></td></tr>
<tr><td>拟裁员人数</td><td></td><td>其中</td><td>男性：　人；女性：　人</td><td>占职工比例</td><td>%</td></tr>
<tr><td colspan="2">单位缴纳社会保险金情况</td><td colspan="2"></td><td>裁员拟完成日期</td><td></td></tr>
<tr><td colspan="2">人均支付经济补偿金测算</td><td></td><td colspan="2">已准备经济补偿金总额</td><td></td></tr>
<tr><td colspan="6">用人单位裁员理由：

单位代表签名：
（单位盖章）
年　月　日</td></tr>
<tr><td colspan="6">工会或职工代表对裁员的协商意见：

工会或职工代表签名：
（工会盖章）
年　月　日</td></tr>
<tr><td colspan="6">职工（代表）大会对裁员意见：（建立职代会制度的企业填写此栏）

企业代表签名工会主席（职工代表）签名：
（企业盖章/工会盖章）
年　月　日</td></tr>
</table>

法条链接

《劳动合同法》第四十一条、第四十三条

表 18　用人单位单方解除劳动合同 HR 实务指引表

主体	劳动合同解除类型	适用情形	程序要求	是否需要支付经济补偿金	用人单位法律风险	法律依据
用人单位	过失性辞退（即时通知辞职）[因劳动者过失，用人单位予以辞退]	①在试用期间被证明不符合录用条件的； ②严重违反用人单位的规章制度的； ③严重失职，营私舞弊，给用人单位造成重大损害的； ④劳动者同时与其他用人单位建立劳动关系，对完成本单位的工作任务造成严重影响，或者经用人单位提出，拒不改正的； ⑤以欺诈、胁迫的手段或者乘人之危，使对方在违背真实意思的情况下订立或者变更劳动合同，致使劳动合同无效的； ⑥被依法追究刑事责任的	①应事先将理由通知工会。工会有权要求用人单位纠正违规违约行为。用人单位应当研究工会的意见，并将处理结果书面通知工会。 ②将辞退决定通知到劳动者	否	用人单位证明劳动者有过	《劳动合同法》第 39 条
	无过失性辞退（预告解除）（预告辞退）[劳动者虽无过失，用人单位予以辞退]	①劳动者患病或者非因工负伤，在规定的医疗期满后不能从事原工作，也不能从事由用人单位另行安排的工作的； ②劳动者不能胜任工作，经过培训或者调整工作岗位，仍不能胜任工作的； ③劳动合同订立时所依据的客观情况发生重大变化，致使劳动合同无法履行，经用人单位与劳动者协商，未能就变更劳动合同内容达成协议的	①应事先将理由通知工会。工会有权要求用人单位纠正违规违约行为。用人单位应当研究工会的意见，并将处理结果书面通知工会。 ②提前三十日以书面形式通知劳动者本人；或者额外支付劳动者一个月工资	是	用人单位负举证责任	《劳动合同法》第 40 条

续表

主体	劳动合同解除类型	适用情形	程序要求	是否需要支付经济补偿金	用人单位法律风险	法律依据
	经济性裁员	有下列情形之一,需要裁减人员二十人以上或者裁减不足二十人但占企业职工总数百分之十以上的,用人单位提前三十日向工会或者全体职工说明情况,听取工会或者职工的意见后,裁减人员方案经向劳动行政部门报告,可以裁减人员: ①依照企业破产法规定进行重整的; ②生产经营发生严重困难的; ③企业转产、重大技术革新或者经营方式调整,经变更劳动合同后,仍需裁减人员的; ④其他因劳动合同订立时所依据的客观经济情况发生重大变化,致使劳动合同无法履行的	①提前三十日向工会或者全体职工说明情况,听取工会或者职工的意见后,裁减人员方案经向劳动行政部门报告。 ②经济性裁员需要向劳动部门报告,而不是经过其审批	是	用人单位负举证责任	《劳动合同法》第41条

第四节　劳动合同的终止

合同法上合同终止包括合同解除的情形,但是劳动法上,对于劳动合同的终止与解除做了不同的规定。《劳动法》、《劳动合同法》认为劳动合同的终止与劳动合同的解除是不同的概念,劳动合同的终止并不包含劳动合同的解除。

按照《劳动合同法》第44条的规定,有下列情形之一的,劳动合同终止,(1)劳动合同期满的;(2)劳动者开始依法享受基本养老保险待遇的;(3)劳动者死亡,或者被人民法院宣告死亡或者宣告失踪的;(4)用人单位被依法宣告破产的;(5)用人单位被吊销营业执照、责令关闭、撤销或者用人单位决定提前解散的;(6)法律、行政法规规定的其他情形。

再结合《劳动合同法》关于劳动合同解除的相关规定,劳动合同的终止与劳动合同的解除有如下区别:

第一,阶段不同。劳动合同终止是劳动合同关系的自然结束,而解除是劳动合同关系的提前结束。

第二,结束劳动关系的条件都有约定条件和法定条件,但具体内容不同。劳动合同终止的条件中,约定条件主要是合同期满的情形,而法定条件主要是劳动者和用人单位主体资格的消灭。劳动合同解除的条件中,约定条件主要是协商一致解除合同情形,而法定条件是一些违法违纪违规等行为。

第三,预见性不同。劳动合同终止一般是可以预见的,特别是劳动合同期满终止的,而劳动合同解除一般不可预见。

第四,适用原则不同。劳动合同终止受当事人意思自治的程度更高一些,一般遵循民法的原则和精神,而解除受法律约束的程度较高,更多地体现社会法的性质和国家公权力的介入,体现对劳动者的倾斜保护。

范本31:终止劳动合同通知书

终止劳动合同通知书

________先生/女士:

本单位与你于________年____月____日签订的期限劳动合同,按照《劳动合同法》第四十四条第____项规定,决定不再与你续订劳动合同,请按下列第情形办理手续:

(一)请你在接到此通知后____天内到本单位,办理终止劳动合同关系的相关手续。

(二)因你现处,按照规定请你在该情形消失时天内到本单位,办理终止劳动合同关系的相关手续。

特此通知。

单位(盖章):

年　　月　　日

本通知书一式二份(用人单位和职工各留存一份)

范本32:终止劳动合同证明书

终止劳动合同证明书

本单位与________先生/女士(身份证号码或者其他有效身份证件号码:____________________)签订的期限劳动合同,按照《劳动合同法》第四十四条第____项规定,本单位决定不再与其续订劳动合同,其档案及社会保险关系转移至________。该职工在本单位的相关情况如下:

1.本单位与其最近一次签订的劳动合同期限自________年____月____日起至________年____月____日止。

2 该职工在本单位的所从事的工作或工作岗位为:____________。

3.该职工在本单位的工作年限共计为:____________。

单位(盖章):

年　　月　　日

本通知书一式三份(用人单位和职工各留存一份,一份存入职工个人档案)

表19　劳动合同终止HR实务指引表

终止类型/原因		是否需要支付经济补偿金	法律依据	提示
固定期限劳动合同期满终止	劳动者同意以相同或提高劳动条件续约的,用人单位拒绝的	是	《劳动合同法》第46条第5项	固定期限劳动合同终止后,用人单位负有续订通知义务。用人单位没有履行通知义务或拒绝续约的,应当支付经济补偿金(详见拙作《固定期限劳动合同到期后,企业的续订通知义务》)
	用人单位没有履行续约通知义务	是		
	用人单位以维持或提高劳动条件续约,劳动者不同意续约	否		

续表

终止类型/原因	是否需要支付经济补偿金	法律依据	提示
劳动者开始依法享受基本养老保险待遇的;(劳动者达到法定退休年龄)	否	《劳动合同法实施条例》第21条《劳动合同法》第46条第6项	劳动者达到法定退休年龄时还不能享受养老保险待遇的,用人单位也可以终止劳动合同
劳动者死亡,或者被人民法院宣告死亡或者宣告失踪	否		劳动者丧失民事主体资格
因用人单位被吊销营业执照、责令关闭、撤销或者用人单位决定提前解散	是	《劳动合同法》第44条,第46条	用人单位不再具备法人主体资格
因用人单位被依法宣告破产	是		

第五节　劳动合同解除或终止的限制

劳动合同法对劳动合同的解除和终止规定了一些限制措施。

一、劳动合同期满时强制续延的情形

劳动合同期满,劳动合同本应终止,但出现特殊情况时(《劳动合同法》第42条规定的出现用人单位不得解除劳动合同的情形时),法律规定劳动合同应当续延至相应的情形消失时终止。

劳动合同期满,有下列情形之一的,劳动合同应当续延至相应的情形消失时终止。

(1)从事接触职业病危害作业的劳动者未进行离岗前职业健康检查,或者疑似职业病病人在诊断或者医学观察期间的。

(2)在本单位患职业病或者因工负伤并被确认丧失或者部分丧失劳动

能力的；

(3)患病或者非因工负伤，在规定的医疗期内的；

(4)女职工在孕期、产期、哺乳期的；

(5)在本单位连续工作满十五年，且距法定退休年龄不足五年的；

(6)法律、行政法规规定的其他情形。

其中第(2)项规定丧失或者部分丧失劳动能力劳动者的劳动合同的终止，按照国家有关工伤保险的规定执行。按照国家有关工伤保险的规定，职工因工作遭受事故伤害或者患职业病需要暂停工作接受工伤医疗的，在停工留薪期内，原工资福利待遇不变，由所在单位按月支付。(1)职工因工致残被鉴定为一级至四级伤残的，保留劳动关系，退出工作岗位。(2)五级、六级伤残的，保留与用人单位的劳动关系，由用人单位安排适当工作。经工伤职工本人提出，该职工可以与用人单位解除或者终止劳动关系，由用人单位支付一次性工伤医疗补助金和伤残就业补助金。(3)七级至十级伤残的，劳动合同期满终止，或者职工本人提出解除劳动合同的，由用人单位支付一次性工伤医疗补助金和伤残就业补助金。

典型案例

案例61：女职工怀孕期间劳动合同到期，企业可以不续签劳动合同吗？

杨某与某企业签订了书面的劳动合同，劳动合同期限至2012年4月9日止。公司于2012年3月31日向杨某发出《不续签劳动合同通知书》。杨某称2012年4月9日收到该通知后，向公司反映已怀孕的事实，其后提交了第六医院出具《门诊疾病诊断证明书》，证明其在2012年4月29日已经怀孕40天。杨某申诉到劳动人事仲裁委，仲裁委裁定公司违反了法律规定，应当依法支付杨某某违法终止劳动合同的赔偿金。

案例点评

根据《劳动合同法》第45条的规定，劳动合同期满，女职工在孕期的，劳动合同应当续延至相应的情形消失时终止。本案中双方的劳动合同期限至

2012年4月9日止。公司于2012年3月31日向杨某某发出《不续签劳动合同通知书》。杨某2012年4月9日收到该通知后,向公司反映已怀孕的事实,并提交了医院出具的《门诊疾病诊断证明书》,证明其在2012年4月29日已经怀孕40天。足以证明公司发出不续签劳动合同通知书时,杨某已怀孕。在此情况下,公司仍按《不再续签劳动合同通知书》终止双方的劳动合同,确属违反相关劳动法律法规规定的情形,应依法支付杨某某违法解除劳动合同的赔偿金。

HR实务指引

1. 一般情况下,劳动合同期限届满的处理办法

劳动合同期限届满前,用人单位应当提前30日将终止或者续订劳动合同意向以书面形式通知劳动者,到期办理终止或者续订劳动合同手续。

劳动合同期限届满,用人单位未及时与劳动者办理终止或者续订劳动合同手续,劳动者仍在用人单位工作的,视为当事人同意以原劳动合同约定的除合同期限以外的其他条件继续履行劳动合同。劳动者可以随时终止劳动关系,但用人单位提出终止劳动关系的,应当提前30日书面通知劳动者。

2. 特殊情况下,劳动合同期限届满的处理办法

特殊情况是指包括女职工处于孕期在内的《劳动合同法》第42条规定的情形。劳动合同期满如遇女职工怀孕等特殊情况,用人单位不得终止劳动合同,必须延续至相应的情形消失时。当劳动合同期和孕期、产期、哺乳期"三期"都届满后,用人单位可终止劳动合同,根据劳动合同法规定,除用人单位维持或者提高劳动合同约定条件续订劳动合同,劳动者不同意续订的情形外,用人单位应当向劳动者支付经济补偿。如果用人单位"不续期",就属于违法终止劳动合同,依法应当支付赔偿金。

法条链接

《劳动合同法》第四十五条

二、用人单位不得解除劳动合同的情形

《劳动合同法》第42条规定:劳动者有下列情形之一的,用人单位不得

依照本法第40条、第41条的规定解除劳动合同,(1)从事接触职业病危害作业的劳动者未进行离岗前职业健康检查,或者疑似职业病病人在诊断或者医学观察期间的;(2)在本单位患职业病或者因工负伤并被确认丧失或者部分丧失劳动能力的;(3)患病或者非因工负伤,在规定的医疗期内的;(4)女职工在孕期、产期、哺乳期的;(5)在本单位连续工作满15年,且距法定退休年龄不足五年的;(6)法律、行政法规规定的其他情形。

理解上述规定,应当注意以下两点:

第一,发生上述6种情况,本条禁止用人单位根据本法第40条、第41条的规定解除劳动合同,但并不禁止用人单位根据劳动合同法第39条的规定解除劳动合同。

也就是说,当劳动者出现劳动合同法第39条的规定情形,存在过错时,用人单位可以依法解除劳动合同。

第二,本条禁止的是用人单位单方解除劳动合同,并不禁止劳动者与用人单位协商一致解除劳动合同。

换句话说,即使发生上述规定中的情况,如果劳动者提出解除劳动合同,双方仍然可以协商解除劳动合同。

三、试用期内用人单位解除劳动合同的限制*

在试用期中,除劳动者有以下情形之一外,用人单位不得解除劳动合同,(1)在试用期间被证明不符合录用条件的;(2)严重违反用人单位的规章制度的;(3)严重失职,营私舞弊,给用人单位造成重大损害的;(4)劳动者同时与其他用人单位建立劳动关系,对完成本单位的工作任务造成严重影响,或者经用人单位提出,拒不改正的;(5)以欺诈、胁迫的手段或者乘人之危,使对方在违背真实意思的情况下订立或者变更劳动合同,致使劳动合同无效的;(6)被依法追究刑事责任的。(7)劳动者患病或者非因工负伤,在规定的医疗期满后不能从事原工作,也不能从事由用人单位另行安排的工作的;(8)劳动者不能胜任工作,经过培训或者调整工作岗位,仍不能胜任工作的。

---

* 此部分相关问题还可参阅本书第二章相关内容。

第八章

违约金、经济补偿金和赔偿金

本章导读

劳动合同解除和终止常常涉及劳动者要求用人单位支付经济补偿金、赔偿金，以及用人单位要求劳动者支付违约金。本章包含劳动法中的违约金、经济补偿金以及赔偿金的适用范围和适用条件、计算标准、计算方法等内容，是企业人力资源管理中的基础工作之一。相当大一部分的劳动争议最终均反映在是否需要支付“三金”以及支付多少“三金”问题。但是，“三金”的性质、功能、适用条件各不相同，有时又容易混淆，还存在被滥用的情况。因此，企业以及HR们必须熟知违约金、经济补偿金和赔偿金相关的内容。

第一节　违约金

一、违约金

违约金，亦称违约罚款，是指合同当事人约定在一方不履行合同时向另一方支付一定数额的货币。违约金可分为赔偿性违约金和惩罚性违约金。

劳动合同约定的违约金，指的是劳动合同中约定的在用人单位或者劳动者违反了劳动合同中其他有关约定时，应当向对方支付的赔偿金。

二、违约金适用情形

在劳动合同关系中，双方当事人分别为用人单位和劳动者，双方都存在违约的可能，理论上只要双方同意均可就相关情形约定违约金。签订劳动合同时，一般用人单位处于相对强势的地位，因此发现较少存在用人单位需向劳动者承担违约责任的情况，一般都是约定劳动者需承担违约金的情况。部分用人单位滥用违约金条款，侵害了劳动者自主择业权。为防止此类侵权行为的发生，劳动合同法规定，只有在两种情形下，用人单位可以约定由劳动者承担违约金。

表 20　劳动者承担违约金适用情形表

序号	类型	情形描述	注意事项	法律依据
1	服务期违约金	劳动者违反服务期约定的,应当按照约定向用人单位支付违约金	(1)违约金的数额不得超过用人单位提供的培训费用。(2)用人单位要求劳动者支付的违约金不得超过服务期尚未履行部分所应分摊的培训费用。(3)违约金支付主体只能是劳动者	《劳动合同法》第 22 条第 2 款　劳动者违反服务期约定的,应当按照约定向用人单位支付违约金。违约金的数额不得超过用人单位提供的培训费用。用人单位要求劳动者支付的违约金不得超过服务期尚未履行部分所应分摊的培训费用
2	竞业限制违约金	负有保密义务的劳动者约定竞业限制义务后违反竞业限制约定的,应当按照约定向用人单位支付违约金	(1)用人单位给付劳动者竞业限制经济补偿(2)竞业限制的时间最长不得超过两年。(3)违约金数额法律未作上限规定。(4)违约金支付主体只能是劳动者	《劳动合同法》第 23 条第 2 款　对负有保密义务的劳动者,用人单位可以在劳动合同或者保密协议中与劳动者约定竞业限制条款,并约定在解除或者终止劳动合同后,在竞业限制期限内按月给予劳动者经济补偿。劳动者违反竞业限制约定的,应当按照约定向用人单位支付违约金

除了法律规定的上述两种情形外,用人单位不得与劳动者约定由劳动者承担违约金。用人单位以任何名义、任何形式约定违约金都是违法的。这种严格限定由劳动者承担违约金的规定,主要是从保护劳动者权益的角度出发,因为此规定出台前实践中用人单位经常对提前解约的劳动者约定高额违约金的情况。但是,这并不公平。因为,一是对于一般劳动者而言,其对用人单位缺乏市场谈判能力,劳动者要么选择接受用人单位提出的条件,要么走开。二是实务中极少存在劳动合同同等约定用人单位提前解除劳动合同即解雇的违约金责任,多为约定劳动者不管何种原因提前解除劳动合同,就应当支付用人单位不菲的违约金,有无实际造成经济损失及其多少和用人单位是否提供特殊福利待遇或者承担保密义务等在所不问,而对于用人单位打破劳动者职业稳定性期待提前解雇,往往没有同等的违约金支付约定,劳动者所失甚多所得甚少,显失公平。三是现代劳动法上,劳动者具有劳动自由已成为一项基本的原则。因此,完全通过市场行为自我规范和调整不太现实,国家就通过法律的形式直接干预调整。

典型案例

案例62：劳动合同违约金应当怎样约定？

小段与某医院于2011年7月25日签订了一份《劳动合同》，约定小段的工作岗位为白内障专科医生，工作期限自2011年7月25日起至2021年7月31日止，该合同第9条约定"在合同期内，乙方未经甲方同意解除劳动合同的，应向甲方一次性支付违约金人民币10万元。"因小段的同学成立了一家私营眼科中心，邀请小段加盟，小段遂向医院提出辞职。一个月后，医院仍不容同意小段辞职，并称如果小段坚持辞职，必须按照劳动合同约定一次性支付10万元的违约金。小段向仲裁委提起仲裁申请，医院提出反申请，要求小段支付违约金。仲裁委驳回了医院的申请。

案例点评

《劳动合同法》第22条、第23条、第25条已明确规定了劳动合同违约金制度。除劳动者违反有关商业秘密和专项技术培训的约定外，用人单位不得与劳动者约定由劳动者承担违约金。医院的仲裁请求不属于可约定由劳动者承担违约金的情形。只要小段提前30日书面提出解除劳动合同的通知，用人单位就应当配合小段办理离职手续。

HR实务指引

劳动合同中的违约金不同于一般合同的违约金，除了服务期和竞业限制情况依法可以约定之外，用人单位不得随意约定由劳动者承担违约金。当然，也不得以赔偿金、违约赔偿金、违约责任金等其他名义约定由劳动者承担违约责任。即使约定了，劳动者同意了，也属于违法的和无效的，最终也不会得到司法机关的支持。

法条链接

《劳动合同法》第二十三条、第二十四条、第二十五条

第二节　经济补偿金

经济补偿金是法定的,经济补偿金的支付主体只能是用人单位。

一、经济补偿金适用情形

本书第七章解聘离职与劳动合同的解除和终止中的《表 16:劳动者单方解除劳动合同 HR 实务指引表》和《表 17:用人单位单方解除劳动合同 HR 实务指引表》中有清晰说明,需注意的是,除了上述情形,还有一种情况用人单位需支付经济补偿金。即根据《最高人民法院关于审理劳动争议案件适用法律若干问题的解释(四)》第 13 条的规定,劳动合同法施行后,因用人单位经营期限届满不再继续经营导致劳动合同不能继续履行,劳动者请求用人单位支付经济补偿的,人民法院应予支持。

二、经济补偿金的计算

(一)计算公式

经济补偿金的计算公式:经济补偿金 = 月工资基数 × 折算工作年限

(1)月工资基数 = 劳动者在劳动合同解除或者终止前 12 个月的平均工资。(劳动者工作不满 12 个月的,按照实际工作的月数计算平均工资。)

月工资:按照劳动者应得工资计算,包括计时工资或者计件工资以及奖金、津贴和补贴等货币性收入。(下限:劳动者在劳动合同解除或者终止前 12 个月的平均工资低于当地最低工资标准的,按照当地最低工资标准计算。上限:劳动者月工资高于用人单位所在直辖市、设区的市级人民政府公布的本地区上年度职工月平均工资 3 倍的,向其支付经济补偿的标准按职工月平均工资 3 倍的数额支付,此时,计算折算工作年限最高不超过 12 年。)

(2)折算工作年限 = 每满 1 年算为 1 年;6 个月以上不满 1 年算为 1 年;

不满 6 个月算为 0.5 年。

以上为《劳动合同法》规定的一般情况。

(二)其他情况

其他情况之一:劳动者非因本人原因从原用人单位被安排到新用人单位工作的。

劳动者在原用人单位的工作年限合并计算为新用人单位的工作年限。原用人单位已经向劳动者支付经济补偿的,新用人单位在依法解除、终止劳动合同计算支付经济补偿的工作年限时,不再计算劳动者在原用人单位的工作年限。

根据《劳动合同法实施条例》第 10 条,劳动者非因本人原因从原用人单位被安排到新用人单位工作的,劳动者在原用人单位的工作年限合并计算为新用人单位的工作年限。原用人单位已经向劳动者支付经济补偿的,新用人单位在依法解除、终止劳动合同计算支付经济补偿的工作年限时,不再计算劳动者在原用人单位的工作年限。

其他情况之二:经济补偿金的分段计算。

《劳动合同法》第 97 条第 3 款规定:"本法施行之日存续的劳动合同在本法施行后解除或者终止,依照本法第四十六条规定应当支付经济补偿的,经济补偿年限自本法施行之日起计算;本法施行前按照当时有关规定,用人单位应当向劳动者支付经济补偿的,按照当时有关规定执行。"

也就是说,2008 年 1 月 1 日存续的劳动合同在 2008 年 1 月 1 日以后解除或者终止,依照《劳动合同法》应当支付经济补偿的,经济补偿年限自 2008 年 1 月 1 日起计算;2008 年 1 月 1 日前按照当时有关规定,用人单位应当向劳动者支付经济补偿的,按照当时有关规定执行。(有关规定包括《劳动法》、《关于贯彻执行〈中华人民共和国劳动法〉若干问题的意见》及《违反和解除劳动合同的经济补偿办法》等)

2008 年 1 月 1 日之前经济补偿金的支付范围及标准如下:

(1)经劳动合同当事人协商一致,由用人单位解除劳动合同的,用人单位应根据劳动者在本单位工作年限,每满一年发给相当于一个月工资的经济补偿金,最多不超过 12 个月。工作时间不满一年的按一年的标准发给经济补偿金。

(2)劳动者患病或者非因工负伤,经劳动鉴定委员会确认不能从事原工作,也不能从事用人单位另行安排的工作而解除劳动合同的,用人单位应按其在本单位的工作年限，每满一年发给相当于一个月工资的经济补偿金。

(3)劳动者不胜任工作，经过培训或者调整工作岗位仍不能胜任工作，由用人单位解除劳动合同的，用人单位应按其在本单位工作的年限，工作时间每满一年，发给相当于一个月工资的经济补偿金，最多不超过十二个月。

(4)劳动合同订立时所依据的客观情况发生重大变化，致使原劳动合同无法履行，经当事人协商不能就变更劳动合同达成协议，由用人单位解除劳动合同的，用人单位按劳动者在本单位工作的年限，工作时间每满一年发给相当于一个月工资的经济补偿金。

(5)用人单位濒临破产进行法定整顿期间或者生产经营状况发生严重困难，必须裁减人员的，用人单位按被裁减人员在本单位工作的年限支付经济补偿金。在本单位工作的时间每满一年，发给相当于一个月工资的经济补偿金。

用人单位解除劳动合同后，未按规定给予劳动者经济补偿的，除全额发给经济补偿金外，还须按该经济补偿金数额的百分之五十支付额外经济补偿金。

工资计算标准是指企业正常生产情况下劳动者解除合同前12个月的月平均工资。用人单位依据本办法第2条、第4条、第5条解除劳动合同时，劳动者的月平均工资低于企业月平均工资的，按企业月平均工资的标准支付。

由上可见，2008年1月1日前后的政策，在经济补偿金适用范围、计算方法上均有差别。如依据《关于贯彻执行〈中华人民共和国劳动法〉若干问题的意见》(劳部发〔1995〕309号)的规定，劳动合同期满或者当事人约定的劳动合同终止条件出现，劳动合同即行终止，用人单位可以不支付劳动者经济补偿金。《违反和解除劳动合同的经济补偿办法》规定的需要支付经济补偿金的情形比《劳动合同法》规定的情形也要少。不满一年的折算年限算法也不一样。

还需要注意的是，关于经济补偿分段计算，实践中各地的理解和做法不一，个案需结合当地具体政策，如北京、上海、深圳三地的做法就不尽相同。在《劳动合同法》实施之前，三个地方的政策分别有《北京市劳动合同规定》、《上海市劳动合同条例》、《深圳经济特区劳动合同条例》。在司法口径方面，北京出台了《北京市高级人民法院、北京市劳动争议仲裁委员会关于劳动争议案件法律适用问题研讨会会议纪要》，上海出台了《上海市高级人民法院关于适用〈劳动合同法〉若干问题的意见》，广东有广东省高级人民法院、广东省劳动人事争议仲裁委员会《关于审理劳动人事争议案件若干问题的座谈会纪要》。

（三）经济补偿金和赔偿金是否可以并存。

按照《劳动合同法》的规定，解除或终止劳动合同有合法与违法之分，性质不同，法律后果不同。合法的情况，支付经济补偿金；违法的情况，则支付相当于经济补偿金两倍的赔偿金。可见，经济补偿金与赔偿金性质也不同，分别适用于不同情形。而且，《劳动合同法实施条例》第 25 条明确规定，用人单位违反劳动合同法的规定解除或者终止劳动合同，依照劳动合同法第 87 条的规定支付了赔偿金的，不再支付经济补偿。

（四）经济补偿金是否需纳个人所得税。

《关于个人与用人单位解除劳动关系取得的一次性补偿收入征免个人所得税问题的通知》（财税〔2001〕57 号）规定，个人因与用人单位解除劳动关系而取得的一次性补偿收入（包括用人单位发放的经济补偿金、生活补助费和其他补助费用），其收入在当地上年职工平均工资 3 倍数额以内的部分，免征个人所得税；超过的部分按照《国家税务总局关于个人因解除劳动合同取得经济补偿金征收个人所得税问题的通知》（国税发〔1999〕178 号）的有关规定，计算征收个人所得税。

（五）经济补偿中的 N、N+1、2N

（1）N 为工作年限的代称。

（2）正常情况下的经济补偿为 N。

（3）因医疗期满不能工作、不能胜任工作、客观情况发生重大变化三种情况解除合同，且未提前 30 日通知劳动者的，经济补偿为 N+1。实际上，严格说，“N+1”中的“1”并不属于经济补偿金，而是“代通知金”。当然，最终都是表现为 1 个月工资。

（4）违法解除劳动合同赔偿金为 2N。

（5）N、N+1、2N 分别适用不同情形，不能兼得。

典型案例

案例 63：员工月收入高于当地平均工资 3 倍还多，经济补偿金怎么计算？

2010 年 2 月 1 日，小鲍入职北京某科技公司，2013 年 1 月 31 日，公司向小鲍提出解除劳动合同，双方协商一致解除了劳动关系。解除劳动合同前12个月，小鲍的月平均工资为18063元。关于经济补偿，双方的理解出现了分歧。科技公司应当向小鲍支付多少经济补偿金呢？

案例点评

根据北京市人力资源和社会保障局公布的《历年北京市职工年平均工资》相关数据，2012年度全市职工年平均工资为62677元。折算为月平均工资为5223.08元。本案中，小鲍的月平均工资为18063元大于5223.08元（北京市职工月平均工资）的3倍。

按照《劳动合同法》第47条的规定，劳动者月工资高于用人单位所在直辖市、设区的市级人民政府公布的本地区上年度职工月平均工资三倍的，向其支付经济补偿的标准按职工月平均工资三倍的数额支付，向其支付经济补偿的年限最高不超过十二年。因此，小鲍应得的经济补偿金为：5223.08元×3×3年=47007.72元。而并非18063元×3年=54189元。

HR实务指引

企业要注意高收入员工月平均工资与当地上年度职工月平均工资的关系，如果员工月平均工资高于当地上年度职工月平均工资的3倍，在计算解除或终止劳动合同经济补偿金时的计算基数，按当地上年度职工月平均工资3倍的标准支付。

法条链接

《劳动合同法》第四十七条

典型案例

案例64：什么情况下，经济补偿金需要分段计算？

老赵于2002年3月份与某公司签订劳动合同，成为该公司的一名正式员工，2012年2月，双方劳动合同届满，公司不再续签劳动合同。此时，老赵前12个月的平均工资为4000元。那么，应当如何计算老赵的经济补偿金呢？需要分段计算吗？

案例点评

老赵的工作年限为10年，其与公司签订的劳动合同时间跨越了《劳动合同法》的施行日期2008年1月1日，涉及是否分段计算的问题。对于2008年1月1日之后应按4.5年的年限计算经济补偿金。

至于2008年1月1日之前，如何计算应执行当时的规定，按照劳动部关于印发《关于贯彻执行〈中华人民共和国劳动法〉若干问题的意见》的通知（劳部发〔1995〕309号）第38条的规定，“劳动合同期满或者当事人约定的劳动合同终止条件出现，劳动合同即行终止，用人单位可以不支付劳动者经济补偿金。国家另有规定的，可以从其规定。”本案中，属于用人单位因与老赵的劳动合同期满不再续签的情况，按上述规定，用人单位可以不支付劳动者经济补偿金。因此，对于老赵在2008年1月1日之前的工作年限不计算经济补偿。

综上，老赵应得的经济补偿为4000元×4.5年=18000元。

HR实务指引

企业应当注意员工劳动合同跨《劳动合同法》实施日期的情况，该法前后对于解除或终止劳动合同是否需要支付经济补偿金的规定是不同的。按照《劳动合同法》的规定需要支付经济补偿金的，按之前的规定可能就不需要支付，企业应当搞清楚。如本案中的情况，劳动合同期满或者当事人约定的劳动合同终止条件出现，劳动合同即行终止，用人单位可以不支付劳动者经济补偿金。

法条链接

《劳动合同法》第九十七条第三款

劳动部关于印发《关于贯彻执行〈中华人民共和国劳动法〉若干问题的意见》的通知（劳部发〔1995〕309号）

第三十八条 劳动合同期满或者当事人约定的劳动合同终止条件出现，劳动合同即行终止，用人单位可以不支付劳动者经济补偿金。国家另有规定的，可以从其规定。

典型案例

案例65:是否支付了经济补偿金,企业就能解除劳动合同?

小姚于2013年12月4日进入杭州某服装厂工作,双方签订了有效期自2013年12月4日起至2016年12月4日止的劳动合同。合同约定,原告从事"厂务部—缝纫工"的工作,实行以季为周期的综合计算工时工作制,工资为计件形式。12月6日晚,小姚口头向组长和厂长提出辞职,得到了批准。因次日为周六,人事经理不在,故小姚同意再工作一天。12月10日,人事经理要求小姚填辞职单时,小姚又反悔了。双方沟通中发生争执。2013年12月13日,服装厂不打算继续留小姚在厂子工作,同意支付小姚2013年12月4日至同月7日期间的工资584.50元,并承诺多付相当于半个月工资的经济补偿金。小姚不同意,提起仲裁。要求恢复劳动关系,继续履行劳动合同。

仲裁委认为,《劳动合同法》第48条规定,用人单位违反本法规定解除或者终止劳动合同,劳动者要求继续履行劳动合同的,用人单位应当继续履行;劳动者不要求继续履行劳动合同或者劳动合同已经不能继续履行的,用人单位应当依照本法第87条规定支付赔偿金。在本仲裁委已明确告知小姚继续履行劳动合同存在何种风险的情况下,小姚仍要求继续履行原劳动合同,且服装厂对此也未提任何抗辩理由,故双方应可按上述规定,继续履行原劳动合同。

案例点评

《劳动合同法》第36条规定:"用人单位与劳动者协商一致,可以解除劳动合同。"解除劳动合同应当符合法定条件,履行相应的程序。本案中,用人单位为了炒掉小姚的鱿鱼,仅仅通过多支付半个月工资经济补偿金的方法是不可取的。而且,《劳动合同法》明确规定,用人单位违反本法规定解除或者终止劳动合同,劳动者要求继续履行劳动合同的,用人单位应当继续履行;劳动者不要求继续履行劳动合同或者劳动合同已经不能继续履行的,用人单位应当依照本法第 87 条规定支付赔偿金。本案中,服装厂属于违法解除劳动合同,小姚要求继续履行劳动合同,应当得到支持。

HR 实务指引

解除劳动合同,应当符合法定的条件。用人单位不可认为只要支付了经济补偿金,就一定能解除劳动合同。如果被认为解除或终止劳动合同违法,则劳动者有权选择是恢复劳动关系还是接受违法解除劳动合同获得赔偿。在司法程序中,司法机关也会判断劳动者与用人单位是否还有继续履行劳动合同的条件,并据此判决或提示劳动者作出理智的选择。

法条链接

《劳动合同法》第二条、第四十八条

第三节　赔偿金

一、赔偿金

劳动法上的赔偿金有广义与狭义之分。

最广义的赔偿金是指,用人单位或劳动者因违反劳动合同、保密协议、竞业限制协议等约定或因自己的故意或过失,给对方造成实际损失时,向对方承担的经济赔偿。

广义的赔偿金是指用人单位违反了《劳动合同法》有关规定,侵害了劳动者的合法权益,给劳动者造成了损失,由用人单位支付给职工的经济赔偿。

狭义的赔偿金是指用人单位违法解除或者终止劳动合同时,依法应当向劳动者承担的经济赔偿法律责任形式。

上述三者是包含与被包含的关系。其中,广义的赔偿金除了包含了狭义赔偿金这种情况,还包括如下情况:(1)未按照劳动合同的约定或者国家规定及时足额支付劳动者劳动报酬,经劳动行政部门责令限期支付,逾期未支付的。(2)低于当地最低工资标准支付劳动者工资,经劳动行政部门责令限期支付其差额部分,逾期未支付的。(3)安排加班不支付加班费,经劳动行政部门责令限期支付,逾期未支付的。(4)解除或者终止劳动合同,未依照《劳动合同法》规定向劳动者支付经济补偿,经劳动行政部门责令限期支付,逾期未支付的。上述4种情况,赔偿金支付标准为应付金额的50%以上100%以下。(5)用人单位损害职工劳动权益的,应当支付赔偿金。(6)劳动合同约定其他赔偿,用人单位违反合同约定的,应当按照劳动合同约定赔偿。

本节主要讨论狭义赔偿金。

二、赔偿金适用情形

用人单位违反《劳动合同法》规定解除或终止劳动合同并不必然导致用人单位向劳动者支付赔偿金,而是首先给了劳动者以选择权。如果劳动者要求继续履行劳动合同的,用人单位应当继续履行,当然得有个前提,即劳动合同能够继续履行。劳动者不要求继续履行劳动合同或者劳动合同已经不能继续履行的,用人单位应当依照《劳动合同法》第87条规定支付赔偿金。

用人单位违法解除或终止劳动合同的情形,是指违反《劳动合同法》第36条、第39条、第40条、第41条、第42条、第44条、第45条等规定。具体情形包括:不符合法定事由用人单位单方解除或终止劳动合同;解除或终止劳动合同时不履行法定义务;用人单位违反法定程序与劳动者解除劳动合同等。

三、赔偿金标准

用人单位违反《劳动合同法》规定解除或者终止劳动合同的,应当依照本法第四十七条规定的经济补偿标准的二倍向劳动者支付赔偿金。也就是说，假设经济补偿金标准为N，那么赔偿金则为2N。关于经济补偿金的计算标准，前文已有细述，此处不赘述。

典型案例

案例66：员工可同时主张经济补偿金和赔偿金吗？

2007年，小彭入职某公司，签订了为期5年的书面固定期限劳动合同。2008年9月，小彭因病住院，医生告诉小彭大约需要住院2个月，完全康复还需要更长时间。小彭压力很大，觉得自己身体很虚弱，遂向公司领导申请3个月的病假。2008年10月，公司人事经理告知小彭，“公司同意你休3个月病假，但公司现在急需用人不能等，公司给你无偿按原标准发放工资至2008年12月，届时你也不用来上班了，双方劳动合同终止，请你也理解公司的难处。”事后，公司新招聘了小白顶替小彭。小彭觉得很冤很愤怒，本来就生病了，结果还被辞退了。经指点，小彭向仲裁委提出申请，要求公司向其支付解除劳动合同的经济补偿金和赔偿金。劳动仲裁委认为，公司解除劳动合同违法，裁决支持了小彭关于赔偿金的请求，却驳回了其经济补偿金的要求。

案例点评

本案中，在合同期内，未经协商一致用人单位单方解除劳动合同，且解除劳动合同时，劳动者小彭正处于医疗期，用人单位此时解除劳动合同明显违法。按照《劳动合同法》第87条条的规定：“用人单位违反本法规定解除或者终止劳动合同的，应当依照本法第四十七条规定的经济补偿标准的二倍向劳动者支付赔偿金。”《劳动合同法实施条例》第25条规定：“用人单位违反劳动合同法的规定解除或者终止劳动合同，依照劳动合同法第八十七条的规定支付了赔偿金的，不再支付经济补偿金。”因此，仲裁机构仅支持小彭关于赔偿金的请求，而驳回其经济补偿金的请求是正确的。

HR实务指引

用人单位解除劳动合同包括依法解除和违法解除两种。支付经济补偿金是用人单位合法解除劳动关系应承担的法定义务，具有补偿性质；而支付赔偿金则是用人单位违法行使劳动合同解除权时应当承担的法定责任，带有惩罚的意味，两者性质完全不同，二者不可兼得。发生劳动争议，劳动者不能向用人单位同时主张支付经济补偿金和赔偿金。

法条链接

《劳动合同法》第四十八条、第八十七条

《劳动合同法实施条例》第二十五条

第九章

特别制度

本章导读

本章涉及内容均为特殊（非标准）劳动关系，包括集体合同、劳务派遣和非全日制用工。

集体合同制度，是当今国际上普遍采用的调整劳动关系的一项重要法律制度。集体合同具有劳动合同所无法取代的功能，可以弥补劳动合同的不足。如由工会代表全体劳动者签订集体合同，其谈判能力显然强于单个劳动者；通过集体合同可以确保在一定范围内，全体劳动者的权利和义务实现平等。我国1994年制定的《劳动法》首次从法律制度的层面规定了这一制度。这一制度对保障劳动者的权益，调整和协调劳动关系发挥了重要的作用。

劳务派遣是一种特殊的用工形式。劳务派遣，又称劳动派遣、劳动力租赁，是指由劳务派遣单位与被派遣劳动者订立劳动合同，并支付报酬，把劳动者派向其他实际用工单位，再由实际用工单位向劳务派遣单位支付一笔服务费用的一种用工形式。劳务派遣的最显著特征就是劳动力的雇用和使用分离。虽然《劳动合同法》明确规定："劳务派遣一般在临时性、辅助性或者替代性的工作岗位上实施"，将劳务派遣用工形式作为一种补充用工形式。但是，实践中，在某些领域的一些单位和一些岗位存在着劳务派遣员工比例过高的现象，一些企业劳务派遣人员已于企业正式员工数量等同，甚至超过正式员工的数量。同工不同酬的问题也较为突出。劳务派遣的特殊性也加剧了劳动关系的紧张。2014年3月1日起施行的《劳务派遣暂行规定》，在《劳动合同法》的基础上对相关问题予以了明确和细化规定。

《劳动法》对非全日制劳动关系没有涉及。《劳动合同法》第一次以法律的形式对非全日制用工作出了规定。非全日制用工，是指以小时计酬为主，劳动者在同一用人单位一般平均每日工作时间不超过四小时，每周工作时间累计不超过二十四小时的用工形式。目前，在餐饮、超市、社区服务等领域，非全日制用工形式比较常见。

在《劳动合同法》的条文规定中，虽然“集体合同”、“劳务派遣”、“非全日制用工”三节内容同属于第五章特别规定当中，但是三者的“特别”的含义却并不完全一样。“集体合同”和“非全日制用工”这两个特别规定应是专属规定，无须遵循《劳动合同法》的一般规定。“劳务派遣”应属附加的（或者说补充性的）特别规定，其他部分的规定也应当适用。

第一节　集体合同

集体合同，又称集体协约、团体协约或劳资合约，英文为 collective agreement。国际劳工组织第 91 号建议书《1951 年集体协议建议书》第 2 条第 1 款规定：以一个雇主或一群雇主，或者一个或几个雇主组织为一方，一个或几个有代表性的工人组织为另一方，如果没有这样的工人组织，则根据国家法律和法规有工人正式选举并授权的代表为另一方，上述两方之间缔结的关于劳动条件和就业条件的一切书面协议，称为集体合同。按照我国《劳动合同法》及《集体合同规定》的规定，集体合同是指工会或职工代表代表全体职工与用人单位之间根据法律、法规的规定，就劳动报酬、工作时间、休息休假、劳动安全卫生、保险福利等事项，在平等协商一致的基础上签订的书面协议。

一、集体合同的特点

集体合同属于特殊的、非标准化的劳动合同，因此法律作出专门规定，其与劳动合同有明显不同。集体合同与劳动合同的主要区别如下：

表 21　集体合同与劳动合同区别点表

序号	区别点	劳动合同	集体合同
1	合同主体	一方为单个劳动者，另一方为用人单位	一方为劳动者团体（即工会或职工推举的代表）所代表的全体职工，另一方是用人单位
2	合同订立目的	为确立企业和劳动者的劳动关系	为规范劳动合同设定具体标准
3	合同内容	劳动合同以单个劳动者的权利和义务为内容，一般包括劳动关系的各个方面	集体合同以集体劳动关系中全体劳动者的共同权利和义务为内容，可能涉及劳动关系的各个方面，也可能只涉及劳动关系的某个方面（如女职工权益保护、工资合同等）

续表

序号	区别点	劳动合同	集体合同
4	合同产生形式	由单个劳动者(职工本人)同用人单位协商一致后就能形成	由工会(或上级工会指导劳动者推举的代表)代表全体劳动者同用人单位经过充分协商,并提交职工代表大会或全体职工讨论通过后才能形成
5	产生阶段	劳动合同是建立劳动关系的一种法律形式,因此,在劳动者就业时就产生了	集体合同产生于劳动关系运行中,而不是产生于劳动关系建立之前
6	合同生效时间	一经依法签订,即产生法律效力	经职工代表大会或全体职工讨论通过后,还不具有法律效力,其法律效力的产生要待劳动保障部门自收到集体合同文本之日起 15 日内未提出异议的,才生效,具有法律效力
7	合同法律效力	劳动合同对用人单位和签订合同的单个劳动者具有法律效力	集体合同一经当地劳动保障部门审核通过即对签订合同的单个用人单位或用人单位所代表的全体用人单位,以及工会和工会所代表的全体劳动者,都具有法律效力。并且,集体合同的效力一般高于劳动合同的效力
8	职工维权主体	用人单位侵犯职工劳动权益的,一般由职工个人依法维权	用人单位侵犯职工劳动权益的,工会可依法要求用人单位承担责任;因履行集体合同发生争议,协商不成的,工会可依法申请仲裁、提起诉讼
9	合同期限	劳动合同的期限分为有固定期限、无固定期限和以完成一定工作为期限三种	集体合同的期限一般为 1 年,最长不超过 3 年,期满或双方约定的终止条件出现,即行终止

典型案例

案例 67:企业已签订集体合同,还需要与劳动者再单独签订劳动合同吗?

2012 年 2 月 25 日,经准格尔旗总工会批复,某木业公司(以下简称木业公司)成立工会委员会。2012 年 3 月 8 日,木业公司与该公司工会委员会签订了集体劳动合同,并报准格尔旗劳动监察大队备案,该大队经审查合格,予以备案。2012 年 9 月 20 日至 2013

年1月11日，小菲在木业公司工作，担任库管员一职，试用期一个月，双方未签订书面劳动合同。2013年1月11日，木业公司放假，小菲离职。因工资问题，小菲与公司发生纠纷。小菲提起仲裁，主张公司应当支付未签订书面劳动合同的双倍工资。木业公司认为，其与该公司工会委员会订立的集体劳动合同对木业公司和公司全体职工均具有约束力，小菲作为木业公司的一员，集体合同当然对其适用，小菲与木业公司之间的劳动关系受集体劳动合同的约束。实际上，小菲与木业公司相当于已经签订了书面劳动合同。木业公司不同意支付双倍工资。

仲裁机构认为，集体合同不能代替劳动合同，小菲与木业公司未签订书面劳动合同，木业公司应依法支付小菲工作期间的两倍工资。

案例点评

本案的焦点问题是集体合同能否代替劳动合同。

1. 小菲与木业公司之间存在劳动关系。

小菲自2012年9月20日至2013年1月11日在木业公司工作，担任公司库管员，双方已形成劳动关系。

2. 木业公司签订的集体合同有效，且对小菲和木业公司均具有拘束力。

2012年3月8日，木业公司已经与该公司工会委员会签订了集体劳动合同，且该集体合同经准格尔旗劳动监察大队审核备案，该劳动监察大队亦未在十五日内提出异议，该集体劳动合同已经发生法律效力。

3. 集体合同不同于劳动合同，不能代替书面劳动合同。

《劳动合同法》第55条规定："集体合同中劳动报酬和劳动条件等标准不得低于当地人民政府规定的最低标准；用人单位与劳动者订立的劳动合同中劳动报酬和劳动条件等标准不得低于集体合同规定的标准。"木业公司与其工会签订的集体合同中对我国相关法律规定要求劳动合同中诸如劳动报酬、工种、用工期限等必备条款并未进行约定，不能代替劳动合同。即使签订了集体合同，也要与劳动者签订劳动合同。

综上，依照《劳动合同法》第82条及《劳动合同法实施条例》第6条之规定，木业公司应自小菲工作满一个月的次日起向其支付未签订劳动合同的两倍工资。

HR 实务指引

切勿把集体合同等同于劳动合同,用人单位与工会签订的集体合同不能代替个人劳动合同。

集体合同和个人劳动合同在调节劳动关系、维护劳动者合法权益方面有共同之处,但两者又有明显的区别。在签订的主体、内容、程序以及法律效力等方面是完全不同的,其作用也有区别,劳动合同的作用则是建立个人劳动关系,集体合同无此作用。因此,用人单位签订了集体合同后,无论是原来的固定工还是新招职工,都一定要依法与劳动者个人签订劳动合同。

法条链接

《劳动合同法》第五十五条、第八十二条

《劳动合同法实施条例》第六条

二、集体合同的类型

按照《劳动合同法》及《集体合同规定》,集体合同可分为以下几类:专项集体合同、行业性集体合同、区域性集体合同。

专项集体合同,是指用人单位与本单位职工一方根据法律、法规、规章的规定,就集体协商的某项内容如劳动安全卫生、女职工权益保护、工资调整机制等,签订的专项书面协议。

行业性集体合同,是指在一定行业内(如建筑业、采矿业、餐饮服务业等),由地方工会或者行业性工会联合会与相应行业内企业方面代表,就劳动报酬、工作时间、休息休假、劳动安全卫生、保险福利等事项进行平等协商,所签订的集体合同。例如,山东省机械电子工会与省机械工业办公室的首席代表于2006年3月27日签署了《山东省机械行业集体合同》,由此,全国第一份行业集体合同在济南诞生。该合同内容涉及职工工资、工作时间和休假、保险福利、劳动争议等多个方面。全省3000余家企业、科研院所和300多万企业职工,包括农民工、协议工都适用该集体合同。该合同明确约定职工最低工资在当地最低工资基础上浮20%～50%;工资要与企业效益同步增长，工资增幅不得低于利润增幅三个百分点；企业应以货币形式按月足额支付工资；职工在企业连续工作满8年，职工提出订立无固定期限劳动合同的，企业应与其订立无固定期限劳动合同。再如，2009年，中国海员建设工会主席李铁桥、中国船东协会会长魏家福分别代表船员和船东签署了全国第一个行业性集体协议《中国船员集体协议》，其内容涉及船员就业、劳动合同及管理，劳动报酬、社会保险及福利等，系统全面地确定了我国船员的各项劳动标准和劳动条件。协议加强了对船员的职业保障，同时也履行了《海事劳工公约》的要求，保障船员体面工作。

区域性集体合同，是指在一定区域内（指县、区、乡、镇、街道、村），由区域性工会联合会与相应经济组织或区域内企业，就劳动报酬、工作时间、休息休假、劳动安全卫生、保险福利等事项进行平等协商，所签订的集体合同。区域性集体合同的优势在于，在基层（镇、村、街道）较小的区域内，基层工会能够较好地发挥熟悉当地企业和劳动者的优势，就当地某些特殊情况、特殊需要订立区域性集体合同。区域性集体合同是不适合在大范围大区域内推行。

三、集体合同的内容

因集体合同的类型不同，集体合同的具体内容也不一样。集体合同可能涉及劳动关系的各个方面，也可能只涉及劳动关系的某个方面。如企业集体合同，包含的内容就如同一般的劳动合同内容，包含劳动合同的必备条款和选择性约定条款。但专项集体合同一般仅就特定事项作出约定。如女职工权益保护专项集体合同主要涉及女职工禁忌从事的劳动，女职工在经期、孕期、产期和哺乳期的劳动保护，女职工定期健康检查等内容。这类集体合同的订立的主要依据除了《劳动法》《工会法》之外，还包括《妇女权益保障法》《女职工劳动保护规定》《女职工禁忌劳动范围的规定》等。一般来说，集体合同的内容比相关法律规定更具体更专业，但是比单个劳动合同更原则更具有一般性。

根据《集体合同规定》第8条的规定：“集体协商双方可以就下列多项或某项内容进行集体协商，签订集体合同或专项集体合同：（一）劳动报酬；（二）工作时间；（三）休息休假；（四）劳动安全与卫生；（五）补充保险和福利；（六）女职工和未成年工特殊保护；（七）职业技能培训；（八）劳动合同管理；（九）奖惩；（十）裁员；（十一）集体合同期限；（十二）变更、解除集体合同的程序；（十三）履行集体合同发生争议时的协商处理办法；（十四）违反集体合同的责任；（十五）双方认为应当协商的其他内容。”可见，集体合同的内容可包含上述十五项中的一项或多项。

需要注意的是，《劳动合同法》对集体合同中劳动报酬和劳动条件有专门规定，集体合同中劳动报酬和劳动条件等标准不得低于当地人民政府规定的最低标准；用人单位与劳动者订立的劳动合同中劳动报酬和劳动条件等标准不得低于集体合同规定的标准。

四、集体合同的订立

（一）订立主体

一方主体为劳动者团体，即工会或职工推举的代表；另一方主体是用人单位。

（二）订立原则

第一，合法原则。订立集体合同应当符合法律、法规、规章的规定。

第二，平等协商原则。集体合同双方当事人在签订协议的过程中，处于平等的法律地位，不考虑工会或者职工代表与企业之间在行政上的隶属关系。双方都可以平等地提出自己的主张和要求，本着合作的态度讨论和解决问题，任何一方都不得以任何方式压制或者威胁对方。

第三，民主参与原则。集体合同草案应当提交职工代表大会或者全体职工讨论通过。在签订集体合同的过程中，应当充分发挥职工代表大会的民主管理作用，保障劳动者的知情权和参与权。

第四，诚信公平原则。集体合同的协商订立，必须遵循诚实守信、公平合理原则。

第五，兼顾企业和职工利益原则。

（三）订立程序

一般按照如下程序订立集体合同：

1. 集体协商

产生集体协商代表，组成协商谈判机构。然后双方进行集体协商，形成集体合同草案。

2. 讨论

召开职工代表大会或全体职工大会讨论通过集体合同草案。

职工代表大会或者全体职工讨论集体合同草案或专项集体合同草案，应当有三分之二以上职工代表或者职工出席，且须经全体职工代表半数以上或者全体职工半数以上同意，集体合同草案或专项集体合同草案方获通过。

3. 签订

双方首席代表应当在通过后的集体合同草案上签字或者盖章。

范本33：职工代表大会关于集体合同的决议

职工代表大会决议

工会于________年____月____日召开企业职工代表会议讨论集体合同。职工代表应参加人数____人，请假____人，实到会____人。经讨论，赞成的有____人，超过应参加会议职工代表人数的一半数，符合规定。会议通过决议如下：

同意签定集体合同，期限从________年____月____日至________年____月____日止。

工会委员会（盖章）

年　　月　　日

五、集体合同的报送与生效

当然，集体合同订立后还需要向人社部门报送审查，并不能像一般劳动合同一样依法签订后立即生效。

《劳动合同法》规定，集体合同订立后，应当报送劳动行政部门；劳动行政部门自收到集体合同文本之日起15日内未提出异议的，集体合同即行生效。可见，由劳动行政部门对集体合同进行审查，不仅是订立集体合同的必经程序，也是集体合同的生效条件。

范本34：企业（综合）集体合同

企业（综合）集体合同

甲方（企业）：　　　　　　乙方（工会或员工代表）：

企业性质：　　　　　　　　　　员工人数：____人
协商首席代表：　　　　　　　　协商首席代表：
姓名：　　　　　　　　　　　　姓名：
职务：　　　　　　　　　　　　职务：
身份证号码：　　　　　　　　　身份证号码：
协商代表人数：　　　　　　　　协商代表人数：
代表产生方式：　　　　　　　　法定代表人姓名：
联系电话：　　　　　　　　　　联系电话：

第一章　总　　则

第一条　为建立和谐稳定的劳动关系,维护企业和员工的合法权益,增强合作共事,促进企业发展,根据《劳动法》《劳动合同法》《工会法》和《集体合同规定》及其他有关法规、规章,经协商一致,签订本合同。

第二条　工会是企业员工合法权益的代表,依法独立自主地开展工作。本合同由工会（员工代表）代表员工与企业签订。

第三条　甲乙双方依法就劳动报酬、工作时间、休息休假、劳动安全卫生、职业培训、保险福利等事项,通过集体协商签订书面协议。

第四条　进行集体协商,签订集体合同,应当遵循下列原则：

(一)遵守法律、法规、规章及国家有关规定；

(二)相互尊重,平等合作；

(三)兼顾双方合法权益；

(四)不得采取过激行为。

第五条　本合同依法生效后,对企业和全体员工具有约束力。

第二章　劳动合同

第六条　本企业自用工之日起即与员工建立劳动关系。建立劳动关系应当订立书面劳动合同。

第七条　劳动合同由企业与员工协商一致,并经企业与员工在劳动合同文本上签字盖章后生效。劳动合同中的劳动条件和标准,不得低于本集体合同的规定。

第八条　符合《劳动合同法》第十四条第二款规定的条件,员工提出或者同意续订、订立劳动合同的，除员工提出订立固定期限劳动合同外，企业应当与员工订立无固定期限劳动合同。

第九条 企业未在用工的同时订立书面劳动合同，与员工约定的劳动报酬不明确的，新招用的员工的劳动报酬按照集体合同规定的标准执行。

第十条 劳动合同对劳动报酬和劳动条件等标准约定不明确，引发争议的，企业与员工可以重新协商；协商不成的，适用集体合同规定。

第十一条 企业或者员工违反有关劳动合同规定，给对方造成损害或损失的，按《劳动合同法》等有关规定给予赔偿。

第三章 劳动报酬

第十二条 本企业实行工资制度。

第十三条 本企业实行工资支付形式。

第十四条 本企业员工月工资不得低于××市政府公布的当年度最低工资。

第十五条 本企业以货币形式支付员工工资，每月至少发放一次。工资发放约定日为每月日（工资支付周期不超过一个月的，约定的工资支付日不得超过支付周期期满后第七日）。工资发放日遇法定节假日或休息日的，应当在之前的工作日发放。

实行周、日、小时工资制的可按周、日、小时支付员工工资。

第十六条 员工加班工资计算标准以____为基数。

按正常工作时间以外、休息日、法定休假日加班分别支付150%、200%、300%工资报酬。

第十七条 员工病假、非因工负伤的工资支付办法。

第十八条 员工产假、看护假、节育手术假期的工资支付办法：________。

第十九条 奖金、津贴、补贴分配形式：________。

第二十条 根据政府公布的年度工资指导线、工资指导价位和本企业员工工资水平及企业经济效益，经协商，确定本年度员工工资增（减）____%。

员工增（减）工资具体办法是________。

第四章　工作时间和休息休假

第二十一条　本企业依法建立工时制度，按下列条件、标准处理相关事宜：

（一）每天工作时间不超过____小时，平均每周工作时间不超过____小时，保证员工每周休息____日；

（二）根据本企业生产经营特点，特殊工种特殊情况的安排：________。

第二十二条　本企业因生产经营需要安排员工加班加点的，严格按《劳动法》有关规定执行。并依下列要求处理相关事宜：

（一）乙方事先提出加班加点理由，确定工作量和加班人数；

（二）与甲方或参与加班的员工协商；

（三）乙方安排员工延长工作时间，加班加点时间不超过《劳动法》第四十一条规定的，甲方和员工应当给予支持。

第二十三条　员工依法享受的带薪休假以及本集体合同约定的其他假期。

第五章　保险福利

第二十四条　企业和员工依法参加社会保险，员工依法享有社会保险待遇。社会保险费的负担按社会保险法律、法规和规章的规定执行。

第二十五条　企业可以根据经济效益情况，建立企业年金制度。企业年金所需费用由企业和个人共同缴纳，费用负担按国家有关规定执行。

第二十六条　企业根据经济效益情况，逐步发展并改善员工的文娱设施、膳食、交通、住房等条件。

第六章　劳动安全与卫生

第二十七条　企业依照法律、法规及规章，建立健全劳动安全卫生责任制。

第二十八条　企业应当提供符合国家职业卫生标准和卫生要求的工作环境和条件，并采取措施保障员工获得职业卫生保护。

第二十九条　企业必须采用有效的职业病防护设施，并为员工提供个人使用的职业病防护用品。

第三十条 企业对在工种(岗位)的员工定期作专项体检。

第三十一条 员工在劳动过程中，必须严格执行各项劳动安全卫生规程。

第三十二条 对于危害员工身体健康和人身安全的工作，工会有权代表或支持员工予以抵制。

第三十三条 发生员工伤亡事故，或出现危及员工身体健康和劳动安全的重大事故，企业应当及时处理，并在24小时以内向有关部门报告。

第三十四条 经双方协商一致，在暴雨红色预警信号发布后，为保障员工安全，用人单位安排员工停工或推迟上班（抢险救灾、医疗及保障居民基本生活必需的公共交通、供水、供电、燃气供应等特殊行业除外）；已在室内工作的员工应做好安全防范，如果下班时预警信号仍在生效，用人单位应提供安全场所让员工暂避。

第七章 女职工、未成年工特殊保护

第三十五条 企业根据《妇女权益保障法》《女职工劳动保护规定》、原劳动部《女职工禁忌劳动范围的规定》等规定，实施女职工特殊保护。

第三十六条 企业应当支持女职工参加政治、业务、技术培训，在单位晋职、晋级、评定专业技术职称等方面，应遵循男女平等的原则。企业在组织岗位竞聘时，除不适合女职工的工种或者岗位外，不得以性别为由拒绝女职工参与或者提高对女职工的竞聘标准。

第三十七条 企业不得因女职工结婚、怀孕、生育、哺乳等情形，降低女职工的工资。在孕期、产期、哺乳期间，企业不得单方解除与女职工的劳动合同，变更女职工工作岗位应当征得女职工同意，法律另有规定的除外。

第三十八条 企业应根据女职工的生理特点和所从事工作的职业特点，对在月经期、孕期、产期、哺乳期的女职工给予特殊保护。对怀孕、哺乳期女职工不得安排加班加点和从事禁忌劳动。对怀孕七个月以上的女职工和哺乳期的女职工，上班确有困难的，经本人申请，企业批准，可依法享有相应的产前假、哺乳假，企业确定女职工休假期间月工资的方法是________________。

第三十九条 企业禁止安排女员工从事矿山井下、国家规定的第4级体力劳动强度的劳动和其他禁忌从事的劳动。

第四十条 企业不得安排女员工在经期从事高处、低温、冷水作业和国家规定的第3级体力劳动强度的劳动。

第四十一条 企业不得安排女员工在怀孕期间从事国家规定的第3级体力劳动强度的劳动和孕期禁忌从事的劳动。对怀孕7个月以上的女员工,不得安排其延长工作时间和夜班劳动。

第四十二条 企业应当建立女职工定期健康检查制度,按照《女职工劳动保护规定》,每年组织全体女职工参加一次妇女病、乳腺病普查普治,并建立女职工健康档案。企业按标准定期发放女职工卫生保健费。

第八章 职业培训

第四十三条 企业根据实际情况,建立和完善职业培训制度,制订培训计划。员工必须接受职业培训,提高劳动技能。

第四十四条 企业应当按照员工工资总额的1.5%提取员工培训经费,列入成本开支。员工培训经费应当专款专用,不得挪作他用。

第四十五条 企业对员工进行的职业培训,不得收取任何费用。

第四十六条 根据实际情况,企业需要为员工提供专项培训费用,对其进行专业技术培训的,当事人双方可以签订《培训协议》,订明培训时间、地点、专业、费用、培训后的服务期、违约责任等事宜。

第九章 集体合同的期限、履行及争议处理

第四十七条 本合同从依法生效之日起,至________年____月____日止。

第四十八条 本合同一经生效,双方应严格遵守认真履行。合同履行期间,双方同意变更修改条款内容的,按照《集体合同规定》的程序重新协商,并将变更修改后的内容报人力资源保障行政部门审查。

第四十九条 员工一方协商代表在其履行协商代表职责期间劳动合同期满的，劳动合同期限自动延长至完成履行协商代表职责之时，除出现下列情形之一的，企业不得与其解除劳动合同：

（一）严重违反劳动纪律或企业依法制定的规章制度的；

（二）严重失职、营私舞弊，对企业利益造成重大损害的；

（三）被依法追究刑事责任的。

员工一方协商代表履行协商代表职责期间，企业无正当理由不得调整其工作岗位。

第五十条 因履行本合同发生争议，经协商解决不成的，可以依法申请仲裁、提起诉讼。

第十章 附 则

第五十一条 本合同未尽事宜，法律、法规、规章有规定的，依规定执行；无规定的，双方应进行集体协商，签订补充条款，并送人力资源保障行政部门审查。

第五十二条 本合同期限届满前 3 个月，双方应举行集体协商，重新签订集体合同。

第五十三条 本合同送人力资源保障行政部门审查，自审查登记完成之日起生效。送达 15 日内审查机构未提出异议的，本集体合同即行生效。

第五十四条 本合同一式三份。双方各执一份，另一份由人力资源保障行政部门存档。

甲方首席代表： 乙方首席代表：

（签字盖章） （签字盖章）

年 月 日 年 月 日

范本 35：工资专项集体合同

工资专项集体合同

甲方（用人单位名称）： 乙方（工会或职工代表名称）：

企业性质： 职工人数： 人

协商首席代表： 协商首席代表：

姓名：	姓名：
职务：	职务：
身份证号码：	身份证号码：
协商代表人数：	协商代表人数：
法定代表人姓名：	代表产生方式：
联系电话：	联系电话：

为建立与社会主义市场经济相适应的企业内部分配决定机制，保障劳动关系双方的合法权益，构建和谐稳定的劳动关系。根据《劳动法》《劳动合同法》《工会法》《集体合同规定》等相关法律法规，经甲、乙双方协商一致，签订本合同。

第一条 本合同对用人单位及本单位全体员工具有同等约束力。甲方与员工订立的劳动合同中的有关条款，不得低于本合同规定的标准，低于本合同的按照本合同规定执行。

第二条 本合同自依法生效之日起至________年____月____日止。

第三条 甲乙双方根据本单位经济效益、劳动生产率、劳动力市场工资指导价位、工资指导线、当地在岗职工平均工资、城镇居民消费价格指数等情况，经协商确定，职工工资随本单位经济效益的提高而正常增长，挂钩比例为：本单位利润总额增长%，职工工资总额增长%。

年度工资总额增量按以下办法分配：________________________。

第四条 甲方确定调整劳动定额或者计件工资标准应当遵循科学合理的原则，依据国家标准、行业标准和企业实际情况提出方案，事先与乙方进行协商，确定、调整的劳动定额应当使本单位同岗位80%以上职工在法定工作时间内能够完成。双方约定：

1. 岗位名称劳动定额(工时单价/计件单价)_______________。

2. 岗位名称劳动定额(工时单价/计件单价)_______________。

3. 岗位名称劳动定额(工时单价/计件单价)_______________。

第五条 本单位对从事工作的职工发放津贴和补贴，双方约定：

津贴名称发放标准：____________________________________。

补贴名称发放标准：____________________。

第六条 本单位职工月最低工资不低于____元；试用期月最低工资标准不低于____元。并根据企业经营情况和本地最低工资标准的变化进行调整。

第七条 企业以货币形式发放员工工资，每月至少发放一次。工资发放日为每月____日。工资发放日遇法定节假日或休息日的，应当在之前的工作日发放。

第八条 甲方安排职工加班加点，按照国家有关规定计发加班加点工资。计发职工加班加点工资基数的方法是：__________。

第九条 劳动者患病或者非因工负伤停止劳动，且在国家规定医疗期内的，甲方按标准向劳动者支付病假工资或者疾病救济费。

第十条 双方约定其他内容。

第十一条 双方必须全面履行本合同的规定。任何一方不得擅自变更或解除本合同。

第十二条 因履行本合同发生争议，甲、乙双方应当协商解决。协商不成的，可以依法申请仲裁或提起诉讼。

第十三条 本合同一式四份，双方各执一份，报送县人社部门和县总工会各一份。

第十四条 本合同附件包括：____________________。

甲方首席代表：　　　　　　　　乙方首席代表：
（签字盖章）　　　　　　　　　（签字盖章）
年　　月　　日　　　　　　　　年　　月　　日

范本36：女职工权益保护专项集体合同

女职工权益保护专项集体合同

甲方（用人单位名称）：　　　　乙方（工会或职工代表名称）：
企业性质：　　　　　　　　　　职工人数：　　人
协商首席代表：　　　　　　　　协商首席代表：
姓名：　　　　　　　　　　　　姓名：

职务：　　　　　　　　　　职务：

身份证号码：　　　　　　　身份证号码：

协商代表人数：　　　　　　协商代表人数：

法定代表人姓名：　　　　　代表产生方式：

联系电话：　　　　　　　　联系电话：

第一条　为维护女职工的特殊利益和合法权益，构建和谐稳定的劳动关系，促进女职工与用人单位共同发展，依据《妇女权益保障法》、《女职工劳动保护特别规定》以及本市有关法律、法规，经双方协商一致签订本专项集体合同。

第二条　用人单位应积极支持工会女职工委员会工作，保证工会女职工委员会各项工作的开展。

第三条　工会女职工委员会应充分发挥维护、参与、建设、教育等职能，引导广大女职工积极参与用人单位的生产、经营活动，爱岗敬业，为用人单位发展作贡献。工会女职工委员会参与涉及女职工权益保护的规章制度的制定和修改，依法保障女职工的合法权益和特殊利益。

第四条　用人单位招工不得进行性别歧视。不以性别为由拒绝录用女职工或者提高对女职工的录用标准。在提职、晋级、评定专业技术职称和享受其他福利方面，坚持男女平等。

第五条　用人单位应严格遵守国家有关规定，禁止安排女职工从事矿山井下、第四级体力劳动强度的作业等女职工禁忌从事的劳动。

第六条　用人单位应当将本单位属于女职工禁忌从事的劳动范围的岗位书面告知女职工。

第七条　禁止安排经期、孕期、哺乳期女职工从事禁忌从事的劳动。对从事孕期、哺乳期禁忌劳动的女职工，在其孕期、哺乳期，应调换岗位，安排其他工作。

第八条　用人单位不得因女职工怀孕、生育、哺乳降低其工资、予以辞退、与其解除劳动或者聘用合同。劳动合同期满而孕期、产期、哺乳期未满的，劳动合同的期限自动延续至孕期、产期、哺乳期结束。

第九条 女职工在孕期或者哺乳期不适应原工作岗位的，可以与用人单位协商调整该期间的工作岗位或者改善相应的工作条件。用人单位不得降低其原工资性收入。

第十条 怀孕女职工在劳动时间内进行产前检查，所需时间计入劳动时间。有劳动定额的，应相应扣除劳动定额。

第十一条 为保障优生优育，给予怀孕的女职工使用环保型电脑（如液晶显示器），并免费提供使用防辐射劳动保护衣。

第十二条 女职工妊娠7个月以上（按28周计算），应给予每天工间休息一小时，不得安排其延长工作时间和夜班劳动。

如工作许可，经本人申请，用人单位批准，可请产前假两个半月。

经二级以上医疗保健机构证明有习惯性流产史、严重的妊娠综合症、妊娠合并症等可能影响正常生育的，本人提出申请，用人单位应当批准其产前假。产前假期间工资按照原工资性收入80%计发。

第十三条 女职工生育享受98天产假，其中产前可以休假15天；难产的，增加产假15天；生育多胞胎的，每多生育1个婴儿，增加产假15天；符合计划生育晚育条件的，增加晚育假30天。

第十四条 女职工怀孕未满4个月流产的，享受15天产假；怀孕满4个月流产的，享受42天产假。

第十五条 女职工产假期间的生育津贴，对已经参加生育保险的，按照用人单位上年度职工月平均工资的标准由生育保险基金支付；对未参加生育保险的，按照女职工产假前工资的标准由用人单位支付。

女职工生育或者流产的医疗费用，按照生育保险规定的项目和标准，对已经参加生育保险的，由生育保险基金支付；对未参加生育保险的，由用人单位支付。

第十六条 女职工生育产假期满后，若有困难且工作许可，由本人提出申请，经用人单位批准，可请哺乳假六个半月。经二级以上医疗保健机构证明患有产后严重影响母婴身体健康疾病的，本人提出申请，用人单位应当批准其哺乳假。哺乳假期间工资按照原工资性收入80%计发。

第十七条 对哺乳未满一周岁婴儿的女职工，用人单位不得延长劳动时间或者安排夜班劳动。

用人单位应当在每天的劳动时间内为哺乳期女职工安排1小时哺乳时间。女职工生育多胞胎的，每多哺乳一个婴儿每天增加一小时哺乳时间。具体时点安排由女职工与企业协商确定。

第十八条 女职工生育后满法定假即上班的，原则上安排原岗位工作。如因特殊情况需要变动，应与女职工协商解决，调动至工资待遇相应持平的工作岗位。产假期满恢复工作时，应允许有1至2周的时间逐步恢复原定额的工作量。

第十九条 对从事高空、低温、冷水、野外流动和国家规定的第3级、第4级体力劳动强度作业的女职工，在月经期间应暂时调做其他工作或给予公假1天。

对其他生产一线持续站立或下蹲的女职工，或因月经过多或痛经等不能坚持工作的女职工，经医疗单位证明，用人单位应给予公假1天。

第二十条 用人单位应按月发放女职工特殊劳动保护用品和卫生用品，按____元/月标准发放。

第二十一条 对经区、县级以上医疗保健机构确诊患有较严重更年期综合征的女职工，应给予照顾，可暂时调做其他适当工作或酌情减轻工作量。

第二十二条 用人单位出资对女职工每两年（或每一年）进行一次妇科、乳腺病普查（40岁以上女职工增加乳腺钼钯检查等项目），并建立女职工健康检查档案。

第二十三条 积极组织女职工参加特种疾病保险。

第二十四条 用人单位在组织职工外出进修、业务学习、岗位培训、出国考察、挂职锻炼时必须考虑有一定比例的女职工参加。

用人单位应加大对女干部、女性人才和女性先进典型的培养与使用力度，重视工会女职工委员会的推荐意见，积极为女干部、女性人才、女性先进典型的培养使用、学习交流提供机会和平台。

第二十五条 用人单位职工代表大会中女代表比例应与女职工所占的比例相适应。

第二十六条 用人单位应严格执行国家退休制度。应通过用人单位规章制度等方式明确界定岗位性质，并明确管理、技术岗位工作的女职工55岁退休，不得以调换岗位等形式要求管理、技术岗位女职工提前退休。

第二十七条 根据用人单位实际情况，对具备高级工、技师、高级技师等资格的生产服务岗位工作的女职工，在用人单位需要、本人愿意且双方协商一致的情况下，可推迟到55岁退休。

第二十八条 每年三八国际妇女节(3月8日)，女职工放假半天。

第二十九条 用人单位应当采取措施预防和制止对女职工的性骚扰。

第三十条 本合同有效期限为年，自________年____月____日至________年____月____日止。

第三十一条 本合同自职代会通过之日起十日内报送劳动保障行政部门审查，劳动保障行政部门自收到本合同文本之日起十五日内未提出异议的，本合同即行生效。

第三十二条 本合同一式四份。双方各执一份，一份由劳动保障行政部门存档，一份由上级工会女职工委员会备案。

第三十三条 本合同未尽事宜，按照国家和本市有关法律、法规的相关规定执行。如本市出台新的女职工劳动保护实施细则，合同中相关条款按新的规定执行。

用人单位(盖章)：	工会(盖章)：
法人(签字)：	工会主席(签字)：
年　　月　　日	年　　月　　日

范本37：行业性集体合同

行业性集体合同

甲方(企业)：	乙方(工会或员工代表)：
企业性质：	员工人数：　　人
协商首席代表：	协商首席代表：
姓名：	姓名：

职务：　　　　　　　　　　　　职务：
身份证号码：　　　　　　　　　身份证号码：
协商代表人数：　　　　　　　　协商代表人数：
代表产生方式：　　　　　　　　法定代表人姓名：
联系电话：　　　　　　　　　　联系电话：

第一章　总　则

第一条　为构建和发展和谐稳定的劳动关系，维护本行业企业和员工的合法权益，增强合作共事，促进企业发展，根据《劳动法》《劳动合同法》《工会法》和《集体合同规定》及其他有关法规、规章，经协商一致，签订本合同。

第二条　本合同由行业工会（或员工代表）代表员工与行业协会（或企业代表）代表企业通过集体协商签订。

第三条　进行集体协商，签订集体合同，应当遵循下列原则：

（一）遵守法律、法规、规章及国家有关规定；

（二）相互尊重，平等合作；

（三）兼顾双方合法权益；

（四）不得采取过激行为。

第四条　本合同对本行业各企业和全体员工具有约束力。企业与员工签订的劳动合同中劳动报酬和劳动条件等标准不得低于本合同规定的标准。

第二章　劳动报酬

第五条　本行业实行以下工资分配制度：

（一）________________________________。

（二）________________________________。

（三）________________________________。

第六条　本行业员工月工资不低于元（不得低于××市政府公布的当年度最低工资）。

第七条　本行业各企业以货币形式支付员工工资，每月按约定的工资发放日足额发放。工资发放日遇法定节假日或休息日的，应当在之前的工作日发放。

第八条　企业应按《劳动法》及有关法律法规规定支付员工加

班工资。加班工资以员工本人标准工资或以计件工资为基数，按正常工作时间以外、休息日、法定休假日加班分别支付150%、200%、300%工资报酬。

第九条 根据政府公布的年度工资指导线、工资指导价位和本行业员工工资水平及行业经济效益，经协商，确定本年度本行业员工工资增(减)%。

第三章 工作时间和休息休假

第十条 企业应根据生产经营方式依法建立工时制度，合理安排员工工作时间和休息休假。

第十一条 企业因生产经营需要安排员工加班加点的，严格按《劳动法》有关规定执行。并依下列要求处理相关事宜：

（一）企业事先提出加班加点理由，确定工作量和加班人数；

（二）与企业工会或参与加班的员工协商；

（三）企业安排员工延长工作时间，加班加点时间不超过《劳动法》第四十一条规定的，企业工会和员工应当给予支持。

第四章 保险福利

第十二条 企业和员工依法参加社会保险，社会保险费的负担按社会保险法律、法规和规章的规定执行。员工依法享有社会保险待遇。

第十三条 企业根据经济效益情况，建立企业年金制度。企业年金所需费用由企业和个人共同缴纳，费用负担按国家有关规定执行。

第十四条 企业根据实际情况，逐步发展并改善员工的文娱设施、膳食、交通、住房等条件。

第五章 劳动安全卫生

第十五条 企业依照法律、法规及规章，建立健全劳动安全卫生责任制。

第十六条 企业应当提供符合国家职业卫生标准和卫生要求的工作环境和条件，并采取措施保障员工获得职业卫生保护。

第十七条 企业必须采用有效的职业病防护设施，并为员工提供个人使用的职业病防护用品。

第十八条 员工在劳动过程中，必须严格执行各项劳动安全卫生规程。

第十九条 对于危害员工身体健康和人身安全的工作，工会有权代表或支持员工予以抵制。

第二十条 发生员工伤亡事故，或出现危及员工身体健康和劳动安全的重大事故，企业应当及时处理，并在24小时以内向有关部门报告。

第六章 集体合同的期限、履行及争议处理

第二十一条 本合同从依法生效之日起，至________年____月____日止。

第二十二条 本合同一经生效，双方应严格遵守认真履行。合同履行期间，双方同意变更修改条款内容的，应按照《集体合同规定》的程序重新协商，并将变更修改后的内容报人力资源保障行政部门审查。

第二十三条 因履行本合同发生争议，经协商解决不成的，可以依法申请仲裁、提起诉讼。

第七章 附 则

第二十四条 本合同未尽事宜，法律、法规和规章有规定的，依规定执行。无规定的双方应进行集体协商，签订补充条款，并送人力资源保障行政部门审核登记。

第二十五条 本合同期限届满前3个月，双方应举行集体协商，重新订立本行业的集体合同。

第二十六条 本合同送人力资源保障行政部门审查登记，自登记完成之日起生效。送达15日内审查登记机构未提出异议的，本集体合同即行生效。

第二十七条 本合同一式三份。双方各执一份，另一份由人力资源保障行政部门存档。

甲方首席代表： 乙方首席代表：

（签字盖章） （签字盖章）

年 月 日 年 月 日

第二节 劳务派遣

一、劳务派遣单位的资质条件

《劳动合同法》规定,经营劳务派遣业务应当具备一定的条件,并必须经相应的行政许可和登记。为什么设立劳务派单位(经营劳务派遣业务)必须经过行政许可?劳务派遣的最大特点是劳动力雇用和使用相分离。派遣单位和用工单位,就有可能利用劳务派遣的特性,转移用工风险,规避法律义务,侵害劳动者合法权益。有一些劳务派遣单位就是“皮包”公司,被派遣劳动者的合法权益受到侵害后,难以获得有效赔偿。因此,通过行政许可的手段,加强对劳务派遣单位的监管,规范其用人行为,增强其担责能力,以切实保护劳动者的合法权益,促进劳动关系的和谐。

(一)劳务派遣单位的设立条件

根据相关规定,劳动派遣单位的设立条件主要包括:

(1)注册资本不得少于人民币200万元。(2)有与开展业务相适应的固定的经营场所和设施。(3)有符合法律、行政法规规定的劳务派遣管理制度。劳务派遣管理制度包括劳动合同、劳动报酬、社会保险、工作时间、休息休假、劳动纪律等与劳动者切身利益相关的规章制度文本;拟与用工单位签订的劳务派遣协议样本。(4)法律、行政法规规定的其他条件。

经许可的经营劳务派遣业务,“依法办理相应的公司登记”。也就是说,劳务派遣单位的设立必须符合公司法规定的公司设立条件。劳务派遣单位必须为公司形式,不得以合伙、民办非企业单位等形式设立。

(二)许可和登记的程序

2013年7月1日起施行的《劳务派遣行政许可实施办法》详细规定了劳务派遣单位的行政许可程序。经营劳务派遣业务,应当向所在地有许可管辖权的人力资源社会保障行政部门(以下简称许可机关)依法申请行政许可。申请符合法定条件的,许可机关应当依法作出准予行政许可的书面决定,并自作出决定之日起5个工作日内通知申请人领取《劳务派遣经营许可证》。

取得《劳务派遣经营许可证》后,劳务派遣单位还必须依法进行工商登记,取得营业执照后,才能开展劳务派遣经营活动。对于新设立的劳务派遣单位,应当根据公司法和《公司登记管理条例》的规定,持许可证明和有关材料向有管辖权的工商行政管理部门申请设立登记。

现实中,很多企业采用劳务派遣的形式用工,就需要首先了解法律关于劳务派遣单位资质条件的要求,认真核实拟与之签订劳务派遣协议的劳务派遣单位的资质和实力。如果企业使用劳务派遣公司派遣的员工,后来发现劳务派遣公司实际并不具备相应的资质,那么用工企业与劳动者发生争议后,就有可能被要求承担连带责任,甚至可能被司法机关认定劳动者与用工企业存在事实劳动关系,直接承担用人单位应当承担的责任。

二、劳务派遣中的法律关系

劳务派遣单位是用人单位,接受以劳务派遣形式用工的单位称为用工单位。用人单位、用工单位、劳动者存在如下法律关系。

(一)劳务派遣单位与被派遣劳动者签订劳动合同,双方是劳动合同关系

劳务派遣单位是《劳动合同法》所称的用人单位,应当履行用人单位对劳动者的义务。劳务派遣单位应当与被派遣劳动者订立书面劳动合同,且应当订立2年以上的固定期限劳动合同。

(二)劳务派遣单位与用工单位签订劳务派遣协议,双方是民事合同关系

劳务派遣协议应当至少约定13项内容:(1)派遣的工作岗位名称和岗位性质;(2)工作地点;(3)派遣人员数量和派遣期限;(4)按照同工同酬原则确定的劳动报酬数额和支付方式;(5)社会保险费的数额和支付方式;(6)工作时间和休息休假事项;(7)被派遣劳动者工伤、生育或者患病期间的相关待遇;(8)劳动安全卫生以及培训事项;(9)经济补偿等费用;(10)劳务派遣协议期限;(11)劳务派遣服务费的支付方式和标准;(12)违反劳务派遣协议的责任;(13)法律、法规、规章规定应当纳入劳务派遣协议的其他事项。

（三）被派遣劳动者与用工单位是一种特殊的用工关系

被派遣劳动者与用工单位之间受到前两种法律关系的影响，既一方面要受到其与劳务派遣单位签订的劳动合同的约束，同时也要接受用工单位的实际管理、使用和指挥。

典型案例

案例68：《劳务派遣协议》签订不当会导致用工单位承担用人单位的责任吗？

2010年4月19日，苏州某微电子科技有限公司（以下简称苏州某电子公司）作为甲方与昆山某劳务公司作为乙方签订《劳务派遣合同》一份，该合同约定：甲方使用乙方派遣的劳务人员50人（实际人数为甲乙双方每月确认之人数），使用期限从2010年4月19日至2012年4月18日；甲方安排乙方劳务人员从事作业员工作；劳务人员的劳务报酬与发放方法：委托甲方按照劳动法规规定发给劳务人员；甲方按使用的劳务人员每月每人60元标准支付给乙方劳务管理费（包括为劳务人员购买工伤保险、税金和管理费等）；劳务合同期满前，如甲、乙双方协商一致劳务合同可以解除，但必须提前10个工作日通知对方。解除合同后，乙方在甲方工作的劳务人员的一切劳动关系直接归属甲方，与乙方无关。该合同同时约定了其他相关事项。该合同签订后，苏州某电子公司向昆山某劳务公司支付了劳动管理费。

2012年6月13日，小龙进入苏州某电子公司工作，双方未签订书面劳动合同。2012年11月27日，小龙离职。2012年12月24日，小龙提起劳动争议仲裁，要求苏州某电子公司（1）支付其未签订书面劳动合同的两倍工资差额12万元；（2）按照2408元缴费基数补缴2012年6月至2012年11月期间的社保费。2013年2月5日，昆山市劳动人事争议仲裁委员会裁决：（1）苏州某电子公司在裁决生效之日起三日内一次性支付被告小龙未订立书面劳动合同的两倍工资差额10万余元；（2）苏州某电子公司在裁决生效之日起十日内为小龙补缴社会保险费，缴费基数按照2408元/月确定；（3）驳回小龙其余申诉请求。

苏州某电子公司不服裁决结果，诉诸人民法院，认为小龙属昆山某劳务公司劳务派遣工，小龙的用人单位是昆山某劳务公司，其应与小龙签订书面劳动合同，自己作为接受劳务派遣工的用工单位，无义务与其签订劳动合同，故不需要支付其两倍工资差额，原告也无义务为其补缴社保费用。要求法院判令：苏州某电子公司不支付小龙未签订书面劳动合同的两倍工资差额10086.42元并驳回被告要求原告补缴社会保险费的请求。但，苏州某电子公司未能提供其与昆山某劳务公司共同确认的劳务派遣工名单等相关证据予以证实，对此昆山某劳务公司和小龙也均不予认可。

法院认为，原告提供的证据不能证明自己的主张。另，社会保险费用不属人民法院审理范围，法院对此不予理涉。判决如下：(一)原告苏州某电子公司于本判决生效之日起三日一次性支付被告小龙未签订书面劳动合同的两倍工资差额人民币10万余元。(二)被告昆山某劳务公司在本案中不承担任何民事责任。

案例点评

本案的焦点问题是苏州某电子公司与昆山某劳务公司，谁应当承担因未签书面劳动合同而支付双倍工资差额的义务。

原告苏州某电子公司与被告昆山某劳务公司确于2010年4月19日签订过《劳务派遣合同》并向被告昆山某劳务公司支付劳务管理费；但是同时根据苏州某电子公司与昆山某劳务公司《劳务派遣合同》中关于合同双方每月确认实际人数之约定，苏州某电子公司不能提供相关证据证实先前两公司已确定本案被告小龙系某年月由昆山某劳务公司派遣之事实，且被告小龙本人和昆山某劳务公司均否认劳务派遣之事实存在，因此，法院认定被告小龙系非劳务派遣工，其与苏州某电子公司存在事实上的劳动关系。因此，应当由苏州某电子公司承担未与小龙签订书面劳动合同而支付双倍工资差额的义务。

HR实务指引

本案的最大警示意义在于提醒用工单位如果不能与劳务派遣单位签订《劳务派遣协议》，则可能面临劳动关系项下用人单位的法律责任。劳务派遣公司不具备相关资质，或者劳务派遣单位与劳务派遣工未签订劳动合同，则可能导致用工单位与劳务派遣工形成事实劳动关系，从而必须承担相应的法律责任。本案中，苏州某电子公司作为接收劳务派遣工的用工单位，在签订劳务派遣协议时没有将被派遣的劳动者进行明确，协议签订后亦未与劳务派遣单位共同确认的劳务派遣工名单，最终导致苏州某电子公司败诉。

企业在决定引入劳务派遣劳动者时，应当注意以下问题：

第一，认真审查劳务派遣单位的资质，是否具有《劳务派遣单位登记备案证书》，选择具有合法资质的派遣公司签订劳务派遣协议，如果派遣公司不符合《劳动合同法》规定的设立条件，可能导致已经签订的派遣协议无效，进而可能导致被认定为劳动者与用工单位的关系是劳动关系。

第二，与劳务派遣单位认真签订合法、详细的派遣协议，明确约定派遣岗位和人员数量、派遣期限、劳动报酬和社会保险的数额与支付方式、违反协议的责任等。鉴于本案的情况，尤其应与劳务派遣单位明确派遣劳动者具体人员名单。

第三，按照法律规定控制派遣劳动者比例，决定使用被派遣劳动者的辅助性岗位，应当事先经民主程序征求意见并在用工单位公示。

第四，通过劳务派遣协议要求劳务派遣单位与劳动者签订的劳动合同留存用工单位备案，防止劳务派遣单位不签、迟签劳动合同导致实际用工单位与劳动者形成事实劳动关系。

第五，用工单位建立劳务派遣劳动者花名册，可要求劳务派遣劳动者在花名册上签字，以明确用工方式为劳务派遣。

第六，避免“逆向劳务派遣”行为。逆向派遣，即与本单位部分或者大部分职工解除劳动合同后，让这些解除劳动合同的职工再与本单位指定的某一劳务派遣机构重新订立劳动合同，然后由该派遣机构将这些职工再派回本单位继续工作。有的企业为了降低用工成本，将一些原来的正式职工以改制名义，分流到本企业设立的劳务派遣公司，然后又以劳务派遣公司的名义派遣到原岗位，严重损害劳动者的利益。

逆向派遣是一种违法行为。劳动法律规定，劳务派遣工主要适用于临时性、替代性、辅助性的工作岗位，企业不能在相对稳定的工作岗位上使用劳务派遣工。《劳动合同法》第 67 条还规定，用人单位不得设立劳务派遣单位向本单位或者所属单位派遣劳动者。《劳动合同法实施条例》第 42 条规定,用人单位及其所属单位出资、控股或者合伙设立的劳务派遣单位,属于劳动合同法第67条规定的用人单位自行设立的劳务派遣单位。因此,企业应当避免“逆向劳务派遣”行为。

法条链接

《劳动合同法》第五十八条、第五十九条、第六十六条

三、劳务派遣的用工范围和用工比例

劳动合同用工是我国的企业基本用工形式。劳务派遣用工是补充形式。劳务派遣制度在降低企业用工成本、增强用工灵活性等方面发挥着积极作用,但是,如果滥用劳务派遣势必造成危害劳动者合法权益的消极后果。因此,法律就劳务派遣用工的岗位、数量作出了限制性的规定。

(一)劳务派遣的用工范围

用工单位只能在临时性、辅助性或者替代性的工作岗位上使用被派遣劳动者。临时性工作岗位是指存续时间不超过6个月的岗位;辅助性工作岗位是指为主营业务岗位提供服务的非主营业务岗位;替代性工作岗位是指用工单位的劳动者因脱产学习、休假等原因无法工作的一定期间内,可以由其他劳动者替代工作的岗位。

用工单位决定使用被派遣劳动者的辅助性岗位,还应当满足程序要求,即需要经职工代表大会或者全体职工讨论,提出方案和意见,与工会或者职工代表平等协商确定,并在用工单位内公示。

(二)劳务派遣的用工比例

用工单位使用的被派遣劳动者数量不得超过其用工总量的10%。用工总量是指用工单位订立劳动合同人数与使用的被派遣劳动者人数之和。

典型案例

案例69:在主要工作岗位上使用劳务派遣劳动者有何法律后果?

江苏某长途汽车客运公司(以下简称长客公司)与南京某人力资源开发服务有限公司(以下简称人力资源公司)之间签订了合同

期限自2007年7月1日至2009年6月30日，2009年7月1日至2011年6月30日，2011年7月1日至2013年6月30日的三份劳务派遣协议书。阿柱与人力资源公司签订了自2008年9月1日至2009年8月31日止、自2009年9月1日至2011年8月31日止、自2011年9月1日至2013年8月31日止的劳动合同书。2008年9月起，阿柱即被派遣至长客公司担任客车驾驶员，至今已连续在同一用工单位、同一岗位上工作近5年。而长客公司是一家主营长途客运业务的单位，阿柱作为客车驾驶员，其付出的驾驶劳动正是长客公司主营业务的重要组成部分。

阿柱认为，长客公司在其主要、常年的岗位上通过非法的劳务派遣把阿柱变成劳务派遣人员，把连续用工分割为短期用工，是明显的以合法手段掩盖非法目的的行为。为维护自己的合法权利，阿柱于2011年7月22日向劳动人事争议仲裁委员会提出仲裁申请，要求：(1)确认阿柱与长客公司之间的劳动关系；(2)补签无固定期限劳动合同；(3)补缴社会统筹。2011年12月28日，劳动人事争议仲裁委员会作出对申请人的仲裁申请不予支持的仲裁裁决书。

阿柱不服，将长客公司起诉到法院，请求判决：(1)确认原告自入职之日起与被告之间的劳动关系；(2)双方补签无固定期限劳动合同；(3)补缴社会保险费。庭审中，原告增加一项诉讼请求：判令被告以原告名义与人力资源公司违法签订的、以欺诈手段形成的劳动合同无效。被告辩称，被告长客公司与人力资源公司之间签订了合同期限自2007年7月1日至2009年6月30日，2009年7月1日至2011年6月30日，2011年7月1日至2013年6月30日的三份劳务派遣协议书，根据双方的劳务派遣协议，人力资源公司派遣原告阿柱至长客公司担任客车驾驶员。原告阿柱与劳务派遣公司签订了自2008年9月1日至2009年8月31日止、自2009年9月1日至2011年8月31日止、自2011年9月1日至2013年8月31日止的劳动合同书。原告、被告以及人力资源公司一直履行各自的协议内容。因此被告认为原告阿柱与人力资源公司存在劳动关系，与被告之间不存在劳动关系。人力资源公司辩称，其与长客公司之间签订有劳务派遣协议书，与原告阿柱之间签订有劳动合同书，人力资源公司将原告派遣至被告处工作符合合同约定及法律规定。人力资源公司一直为原告缴纳社会保险,履行用人单位的相关义务,原告与人力资源公司之间在劳动合同期限内存在劳动关系,被告长客公司只是实际用工单位,与原告之间不存在劳动关系。

法院认为,劳务派遣一般在临时性、辅助性或者替代性的工作岗位上实施。用工单位应当根据工作岗位的实际需要与劳务派遣单位确定派遣期限,不得将连续用工期限分割订立数个短期劳务派遣协议。原告阿柱实际上从事的工作为被告长客公司的长期性、固定性、主要工作岗位。第三人人力资源公司虽在与阿柱签订劳务派遣劳动合同书后,履行为阿柱缴纳社会保险费的义务至今,但缴纳社会保险费仅是认定劳动者和用人单位之间是否存在劳动关系的依据之一,不能仅以此就判断双方之间必然具有劳动关系。法院认定,原告阿柱与第三人人力资源公司签订的2008年9月至2013年8月期间的劳务派遣劳动合同书无效,双方未形成劳务派遣劳动关系。对于原告阿柱要求与被告长客公司订立无固定期限劳动合同的主张,本院依法予以支持。关于原告阿柱补缴社会保险费的诉请,因社会保险的缴纳不属于人民法院受理范围,原告可依法向相关行政机关主张其权利,本院依法不予处理。判决如下:(一)原告阿柱与第三人人力资源公司之间签订的合同期限自2008年9月1日起至2009年8月31日止、自2009年9月1日起至2011年8月31日止、自2011年9月1日起至2013年8月31日止的劳动合同书无效;(二)原告阿柱与被告长客公司自2008年9月建立劳动关系;(三)被告长客公司于本判决生效之日起三十日内与原告阿柱签订书面无固定期限劳动合同;(四)驳回原告阿柱的其他诉讼请求。

案例点评

按照《劳动合同法》的规定,劳动合同用工是我国的企业基本用工形式。劳务派遣用工是补充形式,只能在临时性、辅助性或者替代性的工作岗位上实施。关于派遣协议期限,用工单位应当根据工作岗位的实际需要与劳务派遣单位确定派遣期限,不得将连续用工期限分割订立数个短期劳务派遣协议。本案中,原告阿柱在2008年9月与第三人人力资源公司签订劳务派遣劳动合同书后，即被派遣至被告长客公司担任客车驾驶员，至今已连续在同一用工单位、同一岗位上工作近5年。而被告长客公司系主营长途客运业务的单位，原告阿柱作为客车驾驶员，其付出的驾驶劳动正是被告长客公司主营业务的重要组成部分。因此，原告阿柱在被告长客公司的工作岗位，不符合劳动合同法中对劳务派遣工作岗位的规定，即在临时性、辅助性或者替代性的工作岗位上方可实施劳务派遣。被告长客公司将其长期、固定的客运驾驶员岗位设置成劳务派遣岗位，并通过第三人人力资源公司向该工作岗位派遣原告，在此过程中形成的，原告阿柱与第三人人力资源公司签订的劳务派遣劳动合同书，因违反法律规定而归于无效。人力资源公司虽在与阿柱签订劳务派遣劳动合同书后，履行了为阿柱缴纳社会保险费的义务，但并不能以此（缴纳社保）作为判断双方之间必然存在劳动关系的标准。因此，法院认定阿柱与人力资源公司之间劳务派遣劳动合同无效是正确的。

自2008年9月至今，原告阿柱为被告长客公司提供劳动、受其管理，与被告长客公司之间建立劳动关系。且该劳动关系一直处于持续、延续的状态。因此，法院认定原告阿柱自其入职之日，即2008年9月至今与被告长客公司之间建立劳动关系是恰当的。

HR实务指引

本案被告（用工单位）实际是试图通过劳务派遣的形式规避劳动法律加之与用人单位的责任和义务。企业在劳务派遣用工过程中，一定要注意：

第一，符合“岗位三性”原则和“用工比例”的要求。如果不符合规定，劳动者可以按照相关法律规定以不符合“岗位三性”、“用工比例”为由提请劳动仲裁或诉讼要求确认构成事实劳动关系。企业（用工单位）仍然难逃作为用人单位的法律责任。

第二，全方位防范事实劳动关系问题。事实劳动关系，是指劳动者与用人单位虽未签订书面的劳动合同或所签订的劳动合同无效，但双方实际已经履行了劳动合同中应有的权利和义务，形成了事实上的劳动关系。本案中，法院认定原告阿柱与被告长客公司之间“自2008年9月至今”建立劳动关系，实际上就是认定双方存在事实劳动关系。可见，“形式合法”的《劳务派遣协议》《劳务派遣劳动合同》并不能真正帮助被告。

法条链接

《劳动合同法》第七条、第十条、第十四条第三款、第五十九条第二款、第六十六条

《劳动合同法实施条例》第七条

四、劳务派遣单位的义务

劳务派遣单位应当对被派遣劳动者履行下列义务：

(1)如实告知被派遣劳动者劳动合同法第八条规定的事项(履行用人单位的告知义务)、应遵守的规章制度以及劳务派遣协议的内容；

(2)建立培训制度,对被派遣劳动者进行上岗知识、安全教育培训；

(3)按照国家规定和劳务派遣协议约定,依法支付被派遣劳动者的劳动报酬和相关待遇；

(4)按照国家规定和劳务派遣协议约定,依法为被派遣劳动者缴纳社会保险费,并办理社会保险相关手续；

(5)督促用工单位依法为被派遣劳动者提供劳动保护和劳动安全卫生条件；

(6)依法出具解除或者终止劳动合同的证明；

(7)协助处理被派遣劳动者与用工单位的纠纷；

(8)法律、法规和规章规定的其他事项。

五、用工单位的义务和责任

(一)劳务派遣中,用工单位应当履行的义务

1. 执行国家劳动标准,提供相应的劳动条件和劳动保护。

被派遣劳动者接受用工单位的指挥和管理,在用工单位提供劳动,用工单位理应提供劳动者工作岗位相关的劳动条件和劳动保护。

2. 告知被派遣劳动者的工作要求和劳动报酬。

劳动报酬主要是指被派遣劳动者在用工单位的工作岗位付出劳动后所应得的工资。被派遣劳动者的劳动报酬是由劳务派遣单位与用工单位之间

协议约定的，而劳动报酬的支付，可以按照劳务派遣协议的约定，由劳务派遣单位支付或者由用工单位直接支付。规定用工单位的告知义务，主要是为了保护劳动者的知情权。

3. 支付加班费、绩效奖金，提供与工作岗位相关的福利待遇。

由于用工单位在生产经营过程中，可能会出现加班加点的情况，而加班费的具体数额不可能在劳务派遣协议中与劳务派遣单位事先约定。因此，加班费应当由用工单位向被派遣劳动者支付。

绩效奖金是一个时期或者一项任务的完成而按照劳动者劳动绩效计算、发放的奖金。由于绩效奖金也不能事先在劳务派遣协议中约定，法律明确规定用工单位应当为被派遣劳动者支付绩效奖金。

福利待遇并没有统一的规定，主要由各企业根据自身情况而定。用工单位提供被派遣劳动者与工作岗位相关的福利待遇，属于职工福利待遇范畴，体现了被派遣劳动者与用工单位其他职工的同工同酬。

4. 对在岗被派遣劳动者进行工作岗位所必需的培训。

5. 连续用工的，实行正常的工资调整机制。

（二）禁止用工单位再派遣

用工单位不得将被派遣劳动者再派遣到其他用人单位。

（三）用工单位给被派遣劳动者造成损害的，劳务派遣单位与用工单位承担连带赔偿责任

所谓“连带责任”，是指各个责任人不分份额，不分先后顺序地根据权利人的请求承担责任。连带责任给了被侵权人更多的选择权，被侵权人可以请求一个或者数个连带责任人承担全部或者部分的赔偿责任。而且，被侵权人的举证责任较轻。在权利人提出请求时，被请求承担全部责任的连带责任人，不得以自己的过错程度等为由只承担自己的责任。劳务派遣单位（用人单位）和用工单位不论哪一方有过错，给被派遣劳动者造成损害的，被派遣劳动者可以向其中的一方或者双方提请仲裁或诉讼，来主张权利。

六、劳务派遣中的退工与劳动合同解除

（一）劳务派遣中的退工

符合一定条件，用工单位可以将被派遣劳动者退回劳务派遣单位。根

据《劳务派遣暂行规定》第12条的，梳理可退工情形如下：

表22 用工单位可退工的情形汇总表

序号	可退工情形	退工后劳务派遣单位处理措施
1	被派遣劳动者有《劳动合同法》第39条规定情形的，即 (1)在试用期间被证明不符合录用条件的； (2)严重违反用人单位的规章制度的； (3)严重失职，营私舞弊，给用人单位造成重大损害的； (4)劳动者同时与其他用人单位建立劳动关系，对完成本单位的工作任务造成严重影响，或者经用人单位提出，拒不改正的； (5)因本法第26条第1款第1项规定的情形致使劳动合同无效的； (6)被依法追究刑事责任的。	劳务派遣单位可以与劳动者解除劳动合同。
2	被派遣劳动者有《劳动合同法》第40条第1项、第2项规定情形的，即 (1)劳动者患病或者非因工负伤，在规定的医疗期满后不能从事原工作，也不能从事由用人单位另行安排的工作的； (2)劳动者不能胜任工作，经过培训或者调整工作岗位，仍不能胜任工作的。	劳务派遣单位提前30日以书面形式通知劳动者本人或者额外支付劳动者一个月工资后，可以解除劳动合同。
3	用工单位有劳动合同法第40条第3项、第41条规定情形： (1)劳动合同订立时所依据的客观情况发生重大变化，致使劳动合同无法履行，经用人单位与劳动者协商，未能就变更劳动合同内容达成协议的。 (2)依照企业破产法规定进行重整的； (3)生产经营发生严重困难的； (4)企业转产、重大技术革新或者经营方式调整，经变更劳动合同后，仍需裁减人员的； (5)其他因劳动合同订立时所依据的客观经济情况发生重大变化，致使劳动合同无法履行的。	(1)如劳务派遣单位重新派遣时维持或者提高劳动合同约定条件，劳动者不同意的，劳务派遣单位可以解除劳动合同。 (2)如劳务派遣单位重新派遣时降低劳动合同约定条件，劳动者不同意的，劳务派遣单位不得解除劳动合同。但被派遣劳动者提出解除劳动合同的除外。 (3)退工后劳动者无工作期间，劳务派遣单位应当按照不低于所在地人民政府规定的最低工资标准，向其按月支付报酬。 序号3、4、5情况下，与被派遣劳动者解除或者终止劳动合同的，应当依法向被派遣劳动者支付经济补偿。
4	用工单位被依法宣告破产、吊销营业执照、责令关闭、撤销、决定提前解散或者经营期限届满不再继续经营的。	
5	劳务派遣协议期满终止的。	

表 23　用工单位不得退工的情形汇总表

序号	适用情形	不得退工
1	从事接触职业病危害作业的劳动者未进行离岗前职业健康检查,或者疑似职业病病人在诊断或者医学观察期间的。	不得依据《劳务派遣暂行规定》第 12 条第 1 款第 1 项规定将被派遣劳动者退回劳务派遣单位;派遣期限届满的,应当延续至相应情形消失时方可退回。
2	在本单位患职业病或者因工负伤并被确认丧失或者部分丧失劳动能力的;	
3	患病或者非因工负伤,在规定的医疗期内的。	
4	女职工在孕期、产期、哺乳期的。	
5	在本单位连续工作满 15 年,且距法定退休年龄不足 5 年的。	

(二)劳务派遣中的劳动合同解除和终止

劳务派遣中,劳务派遣单位是《劳动合同法》意义上的用人单位,其与被派遣劳动者可适用《劳动法》、《劳动合同法》的一般规则解除和终止劳动合同。除此之外,应当注意以下两点:

(1)《表 22　用工单位可退工的情形汇总表》中对应的序号 3、4、5 中的内容。

(2)劳务派遣单位被依法宣告破产、吊销营业执照、责令关闭、撤销、决定提前解散或者经营期限届满不再继续经营的,劳动合同终止。用工单位应当与劳务派遣单位协商妥善安置被派遣劳动者。

典型案例

案例 70:用工单位因生产经营发生严重困难退工的,劳务派遣单位可否与劳动者解除劳动合同?

2013 年 2 月,小张与一家劳务派遣公司签订了为期 2 年的劳务派遣劳动合同,期限自 2013 年 3 月 1 日至 2015 年 2 月 28 日。劳动合同签订后,小张被派遣到一家建筑企业工作。劳务派遣公司与建筑企业签订了劳务派遣协议,约定了小张等人的派遣工作岗位、派遣期限、劳动报酬、社保等。2013 年 12 月,建筑企业生产经营发生严重困难,企业面临破产边缘,小张所在部门员工放假回家。一个月后,建筑企业按照劳务派遣协议的约定,将小张等人退回劳务派遣公司。劳务派遣公司告知小张，建筑企业将其退工，双方解除劳动合同。小张不同意，认为双方合同期限为2年，现在还没有期满，劳务派遣公司应当支付被退工后的工资。经多次沟通无效后，小张向劳动仲裁委提起仲裁申请，要求劳务派遣公司支付其被退工后无工作期间的工资报酬。劳务派遣公司认为，建筑企业生产经营发生困难，属于不可抗力，小张被退工后，劳务派遣公司只能与其解除合同，不可能在其不工作的情况下支付其工资。

仲裁委认为，用工单位生产经营发生困难，停止生产，将派遣的劳动者退回用人单位，用人单位应该重新将劳动者派遣其他单位，无法派遣的，应按照《劳动合同法》的规定，按照所在地市人民政府规定的最低工资标准，向其按月支付报酬。仲裁委裁决，劳务派遣公司应该按照本市最低工资标准按月支付小张无工作期间的报酬。

案例点评

本案的焦点问题是，被派遣劳动者被依法退工后，劳务派遣单位（用人单位）能否在劳动合同未满的情况下解除劳动合同。

根据《劳动合同法》第58条第2款规定，劳务派遣单位应当与被派遣劳动者订立2年以上的固定期限劳动合同，按月支付劳动报酬；被派遣劳动者在无工作期间，劳务派遣单位应当按照所在地人民政府规定的最低工资标准，向其按月支付报酬。本案中，用工单位建筑企业生产经营发生困难，导致小张无工作岗位，用工单位按照约定退工，但用人单位与小张的劳动合同还在有效期内，因此，劳务派遣公司应当为小张再派遣其他工作，在找到新的工作岗位之前，劳务派遣公司应当按照所在地人民政府规定的最低工资标准，向小张按月支付报酬。因此，仲裁委的裁决并无不当。

HR 实务指引

实践中，有些劳务派遣单位为了逃避用人单位的责任，故意在劳动合同中不约定具体的合同期限，而是以接受劳务派遣的用工单位所需要的劳务派遣时间或者是以被派遣劳动者为用工单位提供劳动的时间为准。如用工单位需要派遣工为其工作1年，劳动合同的期限也为1年，如果被派遣劳动者在用工单位提供劳动提前结束的，劳动合同也同时结束。如果任由这种情况发展，则劳动者的权益将无法保障。基于此，《劳动合同法》对劳务派遣劳动合同的期限规定为订立2年以上的固定期限劳动合同。

需注意的是，劳动合同的期限不等同于劳动合同中所规定派遣期限。劳动合同规定的派遣期限所体现的是某一被派遣劳动者向用工单位提供劳务的期间，而劳动合同的期限是指用人单位与劳动者建立的劳动关系自何时开始至何时结束，是劳动关系当事人双方享有权利和履行义务的时间。劳动合同期限届满，则用人单位和劳动者之间劳动关系终止。劳动合同中的派遣期限届满，劳动合同的期限并不一定届满，此时被派遣劳动者由用工单位返回劳务派遣单位，劳动者与劳务派遣单位之间的劳动关系可能继续存在。

因此，作为用工单位的企业在引进被派遣劳动者，与派遣单位签订《劳务派遣协议》时，应当充分注意劳务派遣时间的合理设置问题，劳务派遣期限不可超过劳动合同期限。

法条链接

《劳动合同法》第五十八条

范本38：劳务派遣劳动合同

劳务派遣劳动合同

甲方（劳务派遣单位）：

住所：

法定代表人（主要负责人）或委托代理人：

单位社会保险登记证编号：

劳务派遣行政许可证编号：

乙方（被派遣劳动者）：

性别：

联系方式：

户籍所在地址：

现居住地址：

居民身份证号码：

个人社会保障卡号：

就业登记证号：

依据《劳动法》、《劳动合同法》、《劳务派遣暂行规定》以及有关法律、法规、规章的规定，甲乙双方遵循合法、公平、平等自愿、协商一致、诚实信用的原则，签订本合同。

一、合同期限

甲乙双方约定按下列种方式确定劳动合同期限：

（一）签订二年以上的固定期限合同，自________年____月____日起至________年____月____日止。其中，试用期自________年____月____日起至________年____月____日止。

（二）签订无固定期限的劳动合同，自年月日起。其中，试用期自________年____月____日起至________年____月____日止。

二、工作内容和工作地点

（一）乙方同意根据甲方与用工单位签订的劳务派遣协议，在用工单位符合法律规定的“临时性、辅助性或者替代性”工作岗位（工种）工作，具体岗位（工种）在合同附件中明确。乙方应当按照用工单位安排的工作内容及要求履行劳动义务，按时完成规定的工作数量，达到规定的质量要求。

（二）乙方同意根据用工单位的工作需要在相应的工作地点工作，但仅限于________范围（所在市），具体工作地点在合同附件中明确。

（三）乙方同意由甲方派遣到用工单位工作，并服从用工单位的管理，遵守用工单位依法制定并已公示的各项规章制度。

（四）乙方同意用工单位根据工作需要和对乙方业绩的考评结果，按照合理诚信原则，变动乙方的工作岗位，变动后的工作岗位也须符合“临时性、辅助性或者替代性”的要求。

三、工作时间和休息休假

（一）经甲乙双方协商，乙方同意根据用工单位工作需要执行相应的工时制度，具体工时制度在合同附件中明确。

（二）甲方应当要求用工单位严格遵守工作时间法律规定，保证乙方的休息权利与身心健康，不得强迫或变相强迫乙方加班加点，确因工作需要安排乙方加班加点的，应当经与工会和乙方协商，并依法支付加班加点工资或安排乙方补休。

（三）甲方依法为乙方安排带薪年休假，具体休假办法由甲乙双方与用工单位共同协商确定。

四、劳动报酬和福利待遇

（一）甲方应当根据劳务派遣协议约定，要求用工单位保证乙方享有与用工单位的劳动者同工同酬的权利，即对乙方与本单位同类岗位的劳动者实行相同的劳动报酬分配办法，用工单位无同类岗位劳动者的，参照用工单位所在地相同或者相近岗位劳动者的劳动报酬确定。乙方的具体工资标准在合同附件中明确。

（二）乙方在劳务派遣期间患病、休假期间的工资标准按照用工单位依法制定的有关工资分配办法执行。

（三）用工单位连续使用乙方的，甲方应当要求用工单位对乙方实行正常的工资调整机制。用工单位对乙方实行计件工资制的，甲方应当要求用工单位合理确定乙方的劳动定额，即用工单位同岗位百分之九十以上劳动者在法定工作时间内能够完成。

（四）甲方应当以货币形式于每月____日之前向乙方足额支付工资，乙方在劳动合同期内的无工作期间，甲方应当按照所在地最低工资标准按月向乙方支付报酬。

（五）甲方应当督促用工单位向乙方依法支付加班费、绩效奖金和与工作岗位相关的福利待遇。用工单位未支付的，由甲方履行对乙方的义务。

（六）乙方患病或者非因工负伤的，依法享有国家规定的医疗期待遇。

五、社会保险

（一）甲乙双方依法在用工单位所在地参加社会保险，按时缴纳各项社会保险费，乙方应当缴纳的社会保险由甲方代扣代缴。甲方应当按月将缴纳社会保险费的明细情况告知乙方，并为乙方依法享受社会保险待遇提供帮助。

（二）如乙方发生工伤事故，甲方应当会同用工单位负责及时救治，提供可能的帮助，并在规定时间内，向人力资源社会保障行政部门提出工伤认定申请，为乙方依法办理劳动能力鉴定，并为其享受工伤待遇履行必要的义务。甲方未按规定提出工伤认定申请的，乙方或者其近亲属、工会组织在事故伤害发生之日或者被诊断、鉴定为职业病之日起1年内，可以直接向甲方所在地人力资源社会保障行政部门提请工伤认定申请。

六、劳动保护、劳动条件和职业培训

（一）甲方如派遣乙方到可能产生职业危害的岗位，应当事先向乙方履行如实告知的义务，并对乙方进行劳动安全卫生教育和培训，预防劳动过程中的事故，减少职业危害。具体岗位是否具有职业危害在合同附件中明确。

（二）甲方应当会同用工单位共同为乙方提供符合国家规定的劳动安全卫生条件和必要的劳动保护用品，落实国家有关女职工、未成年工的特殊保护规定。安排乙方从事有职业危害作业的，应当事先告知职业危害防护措施和待遇等，定期为乙方进行健康检查。

（三）乙方在劳动过程中必须严格遵守安全操作规程。乙方对用工单位管理人员违章指挥、强令冒险作业，有权拒绝执行。

（四）甲方应当会同用工单位共同执行国家就业准入和职业资格证书制度，为乙方提供工作岗位所必需的培训，不断提高乙方的职业技能。

七、劳动争议处理

（一）甲乙双方发生劳动争议，可以协商解决。不愿协商或者协商不成的，可以向本单位劳动人事争议调解委员会申请调解；调解不成的，可以向劳动人事争议仲裁委员会申请仲裁。甲乙双方也可以直接向劳动人事争议仲裁委员会申请仲裁。提出仲裁要求的一方应当自知道或应当知道自己的权利被侵犯之日起一年内向劳动人事争议仲裁委员会提出书面申请。对仲裁裁决不服且符合起诉条件的，可以自收到仲裁裁决书之日起十五日内向人民法院提起诉讼。

（二）甲方和用工单位违反劳动保障法律、法规和规章，损害乙方合法权益的，乙方有权向人力资源社会保障行政部门和有关部门投诉（可拨打人力资源社会保障行政部门统一受理举报投诉电话 12333、工会统一投诉电话 12351）；给乙方造成损害的，甲方和用工单位承担连带赔偿责任。

（三）乙方违法解除或者终止劳动合同时，未归还甲方或者用工单位的财物、技术资料等，或者未根据甲方规章制度、双方约定办理工作手续的，应当依法承担赔偿责任。

（四）劳动合同依法订立即具有法律约束力，双方应严格履行。

八、其他事项

（一）甲方应当如实将其与用工单位签订的劳务派遣协议内容告知乙方。乙方已知晓甲方与用工单位签订的劳务派遣协议内容，且无异议。

（二）本合同履行过程中，若甲方变更名称、法定代表人或者主要负责人、投资人等事项，不影响本合同履行；若甲方发生合并或分立等情况，本合同继续有效，由承继单位继续履行。乙方户籍所在地、现居住地址、联系方式等发生变化，应当及时告知甲方。

（三）经双方协商一致，本合同可以变更。变更本合同应当采取书面形式，注明变更日期。一方要求变更的，应当将变更要求书面送达另一方；另一方应当在收到之日起 15 日内作出书面答复。逾期未作出书面答复的，视为不同意变更劳动合同。

（四）甲方应当在解除或终止乙方劳动合同时出具解除或终止劳动合同的证明，乙方应当按照甲方的要求办理工作交接。乙方工作交接完毕，甲方应当依法支付经济补偿，并在 15 日内为乙方办理档案和社会保险关系转移手续。

（五）因乙方派遣期满或其他原因被用工单位退回甲方的，甲方可以对其重新派遣，乙方同意重新派遣的，双方应当协商派遣单位、派遣期限、工作地点、工作岗位、工作时间和劳动报酬等内容，并以劳动合同附件形式予以确认。

（六）本合同不得代签和涂改，经甲乙双方签字或盖章后生效。双方另有约定的，从其约定。本合同一式两份，甲乙双方各执一份。

(七)本合同附件包括:____________。

(八)本合同未尽事宜,按国家有关规定执行。

甲方(盖章):　　　　　　　　乙方(签名):

法定代表人或委托代理人(签名):

年　月　日　　　　年　月　日

附件:

一、派遣单位和期限

(一)经甲乙双方协商约定,甲方派遣乙方到________(用工单位名称)工作,住所,法定代表人或主要负责人________。

(二)派遣期限为个月,从________年____月____日起至________年____月____日止。

二、工作岗位和工作地点

(一)乙方同意根据用工单位的工作需要,在____________岗位(工种)工作,属于临时性/辅助性/替代性工作岗位。乙方应当按时完成劳动任务,并达到用工单位规定的质量标准。

(二)乙方所在的岗位,(1.存在;2.不存在)职业危害因素。如防护不当,该职业危害因素可能对乙方的身体造成损害。用工单位按照国家有关规定,提供的职业危害防护措施和待遇,包括:____。

(三)乙方的工作地点为____________________________。

三、工作时间和休息休假

经甲乙双方协商,乙方同意根据用工单位工作需要执行下列____条款:

(一)用工单位安排乙方从事以下工时工作岗位,乙方工作时间平均每周不超过40小时,并保证乙方每周至少休息一日。

1.用工单位实行每天小时工作制,每周工作____天,每周休息____天。

2.用工单位实行轮班制,安排乙方实行 班运转工作制,每班工作时间小时。

(二)用工单位安排乙方的工作岗位,属于经人力资源社会保障行政部门批准实行不定时工作制的岗位，双方依法执行不定时工作制规定。

（三）用工单位安排乙方的工作岗位，属于经人力资源社会保障行政部门批准属于实行综合计算工时工作制的岗位，双方依法执行综合计算工时工作制规定。

四、劳动报酬

（一）甲方按时足额支付乙方的劳动报酬。经甲乙双方协商一致，对乙方的劳动报酬按照用工单位依法制定的工资分配办法确定，为下列条款：

1. 乙方每月工资为____元；

2. 用工单位实行计件工资制，双方约定的定额和计件单价为________；

3. 用工单位实行基本工资和绩效工资相结合的工资分配办法，乙方每月基本工资元，并根据用工单位工资分配办法正常调整；绩效工资根据乙方的工作表现、劳动成果和实际贡献等合理确定；

4. ……

（二）甲乙双方约定，加班加点工资计发执行以下________条款，但不得低于所在地最低工资标准：

1. 加班加点工资计发基数为____元；

2. 加班加点工资计发办法按照________执行。

甲方（盖章）： 乙方（签名）：

法定代表人或委托

代理人（签名）：

年 月 日 年 月 日

范本39：劳务派遣协议

劳务派遣协议书

用工单位：________（以下简称甲方）

派遣单位：________（以下简称乙方）

为了促进就业，满足甲方的用人需求，甲乙双方经过友好、平等协商，在《劳动合同法》框架内建立劳务派遣合作关系。甲方将本企业所需劳动力交由乙方统一派遣。双方经协商一致，就劳务派遣事宜签订以下协议：

第一条　劳务派遣人员的数量、条件、派遣期、试用期和提供劳务的方式

1. 乙方按甲方要求招聘、录用符合条件的人员，以劳务派遣的方式派往甲方。

2. 从________年____月____日起派遣____名派遣人员到甲方工作，试用期____月，派遣期年，即________年____月____日起至________年____月____日止。根据甲方实际用工人数增减，双方签订《劳务派遣人员名单》。

3. 派遣人员须具备的条件：

(1) 无犯罪史和不良记录。

(2) 无酗酒、吸毒和违反公共道德标准的不良嗜好。

(3) 本人身份、家庭住址和家庭人员关系清楚、确定。

(4) 具备胜任工作的学历、身体等条件。

第二条　劳务派遣人员的招录与变更

1. 劳务派遣人员可由甲方自行面试、确认录用，也可委托乙方进行招聘并交由甲方确定。派遣的劳务人员一经确定，甲、乙双方应拟定《劳务派遣人员名单》，并签字、盖章，作为本合同的附件，由乙方与劳务派遣人员签定劳动合同。

2. 甲、乙双方按照商定对被派遣的劳务人员进行变更的，要相应更改《劳务派遣人员名单》，并须经双方签字、盖章认可。劳务派遣人员在甲方工作期间依法需要辞退的，甲方应提前35个工作日将辞退意见以书面形式通知乙方，由乙方负责与劳务派遣人员办理终止或解除劳动合同手续，甲方应依法支付经济补偿金。

3. 劳务派遣人员在甲方工作期间，因病、工伤（含职业病）在医疗期内的，以及女性职工的“三期”期间，甲方不得通知乙方与其终止、解除劳动关系，甲方应按劳动法的有关规定继续履行用人单位的职责。

第三条　劳务派遣人员的工资、各项社会保险费的支付

1. 劳务派遣人员的工资标准和福利待遇按照甲方依法制定的标准执行，实行同工同酬。

2. 劳务派遣人员的工资、各项社会保险费，甲方应于每月____日前转入乙方银行账户。乙方根据甲方提供的劳务派遣人员的工资清单，转入每个劳务派遣人员的银行工资卡账户内，乙方于收到该款项后5日内发放。

3. 甲方应按照各项社会保险经办机构核定的费率做好劳务派遣人员的工资、各项社会保险费明细表，乙方根据甲方转入的工资、各项社会保险费足额发放和缴纳。

4. 劳务派遣人员的每月工资、各项社会保险费甲方如不能按期支付以及乙方未能按期转入工资卡账户，违约方应自逾期之日起每日按未支付总额5‰的比例向对方支付违约金。

第四条　甲方权利与义务

1. 必须按照劳动法的规定合法规范用工，安排劳务派遣人员在甲方的具体工作岗位，监督、检查、考核劳务派遣人员完成工作的情况。

2. 对劳务派遣人员是否适合要求有最终决定权。

3. 劳务派遣人员有以下情形之一的，甲方可立即通知并退回乙方：

(1)在试用期内不符合甲方工作要求的；

(2)严重违反甲方劳动纪律、规章制度的；

(3)严重工作失职，营私舞弊，给甲方造成重大经济损失的；

(4)被依法追究刑事责任的。

4. 甲方要求劳务派遣人员进入公司前需身体健康，并根据甲方的要求提供健康证明，体检不合格的人员退回乙方，由乙方解除劳动合同。

5. 甲方确因生产经营变化需减少或退回乙方劳务派遣人员时，应提前35个工作日书面通知乙方。甲方须结算清本协议第六条第一项第1、2、3款的费用，经甲、乙双方商定后，由乙方负责办理有关手续。

6. 因社保费用为提前申报，故甲方每月10日前应将社保费用增减情况通知乙方(如遇休息日及节假日应相应提前一日)。

7. 劳动合同解除或终止后，按法律规定应支付经济补偿金的，甲方在派遣员工办结工作交接后的当月支付劳务费用时将应支付的经济补偿金转到乙方账户。

8. 确定和调整劳务派遣人员的劳务报酬标准。

9. 因甲方原因造成劳务派遣人员与乙方提前解除劳动合同的，其经济补偿责任，由甲方按照劳动法相关规定执行。

10. 对乙方不履行合同的，甲方有权追究其违约责任。

11. 对劳务派遣人员的职业道德规范、工作任务、技能培训、应达到的工作要求、应注意的安全事项、应遵守的各项纪律等履行告知、教育、管理、督查的义务。

12. 为劳务派遣人员提供必需的劳动条件、劳动工具和业务用品以及符合国家规定的劳动安全卫生设施和必要的劳动防护用品，为劳务派遣人员提供简单的工厂医疗服务。

第五条　乙方的权利与义务

1. 乙方有义务把甲、乙双方签定劳务派遣协议的事实告知劳务派遣人员，并且作为乙方和劳务派遣人员签订劳动合同的其中一项条款。

2. 对甲方不履行合同的，乙方有权追究其违约责任。

3. 全面负责被派遣劳务人员的劳务用工管理、劳务纠纷处理与社保办理，处理涉及劳动关系的所有事宜，与劳务派遣人员签订劳动合同，并且提供给甲方备案。

4. 负责劳务派遣人员档案管理，负责建立、接转劳务派遣人员档案。

5. 按合同条款规定派遣符合条件的劳务人员到甲方工作。对于甲方按本合同相关条款停止派遣并退回乙方的劳务人员，乙方应予接收并负责处理与劳务人员之间的劳动关系等后续工作，尽量避免对甲方的正常生产运营造成不利影响。

6. 劳务派遣人员发生工作事故的，乙方接到甲方通知后，按相关保险条例妥善处理，并负责办理申报和理赔事宜。

7. 对劳务派遣人员给甲方造成的经济损失，乙方应积极帮助甲方向劳务人员索赔，甲方提供必要的协助。

8. 乙方应指定专人定期到甲方处，了解劳务派遣人员的思想动态、工作表现、遵纪情况以及对乙方的合理要求，乙方应尽力提供最佳服务。

9. 乙方负责劳务派遣人员的日常生活、工作的协调处理工作。

10. 劳务派遣人员应遵守甲乙双方的规章制度，服从甲、乙双方的工作安排与管理，因个人原因需要提前结束服务期的，应提前30日向甲、乙双方同时书面申请。待批准并办理完毕与甲方的移交手续后方可离职，其相关手续由乙方负责办理。

第六条　费用的支付

1. 甲方向乙方支付的劳务费用包括：

(1)劳务派遣人员的劳务报酬；

(2)劳务派遣人员的各项社会保险费用或实习生的意外险费用；

(3)劳务派遣的服务管理费用。

2. 费用的标准：

(1)甲方应支付的相关各项社会保险费用数额按社保局核定的缴费基数依据当月发工资人数，连同个人缴纳部分，每月一次支付乙方，由乙方申报上缴。

(2)劳务派遣服务管理费标准：

①每人每月____元。②按工资总额____(%)支付。

3. 支付方式和支付时间：

甲方于每月10日前将本条第1款规定的劳务费用________的方式支付给乙方，并提供各项费用结算清单。乙方负责为甲方开具符合国家税法规定的合法票据。

4. 乙方账户资料如下：

开户名称：

开户账号：

开户银行：

第七条　劳务派遣人员的日常管理

1. 劳务派遣人员在派往甲方工作期间，其日常管理工作、安全教育、月评、季评及年度考核等均由甲方负责落实。

2. 劳务派遣人员在派往甲方工作期间，享有甲方规定的福利、劳保、工作、学习、休息等待遇和评优、评先等权利。

第八条　工伤事故处理

1. 甲方应遵守有关安全生产和职业病防治的法律法规，预防工伤事故的发生。

2. 劳务派遣人员在甲方工作期间发生工伤，甲方应积极组织抢救、保护现场，并且及时通知乙方。乙方应承担工伤认定申请和劳动能力鉴定申请，以及协调工作，甲方应积极配合。工伤认定申请和劳动能力鉴定申请结束后，由甲方按照《工伤保险条例》的有关规定承担用人单位的义务，并按有关规定执行。

3. 因发生工伤而引起的所有费用，除社会保险机构按政策规定支付外，其他费用均由甲方支付，乙方负责办理。

4. 劳务派遣人员发生工伤，在接受治疗的停工留薪期，原工资福利待遇不变，由甲方按月支付。

第九条　劳务派遣协议的期限

本协议期为________年，即自________年____月____日起至________年____月____日止，如合同期满甲、乙双方无疑义，合同顺延；合同期满后甲、乙双方一方提出异议，双方协商解决。

第十条　合同的变更、解除、终止和其他

1. 甲、乙双方应共同遵守本合同的各项条款。未尽事宜，由双方协商解决。经双方协商一致对本合同进行修改、补充达成的补充协议与本合同具有同等法律效力。

2. 本合同期满即终止。甲、乙任何一方如拟变更本合同内容或提前终止本合同的，都应提前一个月书面通知对方，并协商解决。劳动者在试用期内提前三日通知用人单位，可以解除劳动合同。合同终止后，甲方仍继续使用被派遣劳务人员的，则视为本派遣协议继续有效，合同期顺延，甲、乙双方应当及时补办派遣协议手续。

3. 甲、乙双方任一方违约，违约方应向对方承担违约责任，并承担相应的经济赔偿。

第十一条　违约赔偿

1. 一方违约提前解除本协议，应将剩余期的管理费总额作为赔偿金，一次性支付给守约方。

2. 本协议签订后，一方不按约定执行，应向守约方按拟定派遣人数最低工资标准，一次性向守约方支付协议期内双倍的管理费，作为违约赔偿金。

3. 协议期内甲方不得与其他派遣公司建立合作关系，如违约，按上款支付赔偿金。

4. 甲方不按本协议要求的时间和方式，支付所有款项给乙方和乙方不按约定时间支付派遣人员工资的违约现象出现，除按本协议纠正后，还应支付服务管理费2倍的违约金，并由违约方承担全部责任。

5. 因不可抗拒力致使本协议无法履行，双方均不承担违约责任。

第十二条　争议解决

合同履行过程中发生的争议，双方协商解决；如协商不成提交乙方所在地法院解决。

第十三条　其他

本合同正本一式两份，甲、乙双方各执一份，经甲乙双方签字、盖章后生效。

甲方（盖章）：	乙方（盖章）：
法定代表人或委托代理人	法定代表人或委托代理人
（签字）：	（签字）：
年　　月　　日	年　　月　　日

第三节 非全日制用工

一、非全日制用工的概念

非全日制用工，是指以小时计酬为主，劳动者在同一用人单位一般平均每日工作时间不超过4小时，每周工作时间累计不超过24小时的用工形式。

应当注意的是，非全日制用工是劳动关系而不是劳务关系。非全日制用工只限于用人单位用工，而不包括个人用工形式。个人用工属于民事雇佣关系，应受民事法律关系调整，但劳动者通过依法成立的劳务派遣组织派遣为用人单位、家庭或者个人提供非全日制劳动的应受劳动合同法的调整。

非全日制用工与全日制用工存在较大差别。主要表现在：

表24 非全日制用工与全日制用工对标表

序号	区别点	全日制用工	非全日制用工
1	工作时间	实行每天工作不超过8小时，每周不超过40小时的标准工时的工时制度	工作时间一般为每天4小时，每周工作时间不超过24小时。非全日制用工在24小时的总的工作时间内，具体工作安排由用人单位自主决定
2	劳动合同的形式	必须以书面劳动合同建立劳动关系	既可以签订书面劳动合同，也可以订立口头协议
3	是否可以约定试用期	可以根据劳动合同期限的长短约定试用期	不得约定试用期
4	劳动关系的管理	劳动者一般情况下只能与一家用人单位建立劳动关系	劳动者可以与一个甚至多个的用人单位订立劳动合同建立劳动关系，当然，后订立的劳动合同不得影响先订立的劳动合同的履行
5	终止用工	应严格遵守法律规定的条件及程序	任何一方均随时通知对方终止用工

续表

序号	区别点	全日制用工	非全日制用工
6	解除劳动关系是否支付经济补偿金	在法定情况下,用人单位应当向劳动者支付经济补偿金	用人单位不向劳动者支付经济补偿

二、非全日制用工制下劳动者权利

根据《劳动合同法》有关规定,非全日制劳动者享有以下权利:

第一,非全日制用工实行小时工资制,用人单位支付给非全日制职工的小时工资不得低于当地政府颁布的小时最低工资标准。

第二,实行非全日制用工的用人单位给职工支付工资不得迟于15天。

第三,非全日制用工可以订立口头协议。

第四,非全日制职工可以与两个或两个以上的用人单位建立劳动关系。

第五,非全日制用工不得约定试用期。

第六,非全日制职工可以随时通知用人单位终止用工。

三、非全日制用工的社会保险

按照2003年发布的《关于非全日制用工若干问题的意见》(劳社部发〔2003〕12号)的相关规定,非全日制用工的劳动者参加社会保险与全日制用工的劳动者有所不同:

1. 从事非全日制工作的劳动者应当参加基本养老保险,原则上参照个体工商户的参保办法执行。对于已参加过基本养老保险和建立个人账户的人员,前后缴费年限合并计算,跨统筹地区转移的,应办理基本养老保险关系和个人账户的转移、接续手续。符合退休条件时,按国家规定计发基本养老金。

2. 从事非全日制工作的劳动者可以以个人身份参加基本医疗保险,并按照待遇水平与缴费水平相挂钩的原则,享受相应的基本医疗保险待遇。参加基本医疗保险的具体办法由各地劳动保障部门研究制定。

3. 用人单位应当按照国家有关规定为建立劳动关系的非全日制劳动者缴纳工伤保险费。从事非全日制工作的劳动者发生工伤，依法享受工伤保险待遇；被鉴定为伤残5~10级的，经劳动者与用人单位协商一致，可以一次性结算伤残待遇及有关费用。

范本40：非全日制用工劳动合同

非全日制用工简易劳动合同

甲方（用人单位）名称：________________________

法定代表人（主要负责人）或者委托代理人：____________

注册地址：______________

联系电话：______________

乙方（劳动者）姓名：____________________________

居民身份证号：____________________________

户口所在地：________省（市）________区（县）____ ________乡镇____________村

邮政编码：______________

现住址：______________

联系电话：______________

根据《劳动法》、《劳动合同法》及有关规定，甲乙双方遵循平等自愿、协商一致的原则签订本合同。

第一条【合同期限】 甲乙双方可以随时终止本合同。

第二条【工作内容】 乙方同意根据甲方工作需要，担任____________工作。

甲方根据工作要求对乙方进行必要的职业技能培训。

乙方应当努力提高职业技能，按岗位要求完成工作任务。

第三条【工作时间】 乙方每周工作____日，分别为____；每日工作____小时。

第四条【劳动报酬】 甲方按小时计酬方式支付乙方工资，标准为每小时____元。

甲方向乙方支付工资形式为________（直接发放/委托银行代发）。支付周期不得超过15日。

第五条【社会保险】 甲方应当依法为乙方缴纳工伤保险费。

第六条【劳动保护和劳动条件】 甲方根据生产岗位需要，按照国家有关劳动安全卫生规定对乙方进行安全卫生培训和职业培训，为乙方提供如下劳动保护条件和劳动防护用品：________________。

第七条【劳动争议处理】 甲乙双方发生劳动争议，可以协商解决，也可以依照《劳动争议调解仲裁法》的规定通过申请调解、仲裁和提起诉讼解决。

第八条 甲乙双方约定的其他事项

____

____。

第九条 本劳动合同一式二份，甲乙双方各执一份。

本劳动合同自甲乙双方签字、盖章之日起生效。

甲方（公章）： 乙方（签字或盖章）：

法定代表人（主要负责人）或委托代理人：

（签字或盖章）

年 月 日 年 月 日

表25 用人单位违反《劳动合同法》应承担行政责任对照表

序号	违法行为	违反法规	整改依据	处理及处罚依据	处理及处罚规定
1	扣押劳动者居民身份证和其他证件	《劳动合同法》第9条	—	《劳动合同法》第84条第1款	扣押居民身份证的，适用《居民身份证法》第16条规定，处200元以下罚款，扣押其他证件的，适用《江苏省劳动合同条例》第61条第1款规定，每人500元以上3000元以下，处以罚款
2	违反《劳动合同法》有关建立职工名册规定的	《劳动合同法》第7条	《劳动合同法》实施条例第33条	《劳动合同法实施条例》第33条	2000元以上2万元以下的罚款

续表

序号	违法行为	违反法规	整改依据	处理及处罚依据	处理及处罚规定
3	以担保或者其他名义向劳动者收取财物	《劳动合同法》第9条	—	《劳动合同法》第84条第2款	责令限期退还劳动者本人，并以每人500元以上2000元以下罚款
4	未依法订立劳动合同	《劳动合同法》第10条	—	《劳动合同法》第82条	双倍工资
5	应订立无固定期限劳动合同而未订立的	《劳动合同法》第14条	—	《劳动合同法》第82条第2款	自应当订立无固定期限劳动合同之日起向劳动者每月支付2倍的工资
6	未将劳动文本交付劳动者	《劳动合同法》第16条第2款	《劳动合同法》第81条	拒不改正的，《劳动保障监察条例》第30条第1款第3项	责令改正，处2000元以上2万元以下罚款
7	劳动合同文本未载明必备条款	《劳动合同法》第17条第1款	《劳动合同法》第81条	拒不改正的，《劳动保障监察条例》第30条第1款第3项	责令改正，处2000元以上2万元以下罚款
8	违反试用期规定使用劳动者	《劳动合同法》第19条	《劳动合同法》第83条	拒不改正的，《劳动保障监察条例》第30条第1款第3项	责令改正，处2000元以上2万元以下罚款
9	违反法律规定解除或终止劳动合同	《劳动合同法》第4章	经济补偿标准双倍向劳动者支付赔偿金	拒不改正的，《劳动保障监察条例》第30条第1款第3项	责令改正，处2000元以上2万元以下罚款
10	解除或终止劳动合同未按规定支付经济补偿	《劳动合同法》46条	《劳动合同法》第85条	拒不改正的，《劳动保障监察条例》第30条第1款第3项	责令改正，处2000元以上2万元以下罚款

续表

序号	违法行为	违反法规	整改依据	处理及处罚依据	处理及处罚规定
11	终止劳动合同扣押档案或物品	《劳动合同法》第50条第1款	—	《劳动合同法》第84条第3款	责令退还劳动者本人,以每人500元以上2000元以下罚款
12	未出具解除或终止劳动合同的书面证明	《劳动合同法》第50条第1款	《劳动合同法》第89条	拒不改正的,《劳动保障监察条例》第30条第1款第3项	责令改正,处2000元以上2万元以下罚款
13	违反劳务派遣有关规定	《劳动合同法》第58条、第59条、第60条	—	《劳动合同法》第92条	责令改正,情节严重,以每人1000元以上5000元以下罚款
14	用人单位违反有关劳动派遣规定	《劳动合同法》第59条、第62条	—	《劳动合同法实施条例》第35条	责令改正,情节严重,以每位被派遣者1000元以上5000元以下罚款
15	超规定加班加点	《劳动合同法》第31条	—	《劳动保障监察条例》第25条	责令改正,并以每人100元以上500元以下罚款
16	违反规定未及时足额支付劳动者工资	《劳动合同法》第30条	《劳动合同法》第85条第1款第1项	《劳动合同法》第85条	逾期不支付,责令用人单位按应付金额50%以上100%以下加付赔偿金
17	低于当地最低工资标准支付劳动者工资	《劳动法》第48条第2款	《劳动合同法》第85条第1款第2项	《劳动合同法》第85条	逾期不支付,责令用人单位按应付金额50%以上100%以下加付赔偿金
18	未按规定支付劳动者加班加点工资	《劳动合同法》第31条	《劳动合同法》第85条第1款第3项	《劳动合同法》第85条	逾期不支付,责令用人单位按应付金额50%以上100%以下加付赔偿金

附　录

中华人民共和国劳动法

1．1994年7月5日第八届全国人民代表大会常务委员会第八次会议通过

2．根据2009年8月27日第十一届全国人民代表大会常务委员会第十次会议《关于修改部分法律的决定》修正

目　录

第一章　总　　则

第一条　【立法目的】* 为了保护劳动者的合法权益，调整劳动关系，建立和维护适应社会主义市场经济的劳动制度，促进经济发展和社会进步，根据宪法，制定本法。

第二条　【适用范围】 在中华人民共和国境内的企业、个体经济组织（以

---

* 条文主旨为编者所加，下同。

下统称用人单位)和与之形成劳动关系的劳动者,适用本法。

国家机关、事业组织、社会团体和与之建立劳动合同关系的劳动者,依照本法执行。

第三条　【劳动者权利】劳动者享有平等就业和选择职业的权利、取得劳动报酬的权利、休息休假的权利、获得劳动安全卫生保护的权利、接受职业技能培训的权利、享受社会保险和福利的权利、提请劳动争议处理的权利以及法律规定的其他劳动权利。

劳动者应当完成劳动任务,提高职业技能,执行劳动安全卫生规程,遵守劳动纪律和职业道德。

第四条　【用人单位义务】用人单位应当依法建立和完善规章制度,保障劳动者享有劳动权利和履行劳动义务。

第五条　【国家措施】国家采取各种措施,促进劳动就业,发展职业教育,制定劳动标准,调节社会收入,完善社会保险,协调劳动关系,逐步提高劳动者的生活水平。

第六条　【国家倡导和鼓励义务劳动】国家提倡劳动者参加社会义务劳动,开展劳动竞赛和合理化建议活动,鼓励和保护劳动者进行科学研究、技术革新和发明创造,表彰和奖励劳动模范和先进工作者。

第七条　【参加和组织工会】劳动者有权依法参加和组织工会。

工会代表和维护劳动者的合法权益,依法独立自主地开展活动。

第八条　【参与民主管理或协商】劳动者依照法律规定,通过职工大会、职工代表大会或者其他形式,参与民主管理或者就保护劳动者合法权益与用人单位进行平等协商。

第九条　【劳动工作主管部门】国务院劳动行政部门主管全国劳动工作。

县级以上地方人民政府劳动行政部门主管本行政区域内的劳动工作。

第二章　促 进 就 业

第十条　【国家扶持就业】国家通过促进经济和社会发展,创造就业条件,扩大就业机会。

国家鼓励企业、事业组织、社会团体在法律、行政法规规定的范围内兴办产业或者拓展经营,增加就业。

国家支持劳动者自愿组织起来就业和从事个体经营实现就业。

第十一条 【职介机构发展】地方各级人民政府应当采取措施，发展多种类型的职业介绍机构，提供就业服务。

第十二条 【就业平等】劳动者就业，不因民族、种族、性别、宗教信仰不同而受歧视。

第十三条 【就业男女平等】妇女享有与男子平等的就业权利。在录用职工时，除国家规定的不适合妇女的工种或者岗位外，不得以性别为由拒绝录用妇女或者提高对妇女的录用标准。

第十四条 【特殊人员的就业】残疾人、少数民族人员、退出现役的军人的就业，法律、法规有特别规定的，从其规定。

第十五条 【禁招未成年人和特殊行业相关规定】禁止用人单位招用未满十六周岁的未成年人。

文艺、体育和特种工艺单位招用未满十六周岁的未成年人，必须依照国家有关规定，履行审批手续，并保障其接受义务教育的权利。

第三章 劳动合同和集体合同

第十六条 【劳动合同】劳动合同是劳动者与用人单位确立劳动关系、明确双方权利和义务的协议。

建立劳动关系应当订立劳动合同。

第十七条 【合同的订立和变更】订立和变更劳动合同，应当遵循平等自愿、协商一致的原则，不得违反法律、行政法规的规定。

劳动合同依法订立即具有法律约束力，当事人必须履行劳动合同规定的义务。

第十八条 【无效合同】下列劳动合同无效：

（一）违反法律、行政法规的劳动合同；

（二）采取欺诈、威胁等手段订立的劳动合同。

无效的劳动合同，从订立的时候起，就没有法律约束力。确认劳动合同部分无效的，如果不影响其余部分的效力，其余部分仍然有效。

劳动合同的无效，由劳动争议仲裁委员会或者人民法院确认。

第十九条 【合同形式和条款】劳动合同应当以书面形式订立，并具备以下条款：

（一）劳动合同期限；

（二）工作内容；

（三）劳动保护和劳动条件；

（四）劳动报酬；

（五）劳动纪律；

（六）劳动合同终止的条件；

（七）违反劳动合同的责任。

劳动合同除前款规定的必备条款外，当事人可以协商约定其他内容。

第二十条　【合同期限】劳动合同的期限分为有固定期限、无固定期限和以完成一定的工作为期限。

劳动者在同一用人单位连续工作满十年以上，当事人双方同意续延劳动合同的，如果劳动者提出订立无固定期限的劳动合同，应当订立无固定期限的劳动合同。

第二十一条　【试用期约定】劳动合同可以约定试用期。试用期最长不得超过六个月。

第二十二条　【商业秘密事项约定】劳动合同当事人可以在劳动合同中约定保守用人单位商业秘密的有关事项。

第二十三条　【合同终止】劳动合同期满或者当事人约定的劳动合同终止条件出现，劳动合同即行终止。

第二十四条　【合同解除】经劳动合同当事人协商一致，劳动合同可以解除。

第二十五条　【单位解除劳动合同事项】劳动者有下列情形之一的，用人单位可以解除劳动合同：

（一）在试用期间被证明不符合录用条件的；

（二）严重违反劳动纪律或者用人单位规章制度的；

（三）严重失职，营私舞弊，对用人单位利益造成重大损害的；

（四）被依法追究刑事责任的。

第二十六条　【解除合同提前通知】有下列情形之一的，用人单位可以解除劳动合同，但是应当提前三十日以书面形式通知劳动者本人：

（一）劳动者患病或者非因工负伤，医疗期满后，不能从事原工作也不能从事由用人单位另行安排的工作的；

（二）劳动者不能胜任工作，经过培训或者调整工作岗位，仍不能胜任工作的；

（三）劳动合同订立时所依据的客观情况发生重大变化，致使原劳动合同无法履行，经当事人协商不能就变更劳动合同达成协议的。

第二十七条　【用人单位裁员】用人单位濒临破产进行法定整顿期间或者生产经营状况发生严重困难，确需裁减人员的，应当提前三十日向工会或者全体职工说明情况，听取工会或者职工的意见，经向劳动行政部门报告后，可以裁减人员。

用人单位依据本条规定裁减人员，在六个月内录用人员的，应当优先录用被裁减的人员。

第二十八条　【经济补偿】用人单位依据本法第二十四条、第二十六条、第二十七条的规定解除劳动合同的，应当依照国家有关规定给予经济补偿。

第二十九条　【用人单位解除合同的限制情形】劳动者有下列情形之一的，用人单位不得依据本法第二十六条、第二十七条的规定解除劳动合同：

（一）患职业病或者因工负伤并被确认丧失或者部分丧失劳动能力的；

（二）患病或者负伤，在规定的医疗期内的；

（三）女职工在孕期、产期、哺乳期内的；

（四）法律、行政法规规定的其他情形。

第三十条　【工会职权】用人单位解除劳动合同，工会认为不适当的，有权提出意见。如果用人单位违反法律、法规或者劳动合同，工会有权要求重新处理；劳动者申请仲裁或者提起诉讼的，工会应当依法给予支持和帮助。

第三十一条　【劳动者解除合同的提前通知期限】劳动者解除劳动合同，应当提前三十日以书面形式通知用人单位。

第三十二条　【劳动者随时通知解除合同情形】有下列情形之一的，劳动者可以随时通知用人单位解除劳动合同：

（一）在试用期内的；

（二）用人单位以暴力、威胁或者非法限制人身自由的手段强迫劳动的；

（三）用人单位未按照劳动合同约定支付劳动报酬或者提供劳动条件的。

第三十三条　【集体合同】企业职工一方与企业可以就劳动报酬、工作时间、休息休假、劳动安全卫生、保险福利等事项，签订集体合同。集体合同草案应当提交职工代表大会或者全体职工讨论通过。

集体合同由工会代表职工与企业签订；没有建立工会的企业，由职工推举的代表与企业签订。

第三十四条 【集体合同生效】集体合同签订后应当报送劳动行政部门;劳动行政部门自收到集体合同文本之日起十五日内未提出异议的,集体合同即行生效。

第三十五条 【集体合同效力】依法签订的集体合同对企业和企业全体职工具有约束力。职工个人与企业订立的劳动合同中劳动条件和劳动报酬等标准不得低于集体合同的规定。

第四章 工作时间和休息休假

第三十六条 【国家工时制度】国家实行劳动者每日工作时间不超过八小时、平均每周工作时间不超过四十四小时的工时制度。

第三十七条 【报酬标准和劳动定额确定】对实行计件工作的劳动者,用人单位应当根据本法第三十六条规定的工时制度合理确定其劳动定额和计件报酬标准。

第三十八条 【休息日最低保障】用人单位应当保证劳动者每周至少休息一日。

第三十九条 【工休办法替代】企业因生产特点不能实行本法第三十六条、第三十八条规定的,经劳动行政部门批准,可以实行其他工作和休息办法。

第四十条 【法定假日】用人单位在下列节日期间应当依法安排劳动者休假:

(一)元旦;

(二)春节;

(三)国际劳动节;

(四)国庆节;

(五)法律、法规规定的其他休假节日。

第四十一条 【工作时间延长限制】用人单位由于生产经营需要,经与工会和劳动者协商后可以延长工作时间,一般每日不得超过一小时;因特殊原因需要延长工作时间的,在保障劳动者身体健康的条件下延长工作时间每日不得超过三小时,但是每月不得超过三十六小时。

第四十二条 【延长工作时间限制的例外】有下列情形之一的,延长工作时间不受本法第四十一条规定的限制：

（一）发生自然灾害、事故或者因其他原因，威胁劳动者生命健康和财产安全，需要紧急处理的；

（二）生产设备、交通运输线路、公共设施发生故障，影响生产和公众利益，必须及时抢修的；

（三）法律、行政法规规定的其他情形。

第四十三条　【禁止违法延长工作时间】用人单位不得违反本法规定延长劳动者的工作时间。

第四十四条　【延长工时的报酬支付】有下列情形之一的，用人单位应当按照下列标准支付高于劳动者正常工作时间工资的工资报酬：

（一）安排劳动者延长工作时间的，支付不低于工资的百分之一百五十的工资报酬；

（二）休息日安排劳动者工作又不能安排补休的，支付不低于工资的百分之二百的工资报酬；

（三）法定休假日安排劳动者工作的，支付不低于工资的百分之三百的工资报酬。

第四十五条　【带薪年休假制度】国家实行带薪年休假制度。

劳动者连续工作一年以上的，享受带薪年休假。具体办法由国务院规定。

第五章　工　　资

第四十六条　【工资分配原则】工资分配应当遵循按劳分配原则，实行同工同酬。

工资水平在经济发展的基础上逐步提高。国家对工资总量实行宏观调控。

第四十七条　【工资分配方式、水平确定】用人单位根据本单位的生产经营特点和经济效益，依法自主确定本单位的工资分配方式和工资水平。

第四十八条　【最低工资保障】国家实行最低工资保障制度。最低工资的具体标准由省、自治区、直辖市人民政府规定，报国务院备案。

用人单位支付劳动者的工资不得低于当地最低工资标准。

第四十九条　【最低工资标准参考因素】确定和调整最低工资标准应当综合参考下列因素：

（一）劳动者本人及平均赡养人口的最低生活费用；

（二）社会平均工资水平；

（三）劳动生产率；

（四）就业状况；

（五）地区之间经济发展水平的差异。

第五十条　【工资支付形式】工资应当以货币形式按月支付给劳动者本人。不得克扣或者无故拖欠劳动者的工资。

第五十一条　【法定休假日和婚丧假期间工资保障】劳动者在法定休假日和婚丧假期间以及依法参加社会活动期间，用人单位应当依法支付工资。

第六章　劳动安全卫生

第五十二条　【用人单位职责】用人单位必须建立、健全劳动安全卫生制度，严格执行国家劳动安全卫生规程和标准，对劳动者进行劳动安全卫生教育，防止劳动过程中的事故，减少职业危害。

第五十三条　【劳动安全卫生设施标准】劳动安全卫生设施必须符合国家规定的标准。

新建、改建、扩建工程的劳动安全卫生设施必须与主体工程同时设计、同时施工、同时投入生产和使用。

第五十四条　【劳动者劳动安全防护及健康保护】用人单位必须为劳动者提供符合国家规定的劳动安全卫生条件和必要的劳动防护用品，对从事有职业危害作业的劳动者应当定期进行健康检查。

第五十五条　【特种作业资格】从事特种作业的劳动者必须经过专门培训并取得特种作业资格。

第五十六条　【劳动过程安全防护】劳动者在劳动过程中必须严格遵守安全操作规程。

劳动者对用人单位管理人员违章指挥、强令冒险作业，有权拒绝执行；对危害生命安全和身体健康的行为，有权提出批评、检举和控告。

第五十七条　【伤亡事故和职业病统计报告、处理制度】国家建立伤亡事故和职业病统计报告和处理制度。县级以上各级人民政府劳动行政部门、有关部门和用人单位应当依法对劳动者在劳动过程中发生的伤亡事故和劳动者的职业病状况，进行统计、报告和处理。

第七章　女职工和未成年工特殊保护

第五十八条　【女职工和未成年工特殊劳动保护】国家对女职工和未成年工实行特殊劳动保护。

未成年工是指年满十六周岁未满十八周岁的劳动者。

第五十九条　【劳动强度限制】禁止安排女职工从事矿山井下、国家规定的第四级体力劳动强度的劳动和其他禁忌从事的劳动。

第六十条　【经期劳动强度限制】不得安排女职工在经期从事高处、低温、冷水作业和国家规定的第三级体力劳动强度的劳动。

第六十一条　【孕期劳动强度限制】不得安排女职工在怀孕期间从事国家规定的第三级体力劳动强度的劳动和孕期禁忌从事的劳动。对怀孕七个月以上的女职工,不得安排其延长工作时间和夜班劳动。

第六十二条　【产假】女职工生育享受不少于九十天的产假。

第六十三条　【哺乳期劳动保护】不得安排女职工在哺乳未满一周岁的婴儿期间从事国家规定的第三级体力劳动强度的劳动和哺乳期禁忌从事的其他劳动,不得安排其延长工作时间和夜班劳动。

第六十四条　【未成年工劳动保护】不得安排未成年工从事矿山井下、有毒有害、国家规定的第四级体力劳动强度的劳动和其他禁忌从事的劳动。

第六十五条　【未成年工健康检查】用人单位应当对未成年工定期进行健康检查。

第八章　职 业 培 训

第六十六条　【发展目标】国家通过各种途径,采取各种措施,发展职业培训事业,开发劳动者的职业技能,提高劳动者素质,增强劳动者的就业能力和工作能力。

第六十七条　【政府支持】各级人民政府应当把发展职业培训纳入社会经济发展的规划,鼓励和支持有条件的企业、事业组织、社会团体和个人进行各种形式的职业培训。

第六十八条　【职业培训】用人单位应当建立职业培训制度,按照国家规定提取和使用职业培训经费,根据本单位实际,有计划地对劳动者进行职业培训。

从事技术工种的劳动者,上岗前必须经过培训。

第六十九条 【职业技能标准和资格证书】国家确定职业分类,对规定的职业制定职业技能标准,实行职业资格证书制度,由经过政府批准的考核鉴定机构负责对劳动者实施职业技能考核鉴定。

第九章 社会保险和福利

第七十条 【发展目标】国家发展社会保险事业,建立社会保险制度,设立社会保险基金,使劳动者在年老、患病、工伤、失业、生育等情况下获得帮助和补偿。

第七十一条 【协调发展】社会保险水平应当与社会经济发展水平和社会承受能力相适应。

第七十二条 【基金来源】社会保险基金按照保险类型确定资金来源,逐步实行社会统筹。用人单位和劳动者必须依法参加社会保险,缴纳社会保险费。

第七十三条 【享受社保情形】劳动者在下列情形下,依法享受社会保险待遇:

(一)退休;

(二)患病、负伤;

(三)因工伤残或者患职业病;

(四)失业;

(五)生育。

劳动者死亡后,其遗属依法享受遗属津贴。

劳动者享受社会保险待遇的条件和标准由法律、法规规定。

劳动者享受的社会保险金必须按时足额支付。

第七十四条 【社保基金管理】社会保险基金经办机构依照法律规定收支、管理和运营社会保险基金,并负有使社会保险基金保值增值的责任。

社会保险基金监督机构依照法律规定,对社会保险基金的收支、管理和运营实施监督。

社会保险基金经办机构和社会保险基金监督机构的设立和职能由法律规定。

任何组织和个人不得挪用社会保险基金。

第七十五条 【补充保险和个人储蓄保险】国家鼓励用人单位根据本单位实际情况为劳动者建立补充保险。

国家提倡劳动者个人进行储蓄性保险。

第七十六条 【国家和用人单位的发展福利事业责任】国家发展社会福利事业，兴建公共福利设施，为劳动者休息、休养和疗养提供条件。

用人单位应当创造条件，改善集体福利，提高劳动者的福利待遇。

第十章 劳动争议

第七十七条 【劳动争议处理】用人单位与劳动者发生劳动争议，当事人可以依法申请调解、仲裁、提起诉讼，也可以协商解决。

调解原则适用于仲裁和诉讼程序。

第七十八条 【解决争议的原则】解决劳动争议，应当根据合法、公正、及时处理的原则，依法维护劳动争议当事人的合法权益。

第七十九条 【调解和仲裁】劳动争议发生后，当事人可以向本单位劳动争议调解委员会申请调解；调解不成，当事人一方要求仲裁的，可以向劳动争议仲裁委员会申请仲裁。当事人一方也可以直接向劳动争议仲裁委员会申请仲裁。对仲裁裁决不服的，可以向人民法院提起诉讼。

第八十条 【劳动争议调解委员会及调解协议】在用人单位内，可以设立劳动争议调解委员会。劳动争议调解委员会由职工代表、用人单位代表和工会代表组成。劳动争议调解委员会主任由工会代表担任。

劳动争议经调解达成协议的，当事人应当履行。

第八十一条 【仲裁委员会组成】劳动争议仲裁委员会由劳动行政部门代表、同级工会代表、用人单位方面的代表组成。劳动争议仲裁委员会主任由劳动行政部门代表担任。

第八十二条 【仲裁期日】提出仲裁要求的一方应当自劳动争议发生之日起六十日内向劳动争议仲裁委员会提出书面申请。仲裁裁决一般应在收到仲裁申请的六十日内作出。对仲裁裁决无异议的，当事人必须履行。

第八十三条 【起诉和强制执行】劳动争议当事人对仲裁裁决不服的，可以自收到仲裁裁决书之日起十五日内向人民法院提起诉讼。一方当事人在法定期限内不起诉又不履行仲裁裁决的，另一方当事人可以申请人民法院强制执行。

第八十四条 【集体合同争议处理】因签订集体合同发生争议，当事人协商解决不成的，当地人民政府劳动行政部门可以组织有关各方协调处理。

因履行集体合同发生争议，当事人协商解决不成的，可以向劳动争议仲裁委员会申请仲裁；对仲裁裁决不服的，可以自收到仲裁裁决书之日起十五日内向人民法院提起诉讼。

第十一章 监督检查

第八十五条 【劳动行政部门监督检查】县级以上各级人民政府劳动行政部门依法对用人单位遵守劳动法律、法规的情况进行监督检查，对违反劳动法律、法规的行为有权制止，并责令改正。

第八十六条 【公务检查】县级以上各级人民政府劳动行政部门监督检查人员执行公务，有权进入用人单位了解执行劳动法律、法规的情况，查阅必要的资料，并对劳动场所进行检查。

县级以上各级人民政府劳动行政部门监督检查人员执行公务，必须出示证件，秉公执法并遵守有关规定。

第八十七条 【政府监督】县级以上各级人民政府有关部门在各自职责范围内，对用人单位遵守劳动法律、法规的情况进行监督。

第八十八条 【工会监督和组织、个人检举控告】各级工会依法维护劳动者的合法权益，对用人单位遵守劳动法律、法规的情况进行监督。

任何组织和个人对于违反劳动法律、法规的行为有权检举和控告。

第十二章 法律责任

第八十九条 【对劳动规章违法的处罚】用人单位制定的劳动规章制度违反法律、法规规定的，由劳动行政部门给予警告，责令改正；对劳动者造成损害的，应当承担赔偿责任。

第九十条 【违法延长工时处罚】用人单位违反本法规定，延长劳动者工作时间的，由劳动行政部门给予警告，责令改正，并可以处以罚款。

第九十一条 【用人单位侵权处理】用人单位有下列侵害劳动者合法权益情形之一的，由劳动行政部门责令支付劳动者的工资报酬、经济补偿，并可以责令支付赔偿金：

（一）克扣或者无故拖欠劳动者工资的；

（二）拒不支付劳动者延长工作时间工资报酬的；

（三）低于当地最低工资标准支付劳动者工资的；

（四）解除劳动合同后，未依照本法规定给予劳动者经济补偿的。

第九十二条　【用人单位违反劳保规定的处罚】用人单位的劳动安全设施和劳动卫生条件不符合国家规定或者未向劳动者提供必要的劳动防护用品和劳动保护设施的，由劳动行政部门或者有关部门责令改正，可以处以罚款；情节严重的，提请县级以上人民政府决定责令停产整顿；对事故隐患不采取措施，致使发生重大事故，造成劳动者生命和财产损失的，对责任人员依照刑法有关规定追究刑事责任。

第九十三条　【违章作业造成事故处罚】用人单位强令劳动者违章冒险作业，发生重大伤亡事故，造成严重后果的，对责任人员依法追究刑事责任。

第九十四条　【非法招用未成年工处罚】用人单位非法招用未满十六周岁的未成年人的，由劳动行政部门责令改正，处以罚款；情节严重的，由工商行政管理部门吊销营业执照。

第九十五条　【侵害女工和未成年工合法权益的处罚】用人单位违反本法对女职工和未成年工的保护规定，侵害其合法权益的，由劳动行政部门责令改正，处以罚款；对女职工或者未成年工造成损害的，应当承担赔偿责任。

第九十六条　【人身侵权处罚】用人单位有下列行为之一，由公安机关对责任人员处以十五日以下拘留、罚款或者警告；构成犯罪的，对责任人员依法追究刑事责任：

（一）以暴力、威胁或者非法限制人身自由的手段强迫劳动的；

（二）侮辱、体罚、殴打、非法搜查和拘禁劳动者的。

第九十七条　【无效合同损害赔偿责任】由于用人单位的原因订立的无效合同，对劳动者造成损害的，应当承担赔偿责任。

第九十八条　【违法解除和拖延订立合同损害赔偿】用人单位违反本法规定的条件解除劳动合同或者故意拖延不订立劳动合同的，由劳动行政部门责令改正；对劳动者造成损害的，应当承担赔偿责任。

第九十九条　【招用未解除合同者损害赔偿】用人单位招用尚未解除劳动合同的劳动者，对原用人单位造成经济损失的，该用人单位应当依法承担连带赔偿责任。

第一百条　【不缴纳保险费处理】用人单位无故不缴纳社会保险费的，

由劳动行政部门责令其限期缴纳;逾期不缴的,可以加收滞纳金。

第一百零一条 【妨碍检查公务处罚】用人单位无理阻挠劳动行政部门、有关部门及其工作人员行使监督检查权,打击报复举报人员的,由劳动行政部门或者有关部门处以罚款;构成犯罪的,对责任人员依法追究刑事责任。

第一百零二条 【违法解除合同和违反保密事项损害赔偿】劳动者违反本法规定的条件解除劳动合同或者违反劳动合同中约定的保密事项,对用人单位造成经济损失的,应当依法承担赔偿责任。

第一百零三条 【渎职的法律责任】劳动行政部门或者有关部门的工作人员滥用职权、玩忽职守、徇私舞弊,构成犯罪的,依法追究刑事责任;不构成犯罪的,给予行政处分。

第一百零四条 【挪用社保基金处罚】国家工作人员和社会保险基金经办机构的工作人员挪用社会保险基金,构成犯罪的,依法追究刑事责任。

第一百零五条 【处罚竞合处理】违反本法规定侵害劳动者合法权益,其他法律、行政法规已规定处罚的,依照该法律、行政法规的规定处罚。

第十三章 附 则

第一百零六条 【实施步骤制定】省、自治区、直辖市人民政府根据本法和本地区的实际情况,规定劳动合同制度的实施步骤,报国务院备案。

第一百零七条 【生效日期】本法自 1995 年 1 月 1 日起施行。

中华人民共和国劳动合同法

1. 2007 年 6 月 29 日第十届全国人民代表大会常务委员会第二十八次会议通过
2. 根据 2012 年 12 月 28 日第十一届全国人民代表大会常务委员会第三十次会议《关于修改〈中华人民共和国劳动合同法〉的决定》修正

目 录

第一章　总　　则

第一条　【立法宗旨】为了完善劳动合同制度，明确劳动合同双方当事人的权利和义务，保护劳动者的合法权益，构建和发展和谐稳定的劳动关系，制定本法。

第二条　【适用范围】中华人民共和国境内的企业、个体经济组织、民办非企业单位等组织（以下称用人单位）与劳动者建立劳动关系，订立、履行、变更、解除或者终止劳动合同，适用本法。

国家机关、事业单位、社会团体和与其建立劳动关系的劳动者，订立、履行、变更、解除或者终止劳动合同，依照本法执行。

第三条　【基本原则】订立劳动合同，应当遵循合法、公平、平等自愿、协商一致、诚实信用的原则。

依法订立的劳动合同具有约束力，用人单位与劳动者应当履行劳动合同约定的义务。

第四条　【规章制度】用人单位应当依法建立和完善劳动规章制度，保障劳动者享有劳动权利、履行劳动义务。

用人单位在制定、修改或者决定有关劳动报酬、工作时间、休息休假、劳动安全卫生、保险福利、职工培训、劳动纪律以及劳动定额管理等直接涉及劳动者切身利益的规章制度或者重大事项时，应当经职工代表大会或者全体职工讨论，提出方案和意见，与工会或者职工代表平等协商确定。

在规章制度和重大事项决定实施过程中，工会或者职工认为不适当的，有权向用人单位提出，通过协商予以修改完善。

用人单位应当将直接涉及劳动者切身利益的规章制度和重大事项决定公示,或者告知劳动者。

第五条 【协调劳动关系三方机制】县级以上人民政府劳动行政部门会同工会和企业方面代表,建立健全协调劳动关系三方机制,共同研究解决有关劳动关系的重大问题。

第六条 【集体协商机制】工会应当帮助、指导劳动者与用人单位依法订立和履行劳动合同,并与用人单位建立集体协商机制,维护劳动者的合法权益。

第二章 劳动合同的订立

第七条 【劳动关系的建立】用人单位自用工之日起即与劳动者建立劳动关系。用人单位应当建立职工名册备查。

第八条 【用人单位的告知义务和劳动者的说明义务】用人单位招用劳动者时,应当如实告知劳动者工作内容、工作条件、工作地点、职业危害、安全生产状况、劳动报酬,以及劳动者要求了解的其他情况;用人单位有权了解劳动者与劳动合同直接相关的基本情况,劳动者应当如实说明。

第九条 【用人单位不得扣押劳动者证件和要求提供担保】用人单位招用劳动者,不得扣押劳动者的居民身份证和其他证件,不得要求劳动者提供担保或者以其他名义向劳动者收取财物。

第十条 【订立书面劳动合同】建立劳动关系,应当订立书面劳动合同。

已建立劳动关系,未同时订立书面劳动合同的,应当自用工之日起一个月内订立书面劳动合同。

用人单位与劳动者在用工前订立劳动合同的,劳动关系自用工之日起建立。

第十一条 【未订立书面劳动合同时劳动报酬不明确的解决】用人单位未在用工的同时订立书面劳动合同,与劳动者约定的劳动报酬不明确的,新招用的劳动者的劳动报酬按照集体合同规定的标准执行;没有集体合同或者集体合同未规定的,实行同工同酬。

第十二条 【劳动合同的种类】劳动合同分为固定期限劳动合同、无固定期限劳动合同和以完成一定工作任务为期限的劳动合同。

第十三条 【固定期限劳动合同】固定期限劳动合同,是指用人单位与劳动者约定合同终止时间的劳动合同。

用人单位与劳动者协商一致,可以订立固定期限劳动合同。

第十四条 【无固定期限劳动合同】无固定期限劳动合同,是指用人单位与劳动者约定无确定终止时间的劳动合同。

用人单位与劳动者协商一致,可以订立无固定期限劳动合同。有下列情形之一,劳动者提出或者同意续订、订立劳动合同的,除劳动者提出订立固定期限劳动合同外,应当订立无固定期限劳动合同:

(一)劳动者在该用人单位连续工作满十年的;

(二)用人单位初次实行劳动合同制度或者国有企业改制重新订立劳动合同时,劳动者在该用人单位连续工作满十年且距法定退休年龄不足十年的;

(三)连续订立二次固定期限劳动合同,且劳动者没有本法第三十九条和第四十条第一项、第二项规定的情形,续订劳动合同的。

用人单位自用工之日起满一年不与劳动者订立书面劳动合同的,视为用人单位与劳动者已订立无固定期限劳动合同。

第十五条 【以完成一定工作任务为期限的劳动合同】以完成一定工作任务为期限的劳动合同,是指用人单位与劳动者约定以某项工作的完成为合同期限的劳动合同。

用人单位与劳动者协商一致,可以订立以完成一定工作任务为期限的劳动合同。

第十六条 【劳动合同的生效】劳动合同由用人单位与劳动者协商一致,并经用人单位与劳动者在劳动合同文本上签字或者盖章生效。

劳动合同文本由用人单位和劳动者各执一份。

第十七条 【劳动合同的内容】劳动合同应当具备以下条款:

(一)用人单位的名称、住所和法定代表人或者主要负责人;

(二)劳动者的姓名、住址和居民身份证或者其他有效身份证件号码;

(三)劳动合同期限;

(四)工作内容和工作地点;

(五)工作时间和休息休假;

(六)劳动报酬;

(七)社会保险;

（八）劳动保护、劳动条件和职业危害防护；

（九）法律、法规规定应当纳入劳动合同的其他事项。

劳动合同除前款规定的必备条款外，用人单位与劳动者可以约定试用期、培训、保守秘密、补充保险和福利待遇等其他事项。

第十八条 【劳动合同对劳动报酬和劳动条件约定不明确的解决】劳动合同对劳动报酬和劳动条件等标准约定不明确，引发争议的，用人单位与劳动者可以重新协商；协商不成的，适用集体合同规定；没有集体合同或者集体合同未规定劳动报酬的，实行同工同酬；没有集体合同或者集体合同未规定劳动条件等标准的，适用国家有关规定。

第十九条 【试用期】劳动合同期限三个月以上不满一年的，试用期不得超过一个月；劳动合同期限一年以上不满三年的，试用期不得超过二个月；三年以上固定期限和无固定期限的劳动合同，试用期不得超过六个月。

同一用人单位与同一劳动者只能约定一次试用期。

以完成一定工作任务为期限的劳动合同或者劳动合同期限不满三个月的，不得约定试用期。

试用期包含在劳动合同期限内。劳动合同仅约定试用期的，试用期不成立，该期限为劳动合同期限。

第二十条 【试用期工资】劳动者在试用期的工资不得低于本单位相同岗位最低档工资或者劳动合同约定工资的百分之八十，并不得低于用人单位所在地的最低工资标准。

第二十一条 【试用期内解除劳动合同】在试用期中，除劳动者有本法第三十九条和第四十条第一项、第二项规定的情形外，用人单位不得解除劳动合同。用人单位在试用期解除劳动合同的，应当向劳动者说明理由。

第二十二条 【服务期】用人单位为劳动者提供专项培训费用，对其进行专业技术培训的，可以与该劳动者订立协议，约定服务期。

劳动者违反服务期约定的，应当按照约定向用人单位支付违约金。违约金的数额不得超过用人单位提供的培训费用。用人单位要求劳动者支付的违约金不得超过服务期尚未履行部分所应分摊的培训费用。

用人单位与劳动者约定服务期的，不影响按照正常的工资调整机制提高劳动者在服务期期间的劳动报酬。

第二十三条 【保密义务和竞业限制】用人单位与劳动者可以在劳动合

同中约定保守用人单位的商业秘密和与知识产权相关的保密事项。

对负有保密义务的劳动者，用人单位可以在劳动合同或者保密协议中与劳动者约定竞业限制条款，并约定在解除或者终止劳动合同后，在竞业限制期限内按月给予劳动者经济补偿。劳动者违反竞业限制约定的，应当按照约定向用人单位支付违约金。

第二十四条 【竞业限制的范围和期限】竞业限制的人员限于用人单位的高级管理人员、高级技术人员和其他负有保密义务的人员。竞业限制的范围、地域、期限由用人单位与劳动者约定，竞业限制的约定不得违反法律、法规的规定。

在解除或者终止劳动合同后，前款规定的人员到与本单位生产或者经营同类产品、从事同类业务的有竞争关系的其他用人单位，或者自己开业生产或者经营同类产品、从事同类业务的竞业限制期限，不得超过二年。

第二十五条 【违约金】除本法第二十二条和第二十三条规定的情形外，用人单位不得与劳动者约定由劳动者承担违约金。

第二十六条 【劳动合同的无效】下列劳动合同无效或者部分无效：

（一）以欺诈、胁迫的手段或者乘人之危，使对方在违背真实意思的情况下订立或者变更劳动合同的；

（二）用人单位免除自己的法定责任、排除劳动者权利的；

（三）违反法律、行政法规强制性规定的。

对劳动合同的无效或者部分无效有争议的，由劳动争议仲裁机构或者人民法院确认。

第二十七条 【劳动合同部分无效】劳动合同部分无效，不影响其他部分效力的，其他部分仍然有效。

第二十八条 【劳动合同无效后劳动报酬的支付】劳动合同被确认无效，劳动者已付出劳动的，用人单位应当向劳动者支付劳动报酬。劳动报酬的数额，参照本单位相同或者相近岗位劳动者的劳动报酬确定。

第三章 劳动合同的履行和变更

第二十九条 【劳动合同的履行】用人单位与劳动者应当按照劳动合同的约定，全面履行各自的义务。

第三十条 【劳动报酬】用人单位应当按照劳动合同约定和国家规定，

向劳动者及时足额支付劳动报酬。

用人单位拖欠或者未足额支付劳动报酬的，劳动者可以依法向当地人民法院申请支付令，人民法院应当依法发出支付令。

第三十一条 【加班】用人单位应当严格执行劳动定额标准，不得强迫或者变相强迫劳动者加班。用人单位安排加班的，应当按照国家有关规定向劳动者支付加班费。

第三十二条 【劳动者拒绝违章指挥、强令冒险作业】劳动者拒绝用人单位管理人员违章指挥、强令冒险作业的，不视为违反劳动合同。

劳动者对危害生命安全和身体健康的劳动条件，有权对用人单位提出批评、检举和控告。

第三十三条 【用人单位名称、法定代表人等的变更】用人单位变更名称、法定代表人、主要负责人或者投资人等事项，不影响劳动合同的履行。

第三十四条 【用人单位合并或者分立】用人单位发生合并或者分立等情况，原劳动合同继续有效，劳动合同由承继其权利和义务的用人单位继续履行。

第三十五条 【劳动合同的变更】用人单位与劳动者协商一致，可以变更劳动合同约定的内容。变更劳动合同，应当采用书面形式。

变更后的劳动合同文本由用人单位和劳动者各执一份。

第四章 劳动合同的解除和终止

第三十六条 【协商解除劳动合同】用人单位与劳动者协商一致，可以解除劳动合同。

第三十七条 【劳动者提前通知解除劳动合同】劳动者提前三十日以书面形式通知用人单位，可以解除劳动合同。劳动者在试用期内提前三日通知用人单位，可以解除劳动合同。

第三十八条 【劳动者解除劳动合同】用人单位有下列情形之一的，劳动者可以解除劳动合同：

（一）未按照劳动合同约定提供劳动保护或者劳动条件的；

（二）未及时足额支付劳动报酬的；

（三）未依法为劳动者缴纳社会保险费的；

（四）用人单位的规章制度违反法律、法规的规定，损害劳动者权益的；

（五）因本法第二十六条第一款规定的情形致使劳动合同无效的；

（六）法律、行政法规规定劳动者可以解除劳动合同的其他情形。

用人单位以暴力、威胁或者非法限制人身自由的手段强迫劳动者劳动的，或者用人单位违章指挥、强令冒险作业危及劳动者人身安全的，劳动者可以立即解除劳动合同，不需事先告知用人单位。

第三十九条　【用人单位单方解除劳动合同】劳动者有下列情形之一的，用人单位可以解除劳动合同：

（一）在试用期间被证明不符合录用条件的；

（二）严重违反用人单位的规章制度的；

（三）严重失职，营私舞弊，给用人单位造成重大损害的；

（四）劳动者同时与其他用人单位建立劳动关系，对完成本单位的工作任务造成严重影响，或者经用人单位提出，拒不改正的；

（五）因本法第二十六条第一款第一项规定的情形致使劳动合同无效的；

（六）被依法追究刑事责任的。

第四十条　【无过失性辞退】有下列情形之一的，用人单位提前三十日以书面形式通知劳动者本人或者额外支付劳动者一个月工资后，可以解除劳动合同：

（一）劳动者患病或者非因工负伤，在规定的医疗期满后不能从事原工作，也不能从事由用人单位另行安排的工作的；

（二）劳动者不能胜任工作，经过培训或者调整工作岗位，仍不能胜任工作的；

（三）劳动合同订立时所依据的客观情况发生重大变化，致使劳动合同无法履行，经用人单位与劳动者协商，未能就变更劳动合同内容达成协议的。

第四十一条　【经济性裁员】有下列情形之一，需要裁减人员二十人以上或者裁减不足二十人但占企业职工总数百分之十以上的，用人单位提前三十日向工会或者全体职工说明情况，听取工会或者职工的意见后，裁减人员方案经向劳动行政部门报告，可以裁减人员：

（一）依照企业破产法规定进行重整的；

（二）生产经营发生严重困难的；

（三）企业转产、重大技术革新或者经营方式调整，经变更劳动合同后，仍需裁减人员的；

（四）其他因劳动合同订立时所依据的客观经济情况发生重大变化，致使劳动合同无法履行的。

裁减人员时，应当优先留用下列人员：

（一）与本单位订立较长期限的固定期限劳动合同的；

（二）与本单位订立无固定期限劳动合同的；

（三）家庭无其他就业人员，有需要扶养的老人或者未成年人的。

用人单位依照本条第一款规定裁减人员，在六个月内重新招用人员的，应当通知被裁减的人员，并在同等条件下优先招用被裁减的人员。

第四十二条　【用人单位不得解除劳动合同的情形】劳动者有下列情形之一的，用人单位不得依照本法第四十条、第四十一条的规定解除劳动合同：

（一）从事接触职业病危害作业的劳动者未进行离岗前职业健康检查，或者疑似职业病病人在诊断或者医学观察期间的；

（二）在本单位患职业病或者因工负伤并被确认丧失或者部分丧失劳动能力的；

（三）患病或者非因工负伤，在规定的医疗期内的；

（四）女职工在孕期、产期、哺乳期的；

（五）在本单位连续工作满十五年，且距法定退休年龄不足五年的；

（六）法律、行政法规规定的其他情形。

第四十三条　【工会在劳动合同解除中的监督作用】用人单位单方解除劳动合同，应当事先将理由通知工会。用人单位违反法律、行政法规规定或者劳动合同约定的，工会有权要求用人单位纠正。用人单位应当研究工会的意见，并将处理结果书面通知工会。

第四十四条　【劳动合同的终止】有下列情形之一的，劳动合同终止：

（一）劳动合同期满的；

（二）劳动者开始依法享受基本养老保险待遇的；

（三）劳动者死亡，或者被人民法院宣告死亡或者宣告失踪的；

（四）用人单位被依法宣告破产的；

（五）用人单位被吊销营业执照、责令关闭、撤销或者用人单位决定提前解散的；

（六）法律、行政法规规定的其他情形。

第四十五条　【劳动合同的逾期终止】劳动合同期满，有本法第四十二条规定情形之一的，劳动合同应当续延至相应的情形消失时终止。但是，本法第四十二条第二项规定丧失或者部分丧失劳动能力劳动者的劳动合同的终止，按照国家有关工伤保险的规定执行。

第四十六条　【经济补偿】有下列情形之一的，用人单位应当向劳动者支付经济补偿：

（一）劳动者依照本法第三十八条规定解除劳动合同的；

（二）用人单位依照本法第三十六条规定向劳动者提出解除劳动合同并与劳动者协商一致解除劳动合同的；

（三）用人单位依照本法第四十条规定解除劳动合同的；

（四）用人单位依照本法第四十一条第一款规定解除劳动合同的；

（五）除用人单位维持或者提高劳动合同约定条件续订劳动合同，劳动者不同意续订的情形外，依照本法第四十四条第一项规定终止固定期限劳动合同的；

（六）依照本法第四十四条第四项、第五项规定终止劳动合同的；

（七）法律、行政法规规定的其他情形。

第四十七条　【经济补偿的计算】经济补偿按劳动者在本单位工作的年限，每满一年支付一个月工资的标准向劳动者支付。六个月以上不满一年的，按一年计算；不满六个月的，向劳动者支付半个月工资的经济补偿。

劳动者月工资高于用人单位所在直辖市、设区的市级人民政府公布的本地区上年度职工月平均工资三倍的，向其支付经济补偿的标准按职工月平均工资三倍的数额支付，向其支付经济补偿的年限最高不超过十二年。

本条所称月工资是指劳动者在劳动合同解除或者终止前十二个月的平均工资。

第四十八条　【违法解除或者终止劳动合同的法律后果】用人单位违反本法规定解除或者终止劳动合同，劳动者要求继续履行劳动合同的，用人单位应当继续履行；劳动者不要求继续履行劳动合同或者劳动合同已经不能继续履行的，用人单位应当依照本法第八十七条规定支付赔偿金。

第四十九条　【社会保险关系跨地区转移接续】国家采取措施，建立健全劳动者社会保险关系跨地区转移接续制度。

第五十条 【劳动合同解除或者终止后双方的义务】用人单位应当在解除或者终止劳动合同时出具解除或者终止劳动合同的证明,并在十五日内为劳动者办理档案和社会保险关系转移手续。

劳动者应当按照双方约定,办理工作交接。用人单位依照本法有关规定应当向劳动者支付经济补偿的,在办结工作交接时支付。

用人单位对已经解除或者终止的劳动合同的文本,至少保存二年备查。

第五章 特别规定

第一节 集体合同

第五十一条 【集体合同的订立和内容】企业职工一方与用人单位通过平等协商,可以就劳动报酬、工作时间、休息休假、劳动安全卫生、保险福利等事项订立集体合同。集体合同草案应当提交职工代表大会或者全体职工讨论通过。

集体合同由工会代表企业职工一方与用人单位订立;尚未建立工会的用人单位,由上级工会指导劳动者推举的代表与用人单位订立。

第五十二条 【专项集体合同】企业职工一方与用人单位可以订立劳动安全卫生、女职工权益保护、工资调整机制等专项集体合同。

第五十三条 【行业性集体合同、区域性集体合同】在县级以下区域内,建筑业、采矿业、餐饮服务业等行业可以由工会与企业方面代表订立行业性集体合同,或者订立区域性集体合同。

第五十四条 【集体合同的报送和生效】集体合同订立后,应当报送劳动行政部门;劳动行政部门自收到集体合同文本之日起十五日内未提出异议的,集体合同即行生效。

依法订立的集体合同对用人单位和劳动者具有约束力。行业性、区域性集体合同对当地本行业、本区域的用人单位和劳动者具有约束力。

第五十五条 【集体合同中劳动报酬、劳动条件等标准】集体合同中劳动报酬和劳动条件等标准不得低于当地人民政府规定的最低标准;用人单位与劳动者订立的劳动合同中劳动报酬和劳动条件等标准不得低于集体合同规定的标准。

第五十六条 【集体合同纠纷和法律救济】用人单位违反集体合同，侵犯职工劳动权益的，工会可以依法要求用人单位承担责任；因履行集体合同发生争议，经协商解决不成的，工会可以依法申请仲裁、提起诉讼。

第二节 劳务派遣

第五十七条 【经营劳务派遣业务的条件】经营劳务派遣业务应当具备下列条件：

（一）注册资本不得少于人民币二百万元；

（二）有与开展业务相适应的固定的经营场所和设施；

（三）有符合法律、行政法规规定的劳务派遣管理制度；

（四）法律、行政法规规定的其他条件。

经营劳务派遣业务，应当向劳动行政部门依法申请行政许可；经许可的，依法办理相应的公司登记。未经许可，任何单位和个人不得经营劳务派遣业务。

第五十八条 【劳务派遣单位、用工单位及劳动者的权利义务】劳务派遣单位是本法所称用人单位，应当履行用人单位对劳动者的义务。劳务派遣单位与被派遣劳动者订立的劳动合同，除应当载明本法第十七条规定的事项外，还应当载明被派遣劳动者的用工单位以及派遣期限、工作岗位等情况。

劳务派遣单位应当与被派遣劳动者订立二年以上的固定期限劳动合同，按月支付劳动报酬；被派遣劳动者在无工作期间，劳务派遣单位应当按照所在地人民政府规定的最低工资标准，向其按月支付报酬。

第五十九条 【劳务派遣协议】劳务派遣单位派遣劳动者应当与接受以劳务派遣形式用工的单位（以下称用工单位）订立劳务派遣协议。劳务派遣协议应当约定派遣岗位和人员数量、派遣期限、劳动报酬和社会保险费的数额与支付方式以及违反协议的责任。

用工单位应当根据工作岗位的实际需要与劳务派遣单位确定派遣期限，不得将连续用工期限分割订立数个短期劳务派遣协议。

第六十条 【劳务派遣单位的告知义务】劳务派遣单位应当将劳务派遣协议的内容告知被派遣劳动者。

劳务派遣单位不得克扣用工单位按照劳务派遣协议支付给被派遣劳动

者的劳动报酬。

劳务派遣单位和用工单位不得向被派遣劳动者收取费用。

第六十一条 【跨地区派遣劳动者的劳动报酬、劳动条件】劳务派遣单位跨地区派遣劳动者的,被派遣劳动者享有的劳动报酬和劳动条件,按照用工单位所在地的标准执行。

第六十二条 【用工单位的义务】用工单位应当履行下列义务:

(一)执行国家劳动标准,提供相应的劳动条件和劳动保护;

(二)告知被派遣劳动者的工作要求和劳动报酬;

(三)支付加班费、绩效奖金,提供与工作岗位相关的福利待遇;

(四)对在岗被派遣劳动者进行工作岗位所必需的培训;

(五)连续用工的,实行正常的工资调整机制。

用工单位不得将被派遣劳动者再派遣到其他用人单位。

第六十三条 【被派遣劳动者同工同酬】被派遣劳动者享有与用工单位的劳动者同工同酬的权利。用工单位应当按照同工同酬原则,对被派遣劳动者与本单位同类岗位的劳动者实行相同的劳动报酬分配办法。用工单位无同类岗位劳动者的,参照用工单位所在地相同或者相近岗位劳动者的劳动报酬确定。

劳务派遣单位与被派遣劳动者订立的劳动合同和与用工单位订立的劳务派遣协议,载明或者约定的向被派遣劳动者支付的劳动报酬应当符合前款规定。

第六十四条 【被派遣劳动者参加或者组织工会】被派遣劳动者有权在劳务派遣单位或者用工单位依法参加或者组织工会,维护自身的合法权益。

第六十五条 【劳务派遣中解除劳动合同】被派遣劳动者可以依照本法第三十六条、第三十八条的规定与劳务派遣单位解除劳动合同。

被派遣劳动者有本法第三十九条和第四十条第一项、第二项规定情形的,用工单位可以将劳动者退回劳务派遣单位,劳务派遣单位依照本法有关规定,可以与劳动者解除劳动合同。

第六十六条 【劳务派遣的适用岗位】劳动合同用工是我国的企业基本用工形式。劳务派遣用工是补充形式,只能在临时性、辅助性或者替代性的工作岗位上实施。

前款规定的临时性工作岗位是指存续时间不超过六个月的岗位;辅助性工作岗位是指为主营业务岗位提供服务的非主营业务岗位;替代性工作岗位是指用工单位的劳动者因脱产学习、休假等原因无法工作的一定期间内,可以由其他劳动者替代工作的岗位。

用工单位应当严格控制劳务派遣用工数量,不得超过其用工总量的一定比例,具体比例由国务院劳动行政部门规定。

第六十七条 【用人单位不得自设劳务派遣单位】用人单位不得设立劳务派遣单位向本单位或者所属单位派遣劳动者。

第三节 非全日制用工

第六十八条 【非全日制用工的概念】非全日制用工,是指以小时计酬为主,劳动者在同一用人单位一般平均每日工作时间不超过四小时,每周工作时间累计不超过二十四小时的用工形式。

第六十九条 【非全日制用工的劳动合同】非全日制用工双方当事人可以订立口头协议。

从事非全日制用工的劳动者可以与一个或者一个以上用人单位订立劳动合同;但是,后订立的劳动合同不得影响先订立的劳动合同的履行。

第七十条 【非全日制用工不得约定试用期】非全日制用工双方当事人不得约定试用期。

第七十一条 【非全日制用工的终止用工】非全日制用工双方当事人任何一方都可以随时通知对方终止用工。终止用工,用人单位不向劳动者支付经济补偿。

第七十二条 【非全日制用工的劳动报酬】非全日制用工小时计酬标准不得低于用人单位所在地人民政府规定的最低小时工资标准。

非全日制用工劳动报酬结算支付周期最长不得超过十五日。

第六章 监督检查

第七十三条 【劳动合同制度的监督管理体制】国务院劳动行政部门负责全国劳动合同制度实施的监督管理。

县级以上地方人民政府劳动行政部门负责本行政区域内劳动合同制度实施的监督管理。

县级以上各级人民政府劳动行政部门在劳动合同制度实施的监督管理工作中，应当听取工会、企业方面代表以及有关行业主管部门的意见。

第七十四条　【劳动行政部门监督检查事项】县级以上地方人民政府劳动行政部门依法对下列实施劳动合同制度的情况进行监督检查：

（一）用人单位制定直接涉及劳动者切身利益的规章制度及其执行的情况；

（二）用人单位与劳动者订立和解除劳动合同的情况；

（三）劳务派遣单位和用工单位遵守劳务派遣有关规定的情况；

（四）用人单位遵守国家关于劳动者工作时间和休息休假规定的情况；

（五）用人单位支付劳动合同约定的劳动报酬和执行最低工资标准的情况；

（六）用人单位参加各项社会保险和缴纳社会保险费的情况；

（七）法律、法规规定的其他劳动监察事项。

第七十五条　【监督检查措施和依法行政、文明执法】县级以上地方人民政府劳动行政部门实施监督检查时，有权查阅与劳动合同、集体合同有关的材料，有权对劳动场所进行实地检查，用人单位和劳动者都应当如实提供有关情况和材料。

劳动行政部门的工作人员进行监督检查，应当出示证件，依法行使职权，文明执法。

第七十六条　【其他有关主管部门的监督管理】县级以上人民政府建设、卫生、安全生产监督管理等有关主管部门在各自职责范围内，对用人单位执行劳动合同制度的情况进行监督管理。

第七十七条　【劳动者权利救济途径】劳动者合法权益受到侵害的，有权要求有关部门依法处理，或者依法申请仲裁、提起诉讼。

第七十八条　【工会监督检查的权利】工会依法维护劳动者的合法权益，对用人单位履行劳动合同、集体合同的情况进行监督。用人单位违反劳动法律、法规和劳动合同、集体合同的，工会有权提出意见或者要求纠正；劳动者申请仲裁、提起诉讼的，工会依法给予支持和帮助。

第七十九条　【对违法行为的举报】任何组织或者个人对违反本法的行为都有权举报，县级以上人民政府劳动行政部门应当及时核实、处理，并对举报有功人员给予奖励。

第七章 法律责任

第八十条 【规章制度违法的法律责任】用人单位直接涉及劳动者切身利益的规章制度违反法律、法规规定的，由劳动行政部门责令改正，给予警告；给劳动者造成损害的，应当承担赔偿责任。

第八十一条 【缺乏必备条款、不提供劳动合同文本的法律责任】用人单位提供的劳动合同文本未载明本法规定的劳动合同必备条款或者用人单位未将劳动合同文本交付劳动者的，由劳动行政部门责令改正；给劳动者造成损害的，应当承担赔偿责任。

第八十二条 【不订立书面劳动合同的法律责任】用人单位自用工之日起超过一个月不满一年未与劳动者订立书面劳动合同的，应当向劳动者每月支付二倍的工资。

用人单位违反本法规定不与劳动者订立无固定期限劳动合同的，自应当订立无固定期限劳动合同之日起向劳动者每月支付二倍的工资。

第八十三条 【违法约定试用期的法律责任】用人单位违反本法规定与劳动者约定试用期的，由劳动行政部门责令改正；违法约定的试用期已经履行的，由用人单位以劳动者试用期满月工资为标准，按已经履行的超过法定试用期的期间向劳动者支付赔偿金。

第八十四条 【扣押劳动者身份等证件的法律责任】用人单位违反本法规定，扣押劳动者居民身份证等证件的，由劳动行政部门责令限期退还劳动者本人，并依照有关法律规定给予处罚。

用人单位违反本法规定，以担保或者其他名义向劳动者收取财物的，由劳动行政部门责令限期退还劳动者本人，并以每人五百元以上二千元以下的标准处以罚款；给劳动者造成损害的，应当承担赔偿责任。

劳动者依法解除或者终止劳动合同，用人单位扣押劳动者档案或者其他物品的，依照前款规定处罚。

第八十五条 【未依法支付劳动报酬、经济补偿等的法律责任】用人单位有下列情形之一的，由劳动行政部门责令限期支付劳动报酬、加班费或者经济补偿；劳动报酬低于当地最低工资标准的，应当支付其差额部分；逾期不支付的，责令用人单位按应付金额百分之五十以上百分之一百以下的标准向劳动者加付赔偿金：

（一）未按照劳动合同的约定或者国家规定及时足额支付劳动者劳动报酬的；

（二）低于当地最低工资标准支付劳动者工资的；

（三）安排加班不支付加班费的；

（四）解除或者终止劳动合同，未依照本法规定向劳动者支付经济补偿的。

第八十六条　【订立无效劳动合同的法律责任】劳动合同依照本法第二十六条规定被确认无效，给对方造成损害的，有过错的一方应当承担赔偿责任。

第八十七条　【违反解除或者终止劳动合同的法律责任】用人单位违反本法规定解除或者终止劳动合同的，应当依照本法第四十七条规定的经济补偿标准的二倍向劳动者支付赔偿金。

第八十八条　【侵害劳动者人身权益的法律责任】用人单位有下列情形之一的，依法给予行政处罚；构成犯罪的，依法追究刑事责任；给劳动者造成损害的，应当承担赔偿责任：

（一）以暴力、威胁或者非法限制人身自由的手段强迫劳动的；

（二）违章指挥或者强令冒险作业危及劳动者人身安全的；

（三）侮辱、体罚、殴打、非法搜查或者拘禁劳动者的；

（四）劳动条件恶劣、环境污染严重，给劳动者身心健康造成严重损害的。

第八十九条　【不出具解除、终止书面证明的法律责任】用人单位违反本法规定未向劳动者出具解除或者终止劳动合同的书面证明，由劳动行政部门责令改正；给劳动者造成损害的，应当承担赔偿责任。

第九十条　【劳动者的赔偿责任】劳动者违反本法规定解除劳动合同，或者违反劳动合同中约定的保密义务或者竞业限制，给用人单位造成损失的，应当承担赔偿责任。

第九十一条　【用人单位的连带赔偿责任】用人单位招用与其他用人单位尚未解除或者终止劳动合同的劳动者，给其他用人单位造成损失的，应当承担连带赔偿责任。

第九十二条　【劳务派遣单位、用工单位的法律责任】违反本法规定，未经许可，擅自经营劳务派遣业务的，由劳动行政部门责令停止违法行为，没收违法所得，并处违法所得一倍以上五倍以下的罚款；没有违法所得的，可以处五万元以下的罚款。

劳务派遣单位、用工单位违反本法有关劳务派遣规定的，由劳动行政部门责令限期改正；逾期不改正的，以每人五千元以上一万元以下的标准处以罚款，对劳务派遣单位，吊销其劳务派遣业务经营许可证。用工单位给被派遣劳动者造成损害的，劳务派遣单位与用工单位承担连带赔偿责任。

第九十三条 【无营业执照经营单位的法律责任】对不具备合法经营资格的用人单位的违法犯罪行为，依法追究法律责任；劳动者已经付出劳动的，该单位或者其出资人应当依照本法有关规定向劳动者支付劳动报酬、经济补偿、赔偿金；给劳动者造成损害的，应当承担赔偿责任。

第九十四条 【个人承包经营者的连带赔偿责任】个人承包经营违反本法规定招用劳动者，给劳动者造成损害的，发包的组织与个人承包经营者承担连带赔偿责任。

第九十五条 【不履行法定职责、违法行使职权的法律责任】劳动行政部门和其他有关主管部门及其工作人员玩忽职守、不履行法定职责，或者违法行使职权，给劳动者或者用人单位造成损害的，应当承担赔偿责任；对直接负责的主管人员和其他直接责任人员，依法给予行政处分；构成犯罪的，依法追究刑事责任。

第八章 附 则

第九十六条 【事业单位聘用制劳动合同的法律适用】事业单位与实行聘用制的工作人员订立、履行、变更、解除或者终止劳动合同，法律、行政法规或者国务院另有规定的，依照其规定；未作规定的，依照本法有关规定执行。

第九十七条 【过渡性条款】本法施行前已依法订立且在本法施行之日存续的劳动合同，继续履行；本法第十四条第二款第三项规定连续订立固定期限劳动合同的次数，自本法施行后续订固定期限劳动合同时开始计算。

本法施行前已建立劳动关系，尚未订立书面劳动合同的，应当自本法施行之日起一个月内订立。

本法施行之日存续的劳动合同在本法施行后解除或者终止，依照本法第四十六条规定应当支付经济补偿的，经济补偿年限自本法施行之日起计算;本法施行前按照当时有关规定,用人单位应当向劳动者支付经济补偿的,按照当时有关规定执行。

第九十八条 【施行时间】本法自2008年1月1日起施行。

中华人民共和国
劳动争议调解仲裁法

1. 2007年12月29日第十届全国人民代表大会常务委员会第三十一次会议通过
2. 2007年12月29日中华人民共和国主席令第80号公布
3. 自2008年5月1日起施行

目 录

第一章 总 则

第一条 【立法目的】为了公正及时解决劳动争议,保护当事人合法权益,促进劳动关系和谐稳定,制定本法。

第二条 【调整范围】中华人民共和国境内的用人单位与劳动者发生的下列劳动争议,适用本法:

(一)因确认劳动关系发生的争议;

(二)因订立、履行、变更、解除和终止劳动合同发生的争议;

(三)因除名、辞退和辞职、离职发生的争议;

(四)因工作时间、休息休假、社会保险、福利、培训以及劳动保护发生的争议；

（五）因劳动报酬、工伤医疗费、经济补偿或者赔偿金等发生的争议；

（六）法律、法规规定的其他劳动争议。

第三条 【劳动争议处理的原则】解决劳动争议，应当根据事实，遵循合法、公正、及时、着重调解的原则，依法保护当事人的合法权益。

第四条 【劳动争议当事人的协商和解】发生劳动争议，劳动者可以与用人单位协商，也可以请工会或者第三方共同与用人单位协商，达成和解协议。

第五条 【劳动争议处理的基本程序】发生劳动争议，当事人不愿协商、协商不成或者达成和解协议后不履行的，可以向调解组织申请调解；不愿调解、调解不成或者达成调解协议后不履行的，可以向劳动争议仲裁委员会申请仲裁；对仲裁裁决不服的，除本法另有规定的外，可以向人民法院提起诉讼。

第六条 【举证责任】发生劳动争议，当事人对自己提出的主张，有责任提供证据。与争议事项有关的证据属于用人单位掌握管理的，用人单位应当提供；用人单位不提供的，应当承担不利后果。

第七条 【劳动争议处理的代表人制度】发生劳动争议的劳动者一方在十人以上，并有共同请求的，可以推举代表参加调解、仲裁或者诉讼活动。

第八条 【劳动争议处理的协调劳动关系三方机制】县级以上人民政府劳动行政部门会同工会和企业方面代表建立协调劳动关系三方机制，共同研究解决劳动争议的重大问题。

第九条 【劳动监察】用人单位违反国家规定，拖欠或者未足额支付劳动报酬，或者拖欠工伤医疗费、经济补偿或者赔偿金的，劳动者可以向劳动行政部门投诉，劳动行政部门应当依法处理。

第二章 调　　解

第十条 【调解组织】发生劳动争议，当事人可以到下列调解组织申请调解：

（一）企业劳动争议调解委员会；

（二）依法设立的基层人民调解组织；

（三）在乡镇、街道设立的具有劳动争议调解职能的组织。

企业劳动争议调解委员会由职工代表和企业代表组成。职工代表由工会成员担任或者由全体职工推举产生，企业代表由企业负责人指定。企业劳动争议调解委员会主任由工会成员或者双方推举的人员担任。

第十一条 【担任调解员的条件】劳动争议调解组织的调解员应当由公道正派、联系群众、热心调解工作，并具有一定法律知识、政策水平和文化水平的成年公民担任。

第十二条 【调解申请】当事人申请劳动争议调解可以书面申请，也可以口头申请。口头申请的，调解组织应当当场记录申请人基本情况、申请调解的争议事项、理由和时间。

第十三条 【调解方式】调解劳动争议，应当充分听取双方当事人对事实和理由的陈述，耐心疏导，帮助其达成协议。

第十四条 【调解协议】经调解达成协议的，应当制作调解协议书。

调解协议书由双方当事人签名或者盖章，经调解员签名并加盖调解组织印章后生效，对双方当事人具有约束力，当事人应当履行。

自劳动争议调解组织收到调解申请之日起十五日内未达成调解协议的，当事人可以依法申请仲裁。

第十五条 【申请仲裁】达成调解协议后，一方当事人在协议约定期限内不履行调解协议的，另一方当事人可以依法申请仲裁。

第十六条 【支付令】因支付拖欠劳动报酬、工伤医疗费、经济补偿或者赔偿金事项达成调解协议，用人单位在协议约定期限内不履行的，劳动者可以持调解协议书依法向人民法院申请支付令。人民法院应当依法发出支付令。

第三章 仲　　裁

第一节 一般规定

第十七条 【劳动争议仲裁委员会设立】劳动争议仲裁委员会按照统筹规划、合理布局和适应实际需要的原则设立。省、自治区人民政府可以决定在市、县设立；直辖市人民政府可以决定在区、县设立。直辖市、设区的市也可以设立一个或者若干个劳动争议仲裁委员会。劳动争议仲裁委员会不按行政区划层层设立。

第十八条　【制定仲裁规则及指导劳动争议仲裁工作】国务院劳动行政部门依照本法有关规定制定仲裁规则。省、自治区、直辖市人民政府劳动行政部门对本行政区域的劳动争议仲裁工作进行指导。

第十九条　【劳动争议仲裁委员会组成及职责】劳动争议仲裁委员会由劳动行政部门代表、工会代表和企业方面代表组成。劳动争议仲裁委员会组成人员应当是单数。

劳动争议仲裁委员会依法履行下列职责：

（一）聘任、解聘专职或者兼职仲裁员；

（二）受理劳动争议案件；

（三）讨论重大或者疑难的劳动争议案件；

（四）对仲裁活动进行监督。

劳动争议仲裁委员会下设办事机构，负责办理劳动争议仲裁委员会的日常工作。

第二十条　【仲裁员资格条件】劳动争议仲裁委员会应当设仲裁员名册。

仲裁员应当公道正派并符合下列条件之一：

（一）曾任审判员的；

（二）从事法律研究、教学工作并具有中级以上职称的；

（三）具有法律知识、从事人力资源管理或者工会等专业工作满五年的；

（四）律师执业满三年的。

第二十一条　【仲裁管辖】劳动争议仲裁委员会负责管辖本区域内发生的劳动争议。

劳动争议由劳动合同履行地或者用人单位所在地的劳动争议仲裁委员会管辖。双方当事人分别向劳动合同履行地和用人单位所在地的劳动争议仲裁委员会申请仲裁的，由劳动合同履行地的劳动争议仲裁委员会管辖。

第二十二条　【仲裁案件当事人】发生劳动争议的劳动者和用人单位为劳动争议仲裁案件的双方当事人。

劳务派遣单位或者用工单位与劳动者发生劳动争议的，劳务派遣单位和用工单位为共同当事人。

第二十三条　【仲裁案件第三人】与劳动争议案件的处理结果有利害关系的第三人，可以申请参加仲裁活动或者由劳动争议仲裁委员会通知其参加仲裁活动。

第二十四条 【委托代理】当事人可以委托代理人参加仲裁活动。委托他人参加仲裁活动,应当向劳动争议仲裁委员会提交有委托人签名或者盖章的委托书,委托书应当载明委托事项和权限。

第二十五条 【法定代理和指定代理】丧失或者部分丧失民事行为能力的劳动者,由其法定代理人代为参加仲裁活动;无法定代理人的,由劳动争议仲裁委员会为其指定代理人。劳动者死亡的,由其近亲属或者代理人参加仲裁活动。

第二十六条 【仲裁公开】劳动争议仲裁公开进行,但当事人协议不公开进行或者涉及国家秘密、商业秘密和个人隐私的除外。

第二节 申请和受理

第二十七条 【仲裁时效】劳动争议申请仲裁的时效期间为一年。仲裁时效期间从当事人知道或者应当知道其权利被侵害之日起计算。

前款规定的仲裁时效,因当事人一方向对方当事人主张权利,或者向有关部门请求权利救济,或者对方当事人同意履行义务而中断。从中断时起,仲裁时效期间重新计算。

因不可抗力或者有其他正当理由,当事人不能在本条第一款规定的仲裁时效期间申请仲裁的,仲裁时效中止。从中止时效的原因消除之日起,仲裁时效期间继续计算。

劳动关系存续期间因拖欠劳动报酬发生争议的,劳动者申请仲裁不受本条第一款规定的仲裁时效期间的限制;但是,劳动关系终止的,应当自劳动关系终止之日起一年内提出。

第二十八条 【仲裁申请】申请人申请仲裁应当提交书面仲裁申请,并按照被申请人人数提交副本。

仲裁申请书应当载明下列事项:

(一)劳动者的姓名、性别、年龄、职业、工作单位和住所,用人单位的名称、住所和法定代表人或者主要负责人的姓名、职务;

(二)仲裁请求和所根据的事实、理由;

(三)证据和证据来源、证人姓名和住所。

书写仲裁申请确有困难的,可以口头申请,由劳动争议仲裁委员会记入笔录，并告知对方当事人。

第二十九条 【仲裁申请的受理和不予受理】劳动争议仲裁委员会收到仲裁申请之日起五日内，认为符合受理条件的，应当受理，并通知申请人；认为不符合受理条件的，应当书面通知申请人不予受理，并说明理由。对劳动争议仲裁委员会不予受理或者逾期未作出决定的，申请人可以就该劳动争议事项向人民法院提起诉讼。

第三十条 【仲裁申请送达与仲裁答辩书的提供】劳动争议仲裁委员会受理仲裁申请后，应当在五日内将仲裁申请书副本送达被申请人。

被申请人收到仲裁申请书副本后，应当在十日内向劳动争议仲裁委员会提交答辩书。劳动争议仲裁委员会收到答辩书后，应当在五日内将答辩书副本送达申请人。被申请人未提交答辩书的，不影响仲裁程序的进行。

第三节 开庭和裁决

第三十一条 【仲裁庭组成】劳动争议仲裁委员会裁决劳动争议案件实行仲裁庭制。仲裁庭由三名仲裁员组成，设首席仲裁员。简单劳动争议案件可以由一名仲裁员独任仲裁。

第三十二条 【书面通知仲裁庭组成情况】劳动争议仲裁委员会应当在受理仲裁申请之日起五日内将仲裁庭的组成情况书面通知当事人。

第三十三条 【仲裁员回避】仲裁员有下列情形之一，应当回避，当事人也有权以口头或者书面方式提出回避申请：

（一）是本案当事人或者当事人、代理人的近亲属的；

（二）与本案有利害关系的；

（三）与本案当事人、代理人有其他关系，可能影响公正裁决的；

（四）私自会见当事人、代理人，或者接受当事人、代理人的请客送礼的。

劳动争议仲裁委员会对回避申请应当及时作出决定，并以口头或者书面方式通知当事人。

第三十四条 【仲裁员的法律责任】仲裁员有本法第三十三条第四项规定情形，或者有索贿受贿、徇私舞弊、枉法裁决行为的，应当依法承担法律责任。劳动争议仲裁委员会应当将其解聘。

第三十五条 【开庭通知与延期开庭】仲裁庭应当在开庭五日前，将开庭日期、地点书面通知双方当事人。当事人有正当理由的，可以在开庭三日前请求延期开庭。是否延期,由劳动争议仲裁委员会决定。

第三十六条 【视为撤回仲裁申请和缺席裁决】申请人收到书面通知,无正当理由拒不到庭或者未经仲裁庭同意中途退庭的,可以视为撤回仲裁申请。

被申请人收到书面通知,无正当理由拒不到庭或者未经仲裁庭同意中途退庭的,可以缺席裁决。

第三十七条 【鉴定】仲裁庭对专门性问题认为需要鉴定的,可以交由当事人约定的鉴定机构鉴定;当事人没有约定或者无法达成约定的,由仲裁庭指定的鉴定机构鉴定。

根据当事人的请求或者仲裁庭的要求,鉴定机构应当派鉴定人参加开庭。当事人经仲裁庭许可,可以向鉴定人提问。

第三十八条 【质证、辩论、陈述最后意见】当事人在仲裁过程中有权进行质证和辩论。质证和辩论终结时,首席仲裁员或者独任仲裁员应当征询当事人的最后意见。

第三十九条 【证据及举证责任】当事人提供的证据经查证属实的,仲裁庭应当将其作为认定事实的根据。

劳动者无法提供由用人单位掌握管理的与仲裁请求有关的证据,仲裁庭可以要求用人单位在指定期限内提供。用人单位在指定期限内不提供的,应当承担不利后果。

第四十条 【仲裁庭审笔录】仲裁庭应当将开庭情况记入笔录。当事人和其他仲裁参加人认为对自己陈述的记录有遗漏或者差错的,有权申请补正。如果不予补正,应当记录该申请。

笔录由仲裁员、记录人员、当事人和其他仲裁参加人签名或者盖章。

第四十一条 【当事人自行和解】当事人申请劳动争议仲裁后,可以自行和解。达成和解协议的,可以撤回仲裁申请。

第四十二条 【仲裁庭调解】仲裁庭在作出裁决前,应当先行调解。

调解达成协议的,仲裁庭应当制作调解书。

调解书应当写明仲裁请求和当事人协议的结果。调解书由仲裁员签名,加盖劳动争议仲裁委员会印章,送达双方当事人。调解书经双方当事人签收后,发生法律效力。

调解不成或者调解书送达前,一方当事人反悔的,仲裁庭应当及时作出裁决。

第四十三条 【仲裁审理时限及先行裁决】仲裁庭裁决劳动争议案件，应当自劳动争议仲裁委员会受理仲裁申请之日起四十五日内结束。案情复杂需要延期的，经劳动争议仲裁委员会主任批准，可以延期并书面通知当事人，但是延长期限不得超过十五日。逾期未作出仲裁裁决的，当事人可以就该劳动争议事项向人民法院提起诉讼。

仲裁庭裁决劳动争议案件时，其中一部分事实已经清楚，可以就该部分先行裁决。

第四十四条 【先予执行】仲裁庭对追索劳动报酬、工伤医疗费、经济补偿或者赔偿金的案件，根据当事人的申请，可以裁决先予执行，移送人民法院执行。

仲裁庭裁决先予执行的，应当符合下列条件：

（一）当事人之间权利义务关系明确；

（二）不先予执行将严重影响申请人的生活。

劳动者申请先予执行的，可以不提供担保。

第四十五条 【作出裁决】裁决应当按照多数仲裁员的意见作出，少数仲裁员的不同意见应当记入笔录。仲裁庭不能形成多数意见时，裁决应当按照首席仲裁员的意见作出。

第四十六条 【裁决书】裁决书应当载明仲裁请求、争议事实、裁决理由、裁决结果和裁决日期。裁决书由仲裁员签名，加盖劳动争议仲裁委员会印章。对裁决持不同意见的仲裁员，可以签名，也可以不签名。

第四十七条 【终局裁决】下列劳动争议，除本法另有规定的外，仲裁裁决为终局裁决，裁决书自作出之日起发生法律效力：

（一）追索劳动报酬、工伤医疗费、经济补偿或者赔偿金，不超过当地月最低工资标准十二个月金额的争议；

（二）因执行国家的劳动标准在工作时间、休息休假、社会保险等方面发生的争议。

第四十八条 【劳动者提起诉讼】劳动者对本法第四十七条规定的仲裁裁决不服的，可以自收到仲裁裁决书之日起十五日内向人民法院提起诉讼。

第四十九条 【用人单位申请撤销终局裁决】用人单位有证据证明本法第四十七条规定的仲裁裁决有下列情形之一，可以自收到仲裁裁决书之日

起三十日内向劳动争议仲裁委员会所在地的中级人民法院申请撤销裁决:

(一)适用法律、法规确有错误的;

(二)劳动争议仲裁委员会无管辖权的;

(三)违反法定程序的;

(四)裁决所根据的证据是伪造的;

(五)对方当事人隐瞒了足以影响公正裁决的证据的;

(六)仲裁员在仲裁该案时有索贿受贿、徇私舞弊、枉法裁决行为的。

人民法院经组成合议庭审查核实裁决有前款规定情形之一的,应当裁定撤销。

仲裁裁决被人民法院裁定撤销的,当事人可以自收到裁定书之日起十五日内就该劳动争议事项向人民法院提起诉讼。

第五十条　【不服仲裁裁决提起诉讼】当事人对本法第四十七条规定以外的其他劳动争议案件的仲裁裁决不服的,可以自收到仲裁裁决书之日起十五日内向人民法院提起诉讼;期满不起诉的,裁决书发生法律效力。

第五十一条　【生效调解书、裁决书的执行】当事人对发生法律效力的调解书、裁决书,应当依照规定的期限履行。一方当事人逾期不履行的,另一方当事人可以依照民事诉讼法的有关规定向人民法院申请执行。受理申请的人民法院应当依法执行。

第四章　附　　则

第五十二条　【事业单位劳动争议的处理】事业单位实行聘用制的工作人员与本单位发生劳动争议的,依照本法执行;法律、行政法规或者国务院另有规定的,依照其规定。

第五十三条　【仲裁不收费】劳动争议仲裁不收费。劳动争议仲裁委员会的经费由财政予以保障。

第五十四条　【生效时间】本法自 2008 年 5 月 1 日起施行。

中华人民共和国劳动合同法实施条例

2008年9月18日国务院令第535号公布施行

第一章　总　　则

第一条　【立法宗旨】为了贯彻实施《中华人民共和国劳动合同法》(以下简称劳动合同法),制定本条例。

第二条　【政府义务】各级人民政府和县级以上人民政府劳动行政等有关部门以及工会等组织,应当采取措施,推动劳动合同法的贯彻实施,促进劳动关系的和谐。

第三条　【用人单位范围界定】依法成立的会计师事务所、律师事务所等合伙组织和基金会,属于劳动合同法规定的用人单位。

第二章　劳动合同的订立

第四条　【分支机构订立劳动合同】劳动合同法规定的用人单位设立的分支机构,依法取得营业执照或者登记证书的,可以作为用人单位与劳动者订立劳动合同;未依法取得营业执照或者登记证书的,受用人单位委托可以与劳动者订立劳动合同。

第五条　【劳动者一月内不订合同的处理】自用工之日起一个月内,经用人单位书面通知后,劳动者不与用人单位订立书面劳动合同的,用人单位应当书面通知劳动者终止劳动关系,无需向劳动者支付经济补偿,但是应当依法向劳动者支付其实际工作时间的劳动报酬。

第六条　【用人单位一年内不订合同的处理】用人单位自用工之日起超过一个月不满一年未与劳动者订立书面劳动合同的,应当依照劳动合同法第八十二条的规定向劳动者每月支付两倍的工资,并与劳动者补订书面劳动合同;劳动者不与用人单位订立书面劳动合同的,用人单位应当书面通知劳动者终止劳动关系,并依照劳动合同法第四十七条的规定支付经济补偿。

前款规定的用人单位向劳动者每月支付两倍工资的起算时间为用工之

日起满一个月的次日,截止时间为补订书面劳动合同的前一日。

第七条　【用人单位满一年不订合同的处理】用人单位自用工之日起满一年未与劳动者订立书面劳动合同的,自用工之日起满一个月的次日至满一年的前一日应当依照劳动合同法第八十二条的规定向劳动者每月支付两倍的工资,并视为自用工之日起满一年的当日已经与劳动者订立无固定期限劳动合同,应当立即与劳动者补订书面劳动合同。

第八条　【职工名册内容】劳动合同法第七条规定的职工名册,应当包括劳动者姓名、性别、公民身份号码、户籍地址及现住址、联系方式、用工形式、用工起始时间、劳动合同期限等内容。

第九条　【连续工作时间计算】劳动合同法第十四条第二款规定的连续工作满 10 年的起始时间,应当自用人单位用工之日起计算,包括劳动合同法施行前的工作年限。

第十条　【到新单位工作的年限计算】劳动者非因本人原因从原用人单位被安排到新用人单位工作的,劳动者在原用人单位的工作年限合并计算为新用人单位的工作年限。原用人单位已经向劳动者支付经济补偿的,新用人单位在依法解除、终止劳动合同计算支付经济补偿的工作年限时,不再计算劳动者在原用人单位的工作年限。

第十一条　【订立无固定期限劳动合同】除劳动者与用人单位协商一致的情形外,劳动者依照劳动合同法第十四条第二款的规定,提出订立无固定期限劳动合同的,用人单位应当与其订立无固定期限劳动合同。对劳动合同的内容,双方应当按照合法、公平、平等自愿、协商一致、诚实信用的原则协商确定;对协商不一致的内容,依照劳动合同法第十八条的规定执行。

第十二条　【公益性岗位的特殊规定】地方各级人民政府及县级以上地方人民政府有关部门为安置就业困难人员提供的给予岗位补贴和社会保险补贴的公益性岗位,其劳动合同不适用劳动合同法有关无固定期限劳动合同的规定以及支付经济补偿的规定。

第十三条　【用人单位不得约定法外终止条件】用人单位与劳动者不得在劳动合同法第四十四条规定的劳动合同终止情形之外约定其他的劳动合同终止条件。

第十四条　【劳动合同履行地与用人单位注册地不一致时的执行标准】劳动合同履行地与用人单位注册地不一致的,有关劳动者的最低工资标准、劳动保护、劳动条件、职业危害防护和本地区上年度职工月平均工资标准等事项，按照劳动合同履行地的有关规定执行；用人单位注册地的有关标准高于劳动合同履行地的有关标准，且用人单位与劳动者约定按照用人单位注册地的有关规定执行的，从其约定。

第十五条　【试用期工资】劳动者在试用期的工资不得低于本单位相同岗位最低档工资的80%或者不得低于劳动合同约定工资的80%，并不得低于用人单位所在地的最低工资标准。

第十六条　【培训费用范围】劳动合同法第二十二条第二款规定的培训费用，包括用人单位为了对劳动者进行专业技术培训而支付的有凭证的培训费用、培训期间的差旅费用以及因培训产生的用于该劳动者的其他直接费用。

第十七条　【合同期满服务期未满的处理】劳动合同期满，但是用人单位与劳动者依照劳动合同法第二十二条的规定约定的服务期尚未到期的，劳动合同应当续延至服务期满；双方另有约定的，从其约定。

第三章　劳动合同的解除和终止

第十八条　【劳动者解除合同情形】有下列情形之一的，依照劳动合同法规定的条件、程序，劳动者可以与用人单位解除固定期限劳动合同、无固定期限劳动合同或者以完成一定工作任务为期限的劳动合同：

（一）劳动者与用人单位协商一致的；

（二）劳动者提前30日以书面形式通知用人单位的；

（三）劳动者在试用期内提前3日通知用人单位的；

（四）用人单位未按照劳动合同约定提供劳动保护或者劳动条件的；

（五）用人单位未及时足额支付劳动报酬的；

（六）用人单位未依法为劳动者缴纳社会保险费的；

（七）用人单位的规章制度违反法律、法规的规定，损害劳动者权益的；

（八）用人单位以欺诈、胁迫的手段或者乘人之危，使劳动者在违背真实意思的情况下订立或者变更劳动合同的；

（九）用人单位在劳动合同中免除自己的法定责任、排除劳动者权利的；

（十）用人单位违反法律、行政法规强制性规定的；

（十一）用人单位以暴力、威胁或者非法限制人身自由的手段强迫劳动者劳动的；

（十二）用人单位违章指挥、强令冒险作业危及劳动者人身安全的；

（十三）法律、行政法规规定劳动者可以解除劳动合同的其他情形。

第十九条　【用人单位解除合同情形】有下列情形之一的，依照劳动合同法规定的条件、程序，用人单位可以与劳动者解除固定期限劳动合同、无固定期限劳动合同或者以完成一定工作任务为期限的劳动合同：

（一）用人单位与劳动者协商一致的；

（二）劳动者在试用期间被证明不符合录用条件的；

（三）劳动者严重违反用人单位的规章制度的；

（四）劳动者严重失职，营私舞弊，给用人单位造成重大损害的；

（五）劳动者同时与其他用人单位建立劳动关系，对完成本单位的工作任务造成严重影响，或者经用人单位提出，拒不改正的；

（六）劳动者以欺诈、胁迫的手段或者乘人之危，使用人单位在违背真实意思的情况下订立或者变更劳动合同的；

（七）劳动者被依法追究刑事责任的；

（八）劳动者患病或者非因工负伤，在规定的医疗期满后不能从事原工作，也不能从事由用人单位另行安排的工作的；

（九）劳动者不能胜任工作，经过培训或者调整工作岗位，仍不能胜任工作的；

（十）劳动合同订立时所依据的客观情况发生重大变化，致使劳动合同无法履行，经用人单位与劳动者协商，未能就变更劳动合同内容达成协议的；

（十一）用人单位依照企业破产法规定进行重整的；

（十二）用人单位生产经营发生严重困难的；

（十三）企业转产、重大技术革新或者经营方式调整，经变更劳动合同后，仍需裁减人员的；

（十四）其他因劳动合同订立时所依据的客观经济情况发生重大变化，致使劳动合同无法履行的。

第二十条　【额外支付的工资标准】用人单位依照劳动合同法第四十条的规定，选择额外支付劳动者一个月工资解除劳动合同的，其额外支付的工资应当按照该劳动者上一个月的工资标准确定。

第二十一条　【退休时合同终止】劳动者达到法定退休年龄的，劳动合同终止。

第二十二条　【终止以完成一定工作任务为期限的劳动合同】以完成一定工作任务为期限的劳动合同因任务完成而终止的，用人单位应当依照劳动合同法第四十七条的规定向劳动者支付经济补偿。

第二十三条　【终止工伤职工劳动合同】用人单位依法终止工伤职工的劳动合同的，除依照劳动合同法第四十七条的规定支付经济补偿外，还应当依照国家有关工伤保险的规定支付一次性工伤医疗补助金和伤残就业补助金。

第二十四条　【解除、终止劳动合同证明的内容】用人单位出具的解除、终止劳动合同的证明，应当写明劳动合同期限、解除或者终止劳动合同的日期、工作岗位、在本单位的工作年限。

第二十五条　【赔偿金与经济补偿不并罚】用人单位违反劳动合同法的规定解除或者终止劳动合同，依照劳动合同法第八十七条的规定支付了赔偿金的，不再支付经济补偿。赔偿金的计算年限自用工之日起计算。

第二十六条　【解除约定服务期的劳动合同】用人单位与劳动者约定了服务期，劳动者依照劳动合同法第三十八条的规定解除劳动合同的，不属于违反服务期的约定，用人单位不得要求劳动者支付违约金。

有下列情形之一，用人单位与劳动者解除约定服务期的劳动合同的，劳动者应当按照劳动合同的约定向用人单位支付违约金：

（一）劳动者严重违反用人单位的规章制度的；

（二）劳动者严重失职，营私舞弊，给用人单位造成重大损害的；

（三）劳动者同时与其他用人单位建立劳动关系，对完成本单位的工作任务造成严重影响，或者经用人单位提出，拒不改正的；

（四）劳动者以欺诈、胁迫的手段或者乘人之危，使用人单位在违背真实意思的情况下订立或者变更劳动合同的；

（五）劳动者被依法追究刑事责任的。

第二十七条　【月工资的计算】劳动合同法第四十七条规定的经济补偿的月工资按照劳动者应得工资计算，包括计时工资或者计件工资以及奖金、津贴和补贴等货币性收入。劳动者在劳动合同解除或者终止前12个月的平均工资低于当地最低工资标准的，按照当地最低工资标准计算。劳动者工作不满12个月的，按照实际工作的月数计算平均工资。

第四章　劳务派遣特别规定

第二十八条　【不得设立的劳务派遣单位】用人单位或者其所属单位出资或者合伙设立的劳务派遣单位，向本单位或者所属单位派遣劳动者的，属于劳动合同法第六十七条规定的不得设立的劳务派遣单位。

第二十九条　【用工单位义务】用工单位应当履行劳动合同法第六十二条规定的义务，维护被派遣劳动者的合法权益。

第三十条　【不得以非全日制用工形式派遣】劳务派遣单位不得以非全日制用工形式招用被派遣劳动者。

第三十一条　【经济补偿的参照执行】劳务派遣单位或者被派遣劳动者依法解除、终止劳动合同的经济补偿，依照劳动合同法第四十六条、第四十七条的规定执行。

第三十二条　【解除、终止劳动合同的参照执行】劳务派遣单位违法解除或者终止被派遣劳动者的劳动合同的，依照劳动合同法第四十八条的规定执行。

第五章　法 律 责 任

第三十三条　【违反建立职工名册规定的处罚】用人单位违反劳动合同法有关建立职工名册规定的，由劳动行政部门责令限期改正；逾期不改正的，由劳动行政部门处2000元以上2万元以下的罚款。

第三十四条　【未支付两倍工资或赔偿金的处理】用人单位依照劳动合同法的规定应当向劳动者每月支付两倍的工资或者应当向劳动者支付赔偿金而未支付的，劳动行政部门应当责令用人单位支付。

第三十五条　【违反劳务派遣规定的处罚】用工单位违反劳动合同法和本条例有关劳务派遣规定的，由劳动行政部门和其他有关主管部门责令改正；情节严重的，以每位被派遣劳动者1000元以上5000元以下的标准处以罚款；给被派遣劳动者造成损害的，劳务派遣单位和用工单位承担连带赔偿责任。

第六章　附　　则

第三十六条　【对投诉、举报的处理】对违反劳动合同法和本条例的行为的投诉、举报,县级以上地方人民政府劳动行政部门依照《劳动保障监察条例》的规定处理。

第三十七条 【发生争议的处理】劳动者与用人单位因订立、履行、变更、解除或者终止劳动合同发生争议的,依照《中华人民共和国劳动争议调解仲裁法》的规定处理。

第三十八条 【施行时间】本条例自公布之日起施行。

劳务派遣暂行规定

1. 2013 年 12 月 20 日人力资源和社会保障部令第 22 号公布
2. 自 2014 年 3 月 1 日起施行

第一章 总 则

第一条 为规范劳务派遣,维护劳动者的合法权益,促进劳动关系和谐稳定,依据《中华人民共和国劳动合同法》(以下简称劳动合同法)和《中华人民共和国劳动合同法实施条例》(以下简称劳动合同法实施条例)等法律、行政法规,制定本规定。

第二条 劳务派遣单位经营劳务派遣业务,企业(以下称用工单位)使用被派遣劳动者,适用本规定。

依法成立的会计师事务所、律师事务所等合伙组织和基金会以及民办非企业单位等组织使用被派遣劳动者,依照本规定执行。

第二章 用工范围和用工比例

第三条 用工单位只能在临时性、辅助性或者替代性的工作岗位上使用被派遣劳动者。

前款规定的临时性工作岗位是指存续时间不超过 6 个月的岗位;辅助性工作岗位是指为主营业务岗位提供服务的非主营业务岗位;替代性工作岗位是指用工单位的劳动者因脱产学习、休假等原因无法工作的一定期间内,可以由其他劳动者替代工作的岗位。

用工单位决定使用被派遣劳动者的辅助性岗位，应当经职工代表大会或者全体职工讨论，提出方案和意见，与工会或者职工代表平等协商确定，并在用工单位内公示。

第四条 用工单位应当严格控制劳务派遣用工数量，使用的被派遣劳动者数量不得超过其用工总量的10%。

前款所称用工总量是指用工单位订立劳动合同人数与使用的被派遣劳动者人数之和。

计算劳务派遣用工比例的用工单位是指依照劳动合同法和劳动合同法实施条例可以与劳动者订立劳动合同的用人单位。

第三章 劳动合同、劳务派遣协议的订立和履行

第五条 劳务派遣单位应当依法与被派遣劳动者订立2年以上的固定期限书面劳动合同。

第六条 劳务派遣单位可以依法与被派遣劳动者约定试用期。劳务派遣单位与同一被派遣劳动者只能约定一次试用期。

第七条 劳务派遣协议应当载明下列内容：

（一）派遣的工作岗位名称和岗位性质；

（二）工作地点；

（三）派遣人员数量和派遣期限；

（四）按照同工同酬原则确定的劳动报酬数额和支付方式；

（五）社会保险费的数额和支付方式；

（六）工作时间和休息休假事项；

（七）被派遣劳动者工伤、生育或者患病期间的相关待遇；

（八）劳动安全卫生以及培训事项；

（九）经济补偿等费用；

（十）劳务派遣协议期限；

（十一）劳务派遣服务费的支付方式和标准；

（十二）违反劳务派遣协议的责任；

（十三）法律、法规、规章规定应当纳入劳务派遣协议的其他事项。

第八条 劳务派遣单位应当对被派遣劳动者履行下列义务：

（一）如实告知被派遣劳动者劳动合同法第八条规定的事项、应遵守的规章制度以及劳务派遣协议的内容；

（二）建立培训制度，对被派遣劳动者进行上岗知识、安全教育培训；

（三）按照国家规定和劳务派遣协议约定，依法支付被派遣劳动者的劳动报酬和相关待遇；

（四）按照国家规定和劳务派遣协议约定，依法为被派遣劳动者缴纳社会保险费，并办理社会保险相关手续；

（五）督促用工单位依法为被派遣劳动者提供劳动保护和劳动安全卫生条件；

（六）依法出具解除或者终止劳动合同的证明；

（七）协助处理被派遣劳动者与用工单位的纠纷；

（八）法律、法规和规章规定的其他事项。

第九条 用工单位应当按照劳动合同法第六十二条规定，向被派遣劳动者提供与工作岗位相关的福利待遇，不得歧视被派遣劳动者。

第十条 被派遣劳动者在用工单位因工作遭受事故伤害的，劳务派遣单位应当依法申请工伤认定，用工单位应当协助工伤认定的调查核实工作。劳务派遣单位承担工伤保险责任，但可以与用工单位约定补偿办法。

被派遣劳动者在申请进行职业病诊断、鉴定时，用工单位应当负责处理职业病诊断、鉴定事宜，并如实提供职业病诊断、鉴定所需的劳动者职业史和职业危害接触史、工作场所职业病危害因素检测结果等资料，劳务派遣单位应当提供被派遣劳动者职业病诊断、鉴定所需的其他材料。

第十一条 劳务派遣单位行政许可有效期未延续或者《劳务派遣经营许可证》被撤销、吊销的，已经与被派遣劳动者依法订立的劳动合同应当履行至期限届满。双方经协商一致，可以解除劳动合同。

第十二条 有下列情形之一的，用工单位可以将被派遣劳动者退回劳务派遣单位：

（一）用工单位有劳动合同法第四十条第三项、第四十一条规定情形的；

（二）用工单位被依法宣告破产、吊销营业执照、责令关闭、撤销、决定提前解散或者经营期限届满不再继续经营的；

（三）劳务派遣协议期满终止的。

被派遣劳动者退回后在无工作期间，劳务派遣单位应当按照不低于所在地人民政府规定的最低工资标准,向其按月支付报酬。

第十三条 被派遣劳动者有劳动合同法第四十二条规定情形的,在派遣期限届满前,用工单位不得依据本规定第十二条第一款第一项规定将被派遣劳动者退回劳务派遣单位;派遣期限届满的,应当延续至相应情形消失时方可退回。

第四章 劳动合同的解除和终止

第十四条 被派遣劳动者提前30日以书面形式通知劳务派遣单位,可以解除劳动合同。被派遣劳动者在试用期内提前3日通知劳务派遣单位,可以解除劳动合同。劳务派遣单位应当将被派遣劳动者通知解除劳动合同的情况及时告知用工单位。

第十五条 被派遣劳动者因本规定第十二条规定被用工单位退回,劳务派遣单位重新派遣时维持或者提高劳动合同约定条件,被派遣劳动者不同意的,劳务派遣单位可以解除劳动合同。

被派遣劳动者因本规定第十二条规定被用工单位退回,劳务派遣单位重新派遣时降低劳动合同约定条件,被派遣劳动者不同意的,劳务派遣单位不得解除劳动合同。但被派遣劳动者提出解除劳动合同的除外。

第十六条 劳务派遣单位被依法宣告破产、吊销营业执照、责令关闭、撤销、决定提前解散或者经营期限届满不再继续经营的,劳动合同终止。用工单位应当与劳务派遣单位协商妥善安置被派遣劳动者。

第十七条 劳务派遣单位因劳动合同法第四十六条或者本规定第十五条、第十六条规定的情形,与被派遣劳动者解除或者终止劳动合同的,应当依法向被派遣劳动者支付经济补偿。

第五章 跨地区劳务派遣的社会保险

第十八条 劳务派遣单位跨地区派遣劳动者的,应当在用工单位所在地为被派遣劳动者参加社会保险,按照用工单位所在地的规定缴纳社会保险费,被派遣劳动者按照国家规定享受社会保险待遇。

第十九条 劳务派遣单位在用工单位所在地设立分支机构的,由分支机构为被派遣劳动者办理参保手续,缴纳社会保险费。

劳务派遣单位未在用工单位所在地设立分支机构的,由用工单位代劳务派遣单位为被派遣劳动者办理参保手续,缴纳社会保险费。

第六章 法律责任

第二十条 劳务派遣单位、用工单位违反劳动合同法和劳动合同法实施条例有关劳务派遣规定的,按照劳动合同法第九十二条规定执行。

第二十一条 劳务派遣单位违反本规定解除或者终止被派遣劳动者劳动合同的,按照劳动合同法第四十八条、第八十七条规定执行。

第二十二条 用工单位违反本规定第三条第三款规定的,由人力资源社会保障行政部门责令改正,给予警告;给被派遣劳动者造成损害的,依法承担赔偿责任。

第二十三条 劳务派遣单位违反本规定第六条规定的,按照劳动合同法第八十三条规定执行。

第二十四条 用工单位违反本规定退回被派遣劳动者的,按照劳动合同法第九十二条第二款规定执行。

第七章 附　　则

第二十五条 外国企业常驻代表机构和外国金融机构驻华代表机构等使用被派遣劳动者的,以及船员用人单位以劳务派遣形式使用国际远洋海员的,不受临时性、辅助性、替代性岗位和劳务派遣用工比例的限制。

第二十六条 用人单位将本单位劳动者派往境外工作或者派往家庭、自然人处提供劳动的,不属于本规定所称劳务派遣。

第二十七条 用人单位以承揽、外包等名义,按劳务派遣用工形式使用劳动者的,按照本规定处理。

第二十八条 用工单位在本规定施行前使用被派遣劳动者数量超过其用工总量10%的,应当制定调整用工方案,于本规定施行之日起2年内降至规定比例。但是,《全国人民代表大会常务委员会关于修改〈中华人民共和国劳动合同法〉的决定》公布前已依法订立的劳动合同和劳务派遣协议期限届满日期在本规定施行之日起2年后的,可以依法继续履行至期限届满。

用工单位应当将制定的调整用工方案报当地人力资源社会保障行政部门备案。

用工单位未将本规定施行前使用的被派遣劳动者数量降至符合规定比

例之前,不得新用被派遣劳动者。

第二十九条 本规定自2014年3月1日起施行。

最高人民法院关于审理劳动争议案件适用法律若干问题的解释

1. 2001年3月22日最高人民法院审判委员会第1165次会议通过
2. 2001年4月16日公布
3. 法释〔2001〕14号
4. 自2001年4月30日起施行

为正确审理劳动争议案件,根据《中华人民共和国劳动法》(以下简称《劳动法》)和《中华人民共和国民事诉讼法》(以下简称《民事诉讼法》)等相关法律之规定,就适用法律的若干问题,作如下解释。

第一条 劳动者与用人单位之间发生的下列纠纷,属于《劳动法》第二条规定的劳动争议,当事人不服劳动争议仲裁委员会作出的裁决,依法向人民法院起诉的,人民法院应当受理:

(一)劳动者与用人单位在履行劳动合同过程中发生的纠纷;

(二)劳动者与用人单位之间没有订立书面劳动合同,但已形成劳动关系后发生的纠纷;

(三)劳动者退休后,与尚未参加社会保险统筹的原用人单位因追索养老金、医疗费、工伤保险待遇和其他社会保险费而发生的纠纷。

第二条 劳动争议仲裁委员会以当事人申请仲裁的事项不属于劳动争议为由,作出不予受理的书面裁决、决定或者通知,当事人不服,依法向人民法院起诉的,人民法院应当分别情况予以处理:

(一)属于劳动争议案件的,应当受理;

(二)虽不属于劳动争议案件,但属于人民法院主管的其他案件,应当依法受理。

第三条 劳动争议仲裁委员会根据《劳动法》第八十二条之规定,以当事人的仲裁申请超过六十日期限为由,作出不予受理的书面裁决、决定或者通知，当事人不服，依法向人民法院起诉的，人民法院应当受理；对确已超过仲裁申请期限，又无不可抗力或者其他正当理由的，依法驳回其诉讼请求。

第四条 劳动争议仲裁委员会以申请仲裁的主体不适格为由，作出不予受理的书面裁决、决定或者通知，当事人不服，依法向人民法院起诉的，经审查，确属主体不适格的，裁定不予受理或者驳回起诉。

第五条 劳动争议仲裁委员会为纠正原仲裁裁决错误重新作出裁决，当事人不服，依法向人民法院起诉的，人民法院应当受理。

第六条 人民法院受理劳动争议案件后，当事人增加诉讼请求的，如该诉讼请求与讼争的劳动争议具有不可分性，应当合并审理；如属独立的劳动争议，应当告知当事人向劳动争议仲裁委员会申请仲裁。

第七条 劳动争议仲裁委员会仲裁的事项不属于人民法院受理的案件范围，当事人不服，依法向人民法院起诉的，裁定不予受理或者驳回起诉。

第八条 劳动争议案件由用人单位所在地或者劳动合同履行地的基层人民法院管辖。

劳动合同履行地不明确的，由用人单位所在地的基层人民法院管辖。

第九条 当事人双方不服劳动争议仲裁委员会作出的同一仲裁裁决，均向同一人民法院起诉的，先起诉的一方当事人为原告，但对双方的诉讼请求，人民法院应当一并作出裁决。

当事人双方就同一仲裁裁决分别向有管辖权的人民法院起诉的，后受理的人民法院应当将案件移送给先受理的人民法院。

第十条 用人单位与其他单位合并的，合并前发生的劳动争议，由合并后的单位为当事人；用人单位分立为若干单位的，其分立前发生的劳动争议，由分立后的实际用人单位为当事人。

用人单位分立为若干单位后，对承受劳动权利义务的单位不明确的，分立后的单位均为当事人。

第十一条 用人单位招用尚未解除劳动合同的劳动者，原用人单位与劳动者发生的劳动争议，可以列新的用人单位为第三人。

原用人单位以新的用人单位侵权为由向人民法院起诉的，可以列劳动者为第三人。

原用人单位以新的用人单位和劳动者共同侵权为由向人民法院起诉的，新的用人单位和劳动者列为共同被告。

第十二条 劳动者在用人单位与其他平等主体之间的承包经营期间，与发包方和承包方双方或者一方发生劳动争议，依法向人民法院起诉的，应当将承包方和发包方作为当事人。

第十三条 因用人单位作出的开除、除名、辞退、解除劳动合同、减少劳动报酬、计算劳动者工作年限等决定而发生的劳动争议，用人单位负举证责任。

第十四条 劳动合同被确认为无效后，用人单位对劳动者付出的劳动，一般可参照本单位同期、同工种、同岗位的工资标准支付劳动报酬。

根据《劳动法》第九十七条之规定，由于用人单位的原因订立的无效合同，给劳动者造成损害的，应当比照违反和解除劳动合同经济补偿金的支付标准，赔偿劳动者因合同无效所造成的经济损失。

第十五条 用人单位有下列情形之一，迫使劳动者提出解除劳动合同的，用人单位应当支付劳动者的劳动报酬和经济补偿，并可支付赔偿金：

（一）以暴力、威胁或者非法限制人身自由的手段强迫劳动的；

（二）未按照劳动合同约定支付劳动报酬或者提供劳动条件的；

（三）克扣或者无故拖欠劳动者工资的；

（四）拒不支付劳动者延长工作时间工资报酬的；

（五）低于当地最低工资标准支付劳动者工资的。

第十六条 劳动合同期满后，劳动者仍在原用人单位工作，原用人单位未表示异议的，视为双方同意以原条件继续履行劳动合同。一方提出终止劳动关系的，人民法院应当支持。

根据《劳动法》第二十条之规定，用人单位应当与劳动者签订无固定期限劳动合同而未签订的，人民法院可以视为双方之间存在无固定期限劳动合同关系，并以原劳动合同确定双方的权利义务关系。

第十七条 劳动争议仲裁委员会作出仲裁裁决后，当事人对裁决中的部分事项不服，依法向人民法院起诉的，劳动争议仲裁裁决不发生法律效力。

第十八条 劳动争议仲裁委员会对多个劳动者的劳动争议作出仲裁裁决后，部分劳动者对仲裁裁决不服，依法向人民法院起诉的，仲裁裁决对提出起诉的劳动者不发生法律效力；对未提出起诉的部分劳动者，发生法律效力，如其申请执行的，人民法院应当受理。

第十九条 用人单位根据《劳动法》第四条之规定，通过民主程序制定的规章制度，不违反国家法律、行政法规及政策规定，并已向劳动者公示的，可以作为人民法院审理劳动争议案件的依据。

第二十条 用人单位对劳动者作出的开除、除名、辞退等处理，或者因其他原因解除劳动合同确有错误的，人民法院可以依法判决予以撤销。

对于追索劳动报酬、养老金、医疗费以及工伤保险待遇、经济补偿金、培训费及其他相关费用等案件，给付数额不当的，人民法院可以予以变更。

第二十一条 当事人申请人民法院执行劳动争议仲裁机构作出的发生法律效力的裁决书、调解书，被申请人提出证据证明劳动争议仲裁裁决书、调解书有下列情形之一，并经审查核实的，人民法院可以根据《民事诉讼法》第二百一十三条之规定，裁定不予执行：

（一）裁决的事项不属于劳动争议仲裁范围，或者劳动争议仲裁机构无权仲裁的；

（二）适用法律确有错误的；

（三）仲裁员仲裁该案时，有徇私舞弊、枉法裁决行为的；

（四）人民法院认定执行该劳动争议仲裁裁决违背社会公共利益的。

人民法院在不予执行的裁定书中，应当告知当事人在收到裁定书之次日起三十日内，可以就该劳动争议事项向人民法院起诉。

最高人民法院关于审理劳动争议案件适用法律若干问题的解释（二）

1. 2006年7月10日最高人民法院审判委员会第1393次会议通过
2. 2006年8月14日公布
3. 法释〔2006〕6号
4. 自2006年10月1日起施行

为正确审理劳动争议案件，根据《中华人民共和国劳动法》、《中华人民共和国民事诉讼法》等相关法律规定，结合民事审判实践，对人民法院审理劳动争议案件适用法律的若干问题补充解释如下：

第一条 人民法院审理劳动争议案件，对下列情形，视为劳动法第八十二条规定的“劳动争议发生之日”：

（一）在劳动关系存续期间产生的支付工资争议，用人单位能够证明已经书面通知劳动者拒付工资的，书面通知送达之日为劳动争议发生之日。用人单位不能证明的，劳动者主张权利之日为劳动争议发生之日。

（二）因解除或者终止劳动关系产生的争议，用人单位不能证明劳动者收到解除或者终止劳动关系书面通知时间的，劳动者主张权利之日为劳动争议发生之日。

（三）劳动关系解除或者终止后产生的支付工资、经济补偿金、福利待遇等争议，劳动者能够证明用人单位承诺支付的时间为解除或者终止劳动关系后的具体日期的，用人单位承诺支付之日为劳动争议发生之日。劳动者不能证明的，解除或者终止劳动关系之日为劳动争议发生之日。

第二条 拖欠工资争议，劳动者申请仲裁时劳动关系仍然存续，用人单位以劳动者申请仲裁超过六十日为由主张不再支付的，人民法院不予支持。但用人单位能够证明劳动者已经收到拒付工资的书面通知的除外。

第三条 劳动者以用人单位的工资欠条为证据直接向人民法院起诉，诉讼请求不涉及劳动关系其他争议的，视为拖欠劳动报酬争议，按照普通民事纠纷受理。

第四条 用人单位和劳动者因劳动关系是否已经解除或者终止，以及应否支付解除或终止劳动关系经济补偿金产生的争议，经劳动争议仲裁委员会仲裁后，当事人依法起诉的，人民法院应予受理。

第五条 劳动者与用人单位解除或者终止劳动关系后，请求用人单位返还其收取的劳动合同定金、保证金、抵押金、抵押物产生的争议，或者办理劳动者的人事档案、社会保险关系等移转手续产生的争议，经劳动争议仲裁委员会仲裁后，当事人依法起诉的，人民法院应予受理。

第六条 劳动者因为工伤、职业病，请求用人单位依法承担给予工伤保险待遇的争议，经劳动争议仲裁委员会仲裁后，当事人依法起诉的，人民法院应予受理。

第七条 下列纠纷不属于劳动争议：

（一）劳动者请求社会保险经办机构发放社会保险金的纠纷；

（二）劳动者与用人单位因住房制度改革产生的公有住房转让纠纷；

（三）劳动者对劳动能力鉴定委员会的伤残等级鉴定结论或者对职业病诊断鉴定委员会的职业病诊断鉴定结论的异议纠纷；

（四）家庭或者个人与家政服务人员之间的纠纷；

（五）个体工匠与帮工、学徒之间的纠纷；

（六）农村承包经营户与受雇人之间的纠纷。

第八条 当事人不服劳动争议仲裁委员会作出的预先支付劳动者部分工资或者医疗费用的裁决，向人民法院起诉的，人民法院不予受理。

用人单位不履行上述裁决中的给付义务，劳动者依法向人民法院申请强制执行的，人民法院应予受理。

第九条 劳动者与起有字号的个体工商户产生的劳动争议诉讼，人民法院应当以营业执照上登记的字号为当事人，但应同时注明该字号业主的自然情况。

第十条 劳动者因履行劳动力派遣合同产生劳动争议而起诉，以派遣单位为被告；争议内容涉及接受单位的，以派遣单位和接受单位为共同被告。

第十一条 劳动者和用人单位均不服劳动争议仲裁委员会的同一裁决，向同一人民法院起诉的，人民法院应当并案审理，双方当事人互为原告和被告。在诉讼过程中，一方当事人撤诉的，人民法院应当根据另一方当事人的诉讼请求继续审理。

第十二条 当事人能够证明在申请仲裁期间内因不可抗力或者其他客观原因无法申请仲裁的，人民法院应当认定申请仲裁期间中止，从中止的原因消灭之次日起，申请仲裁期间连续计算。

第十三条 当事人能够证明在申请仲裁期间内具有下列情形之一的，人民法院应当认定申请仲裁期间中断：

（一）向对方当事人主张权利；

（二）向有关部门请求权利救济；

（三）对方当事人同意履行义务。

申请仲裁期间中断的，从对方当事人明确拒绝履行义务，或者有关部门作出处理决定或明确表示不予处理时起，申请仲裁期间重新计算。

第十四条 在诉讼过程中，劳动者向人民法院申请采取财产保全措施，人民法院经审查认为申请人经济确有困难，或有证据证明用人单位存在欠薪逃匿可能的，应当减轻或者免除劳动者提供担保的义务，及时采取保全措施。

第十五条 人民法院作出的财产保全裁定中，应当告知当事人在劳动仲裁机构的裁决书或者在人民法院的裁判文书生效后三个月内申请强制执行。逾期不申请的，人民法院应当裁定解除保全措施。

第十六条 用人单位制定的内部规章制度与集体合同或者劳动合同约定的内容不一致，劳动者请求优先适用合同约定的，人民法院应予支持。

第十七条 当事人在劳动争议调解委员会主持下达成的具有劳动权利义务内容的调解协议，具有劳动合同的约束力，可以作为人民法院裁判的根据。

当事人在劳动争议调解委员会主持下仅就劳动报酬争议达成调解协议，用人单位不履行调解协议确定的给付义务，劳动者直接向人民法院起诉的，人民法院可以按照普通民事纠纷受理。

第十八条 本解释自2006年10月1日起施行。本解释施行前本院颁布的有关司法解释与本解释规定不一致的，以本解释的规定为准。

本解释施行后，人民法院尚未审结的一审、二审案件适用本解释。本解释施行前已经审结的案件，不得适用本解释的规定进行再审。

最高人民法院关于审理劳动争议案件适用法律若干问题的解释(三)

1. 2010年7月12日最高人民法院审判委员会第1489次会议通过
2. 2010年9月13日公布
3. 法释〔2010〕12号
4. 自2010年9月14日起施行

为正确审理劳动争议案件，根据《中华人民共和国劳动法》、《中华人民共和国劳动合同法》、《中华人民共和国劳动争议调解仲裁法》、《中华人民共和国民事诉讼法》等相关法律规定，结合民事审判实践，特作如下解释。

第一条 劳动者以用人单位未为其办理社会保险手续，且社会保险经办机构不能补办导致其无法享受社会保险待遇为由,要求用人单位赔偿损失而发生争议的,人民法院应予受理。

第二条 因企业自主进行改制引发的争议,人民法院应予受理。

第三条 劳动者依据劳动合同法第八十五条规定,向人民法院提起诉讼,要求用人单位支付加付赔偿金的,人民法院应予受理。

第四条 劳动者与未办理营业执照、营业执照被吊销或者营业期限届满仍继续经营的用人单位发生争议的,应当将用人单位或者其出资人列为当事人。

第五条 未办理营业执照、营业执照被吊销或者营业期限届满仍继续经营的用人单位,以挂靠等方式借用他人营业执照经营的,应当将用人单位和营业执照出借方列为当事人。

第六条 当事人不服劳动人事争议仲裁委员会作出的仲裁裁决,依法向人民法院提起诉讼,人民法院审查认为仲裁裁决遗漏了必须共同参加仲裁的当事人的,应当依法追加遗漏的人为诉讼当事人。

被追加的当事人应当承担责任的,人民法院应当一并处理。

第七条 用人单位与其招用的已经依法享受养老保险待遇或领取退休金的人员发生用工争议,向人民法院提起诉讼的,人民法院应当按劳务关系处理。

第八条 企业停薪留职人员、未达到法定退休年龄的内退人员、下岗待岗人员以及企业经营性停产放长假人员,因与新的用人单位发生用工争议,依法向人民法院提起诉讼的,人民法院应当按劳动关系处理。

第九条 劳动者主张加班费的,应当就加班事实的存在承担举证责任。但劳动者有证据证明用人单位掌握加班事实存在的证据,用人单位不提供的,由用人单位承担不利后果。

第十条 劳动者与用人单位就解除或者终止劳动合同办理相关手续、支付工资报酬、加班费、经济补偿或者赔偿金等达成的协议,不违反法律、行政法规的强制性规定,且不存在欺诈、胁迫或者乘人之危情形的,应当认定有效。

前款协议存在重大误解或者显失公平情形,当事人请求撤销的,人民法院应予支持。

第十一条 劳动人事争议仲裁委员会作出的调解书已经发生法律效

力，一方当事人反悔提起诉讼的，人民法院不予受理；已经受理的，裁定驳回起诉。

第十二条　劳动人事争议仲裁委员会逾期未作出受理决定或仲裁裁决，当事人直接提起诉讼的，人民法院应予受理，但申请仲裁的案件存在下列事由的除外：

（一）移送管辖的；

（二）正在送达或送达延误的；

（三）等待另案诉讼结果、评残结论的；

（四）正在等待劳动人事争议仲裁委员会开庭的；

（五）启动鉴定程序或者委托其他部门调查取证的；

（六）其他正当事由。

当事人以劳动人事争议仲裁委员会逾期未作出仲裁裁决为由提起诉讼的，应当提交劳动人事争议仲裁委员会出具的受理通知书或者其他已接受仲裁申请的凭证或证明。

第十三条　劳动者依据调解仲裁法第四十七条第（一）项规定，追索劳动报酬、工伤医疗费、经济补偿或者赔偿金，如果仲裁裁决涉及数项，每项确定的数额均不超过当地月最低工资标准十二个月金额的，应当按照终局裁决处理。

第十四条　劳动人事争议仲裁委员会作出的同一仲裁裁决同时包含终局裁决事项和非终局裁决事项，当事人不服该仲裁裁决向人民法院提起诉讼的，应当按照非终局裁决处理。

第十五条　劳动者依据调解仲裁法第四十八条规定向基层人民法院提起诉讼，用人单位依据调解仲裁法第四十九条规定向劳动人事争议仲裁委员会所在地的中级人民法院申请撤销仲裁裁决的，中级人民法院应不予受理；已经受理的，应当裁定驳回申请。

被人民法院驳回起诉或者劳动者撤诉的，用人单位可以自收到裁定书之日起三十日内，向劳动人事争议仲裁委员会所在地的中级人民法院申请撤销仲裁裁决。

第十六条　用人单位依照调解仲裁法第四十九条规定向中级人民法院申请撤销仲裁裁决，中级人民法院作出的驳回申请或者撤销仲裁裁决的裁定为终审裁定。

第十七条 劳动者依据劳动合同法第三十条第二款和调解仲裁法第十六条规定向人民法院申请支付令，符合民事诉讼法第十七章督促程序规定的，人民法院应予受理。

依据劳动合同法第三十条第二款规定申请支付令被人民法院裁定终结督促程序后，劳动者就劳动争议事项直接向人民法院起诉的，人民法院应当告知其先向劳动人事争议仲裁委员会申请仲裁。

依据调解仲裁法第十六条规定申请支付令被人民法院裁定终结督促程序后，劳动者依据调解协议直接向人民法院提起诉讼的，人民法院应予受理。

第十八条 劳动人事争议仲裁委员会作出终局裁决，劳动者向人民法院申请执行，用人单位向劳动人事争议仲裁委员会所在地的中级人民法院申请撤销的，人民法院应当裁定中止执行。

用人单位撤回撤销终局裁决申请或者其申请被驳回的，人民法院应当裁定恢复执行。仲裁裁决被撤销的，人民法院应当裁定终结执行。

用人单位向人民法院申请撤销仲裁裁决被驳回后，又在执行程序中以相同理由提出不予执行抗辩的，人民法院不予支持。

最高人民法院关于审理劳动争议案件适用法律若干问题的解释（四）

1. 2012年12月31日最高人民法院审判委员会第1566次会议通过
2. 2013年1月18日公布
3. 法释〔2013〕4号
4. 自2013年2月1日起施行

为正确审理劳动争议案件，根据《中华人民共和国劳动法》《中华人民共和国劳动合同法》《中华人民共和国劳动争议调解仲裁法》《中华人民共和国民事诉讼法》等相关法律规定，结合民事审判实践，就适用法律的若干问题，作如下解释：

第一条 劳动人事争议仲裁委员会以无管辖权为由对劳动争议案件不

予受理，当事人提起诉讼的，人民法院按照以下情形分别处理：

（一）经审查认为该劳动人事争议仲裁委员会对案件确无管辖权的，应当告知当事人向有管辖权的劳动人事争议仲裁委员会申请仲裁；

（二）经审查认为该劳动人事争议仲裁委员会有管辖权的，应当告知当事人申请仲裁，并将审查意见书面通知该劳动人事争议仲裁委员会，劳动人事争议仲裁委员会仍不受理，当事人就该劳动争议事项提起诉讼的，应予受理。

第二条 仲裁裁决的类型以仲裁裁决书确定为准。

仲裁裁决书未载明该裁决为终局裁决或非终局裁决，用人单位不服该仲裁裁决向基层人民法院提起诉讼的，应当按照以下情形分别处理：

（一）经审查认为该仲裁裁决为非终局裁决的，基层人民法院应予受理；

（二）经审查认为该仲裁裁决为终局裁决的，基层人民法院不予受理，但应告知用人单位可以自收到不予受理裁定书之日起三十日内向劳动人事争议仲裁委员会所在地的中级人民法院申请撤销该仲裁裁决；已经受理的，裁定驳回起诉。

第三条 中级人民法院审理用人单位申请撤销终局裁决的案件，应当组成合议庭开庭审理。经过阅卷、调查和询问当事人，对没有新的事实、证据或者理由，合议庭认为不需要开庭审理的，可以不开庭审理。

中级人民法院可以组织双方当事人调解。达成调解协议的，可以制作调解书。一方当事人逾期不履行调解协议的，另一方可以申请人民法院强制执行。

第四条 当事人在人民调解委员会主持下仅就给付义务达成的调解协议，双方认为有必要的，可以共同向人民调解委员会所在地的基层人民法院申请司法确认。

第五条 劳动者非因本人原因从原用人单位被安排到新用人单位工作，原用人单位未支付经济补偿，劳动者依照劳动合同法第三十八条规定与新用人单位解除劳动合同，或者新用人单位向劳动者提出解除、终止劳动合同，在计算支付经济补偿或赔偿金的工作年限时，劳动者请求把在原用人单位的工作年限合并计算为新用人单位工作年限的，人民法院应予支持。

用人单位符合下列情形之一的，应当认定属于“劳动者非因本人原因从原用人单位被安排到新用人单位工作”：

（一）劳动者仍在原工作场所、工作岗位工作，劳动合同主体由原用人单位变更为新用人单位；

（二）用人单位以组织委派或任命形式对劳动者进行工作调动；

（三）因用人单位合并、分立等原因导致劳动者工作调动；

（四）用人单位及其关联企业与劳动者轮流订立劳动合同；

（五）其他合理情形。

第六条 当事人在劳动合同或者保密协议中约定了竞业限制，但未约定解除或者终止劳动合同后给予劳动者经济补偿，劳动者履行了竞业限制义务，要求用人单位按照劳动者在劳动合同解除或者终止前十二个月平均工资的30%按月支付经济补偿的，人民法院应予支持。

前款规定的月平均工资的30%低于劳动合同履行地最低工资标准的，按照劳动合同履行地最低工资标准支付。

第七条 当事人在劳动合同或者保密协议中约定了竞业限制和经济补偿，当事人解除劳动合同时，除另有约定外，用人单位要求劳动者履行竞业限制义务，或者劳动者履行了竞业限制义务后要求用人单位支付经济补偿的，人民法院应予支持。

第八条 当事人在劳动合同或者保密协议中约定了竞业限制和经济补偿，劳动合同解除或者终止后，因用人单位的原因导致三个月未支付经济补偿，劳动者请求解除竞业限制约定的，人民法院应予支持。

第九条 在竞业限制期限内，用人单位请求解除竞业限制协议时，人民法院应予支持。

在解除竞业限制协议时，劳动者请求用人单位额外支付劳动者三个月的竞业限制经济补偿的，人民法院应予支持。

第十条 劳动者违反竞业限制约定，向用人单位支付违约金后，用人单位要求劳动者按照约定继续履行竞业限制义务的，人民法院应予支持。

第十一条 变更劳动合同未采用书面形式，但已经实际履行了口头变更的劳动合同超过一个月，且变更后的劳动合同内容不违反法律、行政法规、国家政策以及公序良俗，当事人以未采用书面形式为由主张劳动合同变更无效的，人民法院不予支持。

第十二条 建立了工会组织的用人单位解除劳动合同符合劳动合同法第三十九条、第四十条规定，但未按照劳动合同法第四十三条规定事先通知工会，劳动者以用人单位违法解除劳动合同为由请求用人单位支付赔偿金的，人民法院应予支持，但起诉前用人单位已经补正有关程序的除外。

第十三条 劳动合同法施行后，因用人单位经营期限届满不再继续经营导致劳动合同不能继续履行，劳动者请求用人单位支付经济补偿的，人民法院应予支持。

第十四条 外国人、无国籍人未依法取得就业证件即与中国境内的用人单位签订劳动合同，以及香港特别行政区、澳门特别行政区和台湾地区居民未依法取得就业证件即与内地用人单位签订劳动合同，当事人请求确认与用人单位存在劳动关系的，人民法院不予支持。

持有《外国专家证》并取得《外国专家来华工作许可证》的外国人，与中国境内的用人单位建立用工关系的，可以认定为劳动关系。

第十五条 本解释施行前本院颁布的有关司法解释与本解释抵触的，自本解释施行之日起不再适用。

本解释施行后尚未终审的劳动争议纠纷案件，适用本解释；本解释施行前已经终审，当事人申请再审或者按照审判监督程序决定再审的，不适用本解释。

劳动部关于贯彻执行《中华人民共和国劳动法》若干问题的意见

1. 1995年8月4日发布
2. 劳部发〔1995〕309号

《中华人民共和国劳动法》（以下简称劳动法）已于1995年1月1日起施行，现就劳动法在贯彻执行中遇到的若干问题提出以下意见。

一、适用范围

1. 劳动法第二条中的“个体经济组织”是指一般雇工在七人以下的个体工商户。

2. 中国境内的企业、个体经济组织与劳动者之间，只要形成劳动关系，即劳动者事实上已成为企业、个体经济组织的成员，并为其提供有偿劳动，适用劳动法。

3. 国家机关、事业组织、社会团体实行劳动合同制度的以及按规定应实行劳动合同制度的工勤人员；实行企业化管理的事业组织的人员；其他通过劳动合同与国家机关、事业组织、社会团体建立劳动关系的劳动者，适用劳动法。

4. 公务员和比照实行公务员制度的事业组织和社会团体的工作人员，以及农村劳动者（乡镇企业职工和进城务工、经商的农民除外）、现役军人和家庭保姆等不适用劳动法。

5. 中国境内的企业、个体经济组织在劳动法中被称为用人单位。国家机关、事业组织、社会团体和与之建立劳动合同关系的劳动者依照劳动法执行。根据劳动法的这一规定，国家机关、事业组织、社会团体应当视为用人单位。

二、劳动合同和集体合同

（一）劳动合同的订立

6. 用人单位应与其富余人员、放长假的职工，签订劳动合同，但其劳动合同与在岗职工的劳动合同在内容上可以有所区别。用人单位与劳动者经协商一致可以在劳动合同中就不在岗期间的有关事项作出规定。

7. 用人单位应与其长期被外单位借用的人员、带薪上学人员以及其他非在岗但仍保持劳动关系的人员签订劳动合同，但在外借和上学期间，劳动合同中的某些相关条款经双方协商可以变更。

8. 请长病假的职工，在病假期间与原单位保持着劳动关系，用人单位应与其签订劳动合同。

9. 原固定工中经批准的停薪留职人员，愿意回原单位继续工作的，原单位应与其签订劳动合同；不愿回原单位继续工作的，原单位可以与其解除劳动关系。

10. 根据劳动部《实施〈劳动法〉中有关劳动合同问题的解答》（劳部发〔1995〕202号）的规定，党委书记、工会主席等党群专职人员也是职工的一员，依照劳动法的规定，与用人单位签订劳动合同。对于有特殊规定的，可以按有关规定办理。

11. 根据劳动部《实施〈劳动法〉中有关劳动合同问题的解答》（劳部发

〔1995〕202 号)的规定,经理由其上级部门聘任(委任)的,应与聘任(委任)部门签订劳动合同。实行公司制的经理和有关经营管理人员,应依据《中华人民共和国公司法》的规定与董事会签订劳动合同。

12. 在校生利用业余时间勤工助学,不视为就业,未建立劳动关系,可以不签订劳动合同。

13. 用人单位发生分立或合并后,分立或合并后的用人单位可依据其实际情况与原用人单位的劳动者遵循平等自愿、协商一致的原则变更原劳动合同。

14. 派出到合资、参股单位的职工如果与原单位仍保持着劳动关系,应当与原单位签订劳动合同,原单位可就劳动合同的有关内容在与合资、参股单位订立劳务合同时,明确职工的工资、保险、福利、休假等有关待遇。

15. 租赁经营(生产)、承包经营(生产)的企业,所有权并没有发生改变,法人名称未变,在与职工订立劳动合同时,该企业仍为用人单位一方。依据租赁合同或承包合同,租赁人、承包人如果作为该企业的法定代表人或者该法定代表人的授权委托人时,可代表该企业(用人单位)与劳动者订立劳动合同。

16. 用人单位与劳动者签订劳动合同时,劳动合同可以由用人单位拟定,也可以由双方当事人共同拟定,但劳动合同必须经双方当事人协商一致后才能签订,职工被迫签订的劳动合同或未经协商一致签订的劳动合同为无效劳动合同。

17. 用人单位与劳动者之间形成了事实劳动关系,而用人单位故意拖延不订立劳动合同,劳动行政部门应予以纠正。用人单位因此给劳动者造成损害的,应按劳动部《违反〈劳动法〉有关劳动合同规定的赔偿办法》(劳部发〔1995〕223 号)的规定进行赔偿。

(二)劳动合同的内容

18. 劳动者被用人单位录用后,双方可以在劳动合同中约定试用期,试用期应包括在劳动合同期限内。

19. 试用期是用人单位和劳动者为相互了解、选择而约定的不超过六个月的考察期。一般对初次就业或再次就业的职工可以约定。在原固定工进行劳动合同制度的转制过程中,用人单位与原固定工签订劳动合同时,可以不再约定试用期。

20. 无固定期限的劳动合同是指不约定终止日期的劳动合同。按照平等自愿、协商一致的原则,用人单位和劳动者只要达成一致,无论是初次就业的,还是由固定工转制的,都可以签订无固定期限的劳动合同。

无固定期限的劳动合同不得将法定解除条件约定为终止条件,以规避解除劳动合同时用人单位应承担支付给劳动者经济补偿的义务。

21. 用人单位经批准招用农民工,其劳动合同期限可以由用人单位和劳动者协商确定。

从事矿山井下以及在其他有害身体健康的工种、岗位工作的农民工,实行定期轮换制度,合同期限最长不超过八年。

22. 劳动法第二十条中的"在同一用人单位连续工作满十年以上"是指劳动者与同一用人单位签订的劳动合同的期限不间断达到十年,劳动合同期满双方同意续订劳动合同时,只要劳动者提出签订无固定期限劳动合同的,用人单位应当与其签订无固定期限的劳动合同。在固定工转制中各地如有特殊规定的,从其规定。

23. 用人单位用于劳动者职业技能培训费用的支付和劳动者违约时培训费的赔偿可以在劳动合同中约定,但约定劳动者违约时负担的培训费和赔偿金的标准不得违反劳动部《违反〈劳动法〉有关劳动合同规定的赔偿办法》(劳部发〔1995〕223号)等有关规定。

24. 用人单位在与劳动者订立劳动合同时,不得以任何形式向劳动者收取定金、保证金(物)或抵押金(物)。对违反以上规定的,应按照劳动部、公安部、全国总工会《关于加强外商投资企业和私营企业劳动管理切实保障职工合法权益的通知》(劳部发〔1994〕118号)和劳动部办公厅《对"关于国有企业和集体所有制企业能否参照执行劳部发〔1994〕118号文件中的有关规定的请示"的复函》(劳办发〔1994〕256号)的规定,由公安部门和劳动行政部门责令用人单位立即退还给劳动者本人。

(三)经济性裁员

25. 依据劳动法第二十七条和劳动部《企业经济性裁减人员规定》(劳部发〔1994〕447号)第四条的规定,用人单位确需裁减人员,应按下列程序进行:

(1)提前三十日向工会或全体职工说明情况,并提供有关生产经营状况的资料;

(2)提出裁减人员方案，内容包括：被裁减人员名单、裁减时间及实施步骤，符合法律、法规规定和集体合同约定的被裁减人员的经济补偿方法；

(3)将裁减人员方案征求工会或者全体职工的意见，并对方案进行修改和完善；

(4)向当地劳动行政部门报告裁减人员方案以及工会或者全体职工的意见，并听取劳动行政部门的意见；

(5)由用人单位正式公布裁减人员方案，与被裁减人员办理解除劳动合同手续，按照有关规定向被裁减人员本人支付经济补偿金，并出具裁减人员证明书。

(四)劳动合同的解除和无效劳动合同

26. 劳动合同的解除是指劳动合同订立后，尚未全部履行以前，由于某种原因导致劳动合同一方或双方当事人提前消灭劳动关系的法律行为。劳动合同的解除分为法定解除和约定解除两种。根据劳动法的规定，劳动合同既可以由单方依法解除，也可以双方协商解除。劳动合同的解除，只对未履行的部分发生效力，不涉及已履行的部分。

27. 无效劳动合同是指所订立的劳动合同不符合法定条件，不能发生当事人预期的法律后果的劳动合同。劳动合同的无效由人民法院或劳动争议仲裁委员会确认，不能由合同双方当事人决定。

28. 劳动者涉嫌违法犯罪被有关机关收容审查、拘留或逮捕的，用人单位在劳动者被限制人身自由期间，可与其暂时停止劳动合同的履行。

暂时停止履行劳动合同期间，用人单位不承担劳动合同规定的相应义务。劳动者经证明被错误限制人身自由的，暂时停止履行劳动合同期间劳动者的损失，可由其依据《国家赔偿法》要求有关部门赔偿。

29. 劳动者被依法追究刑事责任的，用人单位可依据劳动法第二十五条解除劳动合同。

“被依法追究刑事责任”是指：被人民检察院免予起诉的、被人民法院判处刑罚的、被人民法院依据刑法第三十二条免予刑事处分的。

劳动者被人民法院判处拘役、三年以下有期徒刑缓刑的，用人单位可以解除劳动合同。

30. 劳动法第二十五条为用人单位可以解除劳动合同的条款，即使存在第二十九条规定的情况，只要劳动者同时存在第二十五条规定的四种情形之一,用人单位也可以根据第二十五条的规定解除劳动合同。

31. 劳动者被劳动教养的,用人单位可以依据被劳教的事实解除与该劳动者的劳动合同。

32. 按照劳动法第三十一条的规定,劳动者解除劳动合同,应当提前三十日以书面形式通知用人单位。超过三十日,劳动者可以向用人单位提出办理解除劳动合同手续,用人单位予以办理。如果劳动者违法解除劳动合同给原用人单位造成经济损失,应当承担赔偿责任。

33. 劳动者违反劳动法规定或劳动合同的约定解除劳动合同(如擅自离职),给用人单位造成经济损失的,应当根据劳动法第一百零二条和劳动部《违反〈劳动法〉有关劳动合同规定的赔偿办法》(劳部发〔1995〕223 号)的规定,承担赔偿责任。

34. 除劳动法第二十五条规定的情形外,劳动者在医疗期、孕期、产期和哺乳期内,劳动合同期限届满时,用人单位不得终止劳动合同。劳动合同的期限应自动延续至医疗期、孕期、产期和哺乳期期满为止。

35. 请长病假的职工在医疗期满后,能从事原工作的,可以继续履行劳动合同;医疗期满后仍不能从事原工作也不能从事由单位另行安排的工作的,由劳动鉴定委员会参照工伤与职业病致残程度鉴定标准进行劳动能力鉴定。被鉴定为一至四级的,应当退出劳动岗位,解除劳动关系,办理因病或非因工负伤退休退职手续,享受相应的退休退职待遇;被鉴定为五至十级的,用人单位可以解除劳动合同,并按规定支付经济补偿金和医疗补助费。

(五)解除劳动合同的经济补偿

36. 用人单位依据劳动法第二十四条、第二十六条、第二十七条的规定解除劳动合同,应当按照劳动法和劳动部《违反和解除劳动合同的经济补偿办法》(劳部发〔1994〕481 号)支付劳动者经济补偿金。

37. 根据《民法通则》第四十四条第二款"企业法人分立、合并,它的权利和义务由变更后的法人享有和承担"的规定,用人单位发生分立或合并后,分立或合并后的用人单位可依据其实际情况与原用人单位的劳动者遵循平等自愿、协商一致的原则变更、解除或重新签订劳动合同。在此种情况下的重新签订劳动合同视为原劳动合同的变更,用人单位变更劳动合同,劳动者不能依据劳动法第二十八条要求经济补偿。

38. 劳动合同期满或者当事人约定的劳动合同终止条件出现,劳动合同即行终止，用人单位可以不支付劳动者经济补偿金。国家另有规定的，可以从其规定。

39. 用人单位依据劳动法第二十五条解除劳动合同，可以不支付劳动者经济补偿金。

40. 劳动者依据劳动法第三十二条第（一）项解除劳动合同，用人单位可以不支付经济补偿金，但应按照劳动者的实际工作天数支付工资。

41. 在原固定工实行劳动合同制度的过程中，企业富余职工辞职，经企业同意可以不与企业签订劳动合同的，企业应根据《国有企业富余职工安置规定》（国务院令第111号，1993年公布）发给劳动者一次性生活补助费。

42. 职工在接近退休年龄（按有关规定一般为五年以内）时因劳动合同到期终止劳动合同的，如果符合退休、退职条件，可以办理退休、退职手续；不符合退休、退职条件的，在终止劳动合同后按规定领取失业救济金。享受失业救济金的期限届满后仍未就业，符合社会救济条件的，可以按规定领取社会救济金，达到退休年龄时办理退休手续，领取养老保险金。

43. 劳动合同解除后，用人单位对符合规定的劳动者应支付经济补偿金。不能因劳动者领取了失业救济金而拒付或克扣经济补偿金，失业保险机构也不得以劳动者领取了经济补偿金为由，停发或减发失业救济金。

（六）体制改革过程中实行劳动合同制度的有关政策

44. 困难企业签订劳动合同，应区分不同情况，有些亏损企业属政策性亏损，生产仍在进行，还能发出工资，应该按照劳动法的规定签订劳动合同。已经停产半停产的企业，要根据具体情况签订劳动合同，保证这些企业职工的基本生活。

45. 在国有企业固定工转制过程中，劳动者无正当理由不得单方面与用人单位解除劳动关系；用人单位也不得以实行劳动合同制度为由，借机辞退部分职工。

46. 关于在企业内录干、聘干问题，劳动法规定用人单位内的全体职工统称为劳动者，在同一用人单位内，各种不同的身份界限随之打破。应该按照劳动法的规定，通过签订劳动合同来明确劳动者的工作内容、岗位等。用人单位根据工作需要，调整劳动者的工作岗位时，可以与劳动者协商一致，变更劳动合同的相关内容。

47. 由于各用人单位千差万别，对工作内容、劳动报酬的规定也就差异很大，因此，国家不宜制定统一的劳动合同标准文本。目前，各地、各行业制定并向企业推荐的劳动合同文本，对于用人单位和劳动者双方有一定的指导意义，但这些劳动合同文本只能供用人单位和劳动者参考。

48. 按照劳动部办公厅《对全面实行劳动合同制若干问题的请示的复函》(劳办发〔1995〕19 号)的规定，各地企业在与原固定工签订劳动合同时，应注意保护老弱病残职工的合法权益。对工作时间较长，年龄较大的职工，各地可以根据劳动法第一百零六条制定一次性的过渡政策，具体办法由各省、自治区、直辖市确定。

49. 在企业全面建立劳动合同制度以后，原合同制工人与本企业内的原固定工应享受同等待遇。是否发给百分之十五的工资性补贴，可以由各省、自治区、直辖市人民政府根据劳动法第一百零六条在制定劳动合同制度的实施步骤时加以规定。

50. 在目前工伤保险和残疾人康复就业制度尚未建立和完善的情况下，对因工部分丧失劳动能力的职工，劳动合同期满也不能终止劳动合同，仍由原单位按照国家有关规定提供医疗等待遇。

(七)集体合同

51. 当前签订集体合同的重点应在非国有企业和现代企业制度试点的企业进行，积累经验，逐步扩大范围。

52. 关于国有企业在承包制条件下签订的“共保合同”，凡内容符合劳动法和有关法律、法规和规章关于集体合同规定的，应按照有关规定办理集体合同送审、备案手续；凡不符合劳动法和有关法律、法规和规章规定的，应积极创造条件逐步向规范的集体合同过渡。

三、工资

(一)最低工资

53. 劳动法中的“工资”是指用人单位依据国家有关规定或劳动合同的约定，以货币形式直接支付给本单位劳动者的劳动报酬，一般包括计时工资、计件工资、奖金、津贴和补贴、延长工作时间的工资报酬以及特殊情况下支付的工资等。“工资”是劳动者劳动收入的主要组成部分。劳动者的以下劳动收入不属于工资范围：(1)单位支付给劳动者个人的社会保险福利费用，如丧葬抚恤救济费、生活困难补助费、计划生育补贴等；(2)劳动保护方面的费用，如用人单位支付给劳动者的工作服、解毒剂、清凉饮料费用等；

(3)按规定未列入工资总额的各种劳动报酬及其他劳动收入,如根据国家规定发放的创造发明奖、国家星火奖、自然科学奖、科学技术进步奖、合理化建议和技术改进奖、中华技能大奖等,以及稿费、讲课费、翻译费等。

54. 劳动法第四十八条中的"最低工资"是指劳动者在法定工作时间内履行了正常劳动义务的前提下,由其所在单位支付的最低劳动报酬。最低工资不包括延长工作时间的工资报酬,以货币形式支付的住房和用人单位支付的伙食补贴,中班、夜班、高温、低温、井下、有毒、有害等特殊工作环境和劳动条件下的津贴,国家法律、法规、规章规定的社会保险福利待遇。

55. 劳动法第四十四条中的"劳动者正常工作时间工资"是指劳动合同规定的劳动者本人所在工作岗位(职位)相对应的工资。鉴于当前劳动合同制度尚处于推进过程中,按上述规定执行确有困难的用人单位,地方或行业劳动部门可在不违反劳动部《关于〈工资支付暂行规定〉有关问题的补充规定》(劳部发〔1995〕226号)文件所确定的总的原则的基础上,制定过渡办法。

56. 在劳动合同中,双方当事人约定的劳动者在未完成劳动定额或承包任务的情况下,用人单位可低于最低工资标准支付劳动者工资的条款不具有法律效力。

57. 劳动者与用人单位形成或建立劳动关系后,试用、熟练、见习期间,在法定工作时间内提供了正常劳动,其所在的用人单位应当支付其不低于最低工资标准的工资。

58. 企业下岗待工人员,由企业依据当地政府的有关规定支付其生活费,生活费可以低于最低工资标准,下岗待工人员中重新就业的,企业应停发其生活费。女职工因生育、哺乳请长假而下岗的,在其享受法定产假期间,依法领取生育津贴;没有参加生育保险的企业,由企业照发原工资。

59. 职工患病或非因工负伤治疗期间,在规定的医疗期内由企业按有关规定支付其病假工资或疾病救济费,病假工资或疾病救济费可以低于当地最低工资标准支付,但不能低于最低工资标准的80%。

(二)延长工作时间的工资报酬

60. 实行每天不超过八小时,每周不超过四十四小时或四十小时标准工作时间制度的企业,以及经批准实行综合计算工时工作制的企业,应当按照劳动法的规定支付劳动者延长工作时间的工资报酬。全体职工已实行劳动合同制度的企业，一般管理人员（实行不定时工作制人员除外）经批准延长工作时间的，可以支付延长工作时间的工资报酬。

61. 实行计时工资制的劳动者的日工资，按其本人月工资标准除以平均每月法定工作天数（实行每周四十小时工作制的为21.16天，实行每周四十四小时工作制的为23.33天）进行计算。

62. 实行综合计算工时工作制的企业职工，工作日正好是周休息日的，属于正常工作；工作日正好是法定节假日时，要依照劳动法第四十四条第（三）项的规定支付职工的工资报酬。

（三）有关企业工资支付的政策

63. 企业克扣或无故拖欠劳动者工资的，劳动监察部门应根据劳动法第九十一条、劳动部《违反和解除劳动合同的经济补偿办法》第三条、《违反〈中华人民共和国劳动法〉行政处罚办法》第六条予以处理。

64. 经济困难的企业执行劳动部《工资支付暂行规定》（劳部发〔1994〕489号）确有困难，应根据以下规定执行：

（1）《关于做好国有企业职工和离退休人员基本生活保障工作的通知》（国发〔1993〕76号）的规定："企业发放工资确有困难时，应发给职工基本生活费，具体标准由各地区、各部门根据实际情况确定"；

（2）《关于国有企业流动资金贷款的紧急通知》（银传〔1994〕34号）的规定："地方政府通过财政补贴，企业主管部门有可能也要拿出一部分资金，银行要拿出一部分贷款，共同保证职工基本生活和社会的稳定"；

（3）《国有企业富余职工安置规定》（国务院令第111号，1993年发布）的规定："企业可以对职工实行有限期的放假。职工放假期间，由企业发给生活费"。

四、工作时间和休假

（一）综合计算工作时间

65. 经批准实行综合计算工作时间的用人单位，分别以周、月、季、年等为周期综合计算工作时间，但其平均日工作时间和平均周工作时间应与法定标准工作时间基本相同。

66. 对于那些在市场竞争中，由于外界因素的影响，生产任务不均衡的企业的部分职工，经劳动行政部门严格审批后，可以参照综合计算工时工作制的办法实施，但用人单位应采取适当方式确保职工的休息休假权利和生产、工作任务的完成。

67. 经批准实行不定时工作制的职工，不受劳动法第四十一条规定的日延长工作时间标准和月延长工作时间标准的限制，但用人单位应采用弹性工作时间等适当的工作和休息方式，确保职工的休息休假权利和生产、工作任务的完成。

68. 实行标准工时制度的企业、延长工作时间应严格按劳动法第四十一条的规定执行，不能按季、年综合计算延长工作时间。

69. 中央直属企业、企业化管理的事业单位实行不定时工作制和综合计算工时工作制等其他工作和休息办法的，须经国务院行业主管部门审核，报国务院劳动行政部门批准。地方企业实行不定时工作制和综合计算工时工作制等其他工作和休息办法的审批办法，由省、自治区、直辖市人民政府劳动行政部门制定，报国务院劳动行政部门备案。

（二）延长工作时间

70. 休息日安排劳动者工作的，应先按同等时间安排其补休，不能安排补休的应按劳动法第四十四条第（二）项的规定支付劳动者延长工作时间的工资报酬。法定节假日（元旦、春节、劳动节、国庆节）安排劳动者工作的，应按劳动法第四十四条第（三）项支付劳动者延长工作时间的工资报酬。

71. 协商是企业决定延长工作时间的程序（劳动法第四十二条和《劳动部贯彻〈国务院关于职工工作时间的规定〉的实施办法》第七条规定除外），企业确因生产经营需要，必须延长工作时间时，应与工会和劳动者协商。协商后，企业可以在劳动法限定的延长工作时数内决定延长工作时间，对企业违反法律、法规强迫劳动者延长工作时间的，劳动者有权拒绝。若由此发生劳动争议，可以提请劳动争议处理机构予以处理。

（三）休假

72. 实行新工时制度后，企业职工原有的年休假制度仍然实行。在国务院尚未作出新的规定之前，企业可以按照1991年6月5日《中共中央国务院关于职工休假问题的通知》，安排职工休假。

五、社会保险

73. 企业实施破产时，按照国家有关企业破产的规定，从其财产清产和土地转让所得中按实际需要划拨出社会保险费用和职工再就业的安置费。其划拨的养老保险费和失业保险费由当地社会保险基金经办机构和劳动部门就业服务机构接收，并负责支付离退休人员的养老保险费用和支付失业人员应享受的失业保险待遇。

74. 企业富余职工、请长假人员、请长病假人员、外借人员和带薪上学人员，其社会保险费仍按规定由原单位和个人继续缴纳，缴纳保险费期间计算为缴费年限。

75. 用人单位全部职工实行劳动合同制度后，职工在用人单位内由转制前的原工人岗位转为原干部（技术）岗位或由原干部（技术）岗位转为原工人岗位，其退休年龄和条件，按现岗位国家规定执行。

76. 依据劳动部《企业职工患病或非因工负伤医疗期的规定》（劳部发〔1994〕479号）和劳动部《关于贯彻〈企业职工患病或非因工负伤医疗期的规定〉的通知》（劳部发〔1995〕236号），职工患病或非因工负伤，根据本人实际参加工作的年限和本企业工作年限长短，享受三——二十四个月的医疗期。对于某些患特殊疾病（如癌症、精神病、瘫痪等）的职工，在二十四个月内尚不能痊愈的，经企业和当地劳动部门批准，可以适当延长医疗期。

77. 劳动者的工伤待遇在国家尚未颁布新的工伤保险法律、行政法规之前，各类企业仍要执行《劳动保险条例》及相关的政策规定，如果当地政府已实行工伤保险制度改革的，应执行当地的新规定；个体经济组织的劳动者的工伤保险参照企业职工的规定执行；国家机关、事业组织、社会团体的劳动者的工伤保险，如果包括在地方人民政府的工伤改革规定范围内的，按地方政府的规定执行。

78. 劳动者患职业病按照1987年由卫生部等部门发布的《职业病范围和职业病患者处理办法的规定》和所附的"职业病名单"（〔87〕卫防第60号）处理，经职业病诊断机构确诊并发给《职业病诊断证明书》，劳动行政部门据此确认工伤，并通知用人单位或者社会保险基金经办机构发给有关工伤保险待遇；劳动者因工负伤的，劳动行政部门根据企业的工伤事故报告和工伤者本人的申请，作出工伤认定，由社会保险基金经办机构或用人单位，发给有关工伤保险待遇。患职业病或工伤致残的，由当地劳动鉴定委员会按照劳动部《职工工伤和职业病致残程度鉴定标准》（劳险字〔1992〕6号）评定伤残等级和护理依赖程度。劳动鉴定委员会的伤残等级和护理依赖程度的结论，以医学检查、诊断结果为技术依据。

79. 劳动者因工负伤或患职业病，用人单位应按国家和地方政府的规定进行工伤事故报告，或者经职业病诊断机构确诊进行职业病报告。用人单位和劳动者有权按规定向当地劳动行政部门报告。如果用人单位瞒报、漏报工伤或职业病，工会、劳动者可以向劳动行政部门报告。经劳动行政部门确认后，用人单位或社会保险基金经办机构应补发工伤保险待遇。

80. 劳动者对劳动行政部门作出的工伤或职业病的确认意见不服，可依法提起行政复议或行政诉讼。

81. 劳动者被认定患职业病或因工负伤后，对劳动鉴定委员会作出的伤残等级和护理依赖程度鉴定结论不服，可依法提起行政复议或行政诉讼。对劳动能力鉴定结论所依据的医学检查、诊断结果有异议的，可以要求复查诊断，复查诊断按各省、自治区和直辖市劳动鉴定委员会规定的程序进行。

六、劳动争议

82. 用人单位与劳动者发生劳动争议不论是否订立劳动合同，只要存在事实劳动关系，并符合劳动法的适用范围和《中华人民共和国企业劳动争议处理条例》的受案范围，劳动争议仲裁委员会均应受理。

83. 劳动合同鉴证是劳动行政部门审查、证明劳动合同的真实性、合法性的一项行政监督措施，尤其在劳动合同制度全面实施的初期有其必要性。劳动行政部门鼓励并提倡用人单位和劳动者进行劳动合同鉴证。劳动争议仲裁委员会不能以劳动合同未经鉴证为由不受理相关的劳动争议案件。

84. 国家机关、事业组织、社会团体与本单位工人以及其他与之建立劳动合同关系的劳动者之间，个体工商户与帮工、学徒之间，以及军队、武警部队的事业组织和企业与其无军籍的职工之间发生的劳动争议，只要符合劳动争议的受案范围，劳动争议仲裁委员会应予受理。

85. “劳动争议发生之日”是指当事人知道或者应当知道其权利被侵害之日。

86. 根据《中华人民共和国商业银行法》的规定，商业银行为企业法人。商业银行与其职工适用《劳动法》、《中华人民共和国企业劳动争议处理条例》等劳动法律、法规和规章。商业银行与其职工发生的争议属于劳动争议的受案范围的，劳动争议仲裁委员会应予受理。

87. 劳动法第二十五条第（三）项中的“重大损害”，应由企业内部规章来规定，不便于在全国对其作统一解释。若用人单位以此为由解除劳动合同，与劳动者发生劳动争议，当事人向劳动争议仲裁委员会申请仲裁的，由劳动争议仲裁委员会根据企业的类型、规模和损害程度等情况，对企业规章中规定的“重大损害”进行认定。

88. 劳动监察是劳动法授予劳动行政部门的职责，劳动争议仲裁是劳动法授予各级劳动争议仲裁委员会的职能。用人单位或行业部门不能设立劳动监察机构和劳动争议仲裁委员会，也不能设立劳动行政部门劳动监察机构的派出机构和劳动争议仲裁委员会的派出机构。

89. 劳动争议当事人向企业劳动争议调解委员会申请调解，从当事人提出申请之日起，仲裁申诉时效中止，企业劳动争议调解委员会应当在三十日内结束调解，即中止期间最长不得超过三十日。结束调解之日起，当事人的申诉时效继续计算。调解超过三十日的，申诉时效从三十日之后的第一天继续计算。

90. 劳动争议仲裁委员会的办事机构对未予受理的仲裁申请，应逐件向仲裁委员会报告并说明情况，仲裁委员会认为应当受理的，应及时通知当事人。当事人从申请至受理的期间应视为时效中止。

七、法律责任

91. 劳动法第九十一条的含义是，如果用人单位实施了本条规定的前三项侵权行为之一的，劳动行政部门应责令用人单位支付劳动者的工资报酬和经济补偿，并可以责令支付赔偿金。如果用人单位实施了本条规定的第四项侵权行为，即解除劳动合同后未依法给予劳动者经济补偿的，因不存在支付工资报酬的问题，故劳动行政部门只责令用人单位支付劳动者经济补偿，还可以支付赔偿金。

92. 用人单位实施下列行为之一的，应认定为劳动法第一百零一条中的“无理阻挠”行为：

（1）阻止劳动监督检查人员进入用人单位内（包括进入劳动现场）进行监督检查的；

（2）隐瞒事实真相，出具伪证，或者隐匿、毁灭证据的；

（3）拒绝提供有关资料的；

（4）拒绝在规定的时间和地点就劳动行政部门所提问题作出解释和说明的；

（5）法律、法规和规章规定的其他情况。

八、适用法律

93. 劳动部、外经贸部《外商投资企业劳动管理规定》（劳部发〔1994〕

246 号)与劳动部《违反和解除劳动合同的经济补偿办法》(劳部发〔1994〕481 号)中关于解除劳动合同的经济补偿规定是一致的,246 号文中的"生活补助费"是劳动法第二十八条所指经济补偿的具体化,与 481 号文中的"经济补偿金"可视为同一概念。

94. 劳动部、外经贸部《外商投资企业劳动管理规定》(劳部发〔1994〕246 号)与劳动部《违反〈中华人民共和国劳动法〉行政处罚办法》(劳部发〔1994〕532 号)在企业低于当地最低工资标准支付职工工资应付赔偿金的标准,延长工作时间的罚款标准,阻止劳动监察人员行使监督检查权的罚款标准等方面规定不一致,按照同等效力的法律规范新法优于旧法执行的原则,应执行劳动部劳部发〔1994〕532 号规章。

95. 劳动部《企业最低工资规定》(劳部发〔1993〕333 号)与劳动部《违反〈中华人民共和国劳动法〉行政处罚办法》(劳部发〔1994〕532 号)在拖欠或低于国家最低工资标准支付工资的赔偿金标准方面规定不一致,应按劳动部劳部发〔1994〕532 号规章执行。

96. 劳动部《违反〈中华人民共和国劳动法〉行政处罚办法》(劳部发〔1994〕532 号)对行政处罚行为、处罚标准未作规定,而其他劳动行政规章和地方政府规章作了规定的,按有关规定执行。

97. 对违反劳动法的用人单位,劳动行政部门有权依据劳动法律、法规和规章的规定予以处理,用人单位对劳动行政部门作出的行政处罚决定不服,在法定期限内不提起诉讼或不申请复议又不执行行政处罚决定的,劳动行政部门可以根据行政诉讼法第六十六条申请人民法院强制执行。劳动行政部门依法申请人民法院强制执行时,应当提交申请执行书,据以执行的法律文书和其他必须提交的材料。

98. 适用法律、法规、规章及其他规范性文件遵循下列原则:

(1)法律的效力高于行政法规与地方性法规;行政法规与地方性法规效力高于部门规章和地方政府规章;部门规章和地方政府规章效力高于其他规范性文件。

(2)在适用同一效力层次的文件时,新法律优于旧法律;新法规优于旧法规;新规章优于旧规章;新规范性文件优于旧规范性文件。

99. 依据《法规规章备案规定》(国务院令第 48 号,1990 年发布)"地方人民政府规章同国务院部门规章之间或者国务院部门规章相互之间有矛盾的,由国务院法制局进行协调;经协调不能取得一致意见的,由国务院法制局提出意见,报国务院决定。”地方劳动行政部门在发现劳动部规章与国务院其他部门规章或地方政府规章相矛盾时,可将情况报劳动部,由劳动部报国务院法制局进行协调或决定。

100. 地方或行业劳动部门发现劳动部的规章之间、其他规范性文件之间或规章与其他规范性文件之间相矛盾,一般适用“新文件优于旧文件”的原则,同时可向劳动部请示。

劳动部关于《中华人民共和国劳动法》若干条文的说明

1994年9月5日发布

第一条 为了保护劳动者的合法权益,调整劳动关系,建立和维护适应社会主义市场经济的劳动制度,促进经济发展和社会进步,根据宪法,制定本办法。

第二条 在中华人民共和国境内的企业、个体经济组织(以下统称用人单位)和与之形成劳动关系的劳动者,适用本法。

国家机关、事业组织、社会团体和与之建立劳动合同关系的劳动者,依照本法执行。

第三条 劳动者享有平等就业和选择职业的权利、取得劳动报酬的权利、休息休假的权利、获得劳动安全卫生保护的权利、接受职业技能培训的权利、享受社会保险和福利的权利、提请劳动争议处理的权利以及法律规定的其他劳动权利。

劳动者应当完成劳动任务,提高职业技能,执行劳动安全卫生规程,遵守劳动纪律和职业道德。

第四条 用人单位应当依法建立和完善规章制度,保障劳动者享有劳动权利和履行劳动义务。

第五条 国家采取各种措施,促进劳动就业,发展职业教育,制定劳动标准,调节社会收入,完善社会保险,协调劳动关系,逐步提高劳动者的生活水平。

第七条 劳动者有权依法参加和组织工会。

工会代表和维护劳动者的合法权益,依法独立自主地开展活动。

第八条 劳动者依照法律规定,通过职工大会、职工代表大会或者其他形式,参与民主管理或者就保护劳动者合法权益与用人单位进行平等协商。

第九条 国务院劳动行政部门主管全国劳动工作。

县级以上地方人民政府劳动行政部门主管本行政区域内的劳动工作。

第十条 国家通过促进经济和社会发展,创造就业条件,扩大就业机会。

国家鼓励企业、事业组织、社会团体在法律、行政法规规定的范围内兴办产业或者拓展经营,增加就业。

国家支持劳动者自愿组织起来就业和从事个体经营实现就业。

第十一条 地方各级人民政府应当采取措施,发展多种类型的职业介绍机构,提供就业服务。

第十三条 妇女享有与男子平等的就业权利。在录用职工时,除国家规定的不适合妇女的工种或者岗位外,不得以性别为由拒绝录用妇女或者提高对妇女的录用标准。

第十四条 残疾人、少数民族人员、退出现役的军人的就业,法律、法规有特别规定的,从其规定。

第十五条 禁止用人单位招用未满十六周岁的未成年人。

文艺、体育和特种工艺单位招用未满十六周岁的未成年人,必须依照国家有关规定,履行审批手续,并保障其接受义务教育的权利。

第十六条 劳动合同是劳动者与用人单位确立劳动关系、明确双方权利和义务的协议。

建立劳动关系应当订立劳动合同。

第十七条 订立和变更劳动合同,应当遵循平等自愿、协商一致的原则,不得违反法律、行政法规的规定。

劳动合同依法订立即具有法律约束力,当事人必须履行劳动合同规定的义务。

第十八条 下列劳动合同无效:

(一)违反法律、行政法规的劳动合同;

（二）采取欺诈、威胁等手段订立的劳动合同；

无效的劳动合同，从订立的时候起，就没有法律约束力。确认劳动合同部分无效的，如果不影响其余部分的效力，其余部分仍然有效。

劳动合同的无效，由劳动争议仲裁委员会或者人民法院确认。

第十九条 劳动合同应当以书面形式订立，并具备以下条款：

（一）劳动合同期限；

（二）工作内容；

（三）劳动保护和劳动条件；

（四）劳动报酬；

（五）劳动纪律；

（六）劳动合同终止的条件；

（七）违反劳动合同的责任。

劳动合同除前款规定的必备条款外，当事人可以协商约定其他内容。

第二十条 劳动合同的期限分为有固定期限、无固定期限和以完成一定的工作为期限。

劳动者在同一用人单位连续工作满十年以上，当事人双方同意续延劳动合同的，如果劳动者提出订立无固定期限的劳动合同，应当订立无固定期限的劳动合同。

第二十一条 劳动合同可以约定试用期。试用期最长不得超过六个月。

第二十二条 劳动合同当事人可以在劳动合同中约定保守用人单位商业秘密的有关事项。

第二十五条 劳动者有下列情形之一的，用人单位可以解除劳动合同：

（一）在试用期间被证明不符合录用条件的；

（二）严重违反劳动纪律或者用人单位规章制度的；

（三）严重失职，营私舞弊，对用人单位利益造成重大损害的；

（四）被依法追究刑事责任的。

第二十六条 有下列情形之一的，用人单位可以解除劳动合同，但是应当提前三十日以书面形式通知劳动者本人：

（一）劳动者患病或者非因工负伤，医疗期满后，不能从事原工作也不能从事由用人单位另行安排的工作的；

（二）劳动者不能胜任工作，经过培训或者调整工作岗位，仍不能胜任工作的；

（三）劳动合同订立时所依据的客观情况发生重大变化，致使原劳动合同无法履行，经当事人协商不能就变更劳动合同达成协议的。

第二十七条　用人单位濒临破产进行法定整顿期间或者生产经营状况发生严重困难，确需裁减人员的，应当提前三十日向工会或者全体职工说明情况，听取工会或者职工的意见，经向劳动行政部门报告后，可以裁减人员。

用人单位依据本条规定裁减人员，在六个月内录用人员的，应当优先录用被裁减的人员。

第二十八条　用人单位依据本法第二十四条、第二十六条、第二十七条的规定解除劳动合同的，应当依照国家有关规定给予经济补偿。

第二十九条　劳动者有下列情形之一的，用人单位不得依据本法第二十六条、第二十七条的规定解除劳动合同：

（一）患职业病或者因工负伤并被确认丧失或者部分丧失劳动能力的；

（二）患病或者负伤，在规定的医疗期内的；

（三）女职工在孕期、产期、哺乳期内的；

（四）法律、行政法规规定的其他情形。

第三十条　用人单位解除劳动合同，工会认为不适当的，有权提出意见。如果用人单位违反法律、法规或者劳动合同，工会有权要求重新处理；劳动者申请仲裁或者提起诉讼的，工会应当依法给予支持和帮助。

第三十一条　劳动者解除劳动合同，应当提前三十日以书面形式通知用人单位。

第三十二条　有下列情形之一的，劳动者可以随时通知用人单位解除劳动合同：

（一）在试用期内的；

（二）用人单位以暴力、威胁或者非法限制人身自由的手段强迫劳动的；

（三）用人单位未按照劳动合同约定支付劳动报酬或者提供劳动条件的。

第三十三条　企业职工一方与企业可以就劳动报酬、工作时间、休息休假、劳动安全卫生、保险福利等事项，签订集体合同。集体合同草案应当提交职工代表大会或者全体职工讨论通过。

集体合同由工会代表职工与企业签订；没有建立工会的企业，由职工推举的代表与企业签订。

第三十五条 依法签订的集体合同对企业和企业全体职工具有约束力。职工个人与企业订立的劳动合同中劳动条件和劳动报酬等标准不得低于集体合同的规定。

第三十六条 国家实行劳动者每日工作时间不超过八小时、平均每周工作时间不超过四十四小时的工时制度。

第三十七条 对实行计件工作的劳动者，用人单位应当根据本法第三十六条规定的工时制度合理确定其劳动定额和计件报酬标准。

第三十八条 用人单位应当保证劳动者每周至少休息一日。

第三十九条 企业因生产特点不能实行本法第三十六条、第三十八条规定的，经劳动行政部门批准，可以实行其他工作和休息办法。

第四十条 用人单位在下列节日期间应当依法安排劳动者休假：

（一）元旦；

（二）春节；

（三）国际劳动节；

（四）国庆节；

（五）法律、法规规定的其他休假节日。

第四十一条 用人单位由于生产经营需要，经与工会和劳动者协商后可以延长工作时间，一般每日不得超过一小时；因特殊原因需要延长工作时间的，在保障劳动者身体健康的条件下延长工作时间每日不得超过三小时，但是每月不得超过三十六小时。

第四十二条 有下列情形之一的，延长工作时间不受本法第四十一条规定的限制：

（一）发生自然灾害、事故或者因其他原因，威胁劳动者生命健康和财产安全，需要紧急处理的；

（二）生产设备、交通运输线路、公共设施发生故障，影响生产和公众利益，必须及时抢修的；

（三）法律、行政法规规定的其他情形。

第四十四条 有下列情形之一的，用人单位应当按照下列标准支付高于劳动者正常工作时间工资的工资报酬：

（一）安排劳动者延长工作时间的，支付不低于工资的百分之一百五十的工资报酬；

（二）休息日安排劳动者工作又不能安排补休的，支付不低于工资的百分之二百的工资报酬；

（三）法定休假日安排劳动者工作的，支付不低于工资的百分之三百的工资报酬。

第四十六条 工资分配应当遵循按劳分配原则，实行同工同酬。

工资水平在经济发展的基础上逐步提高。国家对工作总量实行宏观调控。

第四十七条 用人单位根据本单位的生产经营特点和经济效益，依法自主确定本单位的工资分配方式和工资水平。

第四十八条 国家实行最低工资保障制度。最低工资的具体标准由省、自治区、直辖市人民政府规定，报国务院备案。

用人单位支付劳动者的工资不得低于当地最低工资标准。

第四十九条 确定和调整最低工资标准应当综合参考下列因素：

（一）劳动者本人及平均赡养人口的最低生活费用；

（二）社会平均工资水平；

（三）劳动生产率；

（四）就业状况；

（五）地区之间经济发展水平的差异。

第五十条 工资应当以货币形式按月支付给劳动者本人。不得克扣或者无故拖欠劳动者的工资。

第五十一条 劳动者在法定休假日和婚丧假期间以及依法参加社会活动期间，用人单位应当依法支付工资。

第五十二条 用人单位必须建立、健全劳动安全卫生制度，严格执行国家劳动安全卫生规程和标准，对劳动者进行劳动安全卫生教育，防止劳动过程中的事故，减少职业危害。

第五十三条 劳动安全卫生设施必须符合国家规定的标准。

新建、改建、扩建工程的劳动安全卫生设施必须与主体工程同时设计、同时施工、同时投入生产和使用。

第五十四条 用人单位必须为劳动者提供符合国家规定的劳动安全卫

生条件和必要的劳动防护用品，对从事有职业危害作业的劳动者应当定期进行健康检查。

第五十五条 从事特种作业的劳动者必须经过专门培训并取得特种作业资格。

第五十七条 国家建立伤亡事故和职业病统计报告和处理制度。县级以上各级人民政府劳动行政部门、有关部门和用人单位应当依法对劳动者在劳动过程中发生的伤亡事故和劳动者的职业病状况，进行统计、报告和处理。

第五十九条 禁止安排女职工从事矿山井下、国家规定的第四级体力劳动强度的劳动和其他禁忌从事的劳动。

第六十条 不得安排女职工在经期从事高处、低温、冷水作业和国家规定的第三级体力劳动强度的劳动。

第六十四条 不得安排未成年工从事矿山井下、有毒有害、国家规定的第四级体力劳动强度的劳动和其他禁忌从事的劳动。

第七十一条 社会保险水平应当与社会经济发展水平和社会承受能力相适应。

第七十二条 社会保险基金按照保险类型确定资金来源，逐步实行社会统筹。用人单位和劳动者必须依法参加社会保险，缴纳社会保险费。

第七十三条 劳动者在下列情形下，依法享受社会保险待遇：

（一）退休；

（二）患病、负伤；

（三）因工伤残或者患职业病；

（四）失业；

（五）生育。

劳动者死亡后，其遗属依法享受遗属津贴。

劳动者享受社会保险待遇的条件和标准由法律、法规规定。

劳动者享受的社会保险金必须按时足额支付。

第七十四条 社会保险基金经办机构依照法律规定收支、管理和运营社会保险基金，并负有使社会保险基金保值增值的责任。

社会保险基金监督机构依照法律规定，对社会保险基金的收支、管理和运营实施监督。

社会保险基金经办机构和社会保险基金监督机构的设立和职能由法律规定。

任何组织和个人不得挪用社会保险基金。

第八十一条 劳动争议仲裁委员会由劳动行政部门代表、同级工会代表、用人单位方面的代表组成。劳动争议仲裁委员会主任由劳动行政部门代表担任。

第八十二条 提出仲裁要求的一方应当自劳动争议发生之日起六十日内向劳动争议仲裁委员会提出书面申请。仲裁裁决一般应在收到仲裁申请的六十日内作出。对仲裁裁决无异议的,当事人必须履行。

第八十五条 县级以上各级人民政府劳动行政部门依法对用人单位遵守劳动法律、法规的情况进行监督检查,对违反劳动法律、法规的行为有权制止,并责令改正。

第八十九条 用人单位制定的劳动规章制度违反法律、法规规定的,由劳动行政部门给予警告,责令改正;对劳动者造成损害的,应当承担赔偿责任。

第九十一条 用人单位有下列侵害劳动者合法权益情形之一的,由劳动行政部门责令支付劳动者的工资报酬、经济补偿,并可以责令支付赔偿金:

(一)克扣或者无故拖欠劳动者工资的;

(二)拒不支付劳动者延长工作时间工资报酬的;

(三)低于当地最低工资标准支付劳动者工资的;

(四)解除劳动合同后,未依照本法规定给予劳动者经济补偿的。

第九十二条 用人单位的劳动安全设施和劳动卫生条件不符合国家规定或者未向劳动者提供必要的劳动防护用品和劳动保护设施的,由劳动行政部门或者有关部门责令改正,可以处以罚款;情节严重的,提请县级以上人民政府决定责令停产整顿;对事故隐患不采取措施,致使发生重大事故,造成劳动者生命和财产损失的,对责任人员比照刑法第一百八十七条的规定追究刑事责任。

第九十三条 用人单位强令劳动者违章冒险作业,发生重大伤亡事故,造成严重后果的,对责任人员依法追究刑事责任。

第九十六条 用人单位有下列行为之一,由公安机关对责任人员处以十五日以下拘留、罚款或者警告；构成犯罪的，对责任人员依法追究刑事责任：

（一）以暴力、威胁或者非法限制人身自由的手段强迫劳动的；

（二）侮辱、体罚、殴打、非法搜查和拘禁劳动者的。

第九十九条 用人单位招用尚未解除劳动合同的劳动者，对原用人单位造成经济损失的，该用人单位应当依法承担连带赔偿责任。

第一百零一条 用人单位无理阻挠劳动行政部门、有关部门及其工作人员行使监督检查权，打击报复举报人员的，由劳动行政部门或者有关部门处以罚款；构成犯罪的，对责任人员依法追究刑事责任。

第一百零四条 国家工作人员和社会保险基金经办机构的工作人员挪用社会保险基金，构成犯罪的，依法追究刑事责任。

图书在版编目(CIP)数据

HR实务指引:招聘录用、调岗调薪、离职解聘全程风险防控与纠纷解决/王占强编著.—北京:法律出版社,2015.5
ISBN 978-7-5118-7759-8

Ⅰ.①H… Ⅱ.①王… Ⅲ.①企业管理—人力资源管理—劳动法—案例—中国 Ⅳ.①D922.505

中国版本图书馆CIP数据核字(2015)第076212号

责任编辑/冯高琼　　**装帧设计**/李　瞻

出版/法律出版社　　**编辑统筹**/法规出版分社
总发行/中国法律图书有限公司　　**经销**/新华书店
责任校对/晁明慧　　**责任印制**/吕亚莉
印刷/三河市龙大印装有限公司

开本/720毫米×960毫米　1/16　　**印张**/27　　**字数**/398千
版本/2015年5月第1版　　**印次**/2015年5月第1次印刷

法律出版社/北京市丰台区莲花池西里7号(100073)
电子邮件/info@lawpress.com.cn　　**销售热线**/010-63939792/9779
网址/www.lawpress.com.cn　　**咨询电话**/010-63939796

中国法律图书有限公司/北京市丰台区莲花池西里7号(100073)
全国各地中法图分、子公司电话:
第一法律书店/010-63939781/9782　**西安分公司**/029-85388843　**上海公司**/021-62071010/1636
北京分公司/010-62534456　**深圳公司**/0755-83072995　**重庆公司**/023-65382816/2908

书号:ISBN 978-7-5118-7759-8　　**定价**:59.00元

(如有缺页或倒装,中国法律图书有限公司负责退换)